Mircea Eliade
Von Zalmoxis zu Dschingis-Khan

EDITION
MASCHKE
«HOHENHEIM»

Übersetzung aus dem Französischen: Altrud und Rolf Homann (Vorwort und VIII), Alfred Predhumeau (I, IV), Annette Rüther (III, V), Evelyne Simon (VI, VII) und Christof Weiand (II)
Gesamtredaktion: Altrud und Rolf Homann

ISBN 3-8147-0005-8

Titel der französischen Originalausgabe: De Zalmoxis à Gengis-Khan

Deutsche Lizenzausgabe

Umschlaggestaltung: Rambow/Lienemeyer/van de Sand
Satzherstellung: LibroSatz, Kriftel bei Frankfurt
Druck und Bindung: May & Co., Darmstadt

INHALTSVERZEICHNIS

VORWORT

Auf den folgenden Seiten wollen wir das Wesentliche der geto-dakischen Religion und die wichtigsten mythologischen Traditionen und Schöpfungen der rumänischen Volkskultur vorstellen. Das bedeutet nicht unbedingt und für jede Einzelheit die Kontinuität zwischen dem religiösen Universum der Geto-Daker und dem, was sich aus den rumänischen Volkstraditionen entziffern läßt. Wenn man von einer „Kontinuität" sprechen will, dann muß man sie auf einem viel höheren Niveau suchen, als dem, das durch die Geschichte der Geto-Daker, der Dako-Romanen und deren Nachfahren, der Rumänen, beschrieben ist. Der Kult von Zalmoxis z. B., wie auch die Mythen, Symbole und Rituale, die die religiösen Volksbräuche der Rumänen beschreiben, reichen mit ihren Wurzeln tief in eine Welt der geistigen Werte, die vor dem Auftauchen der großen Zivilisationen des antiken Nahen Orients und des Mittelmeerraumes liegen. Das soll nicht heißen, alle religiösen Vorstellungen der Geto-Daker seien mindestens „gleichzeitig" mit denen, die sich aus den rumänischen Volkstraditionen entziffern lassen. Es ist durchaus möglich, daß etwa die agrarischen Bräuche unserer Tage archaischer sind als der Kult von Zalmoxis. Man weiß, daß gewisse mythisch-rituelle Handlungen, die noch zu Beginn des 20. Jahrhunderts bei den Bauern in Zentral- und Südosteuropa gültig waren, mythologische Fragmente und verschwundene Rituale aus dem alten vorhomerischen Griechenland bewahrten.

Dieses Werk begründet nicht die Religionsgeschichte der Daker. Angesichts der Armut an Dokumenten ist es übrigens zweifelhaft, ob diese Geschichte überhaupt eines Tages geschrieben werden kann. Auf jeden Fall haben die archäologischen Ausgrabungen noch nicht alle ihre Überraschungen hervorgeholt, und obendrein sind die rumänischen Volkstraditionen – trotz beachtlicher Anstrengungen – noch unzureichend bekannt. Auch werden alle Bemühungen zu einer Synthese solange verfrüht sein, bis nicht ein *Corpus* zur Verfügung steht, wie es Oskar Loorits in seinen *Grundzügen des estnischen Volksglaubens* geliefert hat.

Im Augenblick kann man nur durch unabhängige Monographien – auch wenn sie ergänzungsbedürftig sind – die Kenntnis des religiösen Lebens in diesem Teil Europas erweitern. Wir haben in diesem Band eine Reihe von Studien zusammengefaßt, die sich mit folgendem beschäftigen: dem religiösen Ursprung des ethnischen Namens der Daker; dem Kult von Zalmoxis, dem *volkstümlichen* kosmogonischen Mythos (d. h., dem einzigen, der in volkstümlichen Traditionen der Rumänen bestätigt sein dürfte), den mythisch-rituellen Bedeutungen der Legenden über die Gründung eines Staates (dem Fürstentum Moldau) und der Errichtung eines Klosters (dem von Argeş); mit gewissen Inhalten des Volksglaubens und deren Verbindungen zur Magie und Ekstase, mit der Alraune und dem Sammeln von Heilkräutern und schließlich mit den Mythologien, die den Hauptwerken der rumänischen epischen Dichtung das Gepräge geben.

Es ist wohl unnötig zu sagen, daß unsere Vorgehensweise die des Religionshistorikers ist. Auf keinen Fall wollen wir einen Volkskundler, einen Archäologen oder einen Spezialisten der alten Geschichte des östlichen Europas ersetzen. Wir haben versucht, in den Dokumenten deren tiefere Bedeutung zu entziffern, die häufig verdunkelt, verfälscht oder vergessen war. Und da ja die Bedeutung eines Glaubens oder eines religiösen Verhaltens nur durch den Vergleich klarwird, haben wir uns nicht gescheut, unsere Dokumente in die Perspektive der allgemeinen Religionsgeschichte zu stellen. Tatsächlich kann nur in der Welt der spezifischen Werte der Jäger und Krieger, vor allem durch die Kenntnis der kriegerischen Initiationsriten, der ethnische Name der Daker seine ursprüngliche religiöse Bedeutung offenbaren. Ebenso wird der Kult von Zalmoxis nicht eher verständlich, bevor man nicht den Initiationssinn des Sich-Verbergens und der Epiphanie des Gottes hervortreten läßt.

Der rumänische kosmogonische Mythos offenbart seine spezifischen Merkmale, wenn man nicht nur die Vorgeschichte des balkanischen und zentralasiatischen „Dualismus“, sondern auch den versteckten Sinn der „Müdigkeit des Gottes“ nach der Schöpfung der Welt entziffert. Das ist ein überraschender Ausdruck für den *„Deus otiosus“,* der vom volkstümlichen Christentum wiedererfunden wurde in der verzweifelten Anstrengung, Gott von den Unzulänglichkeiten der Welt und dem Erscheinen des Bösen abzusetzen.

Man kann fortfahrend daran erinnern, daß – für den Religionshistoriker – der Gründungsmythos des Fürstentums Moldau in seinen

Wurzeln in die archaische Konzeption der „rituellen Jagd“ reicht; und daß die Legende des Klosters Argeş ihren Symbolismus nicht nur aufzeigt, wenn man sie mit den Riten des Erbauens in Zusammenhang bringt, sondern vor allem, wenn man ihren ursprünglichen Sinn eines primitiven Typus des Menschenopfers entdeckt; daß die populärste rumänische Ballade, die *Mioriţa,* neben einer kaum christianisierten Mythologie des Todes die Fortdauer eines archaischen Themas zeigt, kennzeichnend für die Kulturen der Jäger und Hirten, namentlich die Funktion des Tieres als Orakel, oder, daß sich im Kult der Alraune, „folklorisiert“ und verdorben, der ehrwürdige Glaube an das Kraut des Lebens und des Todes fortsetzt.

Es wäre müßig, alle Themen aufzuzählen, die in den verschiedenen Abschnitten des Buches diskutiert werden. Aber es ist wichtig, die Bedeutung solcher Untersuchungen für die allgemeine Religionsgeschichte zu betonen. Diese Seiten sind nicht so sehr abgefaßt, um einen Beitrag für die Forschungen der Historiker, Volkskundler oder Rumänologen zu leisten, sondern eher, um die Möglichkeit einer Deutung der archaischen religiösen und volkstümlichen Welt zu zeigen. Anders gesagt: Für die geistigen Schöpfungen, die ohne schriftliche Form sind, sind, wo möglich, annehmbare chronologische Kriterien zu finden. Während der Vorbereitung zu diesem Buch arbeiteten wir an bestimmten Problemen der Religion der „Primitiven“, und mehr als einmal waren die Probleme, die uns gegenüberstanden, die gleichen. Die Dokumente, die uns von den ersten Forschern, Missionaren und Ethnologen überliefert wurden, sind mit den gleichen ideologischen Vorurteilen zusammengetragen worden, wie sie die ersten Sammlungen der volkskundlichen Dokumente kennzeichnen. Andererseits bilden die „primitiven“ Gesellschaften, genausogut wie die „volkskundlichen“ Traditionen, Studieninhalte, die nicht in der Welt jener exemplarischen Werte erscheinen, die die westliche Kultur verkörpern; einer Kultur nämlich, die durch Schöpfungen definiert ist, die in einer linearen historischen Zeit aufgezeichnet sind.

Glücklicherweise lassen uns unsere Fortschritte in der Kenntnis der „primitiven“ Kulturen seit kurzem hoffen. Diese Welten der archaischen geistigen Werte werden die westliche Kultur bereichern, nicht nur durch einen Beitrag zum Vokabular (*mana, Tabu, Totem* etc.), sondern durch die Geschichte der sozialen Strukturen. Wir haben an anderer Stelle auf die Möglichkeiten, die sich durch die Vergleiche mit den Schöpfungen der archaischen Zivilisationen ergeben, hingewiesen. Der Religionshistoriker strebt danach, diese Vergleiche zu erweitern, indem er die Volkskulturen und *Volksreligionen* Europas, Asiens und der beiden Amerika befragt und dann auf die Ausarbeitung einer Deutung wartet, die es ihm eines Tages erlaubt, weniger unvollkommen die religiösen Werte der prähistorischen Gesellschaften zu verstehen. Diese Untersuchungen und diese Hoffnungen melden sich übrigens in einem äußerst kraftvollen und äußerst innovativen Projekt in der zweiten Hälfte des 20. Jahrhunderts an: die kulturelle Strömung, die fortfährt im Studium und der Erkenntnis der exotischen archaischen und „volkstümlichen" Welten. Es gibt nichts Stimulierenderes und Begeisternderes für das westliche Bewußtsein, als sich darum zu bemühen, die „prähistorischen" und „protohistorischen" Schöpfungen zu verstehen (sogar die „Provinzgeschichten", die sich am Rande der Reiche bewegt haben und deren Sturz überlebten), Schöpfungen, gesammelt und bewahrt seit Jahrtausenden in den exotischen, primitiven und „volkskundlichen" Kulturen.

Die Texte, die in diesem Band zusammengefaßt sind, wurden zu verschiedenen Zeiten geschrieben und sind, mit Ausnahme der Abschnitte II und VIII, in folgenden Zeitschriften erschienen: *Numen* (I), *Revue de l'Histoire des Religions* (III), *Revue des Études Roumaines* (IV, V) und *Acta Historica* (VI). Die Studie über den Kult der Alraune in Rumänien (VII) wurde nach dem rumänischen Manuskript mit Hilfe des Französischen Institutes von Bukarest übersetzt und in *Zalmoxis. Revue des Études Religieuses* (Bd. I, 1938) veröffentlicht. Die anderen Texte wurden von unseren geschätzten Freunden Prof. Jean Gouillard (I, III, IV, V, VI) und Fräulein Jacqueline Desjardin (II und VIII) durchgelesen und korrigiert. Es ist uns eine große Freude, ihnen unseren Dank auszusprechen. Wir sind gleichermaßen unserem Freund Professor Georges Dumézil verpflichtet, der sich der Mühe unterzogen hat, die Korrekturen zu lesen und den Text zu verbessern.

Universität von Chicago, Juli 1969 Mircea Eliade

I

DIE DAKER UND DIE WÖLFE

Die religiösen Bedeutungen der ethnischen Namen

Nach Strabon (304: VII, 3, 12) hießen die Daker zunächst *dáoi*. Eine von Hesychios überlieferte Tradition lehrt uns, daß *dáos* der phrygische Name des Wolfs war. P. Kretschmer hatte diesen Begriff mit der Bedeutung der Wurzel *dhau* erklärt: „pressen, drücken, würgen".[1] Unter den Vokabeln, die ihren Ursprung in dieser Wurzel haben, seien hier das lydische Kandaules, der Name des thrakischen Kriegsgottes Kandáon, das illyrische *dhaunos* (Wolf), der Gott Daunus usw. genannt.[2] Der Name der Stadt Daus-dava in der Moesia Inferior, zwischen Donau und Haemus[3], bedeutete wörtlich „Dorf der Wölfe".[4]

Die Daker nannten sich also zu früheren Zeiten „Wölfe", „den Wölfen gleiche", „den Wölfen ähnliche".[5] Noch immer nach Strabon (VII, 3, 12; XI, 508, 511, 512) hießen auch die Skythen, die als

---

[1] P. Kretschmer, *Einleitung in die Geschichte der griechischen Sprache* (Göttingen, 1896), S. 388, 221, 214.

[2] J. Pokorny, *Indogermanisches Etymologisches Wörterbuch* (Bern, 1951 ff.), S. 235; G. Kazarow, „Zur Geographie des alten Thrakiens" (*Klio,* XII, N.F. IV, 1929, S. 84-85), S. 84; vgl. auch G. Mateescu, in *Ephemeris Dacoromana,* I, S. 208. Über Daunus siehe: F. Altheim, *A History of Roman Religion* (London, 1938), S. 206 ff. (Dt. Erstausgabe: *Römische Religionsgeschichte,* 3 Bände, Berlin 1931-33). Über Kandáon vgl. O. Masson, *Kratylos,* II, 1957, S. 64.

[3] Ptolemäus, III, 10, 6; Kazarow, *Klio,* S. 84.

[4] Zu *dava* ‚Einrichtung' siehe W. Tomaschek, „Die alten Thraker" (*Sitzungsberichte Akad. Wien,* 130, 1893), II, 2, S. 70. Tomaschek stellt eine Verbindung zwischen *daci, daï* und *dava* her (ibid., I, S. 101). Anders gesagt, er versteht den ethnischen Namen der Daker als ‚Einwohner der *davae*'. In seiner letzten Zusammenfassung über die Geschichte der Rumänen stimmt N. Iorga der Erklärung von Tomaschek zu, vgl. *Histoire des Roumains,* I,i (Bukarest, 1937), S. 149. Über *dava* siehe E. Lozovan, „Le ‚village' dans la toponymie et l'histoire roumaines" (*Zeitschrift f. romanische Philologie,* 1957, S. 124-144).

[5] F. Altheim bemerkt, daß der Name *dăci,* genau wie *luperci,* mit einem adjektivischen Suffix gebildet wird (*op. cit.,* S. 212). Siehe jetzt E. Lozovan, „Du nom ethnique des Daces" (*Revue Internationale d'Onomastique,* 13, 1961, S. 27-32).

Nomaden im Osten des Kaspischen Meeres lebten, *dáoi*. Die lateinischen Autoren nannten sie *Dahae* und einige griechische Historiker *dáai*.[6] Ihr ethnischer Name war sehr wahrscheinlich aus dem iranischen (saka) *dahae* „Wolf" abgeleitet.[7] Aber solche Namen waren keine Ausnahmen unter den Indoeuropäern. Im Süden des Kaspischen Meeres lag Hyrkanien, d. h. in Ostiranisch Vehrkana, in Westiranisch Varkana, wörtlich „Land der Wölfe" (von der iranischen Wurzel *vehrka* „Wolf"). Die Nomadenstämme, die dieses Land bewohnten, wurden von den griechischen und lateinischen Autoren als die Hyrkanoi, „die Wölfe", bezeichnet.[8] In Phrygien lebte der Stamm der Orka (Orkoi).[9]

Erinnern wir noch an Lykaon von Arkadien[10] und Lykaonia oder Lukaonia in Kleinasien und vor allem an den arkadischen Zeus[11] Lykaios und den Apoll Lykagenes. Dieser letzte Beiname wurde als „der von der Wölfin", „der von der Wölfin geborene", d. h. der von der in eine Wölfin verwandelten Leto geborene erklärt.[12] Der Name des samnitischen Stammes der Lukanier[13] kommt nach Heraklit (*Fragm. Gr. Gesch.* 218) von Lykos „Wolf". Ihre Nachbarn, die Hirpini, hatten ihren Namen von *hirpus*, dem samnitischen Wort für Wolf.[14] Am Fuß des Bergs Soracte lebten die Hirpi Sorani, die „Wölfe von Sora", der volskischen Stadt. Nach einer Überlieferung von Servius hatte ein Orakel den Hirpi Sorani empfohlen, wie Wölfe zu leben, d. h. von Raub *(lupos imitarentur, i. e. rapto viverent)*.[15] In der Tat waren sie von Steuer und Wehrpflicht befreit (Plinius, Hist. Nat. VII, 19), denn ihr zweijährlicher Ritus, der darin bestand, barfuß durch glühende Kohle zu gehen, sollte angeblich die Fruchtbarkeit des Landes gewährleisten. Dieser schamanistische Ritus wie auch die Lebensweise „nach Art der Wölfe" spiegeln archaische religiöse Auffassungen wider.

---

[6] Vgl. Tomaschek, Artikel „Daci", PW, IV, 1945-46.

[7] Vgl. H. Jacobsohn, *Arier und Ugrofinnen* (1922), S. 154 ff.; P. Kretschmer, „Zum Balkanskythischen" (*Glotta*, XXIV, 1935, S. 1-56), S. 17.

[8] Vgl. Kiessling, PW, IX, S. 454-518.

[9] Vgl. R. Eisler, *Man into Wolf* (London, 1951), S. 137.

[10] Vgl. Eisler, S. 133.

[11] Über Zeus Lykaios siehe A. B. Cook, *Zeus*, I (Cambridge, 1914), S. 70 ff.

[12] Siehe die Bibliographie bei Eisler S. 133.

[13] Auf den metapontischen Münzen ‚Lykani' geschrieben, ca. 300 v. Chr.; vgl. Eisler, S. 134.

[14] Servius, *Aen.*, XI, 785: *lupi Sabinorum lingua „hirpi" vocantur*. Vgl. Strabon, V, 250; über die Hirpini siehe auch F. Altheim, *Roman Religion*, S. 66 ff.

[15] Über die hirpi Sorani, siehe jetzt F. Altheim, *Roman Religion*, S. 262 ff.

Wir brauchen keine weiteren Beispiele anzuführen.[16] Halten wir nur noch fest, daß Stämme mit dem Namen Wolf in so entfernten Gegenden wie Spanien (Lukentioi und Lucenses in der keltisch-iberischen Calaecia), Irland und England belegt sind. Diese Erscheinung ist im übrigen nicht auf die Indoeuropäer begrenzt.

Die Tatsache, daß ein Volk seinen ethnischen Namen aus einer Tierbezeichnung ableitet, hat immer religiöse Bedeutung. Genauer: Diese Tatsache kann nur als Ausdruck einer archaischen religiösen Auffassung verstanden werden. Im uns hier interessierenden Fall können mehrere Hypothesen erwogen werden. Man kann zunächst vermuten, daß das Volk seinen Namen von einem werwolfgleichen Gott oder mythischen Urahn, der in Wolfsgestalt aufgetreten ist, erhalten hat. Zentralasien kennt mehrere Fassungen des Mythos der Vereinigung zwischen einem übernatürlichen Wolf und einer Prinzessin, eine Vereinigung, die ein Volk oder eine Dynastie begründen kann. Wir werden später auf diesen Mythos zurückkommen. Von ihm haben wir aber bei den Dakern keinerlei Zeugnis.

Eine zweite Hypothese bietet sich dem Betrachtenden an: Die Daker hätten ihren Namen von einer Flüchtlingsgruppe. Diese seien entweder Immigranten aus anderen Gegenden oder Jugendliche gewesen, die, wegen Schwierigkeiten mit der Justiz, wie Wölfe oder Haiducken um die Dörfer umherirrten und von Raub lebten. Für diese Erscheinung gibt es unzählige Zeugnisse seit dem Altertum, und sie trat auch noch im Mittelalter auf. Dabei ist es wichtig, unter folgenden verschiedenen Gruppen zu unterscheiden: 1. Die Jugendlichen, die während ihrer Initiationszeit sich weit von den Dörfern entfernt verstecken und von Raub leben mußten. 2. Die Immigranten, die neues Land suchten, um seßhaft zu werden. 3. Die Gesetzlosen oder Flüchtlinge, die Asyl suchten. Aber all diese Jugendlichen betrugen sich wie „Wölfe", wurden „Wölfe" genannt oder genossen den Schutz eines Wolfsgottes.

Während der Probandenzeit führte der spartanische *kuros* ein ganzes Jahr lang das Leben eines Wolfes: In den Bergen versteckt, lebte er von seiner Beute, darauf achtend, von niemandem gesehen zu wer-

[16] Man findet eine ziemlich große Anzahl in Eisler, *Man into Wolf*, S. 132-140 und Richard v. Kienle, „Tier-Völkernamen bei indogermanischen Stämmen" (*Wörter und Sachen* 14, 1932, S. 25-67), bes. S. 32-39. Über die Argiver, die sich „Wölfe" nannten, vgl. Altheim, op. cit., S. 211. Siehe auch P. Kretschmer, „Der Name der Lykier und andere kleinasiatische Völkernamen" (*Kleinasiatische Forschungen*, I, 1927, S. 1-17).

den.[17] Bei vielen Indoeuropäern wurden die Emigranten, Vertriebene und Flüchtlinge „Wölfe" genannt. In den hethitischen Gesetzen schon hieß es vom Verbannten, er sei „Wolf geworden".[18] Und in den Gesetzen von Edward dem Bekenner (um 1000 n. Chr.) mußte der Verbannte eine Wolfsmaske tragen *(wolfhede)*.[19] Der Wolf war das Symbol des Flüchtlings, und viele Schutzgötter der Flüchtlinge hatten Wolfsattribute oder -namen.[20] Dies war der Fall zum Beispiel des Zeus Lykoreios oder des Apoll Lykaios.[21] Romulus und Remus, Söhne des Wolfsgottes Mars und von der Wölfin des Kapitols gestillt, waren auch „Flüchtlinge".[22] Der Legende nach soll Romulus auf dem Kapitol eine Zufluchtsstätte für Vertriebene und Verbannte geschaffen haben. Servius (ad *Aen.* 2. 761) teilt uns mit, daß dieses *asylum* unter dem Schutz des Gottes Lucoris gestanden habe. Lucoris aber wurde mit Lykoreus von Delphi, einem Wolfsgott, gleichgesetzt.[23]

Eine dritte Hypothese schließlich, die geeignet ist, den Namen der Daker zu erklären, hebt die Fähigkeit, sich durch Ritual in einen Wolf zu verwandeln, hervor. Solch eine Verwandlung kann in der eigentlichen Wahnvorstellung der Werwölfe, einem sehr verbreiteten, aber vor allem im karpatisch-balkanischen Raum nachgewiesenen Phänomen, oder in der rituellen Nachahmung des Verhaltens und des Äußeren des Wolfes ihren Ursprung haben. Diese rituelle Nachahmung ist spezifisch kennzeichnend für die militärische Initiation, also

---

[17] Vgl. H. Jeanmaire, *Couroi et Courètes* (Lille, 1939), S. 540 ff., über die Werwolfvorstellungen und die Abgeschiedenheit. Siehe auch M. Eliade, *Naissances mystiques* (Paris, 1959), S. 229.

[18] Ungnad, zitiert von R. Eisler, *op. cit.*, S. 144.

[19] „Lupinum enim caput a die utlagationis eius quod ab Anglis wulfesheded nominatur", zitiert von Eisler, S. 145. Vgl. *ibid.*, eine Stelle von Henry de Bracton (1185-1267), *De Legibus et Consuetudinibus Angliae* (ed. princ. 1569), II, 35: „a tempore quo utlagatus est, caput gerit lupinum ita ut ab omnibus interfici possit". Der Galgen wurde bei den Anglo-Sachsen „Baum des Wolfkopfes" genannt: Vgl. L. Weiser-Aal, „Zur Geschichte der altgermanischen Todesstrafe und Friedlosigkeit" (*Archiv f. Religionswiss.* 30, 1933), S. 222.

[20] Vgl. F. Altheim, *Griechische Götter im alten Rom* (Gießen, 1930), S. 148 ff.; id. *Roman Religion,* S. 261, bezieht sich auf O. Jahn, *Ber. Sächs. Akad.* 1847, S. 423 ff.; O. Gruppe, *Griech. Mythologie,* S. 918 ff., 1296 ff.

[21] Vgl. F. Altheim, *Roman Religion,* S. 260 ff.

[22] F. Altheim, *ibid.*, S. 261 ff. Siehe auch Gerhard Binder, *Die Aussetzung des Königskindes Kyros und Romulus* (Meisenheim am Glan, 1964). Über den Mythos der Wölfin mit den Zwillingen und seine Wurzeln in den archaischen Vorstellungen der Hirtenvölker in den asiatischen Steppen vgl. A. Alföldi, „Theriomorphe Weltbetrachtung in den Hochasiatischen Kulturen" (*Archäologischer Anzeiger,* 1931, Sp. 393-418), bes. 393 ff.; ders., *Der frührömische Reiteradel und seine Ehrenabzeichen* (Baden-Baden, 1952),

für die *Männerbünde* (im Original deutsch, d. Ü.), geheime Kriegerbünde. Es gibt berechtigte Gründe für die Annahme, daß diese Riten und Glaubensvorstellungen, die mit einer kriegerischen Weltanschauung verknüpft sind, die Gleichsetzung der Flüchtlinge, Vertriebenen und Verbannten mit Wölfen ermöglicht hätten. Um überleben zu können, verhielten sich diese Gesetzlosen wie junge Kriegerbanden, d. h. wie wahrhaftige „Wölfe".

Kriegerische Initiationen: Rituelle Verwandlungen in Raubtiere

Die Arbeiten von Lily Weiser, Otto Höfler, Stig Wikander, Geo Widengren, H. Jeanmaire und Georges Dumézil haben zu spürbaren Fortschritten in der Kenntnis der indoeuropäischen Kriegerbünde, vor allem in bezug auf ihre religiöse Weltanschauung und ihre Initiationsrituale, geführt. In der germanischen Welt[24] bestanden diese Bünde noch am Ende der *Völkerwanderung* (deutsch im Original). Bei den Iranern sind sie zu Zeiten Zarathustras belegt, aber da ein Teil des spezifischen Vokabulars der Männerbünde auch in vedischen Texten zu finden ist, gibt es keinen Zweifel, daß es Gruppen jugendlicher Krieger bereits in der indo-iranischen Welt gab.[25] G. Dumézil[26] hat das Weiterleben bestimmter Formen militärischer Initiation bei

---

S. 88 ff.; ders., *The Main Aspect of Political Propaganda on the Coinage of the Roman Republic* (in *Essays in Roman Coinage presented to H. Mattingly,* Oxford, 1956, S. 63-95), S. 68. Über das volkskundliche Thema vom Typus Romulus und Remus vgl. A. H. Krappe, „Acca Larentia" (*American Journal of Archaeology,* 46/1942, S. 490-499); ders., „Animal Children" (*California Folklore Quarterly,* 3/1944, S. 45-52). Über Romulus und Remus und das doppelte Königtum vgl. A. B. Cook, *Zeus,* II, S. 440 ff., III, 2, S. 1134. Über die Zwillinge Romulus und Remus und ihre Entsprechungen in den indoeuropäischen Traditionen vgl. G. Dumézil, *La saga de Hadingus* (Paris, 1953), S. 114-130, 151-154; ders., *Aspects de la fonction guerrière chez les Indo-Européens* (Paris, 1956), S. 20-21; ders., *L'idéologie tripartie des Indo-Européens* (Paris, 1958), S. 86-88, 106.

[23] Vgl. F. Altheim, *Roman Religion,* S. 260 ff. Über den Namen des Wolfsgottes vgl. P. Kretschmer, *Der Name der Lykier,* S. 15 ff.

[24] Vgl. Otto Höfler, *Kultische Geheimbünde der Germanen* (Frankfurt a. M., 1934); Jan de Vries, *Altgermanische Religionsgeschichte,* 2. Aufl., I-II (1956-57), bes. I, S. 453 ff., 492 ff.

[25] Stig Wikander, *Der Arische Männerbund* (Lund, 1938); ders., *Vayu,* I (Uppsala-Leipzig, 1941).

[26] Vgl. vor allem *Horace et les Curiaces* (Paris, 1942); ders., *Mythes et dieux des Germains* (Paris, 1939); siehe jetzt *Heur et malheur du guerrier* (Paris, 1969).

den Kelten und Römern nachgewiesen, und H. Jeanmaire hat Spuren von Initiationsriten bei den Spartanern entdeckt.[27] Es scheint also, als hätten die Indoeuropäer ein gemeinsames Glaubens- und Ritensystem für junge Krieger gehabt. (Wir werden weiter unten untersuchen, ob diese Initiation die gesamte Jugend betraf oder nur jene einer Klasse.)

Das Wesentliche nun der militärischen Initiation bestand in der rituellen Umwandlung des jungen Kriegers in ein Raubtier. Es ging dabei nicht nur um Mut, physische Kraft oder Ausdauer, sondern um „eine magisch-religiöse Erfahrung, die grundlegend das Sein des jungen Kriegers veränderte. Dieser mußte seine Menschlichkeit in einem Anfall aggressiver und furchterregender Wut, die ihn rasenden Raubtieren gleichmachte, verwandeln."[28] Bei den alten Germanen wurden diese Raubtierkrieger *berserkir* genannt, wörtlich: Krieger mit der Bären-Hülle *(serkr)*. Man kannte sie auch unter dem Namen *ûlfhêdhnar,* „Menschen im Pelz des Wolfes".[29] Auf der Bronzetafel von Torslunda kann man die Verkleidung eines Kriegers als Wolf sehen.[30] Zwei Tatsachen müssen also festgehalten werden: 1. Man wurde zum furchterregenden Krieger durch magische Verinnerlichung des Verhaltens der Raubtiere, insbesondere jenem des Wolfes. 2. Im Ritus legte man das Wolfsfell um, entweder um das Sein des Wolfes zu teilen oder um zu verdeutlichen, daß man Wolf geworden war.

Was unsere Untersuchung betrifft, so interessiert hier vor allem, daß die Verwandlung in einen Wolf durch das rituelle Umhängen des Wolfsfells eine Handlung darstellte, der eine radikale Veränderung des Verhaltens vorausging bzw. folgte. Solange man in dieses Tierfell eingehüllt war, war man nicht mehr Mensch, sondern das Raubtier selbst. Man war nicht nur der grausame und unbesiegbare, von dem *furor heroicus* besessene Krieger, vielmehr haftete einem nichts Menschliches mehr an; kurz, man fühlte sich an keine menschlichen

---

[27] H. Jeanmaire, *Couroï et Courètes,* S. 540 ff.

[28] M. Eliade, *Naissances mystiques,* S. 181.

[29] Über die *berserkir* und die *ûlfhêdhnar* vgl. *Handwörterbuch d. deutschen Aberglaubens,* V, S. 1845 ff.; Otto Höfler, *op. cit.,* S. 170 ff.; Lily Weiser, *Altgermanische Jünglingsweihen und Männerbünde* (Baden, 1927), S. 44; G. Dumézil, *Mythes et Dieux des Germains,* S. 81 ff.; Jan de Vries, *op. cit.*, I, S. 454 ff.

[30] Jan de Vries, *op. cit.,* I, Abb. XI. Vgl. auch O. Höfler, *op. cit.,* S. 56 ff.; Karl Hauck, „Herrschaftszeichen eines Wodanistischen Königtums" (*Jahrbuch für Fränkische Landesforschung,* 14/1954, S. 9-66), S. 47 ff.

Sitten und Gebräuche mehr gebunden. In der Tat begnügten sich die jungen Krieger nicht damit, sich das Recht zuzusprechen, zu rauben und die menschliche Gemeinschaft während ihrer rituellen Versammlungen zu terrorisieren, sondern sie konnten sich auch wie Raubtiere verhalten, indem sie z. B. Menschenfleisch aßen. Der Glaube an rituelle oder ekstatische Wahnvorstellungen über Werwölfe ist sowohl bei den Mitgliedern der nordamerikanischen und afrikanischen Geheimgesellschaften[31] wie auch bei den Germanen[32], Griechen[33], Iranern und Indern[34] belegt. Es gibt keinen Grund, daran zu zweifeln, daß es wirkliche Fälle menschenfresserischer Werwölfe gegeben hat. Das beste Beispiel stellen die afrikanischen Gesellschaften der sogenannten „Leoparden" dar.[35] Aber diese sporadischen Fälle tatsächlicher „Werwölfe" können nicht die Verbreitung und Fortdauer des Glaubens an „Wolfsmenschen" deutlich machen. Vielmehr wird die Verbreitung des Glaubens an Werwölfe durch die Existenz der Bünde junger Krieger oder Zauberer, die, ob nun mit Wolfsfellen verkleidet oder nicht, sich wie Raubtiere verhielten, erklärt.
Die iranischen Texte[36] sprechen mehrmals von den „zweibeinigen Wölfen", d. h. von den Mitgliedern der *Männerbünde*. Das *Dēnkart*[37] behauptet sogar, die „zweibeinigen Wölfe" seien mörderischer[38] als die „vierbeinigen Wölfe". Andere Texte bezeichnen sie unter dem Begriff *keresa* als „Räuber, Diebe", die nachts unterwegs sind.[39] Ausführlich wird die Tatsache unterstrichen, daß sie sich von Leichen ernährten[40], aber es scheint, ohne die Möglichkeit wahrhaftiger kan-

---

[31] Vgl. M. Eliade, *op. cit.*, S. 140 ff.
[32] Vgl. die Hinweise bei M. Eliade, *op. cit.*, S. 174 ff.
[33] A. B. Cook, *Zeus*, I, S. 81 ff.; J. Przyluski, „Les confréries des loups-garous dans les sociétés indo-européennes" (*Revue de l'Histoire des Religions*, 121/1940, S. 128-145); Eisler, *op. cit.*, S. 141 ff.
[34] Vgl. E. Arbman, *Rudra* (Uppsala, 1922), S. 266 ff.; G. Widengren, *Hochgottglaube im alten Iran* (Uppsala-Leipzig, 1938), S. 334 ff.
[35] Vgl. R. Eisler, *op. cit.*, S. 148 ff., 160 ff.; siehe auch Birger Lindskog, *African Leopard Man* (Uppsala, 1954).
[36] Untersucht von Stig Wikander, *Der arische Männerbund*, S. 64 ff., und G. Widengren, *Hochgottglaube*, S. 328 ff., 344.
[37] Widengren, *op. cit.*, S. 328.
[38] *Ayās*, typisches Attribut der Maruten, bedeutet „unbezähmbar, wild" (Wikander, *op. cit.*, S. 43, bezieht sich auf Geldner, *Vedische Studien*, I, S. 227 ff.). Siehe jetzt G. Widengren, *Der Feudalismus im alten Iran* (Köln, 1969), S. 15 ff.
[39] Widengren, *op. cit.*, S. 330.
[40] Widengren, *ebenda*, S. 331 ff.

nibalischer Mahlzeiten ausschließen zu wollen[41], daß es sich hier wahrscheinlich um ein Klischee handelt, das von den Zarathustrianern gegen die Mitglieder dieser Männerbünde, die anläßlich ihrer Zeremonien die Dörfer terrorisierten[42] und deren Lebensweise sich so stark von der der iranischen Bauern unterschied, zu polemischen Zwecken angewandt wurde. Jedenfalls spricht man auch von ihren ekstatischen Orgien, d. h. von den berauschenden Getränken, die ihnen dazu verhalfen, sich in Raubtiere zu verwandeln. Unter den Ahnen der Achämeniden gab es auch eine Familie Namens *saka haumavarka*. Dieser Name wird von Bartholomae und Wikander[43] folgendermaßen interpretiert: „die, die sich in der vom soma *(hauma)* verursachten Ekstase in Wölfe *(varka)* verwandeln". In der Tat weiß man, daß bis ins 19. Jahrh. zu den Versammlungen der jungen Männer auch ein Bankett gehörte, das aus geraubten oder erpreßten Lebensmitteln und alkoholischen Getränken bestand.

Die Keule und die Flagge

Die spezifischen Abzeichen dieser iranischen Männerbünde *(mairiya)* waren die „blutige Keule" und die Flagge *(drafša)*.[44] Wie Wikander schreibt[45], diente die blutige Keule im spezifischen Ritual der iranischen *Männerbünde* dem zeremoniellen Schlachten des Ochsen. Die Keule ist zum Symbol der iranischen „Raubtierkrieger" geworden.[46] Sie ist die Waffe des archaischen Kriegers schlechthin. Wie es auch mit den Werkzeugen einer sehr weiten Vorzeit geschah, so behielt auch die Keule ihren Wert als kultisches Werkzeug bei, wenn sie auch in ihrer militärischen Benutzung anderen, moderneren

41 Vgl. die afrikanischen Beispiele, die bei Widengren, *ebenda*, S. 332 zitiert sind. Für Indien vgl. Arbman, *Rudra*, S. 266 ff., und M. Eliade, *Le Yoga. Immortalité et Liberté* (Paris, 1954), S. 294 ff., 401-402 (Dt. Ausgabe: *Yoga – Unsterblichkeit und Freiheit*, Zürich 1960).

42 Über den Dorfterror vgl. Widengren, *op. cit.*, S. 334 ff.; M. Eliade, *Naissances mystiques*, S. 178 ff.

43 Vgl. Wikander, *op. cit.*, S. 64; J. Duchesne-Guillemin, *Hommage à Georges Dumézil* (Brüssel, 1960), S. 97-98. Vgl. auch J. Przyluski, „Les confréries de loups-garous dans les sociétés indo-européennes".

44 Vgl. Wikander, *op. cit.*, S. 60 ff.; ders., *Vayu*, S. 139 ff., 157 ff.; G. Widengren, „Stand und Aufgaben der iranischen Religionsgeschichte" (*Numen*, 1/1954, S. 16-83; 2/1955, S. 47-134), 1, S. 66.

45 *Der Arische Männerbund*, S. 99.

46 Wikander, *ebenda*, S. 60; ders., *Vayu*, S. 168 ff.

Waffen Platz machen mußte. Außerdem ist die Keule die typische Waffe der Bauern und Hirten[47] geblieben. Sie ist auch die Waffe der rumänischen Bauern während des Mittelalters gewesen und ist noch heute die typische Waffe in den „Spielen der jungen Männer", in denen die Erinnerung an die Initiationsbünde weiterbesteht.
Vermerken wir noch eine Ähnlichkeit zwischen Iranern und Dakern. Nach der von *Shah-nameh* überlieferten Tradition zeigte die persische Flagge ein Wolfsemblem.[48] Eine Wandmalerei in Turkestan stellt eine Flagge dar, die aus einem Wolf oder einem Drachen mit Wolfskopf besteht.[49] Zur Zeit der Parther hießen im Nordwesten des Iran und in Armenien die Eliteeinheiten der Armee – die im übrigen *Männerbünde* bildeten – *„Drachen"* und besaßen drachenförmige Flaggen. Die jungen Krieger liebten es, Helme mit darauf abgebildeten Drachen zu tragen.[50] Nun, man weiß, daß die Flagge der Daker einen Wolf mit Drachenkörper darstellte.[51] Die Verbreitung der *draco*-Flagge in den Armeen der Spätzeit des Römischen Reiches war sehr wahrscheinlich auf parthischen oder dakischen Einfluß zurückzuführen.[52] Erinnern wir noch daran, daß der Drache auch auf den germanischen Flaggen dargestellt war.[53] Außerdem ist der Wolf auch auf dem Zepter, das in dem „Shipburial" von Sutton Hoo gefunden wurde, dargestellt: es symbolisiert sehr wahrscheinlich den mythischen Urahn der Königsfamilie.[54] Fügen wir noch hinzu, daß das

---

[47] Vgl. Widengren, „Harlekintracht und Mönchskutte, Clownhut und Derwischmütze" (*Orientalia Suecana*, II, 1953, S. 40-111), S. 93 ff. Siehe auch Maria Mariottini Spagnoli, „The Symbolic Meaning of the Club in the Iconography of the Kuṣāṇa Kings" (*East and West*, 17, 1967, S. 248-268).
[48] Vgl. Widengren, *Hochgottglaube*, S. 343.
[49] Vgl. F. Altheim, *Attila und die Hunnen* (Baden-Baden, 1951), S. 37.
[50] Vgl. Widengren, *Numen*, I, S. 67. Siehe ebenfalls G. Widengren, „Some remarks on Riding Costume and Articles of Dress among Iranian Peoples in Antiquity" (*Arctica, Studia Ethnographica Upsaliensia*, XI, Uppsala, 1956, S. 228-276).
[51] Vgl. Vasile Pârvan, *Getica, o protoistorie a Daciei* (Bukarest, 1926), S. 519 ff.
[52] Fieliger, in P.-W. Art. *draco* (S. 521), glaubt an Parther oder Daker; A. J. Reinach, s. v. *signum*, meint im Daremberg-Saglio, S. 1321, daß die Sarmaten *draco* in die römische Armee eingeführt haben. Pârvan (*op. cit.*, S. 522) glaubt, es seien „iranisierte Daker". Für Pârvan befindet sich „der typologische Ursprung des Drachen-Zeichens" in Mesopotamien (z. B. auf einer Stele von Nebukadnezar I, 1120, „der Drache mit dem Kopf eines wilden Tieres und dem Körper einer Schlange").
[53] Vgl. Karl Hauck, „Herrschaftszeichen eines Wodanistischen Königtums", S. 33. Odin-Wotan selbst ist als Adler, Drache (vgl. Hauck, S. 38, Anm. 153) oder Meeresungeheuer dargestellt. Diese drei Tiertypen lassen sich auf ein *‚signum'* zurückführen, sie symbolisieren die drei kosmischen Regionen – Luft, Erde, Wasser – und bilden folglich die Symbole par excellence für den Weltbeherrscher (vgl. Hauck, S. 34 ff.).
[54] Vgl. Hauck, *op. cit.*, S. 50.

Namensthema Wulf-Wolf bei den Germanen sehr weit verbreitet ist.[55] Wenn man alle anderen Zusammenhänge betrachtet, in denen der Wolf eine wichtige Rolle in der Mythologie und in den Riten der Germanen spielt (*berserkir, Männerbünde,* Werwolf etc.), so kann man schlußfolgern, daß, auch wenn der religiöse Komplex wirklich indo-europäisch zu sein scheint, doch eine engere Beziehung zwischen den Iranern, Thrakern und Germanen festgestellt werden kann. Es ist hier nicht der Ort, länger auf dieses Problem einzugehen[56], es war aber wichtig, es zu erwähnen, um nicht den Anschein zu erwecken, die Übereinstimmungen auf die thrakisch-phrygische und iranische Gruppe beschränken zu wollen.

Fügen wir noch hinzu, daß die Wolfskopf-Flaggen bei den Tiu-kiu[57], einem Zweig der Hunnen, bezeugt sind.[58] Diese behaupteten, von einer mythischen Wölfin abzustammen. Jedes Jahr brachte der Khan der Tiu-kiu genau in der Höhle Opfer, in der sie niedergekommen sein soll. Die Leibgardisten des Königs wurden die „Wölfe" genannt und im Kampf trugen sie eine Flagge mit einer vergoldeten Wölfin als Emblem.[59] Wie wir schon gesagt haben, ist der Mythos der Abstammung von einer Wölfin oder von einem Wolf bei den Turko-Tartaren sehr verbreitet. Diese Tatsache ist nicht ohne Wichtigkeit, was das Verständnis der gemeinsamen Grundlagen der verschiedenen religiösen Auffassungen, die in diesem Kapitel besprochen werden, betrifft.

Die „Daker", ein Kriegerbund

Um auf die Daker zurückzukommen, so scheint es ziemlich wahrscheinlich, daß ihr ethnischer Name auf die rituelle Benennung eines Kriegerbundes zurückzuführen ist. Die Etappen des Prozesses, durch den die rituelle Bezeichnung einer Gruppe zum Namen eines ganzen

---

[55] Vgl. die Bibliographie bei Hauck, S. 50, Anm. 223. Der Brauch, den Häuptling mit dem Namen eines Tieres zu bezeichnen, ist bei allen altaischen Völkern bezeugt. Vgl. Haussing (in F. Altheim und Haussing, *Die Hunnen in Ost-Europa,* 1958), S. 25 ff.

[56] Vgl. J. Wiesner, „Fahren und Reiten in Alteuropa und im alten Orient" (*Der alte Orient,* 38, 1939), S. 80 ff.; H. Güntert, *Der arische Weltkönig und Heiland* (Halle, 1923), S. 130 ff.; Wikander, *Vayu,* S. 93 ff. Vgl. auch M. Eliade, *Le ‚dieu lieur' et le symbolisme des nœuds* (= *Images et Symboles,* 1952, S. 135 ff.).

[57] Siehe Freda Kretschmar, *Hundestammvater und Kerberos,* I (Stuttgart, 1938), S. 5, Abb. 1-3.

[58] F. Kretschmar, *op. cit.,* I, S. 6; W. Radloff, *Aus Sibirien,* (Leipzig, 1893), I, S. 131.

[59] F. Kretschmar, *op. cit.,* I, S. 6; W. Radloff, *op. cit.,* I, S. 129; J. J. M. de Groot, *The religious System of China,* (Leiden, 1892 ff.), IV, S. 270.

Volkes wurde, entziehen sich uns. (Im übrigen sind wir, was die anderen europäischen Völker mit Wolfsnamen betrifft, nicht besser informiert.) Man kann sich aber die Dinge auf zwei Arten vorstellen: 1. Entweder ist, dank dem Mut und der Grausamkeit der Kriegerjugend eines Stammes, deren rituelle Benennung „Wölfe“ zum Namen des ganzen Stammes geworden. Oder 2. Diese rituelle Benennung einer jungen siegreichen Immigrantengruppe ist von den besiegten und unterworfenen Einheimischen angenommen worden. In diesem letzten Fall kann man zur Auffassung gelangen, daß die Eroberer zur militärischen Aristokratie und zur herrschenden Klasse wurden. Bei dem jetzigen Stand unseres Wissens ist es schwer, der einen oder anderen Lösung den Vorzug zu geben. Sicher ist, daß eine beachtliche Zeit vergehen mußte, bis die rituelle Benennung einer Gruppe zum Namen eines Volkes werden konnte. Nach der ersten Hypothese ging der Beiname eines Stammes im Laufe der Herausbildung umfassenderer politischer Organisationsformen auf andere Nachbarstämme über. Im zweiten Fall muß man die Symbiose zwischen siegreichen Immigranten und unterworfenen Einheimischen in Betracht ziehen, einem mehr oder minder langen Prozeß, der aber notwendigerweise in der Assimilierung der ersteren endet.

Wie auch immer der Ursprung ihrer Namengebung sei, rituelle Benennung der kriegerischen Jugend oder Beinamen einer siegreichen Immigrantengruppe, die Daker waren sich sicherlich des Zusammenhangs zwischen Wolf und Krieg bewußt: Als Beweis diene hier die Symbolik ihrer Flagge. Am Anfang bezog sich der Name der Daker auf einen der thrakischen Stämme im Nordwesten Dakiens (Strabon, 304, VII, 3, 12). Im allgemeinen ist der Name der Geten in der Gegend des Schwarzen Meeres, des Balkans bis zum Dnjestr (wo die Tyrasser lebten) verbreiteter, während jener der Daker im Nordwesten, Westen und Süden häufiger ist (Dakidava im Nordwesten Dakiens, die Daursii in Dalmatien, die Daoi und die Dioi im Rhodope-Gebirge, usw.).[60] Der Name der Daker, der von den lateinischen Autoren benutzt wird, setzt sich vor allem in der Zeit von Burebista und Decebalus durch, als die Einheit und politische Organisation des Landes ihren Höhepunkt erreichte, und, wenn man Strabon Glauben schenkt, die dakische Armee 200 000 Mann mobilisieren konnte. Die kriegerische rituelle Benennung setzte sich zum Zeitpunkt der maximalen politischen und militärischen Expansion des Königreiches

---

[60] Vgl. V. Pârvan, *Getica,* S. 284.

durch. Das war der Triumph der jungen „Wölfe". Julius Cäsar hatte die Gefahr, die diese neue militärische Macht darstellte, sehr genau verstanden und bereitete einen Angriff auf die Wölfe an der Donau vor, kurz bevor man ihn ermordete.

Pârvan[61] glaubte, der Name der Daker (ebenso wie übrigens jener der Geten) sei skythischen Ursprungs, mit anderen Worten: Er wäre von den iranischen Eroberern auf die thrakischen Völker der Karpaten übergegangen. Wenn es auch plausibel sein mag, so scheint uns der skythische Ursprung des Namens der Daker nicht erwiesen zu sein. Wie wir gesagt haben, findet man die Wurzel *dhāu* (würgen) im phrygischen Begriff für Wolf: *dáos*.[62] Die Ortsnamen Dakiens haben einen markanten thrakischen Charakter beibehalten, selbst in den Gegenden, die von den Skythen besetzt waren.[63] Außerdem belegt das Fortbestehen der thrako-phrygischen (kimmerischen) Namensstruktur im Norden des Schwarzen Meeres, dort wo die Skythen sich in großer Zahl ab dem 8. Jahrh. ansiedelten, mit Nachdruck das Überleben der einheimischen Elemente unter der Herrschaft einer iranischen militärischen Minderheit.[64] Heute kommt man überein, den Beitrag der Skythen zur dakischen Kultur auf eher bescheidene Proportionen zu reduzieren. Selbst in der transsilvanischen Gegend, wo die Skythen bis zum 4. Jahrh. vor Chr. verblieben, ist es ihnen nicht gelungen, die eingeborene Kultur zu verändern.[65] Da sich die Daker daran erinnerten, daß sie früher *dáoi* genannt wurden, ist nicht ausgeschlossen, daß diese Bezeichnung kimmerischen Ursprungs ist.

---

[61] Vgl. *Getica*, S. 286.

[62] Vgl. oben Anm. 5, die Bemerkung von F. Altheim über die Entstehung des Namens *dācus*. Das bestärkt, wie uns scheint, die Hypothese, daß es sich um eine rituelle Umwandlung in einen Wolf handelt, die die mystische Einheit mit der Kriegsgottheit mit einschließt und die geeignet ist, sich als Werwolf zu offenbaren (wie Mars z. B.).

[63] Vgl. Pârvan, *op. cit.*, S. 285 ff.; ders., *Dacia* (4. Aufl., Bukarest, 1967), S. 59 ff. (S. 163-170, neuere Bibliographie von Radu Vulpe).

[64] E. Benveniste hat beobachtet, daß die von Herodot IV, 5-10, überlieferten Angaben über die griechische Abstammung der Skythen einen thrako-phrygischen Eigennamen nachweisen; vgl. „Traditions indo-iraniennes sur les classes sociales" (*Journal Asiatique*, 230/1938, S. 527-550). Die thrakischen Namen überdauern selbst die skythische Herrschaft der Bosporus-Kimmerer bis zur griechisch-römischen Epoche (vgl. M. Rostovtzeff, *Iranians and Greeks in South Russia*, Oxford, 1922, S. 39).

[65] D. Berciu „A propos de la genèse de la civilisation Latène chez les Géto-Daces" (*Dacia*, N. S., I/1957, S. 133-142), S. 137 ff.: „Die Rolle der skythischen Faktoren scheint weniger wichtig zu sein als die anderer äußerer Faktoren." (*ibid.*, S. 138). Vgl. auch Radu Vulpe „La civilisation dace et ses problèmes à la lumière des dernières fouilles de Poiana en Basse Moldavie" (*Dacia*, N.S., I/1957, S. 143-164), bes. S. 157, 161.

In der Tat hatten die Kimmerer einen Teil Dakiens bewohnt, speziell das Karpatengebiet. Die Kimmerer waren ein thrako-phrygisches Volk mit einigen iranischen Elementen. Wenn man es vorzieht, den Namen der Daker mit Hilfe des Iranischen zu erklären, dann muß man eher an archaische iranische Elemente, die bei den Kimmerern belegt sind, als an den recht späten Beitrag der Skythen[66] denken.

Mythisch-rituelle Handlungsabläufe des Wolfes

Jedenfalls steht der archaische Charakter des religiösen Komplexes des Wolfes außer Zweifel. Der Wolf taucht schon in der neolithischen Kultur von Vinča auf. Man hat dort sowohl kleine Plastiken gefunden, die Wolfshunde darstellen, wie auch ziemlich gering differenzierte Figuren, in denen man Tänzer mit Wolfsmasken gesehen hat.[67] Was diese letzten Gegenstände betrifft – und vorausgesetzt, die Interpretation ist richtig –, so ist es unmöglich, darüber zu entscheiden, ob sie sich auf kriegerische Initiationsriten iranischen oder germanischen Typs oder auf zeitlich bedingte Zeremonien beziehen, bei denen die jungen Leute Wolfsmasken anzogen. Solche Zeremonien sind noch heute auf der Balkanhalbinsel, in Rumänien, populär, vor allem während der 12 Tage vom Weihnachtsvorabend bis zum Dreikönigstag.[68] Ursprünglich standen diese Zeremonien in Verbindung mit der periodischen Wiederkehr der Toten und bestanden aus Masken vieler Tiere: Pferd, Wolf, Ziege, Bär, usw.[69] Diese rituelle Handlung gehört nicht zum religiösen Umfeld, das wir untersuchen. Deshalb ist es uns versagt, sie hier zu besprechen, ebensowenig wie den mythologischen

---

[66] Vgl. Franz Hancar „Hallstadt-Kaukasus. Ein Beitrag zur Klärung des Kimmerierproblems" (*Mitt. d. Oesterr. Gesell. f. Anthropologie, Ethnologie u. Prähistorie,* 73-74/1947, S. 152 ff.); J. Harmatta, „Le problème cimmérien" (*Archaeologiai Ertesitö,* 1948, S. 49 ff.); R. Pittioni, *Die urgeschichtlichen Grundlagen der europäischen Kultur* (Wien, 1949), S. 255 ff.; R. Heine-Geldern „Das Tocharerproblem und die Pontische Wanderung" (*Saeculum,* 2/1951, S. 225-255), bes. 245 ff. Siehe auch K. Jettmar, in K. J. Narr u. a., *Abriß der Vorgeschichte* (München, 1957), S. 156 ff.

[67] Pia Laviosa Zambotti, *I Balcani e l'Italia nella Preistoria* (Como, 1954), Fig. 13-14, 16 und S. 184 ff.

[68] F. Kretschmar, *op. cit.*, II, S. 251; G. Dumézil, *Le Problème des Centaures* (Paris, 1929), *passim;* Waldemar Liungmann, *Traditionswanderungen, Euphrat-Rhein* (Helsinki, 1937-38), S. 738, 834, 1076 etc.

[69] Man findet die Dokumentation in den Werken von Dumézil und Liungmann. Vgl. auch Evel Gasparini, *I Riti popolari slavi* (Venedig, 1952), S. 26 ff.

und rituellen Aspekt des Wolfes im antiken Nahen Osten. Es ist unmöglich, die umfassende Analyse von F. Kretschmar hier in diesen wenigen Seiten zu untersuchen. Unsere Betrachtung beschränkt sich gezwungenermaßen auf jene Tatsachen, die geeignet sind, Erklärungen für die Umwandlung einer kriegerischen Initiationsbenennung in einen ethnischen Namen zu liefern.

Deshalb ist es wichtig, nicht nur zwischen den einzelnen religiösen Komplexen zu unterscheiden, die sich auf einen mythischen Wolf beziehen, sondern auch zwischen den einzelnen Ausdrucksformen ein und desselben Komplexes. Zusammengefaßt, die ursprüngliche Quelle all dieser Schöpfungen liegt in der religiösen Vorstellungswelt des primitiven Jägers; diese Welt wird von der mythischen Solidarität zwischen Jäger und Wild beherrscht.[70] Meistens wird diese Solidarität von einem Herrn (oder einer Mutter) der Tiere offenbart. Durch diese religiöse Auffassung wird der Mythos der Abstammung eines Nomadenvolkes von einem Raubtier (Wolf, Löwe, Leopard usw.) verständlich. Das Raubtier ist der exemplarische Jäger. Ein weiterer wichtiger Aspekt ist jener des Initiationsritus und des Mythos, der ihm als Rechtfertigung dient: Ein Urtier tötete die Menschen, um sie in Raubtiere zu verwandeln, d. h. als Initiierte wieder auferstehen zu lassen. Letzlich wurde das Tier getötet, und dieses Ereignis wird im Ritual der Initiationszeremonien wieder aktualisiert. Indem er aber das Fell des Raubtieres überstreift, wird der Initiand zu neuem Leben erweckt, aber nicht etwa als Mensch, sondern als das Urtier, der Begründer des Mysteriums. Gleichzeitig mit dem Initianden wird das mythische Tier zu neuem Leben erweckt. Ein solcher ritualmythischer Komplex ist eindeutig in den afrikanischen Jägerkulturen[71] nachgewiesen, kann aber auch an anderen Stellen festgestellt werden.[72]

Eine vergleichbare Anschauung kann in den Initiationsriten der Kwakiutl erfaßt werden. Die Initiation der Jünglinge besteht in der Wiederholung eines mythischen Ereignisses: Der erste Inhaber des Rituals war der Wolf. Sein Bruder, der Nerz, der eines Tages die

---

[70] Karl Meuli „Griechische Opferbräuche“ (*Phyllobolia für Peter von der Mühll*, Basel, 1946, S. 185-288), bes. 223 ff.; A. Friedrich „Die Forschung über das frühzeitliche Jägertum“ (*Paideuma*, II, 1-2/1941); H. Findeisen, *Das Tier als Gott, Dämon und Ahne* (Stuttgart, 1956). Vgl. unten, Kap. IV.

[71] Vgl. H. Straube, *Die Tierverkleidungen der afrikanischen Naturvölker* (Wiesbaden, 1955), S. 198 ff.

[72] Vgl. M. Eliade, *Naissances mystiques*, S. 58 ff.

Jungen des Wolfes im Wald fand, tötete diese und nahm, als neuer Inhaber des Rituals, den Namen „Wolf" an. Die Tür der Hütte, in der früher die Initiation stattfand, hatte die Form eines Wolfsrachens. In dieser Hütte vollendeten die jungen *hamatsa,* die Mitglieder der Kannibalengesellschaft, ihre Verwandlung in Wölfe. Beim Verschlingen der Kadaver wurden sie von einer Art besessener Wut ergriffen, bissen ihre Nachbarn und fraßen rohe Fleischstücke.[73] Wie schon Dumézil bemerkt hat, ähnelt das Verhalten des jungen *hamatsa* jenem des germanischen *berserkr,* der von der *Wut,* von dem *furor heroicus* besessen ist.[74]

Zu dieser Phase des magisch-religiösen Komplexes des Wolfes gehören ebenso die Neuinterpretation und Wiederaufwertung der *Männerbünde* und der kriegerischen Initiation wie auch der Glaube an die Werwölfe und deren Wahnvorstellungen.[75] Der Krieger ist der Jäger per se, wie dieser findet er sein Vorbild im Verhalten des Raubtieres. Man ist Raubtier-Krieger durch Geburt, wenn man von einem Wolf-Urahn abstammt, wie dies der Fall bei bestimmten Stämmen oder Führersippen in Zentralasien der Fall ist, oder man wird es durch Initiation, durch die rituelle Verwandlung in Raubtiere (die indo-iranischen *marya,* die *berserkir*). Bei den Korjaken und bestimmten nordamerikanischen Stämmen (Kwakiutl usw.) werden die Wolfstänze vor dem Aufbruch in den Krieg aufgeführt.[76] Durch die magische Verwandlung in einen Wolf bereitet man sich auf den Kampf vor. In diesem Fall handelt es sich um einen kollektiven Vorgang, während der germanische *berserkr* individuell zur Umwandlung in ein Raubtier gelangte.

Kurz, man erlebt die Daseinsweise des Raubtieres: 1. durch die einfache Tatsache, daß man von einem mythischen Tier abstammt, 2. durch das rituelle Überziehen des Felles eines Raubtieres (es handelt sich um die Wiederholung eines Urereignisses, das die Assimilierung des Tierwesens zur Folge hat), 3. durch die Erfahrung der militärischen und schamanistischen Initiation. Die Werwolf- und

---

[73] Vgl. das Wesentliche in dem Dossier und der Bibliographie bei Werner Müller, *Weltbild und Kult der Kwakiutl-Indianer* (Wiesbaden, 1955), bes. S. 65 ff. und M. Eliade, *op. cit.,* S. 139 ff.

[74] Georges Dumézil, *Horace et les Curiaces* (Paris, 1942), S. 42 ff.

[75] Die Rolle des Wolfes im nord-asiatischen Schamanismus ist eine ältere Erscheinung. Im allgemeinen geht der Schamanismus den verschiedenen Formen der kriegerischen Magie voraus.

[76] Vgl. F. Kretschmar, *op. cit.,* II, S. 257; vgl. Fig. S. 121, die den Wolfstanz bei den Kwakiutl zeigt.

verwandte Vorstellungen sind vergleichbare, jedoch von diesem magisch-religiösen Komplex unabhängige Phänomene. Nach Herodot (IV, 105) verwandeln sich die Neuroi jedes Jahr in Wölfe.[77] Diese Regelmäßigkeit verweist sehr wahrscheinlich auf jährliche Zeremonien, während derer man Wolfsfelle oder -masken überzog, sei es anläßlich der Initiation der jungen Männer, sei es, um die Wiederkehr der Toten darzustellen. (Im übrigen werden diese beiden Zeremonien im allgemeinen gleichzeitig begangen.[78]) Aber die meisten volkstümlichen Glaubensvorstellungen um Werwölfe stehen mit der individuellen Verwandlung in Raubtiere in Zusammenhang. Einige Fälle können mit dem Überleben der „spontanen Initiation" erklärt werden. Es handelt sich um ein rückständiges Phänomen, gewissermaßen um eine spontane Wiederentdeckung vergessener, ritueller oder vollkommen veränderter Handlungen. Man hat oftmals schon auf die Symmetrie zwischen der Initiation des *berserkr* und der Umwandlung in einen Werwolf aufmerksam gemacht.[79] Man kann daraus schließen, daß eine große Anzahl von Volkslegenden und -überzeugungen, die den Werwolf[80] betreffen, durch einen Prozeß des Übergangs in Volksbräuche erklärt werden kann, d. h. durch die Übertragung in die imaginäre Welt konkreter Rituale, entweder schamanistischer Natur oder zur Kriegerinitiation.

Raubtiere, Jäger, Krieger

Das einheitliche Element all dieser Vorstellungen ist die magisch-religiöse Erfahrung der mystischen Verbundenheit mit dem Wolf, mit welchen Mitteln auch immer diese erreicht wird: Kannibalismus,

---

[77] Über die periodischen Umwandlungen in einen Wolf in Arkadien, vgl. A. B. Cook, *Zeus*, I, S. 71 ff. Siehe auch M. Schuster „Der Werwolf und die Hexen. Zwei Schauermärchen bei Petronius" (*Wiener Studien*, 1930, XLVIII, S. 149-178); W. Kroll „Etwas vom Werwolf" (*ibid.*, 1937, LV, S. 168-172).

[78] Vgl. z. B. Otto Höfler, *Kultische Geheimbünde der Germanen*, S. 45 ff. und *passim;* siehe auch Alexander Slawik „Kultische Geheimbünde der Japaner und Germanen" (*Wiener Beiträge für Kulturgeschichte u. Linguistik*, Wien, 1936, S. 675-764), S. 738 ff.

[79] O. Höfler, *op. cit.*, S. 27 ff.; G. Dumézil, *Mythes et Dieux des Germains* (Paris, 1939), S. 83 ff.

[80] Die Bibliographie über Wölfe-Werwölfe ist groß: man findet das Wesentliche bei W. Hertz, *Der Werwolf* (Stuttgart, 1862); W. Fischer, *Dämonische Wesen, Vampir u. Werwolf in Geschichte und Sage* (Stuttgart, 1906); Montague Summers, *The Werewolf* (London, 1933); F. Kretschmar, *op. cit.*, II, S. 184 ff.; R. Eisler, *Man into Wolf*, S. 146-147 (Bibliographie).

furor heroicus, Initiation durch Überziehen des Fells, zeremonieller Rausch, Raub etc. Das Entdecken einer solchen mystischen Verbundenheit mit dem prototypischen Raubtier stellt immer eine persönliche Erfahrung dar; nur eine solche persönliche Erfahrung führt zur totalen Veränderung des Verhaltens, zur Umwandlung des Menschen in ein Raubtier. Aber diese Erfahrung wird durch den ursprünglichen Mythos ermöglicht, mit anderen Worten, durch die Aktualisierung eines Urereignisses, das am Beginn der Zeit stattfand. In der Tat, sowohl der mythische werwölfische Urahn, wie auch der mythische Begründer des Initiationsmysteriums, wie der Erste Schamane oder der Erste Krieger haben entscheidende Handlungen *in illo tempore* vollzogen. Diese Handlungen sind in der Folgezeit zu paradigmatischen, nachzuahmenden Vorbildern geworden. Man kann sich in einen Wolf verwandeln, insofern man sich selbst und die gegenwärtige Zeit verläßt, indem man zum Zeitgenossen des mythischen Ereignisses wird.
Die Wiedererlangung der ursprünglichen Zeit im Ritual ist ein archaisches religiöses Verhalten, das von neueren Forschungen zur Genüge beleuchtet wurde, so daß man hier nicht länger darauf einzugehen braucht. Aus dieser Perspektive können die verschiedenen religiösen Aufwertungen der mythischen Verbindung zwischen Wolf und Krieger als mannigfaltige Ausdrucksform ein und derselben grundlegenden Erfahrung erklärt werden. Die große Jagd, die Initiation oder der Krieg, die Invasion und Besetzung eines Gebietes sind Handlungen, die ein mythisches Vorbild haben: *in illo tempore* wurden sie bereits erstmals von einem übernatürlichen Raubtier durchgeführt. Also, man wird zum berühmten Jäger, zum gefürchteten Krieger, zum Eroberer, indem man den Mythos neu aktualisiert, d. h. indem man das Verhalten des Raubtieres teilt und das Urereignis wiederholt. So entdecken wir eine strukturelle Analogie zwischen der kollektiven Raubtierjagd, dem Krieg[81], der Eroberung eines Territoriums durch Immigranten und dem Verhalten der Flüchtlinge und Geächteten, obwohl diese Handlungen unterschiedliche historische Momente und unabhängige kulturelle Ausdrücke darstellen. All jene, die eine dieser Handlungen durchführen, verhalten sich wie Wölfe, denn auf eine bestimmte Art und Weise „gründen sie eine Welt".

---

[81] Vgl. Karl Meuli „Ein altpersischer Kriegsbrauch" (in *Westöstliche Abhandlungen. Festschrift Rudolf Tschudi,* Wiesbaden, 1954, S. 63-86), über die gemeinsamen Strukturen der Jagd- und Kriegstechniken bei den Iranern und Turko-Mongolen.

Anders gesagt, indem sie das mythische Vorbild nachahmen, hoffen sie, eine paradigmatische Existenz beginnen zu können, wollen sie sich von der Schwäche der Machtlosigkeit und dem Unglück menschlichen Lebens befreien.
Im Südosten Europas und im Mittelmeerraum wurden solche religiösen archaischen Ideologien vom kulturellen Einfluß des Orients und der Ägäis verändert und letztlich zurückgedrängt. In historischer Zeit findet man in Griechenland, in Italien und auf der Balkanhalbinsel nur noch mythologische Fragmente und Spuren der Initiationsriten. Der ursprüngliche Name der Daker muß als verstümmeltes Relikt neben bekannteren Fragmenten, wie der Legende von Romulus und Remus, eingeordnet werden. Richtig ist, daß ein Teil dieses Erbes in Form von Volksbräuchen und volkstümlichen Schöpfungen in diesen typisch traditionsbewahrenden Gegenden des Balkans und der Karpaten überlebt hat. Wir meinen nicht nur den Glauben an den Werwolf, sondern auch bestimmte Bräuche und vor allem jene, die mit dem Wolf in Verbindung stehen. St. Sava und St. Theodor in Jugoslawien, St. Peter in Rumänien werden als Schutzpatrone der Wölfe betrachtet.[82] Eine Untersuchung über die Gesamtheit der im balkanisch-karpatischen Raum überlebenden Bräuche wäre noch anzustellen.
Um diese Bemerkungen abzuschließen, noch ein Wort über das, was man die mythische Dimension der Geschichte der Daker nennen könnte. Es ist bezeichnend, daß das einzige Volk, dem es gelang, die Daker endgültig zu besiegen, das ihr Land besetzt, besiedelt und seine Sprache durchgesetzt hat, das römische war, ein Volk, dessen mythische Genealogie sich um Romulus und Remus entwickelt hatte, den Kindern des Wolfgottes Mars, die von der Wölfin des Kapitols gestillt und aufgezogen worden waren. Das Ergebnis dieser Eroberung und Assimilierung war die Entstehung des rumänischen Volkes. In einer mythologischen Betrachtungsweise der Geschichte könnte man sagen, daß dieses Volk *unter dem Zeichen des Wolfes* entstanden, d. h. zu Kriegen, Invasionen und Vertreibungen bestimmt ist. Der Wolf erschien zum dritten Mal im Geschichtsfeld der Dako-Römer und ihrer Nachkommen. In der Tat wurden die rumänischen Fürstentümer in der Folge der großen Invasionen Dschingis-Khans und

---

[82] Vgl. Pia Laviosa Zambotti, *op. cit.*, S. 186, über die balkanischen Fakten. Siehe auch Octavian Buhociu, *Le Folklore roumain de printemps* (Dissertation, Typoskript, Université de Paris, 1957), S. 127 ff. etc.

seiner Nachfahren gegründet, und der genealogische Mythos von Dschingis-Khan besagt, dessen Urahn sei ein grauer Wolf gewesen, der vom Himmel herabgestiegen sei und der sich mit einer Hindin vereinigt habe . . .
1959.

II

ZALMOXIS

Herodot, IV, 94-96

An einer berühmten Stelle berichtet uns Herodot, was er von den Griechen am Hellespont und am Schwarzen Meer über die religiösen Glaubensvorstellungen der Geten und besonders über deren Gott Zalmoxis erfahren hatte. Die Geten, sagt Herodot, „sind der mannhafteste und redlichste Stamm der Thraker“ (IV, 93). „Sie glauben, unsterblich zu sein“, und zwar im folgenden Sinn: „sie glauben nicht an ihren Tod, sondern meinen, der Tote gehe zu dem Gott Zalmoxis, einem göttlichen Wesen *(daimon)*. Manche von ihnen nennen diesen Gott auch Gebeleïzis“ (IV, 94; übers. v. A. Horneffern, Kröner, 1963). Dann beschreibt Herodot zwei dem Zalmoxis geweihte Rituale: das Blutopfer eines Boten, das alle vier Jahre dargebracht wird, und das Bogenschießen bei Gewittern. Wir werden weiter unten diese Rituale untersuchen. Lesen wir zunächst das, was Herodot von seinen Informanten erfahren hatte.

„Nun habe ich aber von den Hellenen am Hellespontos und am Pontos erfahren, daß dieser Zalmoxis ein Mensch gewesen und als Sklave nach Samos verkauft worden ist. Er war Sklave des Pythagoras, Sohn des Mnesarchos. Dann soll er frei geworden sein, große Reichtümer erworben haben und mit ihnen in seine Heimat zurückgekehrt sein. Weil die Thraker noch recht ärmlich und roh lebten, hat dann Zalmoxis, der das Leben in Ionien und feinere Genüsse als die thrakischen kennengelernt hatte – hatte er doch unter Hellenen gelebt und gar bei einem der weisesten Männer von Hellas, dem Pythagoras –, einen Saal erbaut, in dem er die vornehmsten Mitbürger zum Schmause einlud und sie beim Mahle lehrte, weder er, noch die Zechgenossen, noch ihre Nachkommen würden jemals sterben, sondern würden an einen Ort kommen, wo sie in Ewigkeit herrlich und in Freuden leben würden. Während er aber solche Gastmähler gab und solche Reden führte, ließ er sich ein unterirdisches Gemach bauen. Als das Gemach fertig war, machte er sich den Thrakern unsichtbar; er stieg nämlich in dieses unterirdische Gemach hinab und lebte dort drei Jahre lang. Die Thraker betrauerten ihn wie einen Toten. Im vierten Jahre erschien er wieder unter ihnen, und nun glaubten sie an die Lehre des Zalmoxis. So der Bericht. Ich will, was man von diesem unterirdischen Gemach sagt, nicht bestreiten, glaube aber auch nicht recht daran. Mir scheint aber, daß Zalmoxis viele Jahre vor Pythagoras gelebt haben muß. Doch wollen wir unentschieden lassen, ob es überhaupt einen Menschen Zalmoxis gegeben hat oder ob er ein Stammesgott der Geten ist" (IV, 95-96, übers. v. A. Horneffern).

Verständlicherweise hat dieser Text auf die antike Welt, von den Zeitgenossen Herodots bis zu den letzten Neo-Pythagoräern und Neo-Platonikern, einen großen Eindruck gemacht. Bis in unsere Tage haben Gelehrte ihn eifrig kommentiert und interpretiert. Mit einigen Deutungen werden wir uns später beschäftigen müssen.[1] Zunächst wollen wir die Hauptbestandteile unterscheiden: a) die Informanten Herodots betonen, daß Zalmoxis Sklave des Pythagoras gewesen ist und daß er, später in Freiheit, sich der Aufgabe

---

[1] Die Bibliographie bis zum Jahr 1936 ist von G. Kazarow erstellt worden, „Thrakische Religion", in Pauly-Wissowa, *Realencyclopädie der classischen Altertumswissenschaft,* VI, A I, zweite Reihe, XI Halbband (Stuttgart, 1936), bes. der Abschnitt 548 f. Vgl. auch Carl Clemen, „Zalmoxis" (*Zalmoxis, Revue des études religieuses,* II, Bukarest, 1939, S. 53-62); Jean Coman, „Zalmoxis. Un grand problème gète" (*ibid.,* S. 79-110); I. I. Russu, „Religia Geto-Dacilor, Zei, credinte, practici religioase". (*Anuarul Institutului de Studii Clasice,* V, Cluj, 1947, S. 61-137), bes. S. 84-102 (S. 66-74, eine Bibliographie, die besonders für die in rumänischer Sprache erschienenen Arbeiten wichtig ist); id., „Zalmoxis", *Realencyclopädie,* zweite Reihe, XVIII (1967) Abschnitte 2302-2305; Friedrich Pfister, „Zalmoxis", (*Studies presented to D. M. Robinson,* edited by George Mylonas and Doris Raymond, Washington University, Saint Louis, Missouri, Vol. II, 1953, S. 1112-1123). Es ist hier nicht der Ort, die umfassende Bibliographie über die Vorgeschichte und die Geschichte Dakiens anzuführen. Es seien nur einige unerläßliche Arbeiten erwähnt: Vasile Pârvan, *Getica* (Bukarest, 1926); id., *Dacia. An Outline of the Early Civilization of the Carpatho-Danubian Countries* (Cambridge, 1928; vgl. auch die rumänische Übersetzung von Radu Vulpe, IV. Ausgabe, Bukarest, 1967, mit wichtigen Ergänzungen und kritischen Bibliographien des Übersetzers, S. 159-216); *Istoria României,* Bd. I (Bukarest, 1961); D. Berciu und D. M. Pippidi, *Din istoria Dobrogei I: Geti şi Greci la Dunărea-de-jos din cele mai vechi timpuri până la cucerirea romană* (Bukarest, 1965); Hadrian Daicoviciu, *Dacii* (Bukarest, 1965); R. Vulpe, *Aşezări getice în Muntenia* (Bukarest, 1966). Zu erwähnen ist noch, daß Herodot uns nur über die Geten und deren Nachbarstämme (Teryser, Krobyzer) um den Hellespont informiert. Erst später, in der Zeit des römischen Imperiums, finden die Autoren Interesse an den Dakern, die im Karpatenbogen wohnen.

verschrieb, unter den Geten die griechische Zivilisation und die Lehre seines Herrn einzuführen; b) der Kern der „pythagoräischen“ Lehre des Zalmoxis war die Unsterblichkeitsidee oder, genauer, der Gedanke einer glückseligen Postexistenz; c) Zalmoxis erklärte diese Lehre anläßlich von Festbanketten, die er für die Bürgerelite in einem eigens zu diesem Zweck errichteten *andreon* gab; d) während dieser Zeit ließ er sich ein unterirdisches Gemach bauen, in dem er sich drei Jahre verborgen hielt; die Geten, die ihn tot glaubten, trauerten um ihn, er tauchte aber im vierten Jahr wieder auf und bewies damit auf eine glänzende Weise die Wahrheit seiner Lehre. Herodot schließt seinen Bericht, ohne sich über die Echtheit des unterirdischen Gemaches auszusprechen, noch zu entscheiden, ob Zalmoxis ein Mensch[2] oder ein göttliches Wesen war, sondern mit der Vermutung, daß nach seiner Meinung dieser Gete dem Pythagoras um viele Jahre vorausgegangen sei.

Mit Ausnahme eines einzigen Details, das unverständlich erscheint, nämlich die Trauer der Geten nach dem Verschwinden des Zalmoxis (denn man fragt sich, wie sie auf dessen *Tod* schlossen, ohne die Leiche gefunden zu haben?), ist der Bericht zusammenhängend: Die Griechen des Hellespont, oder Herodot selbst, hatten das, was sie von Zalmoxis, seiner Doktrin und seinem Kult gelernt hatten, in eine Vorstellungswelt pythagoräischer Struktur eingebettet. Ob dabei die Griechen des Hellespont, oder Herodot selbst, aus patriotischen Gründen gehandelt haben mögen (wie kann man sich eine vergleichbare Doktrin als von Barbaren erdacht vorstellen?), ist ohne Bedeutung. Wichtig ist, daß die Griechen durch die Ähnlichkeit zwischen Pythagoras und Zalmoxis in Erstaunen gerieten. Das reicht aus, um uns mehr über den Charakter der spezifischen Theorie und Praxis des Kultes des Zalmoxis zu sagen. Tatsächlich erlaubte die *interpretatio graeca* eine große Anzahl von Gleichsetzungen mit den griechischen Göttern oder Helden. Die Tatsache, daß man Pythagoras als die Quelle der religiösen Lehre des Zalmoxis gedeutet hat, zeigt an, daß die Verehrung des Getengottes den Glauben an die Unsterblichkeit der Seele und bestimmte Initiationsriten zum Inhalt hatte. Hinter

---

[2] Die historische Wirklichkeit einer Person, die sich als Zalmoxis ausgab, Schüler des Pythagoras wurde und sich bemühte, die ‚pythagoräische Staatslehre‘ in Dakien einzuführen, wird von Edwin L. Minar Jr., *Early Pythagorean Politics in Practice and Theory* (Baltimore, 1942), S. 6 f. vertreten. Die Hypothese überzeugt nicht.

dem Rationalismus und dem Euhemerismus Herodots oder seiner Informanten ahnt man den Mysteriencharakter des Kultes. Das ist vielleicht der Grund für Herodots Zögern, Einzelheiten anzugeben (im Falle, daß – was nicht sicher ist – seine Informanten ihn belehrt hatten): seine Verschwiegenheit, was Mysterien angeht, ist wohlbekannt. Aber Herodot bekennt, daß er nicht an die Geschichte, nach der Zalmoxis Sklave des Pythagoras war, glaubt, sondern ist im Gegenteil der Vorzeitigkeit des getischen *daimon* sicher – und dieses Detail ist wichtig.

Das „unterirdische Gemach"

Das *andreon,* das Zalmoxis sich hatte bauen lassen, wo er die vornehmsten Bürger empfing und über die Unsterblichkeit sprach, erinnert sowohl an den Raum, in dem Pythagoras in Kroton[3] lehrte, als auch an die Räumlichkeiten, in denen die rituellen Bankette geheimer religiöser Bünde stattfanden. Solche rituellen Bankettszenen sind später auf Monumenten, die man in Thrakien und in der Donauebene[4] gefunden hat, reichlich belegt. Was das unterirdische Gemach angeht, so ist klar – wenn es sich dabei nicht um eine Hinzufügung Herodots handelt, der sich an eine Legende in Verbindung mit Pythagoras[5] erinnerte, wir werden sie eingehend diskutieren –, daß ihre Funktion nicht verstanden worden ist. Tatsächlich zieht sich Pythagoras – nach einem nur unvollständig erhaltenen satirischen Bericht

---

[3] Pierre Boyancé, *Le culte des Muses chez les philosophes grecs* (Paris, 1937), S. 134, sieht in dem von Zalmoxis und seinen Gästen gemeinsam eingenommenen Mahl das älteste Zeugnis der kultischen Mahlzeit bei den Pythagoräern.

[4] Eine Dokumentation findet sich in den Artikeln von G. Kazarow, *Realencyclopädie,* VI A, 548 f.; siehe auch M. P. Nilsson, *Geschichte der griechischen Religion,* I (2. Ausg., München, 1955), S. 172 f.; S. Eitrem, in *Realencyclopädie,* VIII, 1142 f.; Gh. Pintea, *Anuarul Istitutului de Studii Clasice* (Cluj), II, 1935, S. 229, gibt eine Liste der in der Dobrudscha gefundenen Denkmäler; siehe auch R. Vulpe, *Histoire ancienne de la Dobroudja* (Bukarest, 1938), S. 220 und Abb. 61.

[5] Walter Burkert (*Weisheit und Wissenschaft. Studien zu Pythagoras, Philolaus und Platon,* Nürnberg, 1962, S. 139 f.) fragt sich, ob das ‚unterirdische Gemach' nicht auf den Einfluß einer pythagoräischen Tradition zurückgeht. Wir werden nämlich sehen, daß Strabon (VII, 297 f.) nicht von einem ‚unterirdischen Gemach', sondern von einer Grotte im Berg Kogainon spricht. Wie dem auch sei, symbolisch und rituell kommen sich das unterirdische Versteck und die Höhle in der Bedeutung gleich: Beide stehen für die ‚Welt des Jenseits'. Siehe auch W. Aly, *Volksmärchen, Sage und Novelle bei Herodot und seinen Zeitgenossen* (Göttingen, 1921), S. 129 f.

des Hermippos[6] – auf sieben Jahre (die Dauer von sieben Jahren gibt Tertullian an) in ein unterirdisches Versteck zurück. Auf sein Geheiß verfaßt seine Mutter einen Brief, den er vor der Versiegelung auswendig lernte. Bei seiner Rückkehr, gleich der eines Toten aus dem Hades, wendet sich Pythagoras mit der Behauptung an die Volksversammlung, er sei in der Lage, das Täfelchen zu lesen, ohne das Siegel aufzubrechen. Nach diesem Wunder sind die Krotoner von seinem Aufenthalt in der Unterwelt überzeugt und glauben alles, was er über das Schicksal ihrer Angehörigen und Freunde berichtet. Für Pythagoras aber ist das Überleben der Seele nur eine Folge der Lehre von der Seelenwanderung; der Verankerung dieser Lehre galten alle seine Bemühungen.

Seit Rohde haben die Gelehrten die Quelle dieser Parodie in der Geschichte Herodots über das Versteck des Zalmoxis gesehen.[7] Es ist aber möglich, daß Hermippos auch anderes Quellenmaterial benutzt hat.[8] So ist bekannt, daß Jamblichos in seinem *Leben des Pythagoras* den gleichen Sachverhalt schildert, jedoch fügt er Details hinzu, die sich bei Herodot nicht finden.[9] Wie dem auch sei: Die rationalistische Schilderung Herodots, wie auch die von Hermippos überlieferten Parodien und ihre Quellen, verkennen oder verändern absichtlich die religiöse Bedeutung der Begebenheiten. Sich in ein Versteck zurückziehen oder in einen unterirdischen Raum hinabsteigen ist rituell und symbolisch einer *katabasis,* einem im Hinblick auf eine Initiation unternommenen *descensus ad inferos* gleichzusetzen. Diese Art von

---

[6] Gekürzt durch Diogenes Laertius, VIII, 41, und durch Tertullian, *De anima,* 28, und die Scholien zu *Electra,* v. 62 – Texte reproduziert von Isidore Lévy, *Recherches sur les sources de la légende de Pythagore* (Paris, 1926), S. 37-38. Siehe die Diskussion dieses Themas in I. Lévy, *La légende de Pythagore en Grèce et en Palestine* (Paris, 1927), S. 129 f.

[7] Erwin Rohde, „Die Quellen des Iamblichus in seiner Biographie des Pythagoras" (*Rheinisches Museum,* 26, 1871, S. 554-576), S. 557; Armand Delatte, *La vie de Pythagore de Diogène Laërce* (Brüssel, 1922), S. 245; I. Lévy, *La légende de Pythagore,* S. 133.

[8] Tatsächlich sind bei Herodot zumindest drei Elemente nicht erwähnt: die Thematik des Briefes, die Präzisierung, daß Pythagoras einem Skelett ähnlich wiederauftaucht, und vor allem die Gegenwart der Mutter. Es ist möglich, daß dieses letzte Motiv eine Rationalisierung der chthonischen Großen Mutter vertritt; vgl. Burkert, *Weisheit und Wissenschaft,* S. 139. In Metapont, der Stadt, wo man glaubte, daß Pythagoras verstorben sei, war sein Haus in ein Heiligtum der Demeter umgewandelt worden; vgl. Boyancé, *Le culte des Muses,* S. 234.

[9] J. S. Morrisson, „Pythagoras of Samos" (*Classical Quarterly,* 50, 1956, S. 135-156), S. 140-41.

Abstieg findet sich mehrfach in den mehr oder weniger legendären Biographien über Pythagoras bestätigt.[10] Nach Porphyrios (*Vita Pyth.* 16-17) ging die Initiation des Pythagoras in die Mysterien des Zeus auf Kreta folgendermaßen vonstatten: Er wurde von den Mysten des Daktylus Morges unter Verwendung eines Feuersteins gereinigt, verbrachte die Nacht in ein schwarzes Schaffell gehüllt, stieg in die Höhle des Ida hinunter und blieb dort 27 Tage. Diogenes Laertius (VIII, 3) fügt hinzu, er sei in Begleitung des Epimenides, des Vermittlers kultischer Reinigung par excellence, in die Höhle hinabgestiegen.[11] In der Erzählung *Abaris,* die uns nur fragmentarisch erhalten geblieben ist, steigt Pythagoras in die Unterwelt hinab, begleitet von einem übernatürlichen Führer.[12]

Diese, wenn auch späten Legenden helfen uns, die Hauptbedeutung des unterirdischen Gemachs des Zalmoxis zu erfassen. *Es handelt sich um einen Initiationsritus.* Das impliziert nicht notwendigerweise, daß Zalmoxis eine chthonische Gottheit war (vgl. weiter unten). Hinabsteigen in die Unterwelt bedeutet Kennenlernen der „Todesinitiation", einer Erfahrung, die geeignet ist, eine neue Seinsweise zu begründen. Das „Untertauchen" (Sich-Verbergen) und das „Wiederauftauchen" (Epiphanie) eines Gottes oder Halbgottes (messianischer König, Prophet, Magier, Gesetzgeber) ist ein mythisch-ritueller

---

[10] Das Quellenmaterial über die Abstiege des Pythagoras ist von Paul Corssen geordnet und diskutiert worden in „Zum Abaris des Heraklides Ponticus" (*Rheinisches Museum,* 67, 1912, S. 20-47), S. 42 f.; vgl. A. Dieterich, *Nekyia* (2. Ausg. Leipzig-Berlin), S. 130 f.; M. P. Nilsson, *op. cit.,* I, S. 664. Siehe jetzt Burkert, *op. cit.,* S. 136 f.

[11] Nach diesem Vorbild gestaltet Philostratos, *Vita Apollonii,* VIII, 19, den Abstieg des Apollonius von Tyana in die Höhle des Trophonios, wo er sieben Tage geblieben sein soll. Auf seine Frage, welches die vollendetste Philosophie ist, teilte ihm das Orakel eine Doktrin mit, die der von Pythagoras gelehrten ähnlich ist.

[12] Vgl. I. Lévy, *La Légende de Pythagore,* S. 79 f.; ebenf. S. 46 f., 84 f. Es ist wichtig hinzuzufügen, daß die neuen Forschungen über Pythagoras und den Pythagoreismus, wenn auch indirekt, unseren Gegenstand zu erhellen vermögen. Einerseits verfügt man mittlerweile über bessere Textausgaben und genauere Textanalysen; vgl. z. B. Maria Timpanaro Cardini, *Pitagorici: Testimonianze e Frammenti,* 3. Bde., Florenz, 1958-1964; Holger Thesleff, *An Introduction to the Pythagorean Writings of the Hellenistic Period* (Acta Academiae Aboensis, Humaniora XXIV, 3, Abo 1961). Andererseits sind die Forscher geneigter, bestimmte Zeugnisse aus der Spätantike, die bisher vernachlässigt oder unterbewertet wurden, zu berücksichtigen. Eine Folge dieser neuen Arbeitsweise betrifft direkt die Person des Pythagoras: Man macht keine Unterscheidung mehr zwischen Pythagoras, dem „Wissenschaftler", und Pythagoras, dem „Mystiker". Außer dem bereits zitierten Artikel von Morrisson und Burkerts Buch, siehe C. J. De Vogel, *Pythagoras and Early Pythagoreanism* (Assen, 1966) und W. K. C. Guthrie, *A History of Greek Philosophy,* Bd. I (Cambridge, 1962), S. 146-181.

Handlungsablauf, der in der mediterranen und asiatischen Welt häufig vorkommt. Minos, Sohn des Zeus, ein Paradebeispiel des antiken Gesetzgebers, zog sich alle neun Jahre in die Berge zurück, in die Höhle des Zeus, und verließ sie wieder mit Gesetzestafeln versehen (Strabon, X, 4, 8; XVI, 2, 38). Vor allen anderen zeichnet sich Dionysos durch seine Epiphanien und sein regelmäßiges Untertauchen, durch seinen „Tod" und seine „Wiedergeburt" aus; dabei lassen sich sogar Beziehungen zum Rhythmus der Vegetation und, im allgemeinen, mit dem ewigen Zyklus Leben-Tod-Wiedergeburt erschließen. Aber in der geschichtlichen Epoche selbst war dieser Einklang von kosmischem Rhythmus und der Gegenwart der Götter, der ihrer Abwesenheit vorausging und folgte, nicht mehr zu erkennen.

Rituelle Höhlen: Sich-Verbergen und Epiphanien

Ein mythisch-ritueller Handlungsablauf läßt sich in einer Reihe von Überlieferungen bezüglich der regelmäßigen Epiphanie eines Gottes, der Thronbesteigung eines kosmokratischen oder messianischen Königs oder schließlich der Erscheinung eines Propheten erkennen. Dieser Handlungsablauf hat sich lange im iranischen und asiatischen Umfeld erhalten. Einer Legende zufolge verkündet Mani, er werde zum Himmel auffahren und dort ein Jahr bleiben; er zieht sich daraufhin in eine Höhle zurück.[13] Bîhâfarid, der im 8. Jahrhundert lebte, errichtete sich einen Tempel und ließ sich darin einschließen, nachdem er seine Frau von seinem baldigen Ableben überzeugt hatte. Nach einem Jahr erscheint er wieder und gibt vor, im Himmel gewesen zu sein, wo Gott ihm den Himmel und die Hölle gezeigt und ihn mit einer Offenbarung beauftragt habe.[14] G. Widengren hat dieses Motiv eingehend studiert und unter anderem auf die durch Al-Bîrûni weitergereichte Überlieferung hingewiesen: Am Vorabend seiner Thronbesteigung zieht sich der Partherkönig in eine Grotte zurück,

---

[13] Mirxond, *Histoire des Sassanides* (Paris, 1843), S. 189; vgl. den Kommentar von G. Widengren, *Muhammad, the Apostle of God, and his Ascension* (Uppsala, 1955), S. 83 f.; id. *Iranisch-semitische Kulturbegegnung in parthischer Zeit* (Köln und Opladen, 1960), S. 64.

[14] Vgl. die von Widengren zitierten Texte, *Muhammad, the Apostle of God,* S. 82; *Iranisch-semitische Kulturbegegnung,* S. 63-64.

und seine Untertanen nähern sich und verehren ihn wie einen Neugeborenen, d. h. wie ein Kind von übernatürlicher Herkunft.[15] Die armenischen Überlieferungen berichten von einer Höhle, in die sich Meher (d. h. Mihr, Mithra) einschließt und die er einmal im Jahr verläßt. In der Tat ist Mithra der neue König, reinkarniert, neu geboren.[16]

Dieses iranische Motiv findet sich in den christlichen Überlieferungen der Geburt des Herrn in der lichterfüllten Grotte Bethlehems wieder. Nach dem unbekannten Autor des *Opus imperfectum in Matthaeum* bestiegen die Magier-Könige aus dem Morgenland jedes Jahr den Berg der Siege, wo sich eine Grotte mit Quellen und Bäumen befand, um das Erscheinen des Sterns abzuwarten. Er erschien schließlich in Form eines kleinen Kindes, das sie nach Judäa zu gehen hieß. Die *Chronik des Zuqnîn,* deren Vorform – ebenso wie die des *Opus imperfectum* – vor dem 6. Jahrhundert entstanden sein muß, führt folgende Legende aus: Die zwölf „Weisen-Könige" steigen jeden Monat ins Gebirge und begeben sich in die Schatzhöhle. Eines Tages sehen sie eine Säule von unbeschreiblichem Licht, obenauf einen Stern, dessen Helligkeit die mehrerer Sonnen übersteigt. Der Stern bewegt sich in die Schatzhöhle und eine Stimme lädt die Könige zum Eintritt ein. Beim Hineingehen werden die Könige vom Licht geblendet und knien nieder. Aber das Licht konzentriert sich und erscheint kurz darauf in Form eines kleinen, demütigen Wesens, das ihnen mitteilt, vom himmlischen Vater geschickt worden zu sein. Es rät ihnen, nach Galiläa zu gehen.[17]

Man erkennt hier den mächtigen, synkretistischen Mythos, weitgehend iranisiert, des Weltherrscher-Erlösers. Wie wir anderswo dargelegt haben[18], sind bestimmte Elemente archaisch und gehen dem Mithra-Kult und dem iranisch-semitischen Synkretismus vorauf. Das Gewicht des Themas eines übernatürlichen Lichtes sollte uns nicht dazu verleiten, den fundamentalen Symbolgehalt des Handlungsablaufes zu übersehen. Hier wie in den vorhergehenden Beispie-

---

[15] Al-Bîrûni, *India* (Übers. Sachau), II, S. 10; G. Widengren, *Iranisch-semitische Kulturbegegnung,* S. 62.

[16] Vgl. G. Widengren, *Iranisch-semitische Kulturbegegnung,* S. 65; id. *Les religions de l'Iran* (Paris, Payot, 1968), S. 269; Sven S. Hartman, *Gayômart. Étude sur le syncrétisme dans l'ancien Iran* (Uppsala, 1953), S. 60, Anm. 2, S. 180 und Anm. 6.

[17] Siehe auch die Quellenangaben und die Bibliographie in Mircea Eliade, *Méphistophélès et l'Androgyne* (Paris, 1962), S. 61-63.

[18] Vgl. *Méphistophélès et l'Androgyne,* S. 63-64.

len stellt die Grotte auf dem Gipfel den Ort einer göttlichen Epiphanie par excellence dar, einen Ort, wo – nach einer Periode des Sich-Verbergens – ein Retter-Gott, ein Prophet oder ein Weltherrscher erscheint.

Folglich steht die Höhle für die andere Welt, aber auch für das gesamte Universum. Es ist nicht erst die unmittelbare, „natürliche" Einschätzung der Grotte als Schattenreich und somit unterirdisch gelegen, die es uns erlaubt, ihren Symbolgehalt und ihre religiöse Funktion zu erfassen, – sondern der Erfahrungswert, der sich durch das Eindringen in einen geheiligten und alles in allem absoluten, d. h. *in einen sich als Welt konstituierenden* Raum ergibt. Manchmal imitiert die rituelle Grotte den Nachthimmel.[19] Sie ist mit anderen Worten eine *imago mundi* oder ein Universum in Kleinstform.[20] Das Wohnen in einer Höhle hat nicht notwendigerweise einen Abstieg in das Reich der Schatten zur Folge, – jedoch das Leben in einer anderen Welt, umfangreicher und komplexer, da sie eine Vielfalt von Existenzmodi umschließt (Götter, Dämonen, Seelen der Sterblichen etc.) und schließlich mit „Reichtümern" und zahllosen Wirkungsvermögen ausgestattet ist (vgl. säkularisierte Mythen von Schatzhöhlen etc.). Erst in der Folge der „naturalistischen" Interpretationen der Gelehrten des 19. Jahrhunderts und deren Rückführung der religiösen Symbolismen auf ihre konkreten, physischen Aussagewerte hat man den kosmischen Sinn der Grotten und unterirdischen Kultstätten auf eine einzige Bedeutung festlegen können, nämlich Aufenthaltsort der Toten und Quelle tellurischer Fruchtbarkeit.[21]

Zalmoxis und das „Unsterblichwerden"

Versucht man jetzt, die von Herodot überlieferte Tradition in sich selbst zu verstehen, ohne weder nach ihrem Ursprung, noch nach ihrer Authentizität zu fragen, so kann man die Person des Zalmoxis wie folgt beschreiben: a) er ist ein *daimon* oder ein *theos,* der eine

[19] Siehe A. B. Cook, *Zeus,* II,2 (Cambridge, 1925), S. 1150; III,2, (1940), S. 1187.

[20] Vgl. F. K. Dörner und Th. Goell, *Arsameia am Nymphaios* (Berlin, 1963), S. 129-145.

[21] Obwohl F. B. J. Kuiper auf seinem ‚Unterwelts'-Aspekt bestehen bleibt, hat er genau die kosmische Struktur des indo-iranischen Jenseitsbildes erkannt; vgl. „Remarks on ‚The Avestan Hymn to Mithra'" (*Indo-Iranian Journal,* V, 1961, S. 36-60), S. 58-59.

eschatologische Lehre „enthüllt“ und einen Initiationskult „gründet“, von dem das ontologische System einer *post mortem*-Existenz abhängt; b) mit anderen Worten, Zalmoxis ist kein übernatürliches Wesen des kosmischen oder institutionellen Typs, das man seit Beginn der Tradition *für gegeben* ansieht – wie die anderen thrakischen Götter, von denen Herodot spricht: *Ares, Dionysos, Artemis* oder *Hera*; Zalmoxis erscheint in einer Religionsgeschichte, die ihm voraufgeht, er leitet nur eine neue Epoche in der Eschatologie ein; c) die „Offenbarung“, die er den Geten überbringt, wird durch einen mystisch-rituellen Handlungsablauf vermittelt, der als „Tod“ (Sich-Verbergen) und „Rückkehr auf die Erde“ (Epiphanie) wohlbekannt ist, ein Handlungsablauf also, der von verschiedenen Personen, die die Gründung einer neuen Ära oder die Etablierung eines eschatologischen Kultes verfolgten, in Szene gesetzt wurde; d) Kern der Botschaft des Zalmoxis ist das Überleben oder die Unsterblichkeit der Seele; e) da aber die Rückkehr des Zalmoxis in Fleisch und Blut keinen „Beweis“ für die „Unsterblichkeit“ der Seele erbringt, spiegelt diese Episode offensichtlich ein Ritual, das uns unbekannt ist.

Der Glaube an die Unsterblichkeit der Seele hat die Griechen des 5. Jahrhunderts unaufhörlich beschäftigt. Herodot fand, um die Geten zu beschreiben, keinen ausdrucksvolleren Ausdruck als jenen, „die an ihre Unsterblichkeit glauben“ (*Gétas toùs athanatízontas;* IV, 93), „sie glauben nicht an ihren Tod, sondern meinen, der Tote gehe zu dem Gott Zalmoxis“ (IV, 94). Im *Charmides,* einem Dialog, der etwa dreißig Jahre nach Herodot entstanden ist, spricht Sokrates von der Begegnung mit einem thrakischen Arzt, „einer dieser Ärzte des Thrakerkönigs Zalmoxis, die dafür bekannt sind, die Unsterblichkeit verleihen zu können“ (156 d). In der Tat hat das Verb *athanatízein* (vgl. Herodot V, 4) nicht die Bedeutung „sich für unsterblich halten“, sondern „sich unsterblich machen“.[22] Der Sinn dieses „Unsterblichwerdens“ ist im Bericht Herodots überliefert: Als Zalmoxis seine Gäste unterhielt („die vornehmsten Mitbürger“), belehrte er sie, „weder er, noch die Zechgenossen, noch ihre Nachkommen würden jemals sterben, sondern würden an einen Ort kommen, wo sie in Ewigkeit herrlich und in Freuden leben würden“ (IV, 95). Anders

[22] Vgl. I. M. Linforth, „*Oi athanatizontes,* Herodotus IV, 93-96“ (*Classical Philology,* XIII, 1918, S. 23-33).

gesagt, dieses glückselige Leben nach dem Tod war nicht etwa jedem gegeben, sondern war mittels Initiation zu erlangen, was den von Zalmoxis etablierten Kult in die Nähe der griechischen und hellenistischen Mysterien bringt. Hellanikos, früher geboren als Herodot, aber dessen Werk verpflichtet, nennt in seiner Beschreibung den Ritus des Zalmoxis mit gutem Recht *„teletai"*, was den initiatorischen Charakter betont.[23]

Unter anderem bezieht sich Hellanikos auf die Terizer und die Krobyzer, zwei den Geten benachbarte thrakische Stämme in der Gegend der Straße von Kertsch: Auch sie glauben, nicht sterblich zu sein, und daran, daß die Toten zu Zalmoxis gehen. Der Aufenthalt in der Umgebung des Gottes ist jedoch nicht endgültig, denn „man glaubt an die Rückkehr der Toten". Daher freut man sich beim Tod einer Person in dem Gedanken, daß der Verstorbene wiederkommen wird.[24] So bringen sie Opfer und veranstalten Belustigungen, damit „der Tote zurückkehre".[25] Über die Rückkehr der Toten findet sich nur bei Photios, Suidas und Pomponius Mela (II, 2, 18) etwas. Nach dem letzteren gab es bezüglich des Weiterlebens der Seele bei den Thrakern drei Glaubensrichtungen, wovon die erste in seinem Bericht die Rückkehr der Toten versichert: *alii* [unter den Thrakern] *redituras putant animas obeuntium.* Andere glauben nicht an die Rückkehr der Seelen, die nicht vergehen, sondern in die Glückseligkeit eingehen *(etsi non redeant, non extingui tamen, sed ad beatiora transire)*. Der dritte Glaube ähnelt mehr einer pessimistischen Philosophie als einer Volkseschatologie: Die Seelen sterben, aber der Tod ist dem Leben vorzuziehen *(emori quidem, sed id melius esse quam vivere)*. Wie man sieht, kompliziert die Knappheit der Informationen, die uns neben Herodot zur Verfügung stehen, eine Klärung des Problems. Bemühen wir uns zunächst, die mögliche Bedeutung der „Rückkehr der Toten", von der die Quellen bei Photios, Suidas und Pomponius Mela sprechen, zu erfassen. Keinesfalls impliziert diese Bestätigung die Seelenwanderung, wie man gelegentlich behauptet hat[26], auch wenn eine Andeutung bei Euripides den Glauben an die

---

[23] F. Jacoby, *Fragmente der griechischen Historiker* (1923 f.), Frg. 73. Kaiser Julian wiederholt die gleiche Tradition: Die Geten sind überzeugt, daß sie nicht sterben, sondern zu Zalmoxis gehen (*De Caes.* 327, D).

[24] Vgl. J. Coman, *Zalmoxis,* S. 108.

[25] Suidas, s. v. Zalmoxis.

[26] Erwin Rohde, *Psyche* (4. Aufl., Tübingen, 1907), II, S. 31.

Reinkarnation bei den Thrakern möglich erscheinen läßt.[27] Es ist durchaus möglich, daß die ohnehin späten Informationen über die „Rückkehr der Toten“ das Ergebnis einer verworrenen Interpretation der Textstelle bei Herodot sind: Die Geten glaubten, von Zalmoxis überzeugt, an die „Unsterblichkeit“ der Seele, und Zalmoxis selbst kehrte nach vier Jahren zurück; d. h. die Toten begeben sich für einen bestimmten Zeitraum zu Zalmoxis und kehren dann zur Erde zurück. Eine andere Interpretationsmöglichkeit wäre die eines Bestattungsrituals, das auf die regelmäßige Rückkehr der Toten ausgerichtet ist. Vergleichbare Rituale sind sowohl im Mittelmeerraum, in Griechenland und dem Balkan, als auch anderswo (Germanen, Finno-Ugrier etc.) belegt. Der Hinweis, daß die Terizer und Krobyzer Opfer bringen und Belustigungen veranstalten, „um die Toten zur Rückkehr zu bewegen“, erinnert an eine Reihe ähnlicher Bräuche, von denen uns nur der eindrucksvollste von den Tscheremissen erzählt wird.[28] Es ist ebenfalls möglich, daß es sich um jüngere Neuerungen infolge der iranischen und germanischen Einflüsse handelt, die zu Zeiten des Decebalus im Schwange waren.[29]

Ganz gleich, um welche Interpretation es sich handelt, das Motiv der „Rückkehr der Toten“ hat nichts mit Herodots Bericht über die Lehre des Zalmoxis, noch mit dem, was die Griechen seit dem 5. Jahrhundert über die Glaubensrichtungen der Geten erfahren hatten, zu tun. Was die Griechen interessierte, war, daß Zalmoxis die „Unsterblichkeit“ verlieh und daß seine Anhänger nach dem Tode zu ihm „an einen Ort kommen, wo sie in Ewigkeit herrlich und in Freuden leben würden“. Herodot sagt nicht, daß die „Seele“ vom Körper getrennt nach dem Tod zu Zalmoxis gehe. Hätte er nicht andere Informationen zum Kult des Zalmoxis hinzugefügt, so hätte man Herodots Text in der Perspektive der homerischen Doktrin interpretieren können: Die Unsterblichkeit ist außer Reichweite der Menschen; die wenigen

---

[27] Rohde, *ibid.* Herbert S. Long, *A Study of the Doctrine of Metempsychosis in Greece from Pythagoras to Plato* (Princeton, 1948), S. 8, verwirft zu Recht Rohdes Interpretation: Zalmoxis kann die Metempsychose nicht lehren, da er nicht in veränderter Form zurückkehrt. Eine ähnliche Meinung wird vertreten von J. A. Philip, *Pythagoras and early Pythagoreanism* (University of Toronto Press, 1966), S. 153. Siehe auch A. Cameron, *The Pythagorean Background of the Theory of Recollection* (Wisconsin, 1938), S. 13 f.

[28] Vgl. Uno Holmberg, *Die Religion der Tscheremissen* (FCC, 61, Porvoo, 1926), S. 27 f.

[29] Siehe einige bibliographische Angaben bei Joseph Wiesner, *Die Thraker* (Stuttgart, 1963), S. 225, Anm. 53.

Nichtgötter, die dem Tod entgangen sind (Achilles, Menelaos etc.) sind auf geheimnisvolle Art in entlegene, sagenhafte Regionen gebracht worden (Insel der Glückseligen etc.), wo sie weiter *leben,* d. h. sich einer körperlichen Existenz erfreuen. Das gleiche hätte man von den in den *teletai* des Zalmoxis Initiierten sagen können: sie würden nicht sterben, nichts von einer Trennung der Seele vom Körper wissen, sondern zu Zalmoxis in ein paradiesisches Land gehen.

Aber Herodot berichtet auch (IV, 94) von dem Ritual um Zalmoxis: Das Absenden eines Boten alle vier Jahre. Ein durch das Los Ermittelter wird hochgeworfen und im Fall von Speerspitzen durchbohrt. Es ist einleuchtend, daß sich die *Seele* des Boten zu Zalmoxis auf den Weg begibt. Lassen wir zunächst das Nebeneinander eines blutigen Menschenopfers mit einer religiösen Initiation, die Unsterblichkeit verleihen soll, außer acht. Was sicher erscheint, ist, daß für die Geten, ganz wie für die in die eleusinischen Mysterien Eingeweihten oder wie die „Orphiker“, das glückselige Leben *nach dem Tod* anfängt; nur die „Seele“, das geistige Prinzip, geht zu Zalmoxis.

Gerade diese Autonomie der Seele aber, ebenso wie bestimmte paranormale Phänomene (Ekstase, Erstarrung in Trance etc.), die als Beweis für das Überwechseln der Seele, d. h. ihre „Unsterblichkeit“, hervorgerufen wurden, setzten die Griechen in Erstaunen und Begeisterung. Und da dies Zalmoxis direkt miteinbezieht, ist es nützlich, eine bestimmte, weitgehend historisierte Mythologie, die mit Ekstase, Tod und Wanderschaften der Seele in Zusammenhang steht, genauer zu untersuchen.

Ekstatiker und Wundertäter

Strabon (VII, 67) zitierte Zalmoxis zusammen mit Amphiaraos, Trophonios, Orpheus und Musaios, d. h. Personen, die wegen ihres seherischen und wundertätigen Rufes und ihrer ekstatischen Erfahrung bekannt waren.[30] Amphiaraos war ein thebanischer Held, den die Erde aufnahm: Zeus machte ihn unsterblich.[31] Trophonios war vor allem für sein Orakel in Lebadeia bekannt, wovon uns Pausanias

---

[30] Siehe auch Rohde, *Psyche,* I, S. 121, Anm. 1.

[31] Vgl. Euripides, *Die Bittenden,* 925 f.; Sophokles, *Elektra,* 833; Pausanias IX, 8,3. Siehe auch Angelo Brelich, *Gli Eroi Greci* (Rom, 1958); Jack Lindsay, *The Clashing Rocks* (London, 1965), S. 154 f.

(IX, 39) eine berühmte Darstellung hinterlassen hat.[32] Die ekstatischen Erfahrungen „schamanistischer Art“ des Orpheus sind hinreichend bekannt: Er begibt sich in die Unterwelt, um die Seele von Eurydike zurückzuholen; er ist Heiler und Musiker, Zauberer und Herr über die wilden Tiere; sein durch die Bacchanten vom Leibe getrennter Kopf schwimmt, in den Hebron geworfen, singend bis nach Lesbos. Er dient dann als Orakel, wie das Haupt des Mimir, wie die Schädel yukaghirischer Schamanen.[33] Der mythische Sänger Musaios wurde, laut einer Darstellung bei Platon, mit seinem Sohn von den Göttern in den Hades geführt: Dort sehen sie die Heiligen, die gekrönt auf ihren Lagern ausgestreckt sind, nach Zerstreuung suchen und Wein trinken – Abbild vulgärer Glückseligkeit, das Platon ironisch kommentiert: „von dem Glauben beseelt, der schönste Lohn der Tüchtigkeit sei ewige Trunkenheit“ (Platon, *Der Staat,* übers. v. Otto Apelt, Hamburg: Verlag v. Felix Meiner, 1961, S. 56).
Andererseits wurde Pythagoras – das „Vorbild“ für Zalmoxis – seit der Antike mit Figuren wie Aristeas, Abaris, Epimenides, Phormios und Empedokles in Verbindung gebracht.[34] Wir werden später den Grund für eine solche Klassifikation näher betrachten. Vergegenwärtigen wir uns nochmals, daß Rohde den Kult des Zalmoxis dem des Dionysos annäherte und dabei den thrakischen Zug, was Enthusiasmus und Glauben an die Unsterblichkeit angeht, hervorhob.[35] Ein halbes Jahrhundert nach Erscheinen der *Psyche* legt Karl Meuli in einer berühmten Studie die Legenden des Aristeas und des Abaris so aus, daß sie spezifisch schamanistische Erfahrungen der Skythen im Norden des Schwarzen Meeres widerspiegeln.[36] Der hervorragende Schweizer Gelehrte hielt Zalmoxis für vergleichbar mit Abaris, besonders als Schamane oder mythisches Abbild eines Schamanen.[37] W. K. C. Guthrie und E. R. Dodds haben die Untersuchungen von

---

[32] Die Mythen von Trophonios sind verschieden und offensichtlich widersprüchlich. A. Brelich hat den ausgezeichneten Versuch unternommen, für sie eine einleuchtende Struktur zu finden (*op. cit.,* S. 46 f.). Siehe auch Marcel Detienne, *Les maîtres de vérité dans la Grèce archaïque* (Paris, 1967), S. 45 f.

[33] Vgl. M. Eliade, *Le chamanisme et les techniques archaïques de l'extase* (Paris, 1951; 2. Ausg. 1968), S. 307-308 (Dt. Ausgabe: *Schamanismus und archaische Ekstasetechnik,* Zürich u. Stuttgart, o. J.). Vgl. E. R. Dodds, *The Greeks and the Irrational* (Berkeley und Los Angeles, 1951), S. 147.

[34] Siehe die von Burkert zusammengestellten Referenzen in *Weisheit und Wissenschaft,* S. 123, Anm. 161.

[35] Rohde, *Psyche,* II, S. 27 f.

[36] Karl Meuli, „Scythica“ (*Hermes,* 70, 1953, S. 121-167), bes. S. 153-164.

[37] Meuli, *op. cit.,* S. 163.

Rohde und Meuli wiederaufgenommen und weiter ausgearbeitet. Guthrie sieht in Zalmoxis den Repräsentanten der wahren thrakischen Religion, da der getische Gott in Wirklichkeit ein „brother-god" von Dionysos sei.[38] Dodds betrachtet seinerseits Orpheus als „eine thrakische Gestalt nach der Art des Zalmoxis – ein mythischer Schamane oder der Prototyp des Schamanen".[39] Walter Burkert hat kürzlich alle Begebenheiten des griechischen Schamanentums systematisiert und die den Pythagoras betreffenden Traditionen hervorragend analysiert, wobei er bestimmte schamanistische Züge betonte.[40] Wie man sieht, haben sowohl die antiken Schriftsteller als auch die modernen Gelehrten Zalmoxis einerseits mit Dionysos und Orpheus, andererseits mit mythischen oder stark mythologisierten Personen gleichgesetzt, deren charakteristische Züge entweder eine Ekstasetechnik schamanistischer Art, die Seherkunst oder das Absteigen in die Unterwelt, die *Katabasen,* waren. Untersuchen wir nun näher die so reichhaltige und komplexe Morphologie dieser Spezialisten des Heiligen.

Abaris, der aus dem Land der Hyperboräer stammte und Priester Apollos war, besaß weissagende und magische Kräfte (z. B. die Fähigkeit, gleichzeitig an verschiedenen Orten zu sein). Herodot (IV, 36) schreibt, er „soll mit einem Pfeil in der Hand über die ganze Erde gewandert sein, ohne je etwas zu essen", aber seit Heraklit (fr. 51 c) bezeugte man, daß Abaris auf einem Pfeil flog.[41] Nun ist der Pfeil, dem eine bestimmte Funktion in der Mythologie und der Religion der Skythen[42] zukommt, in schamanistischen Zeremonien Sibiriens anzutreffen.[43]

Wieder ist es Herodot (IV, 14), der uns das Wichtigste der Legende des Aristeas aus Prokonnesos (auf einer Insel im Marmarameer

---

[38] W. K. C. Guthrie, *The Greeks and their Gods* (London, 1950), S. 176.

[39] E. R. Dodds, *The Greeks and the Irrational,* S. 147.

[40] Walter Burkert, „*Goês.* Zum griechischen ‚Schamanismus'", (*Rheinisches Museum für Philologie,* Bd. 105, 1962, S. 36-55); id., *Weisheit und Wissenschaft,* S. 98 f. Vgl. J. A. Philip, *Pythagoras and early Pythagoreanism,* S. 159-162, für eine kritische Diskussion des pythagoreischen ‚Schamanismus'. Siehe auch M. Detienne, *La notion de Daimôn dans le pythagorisme ancien* (Paris, 1963), S. 60 f.

[41] Die Quellen sind kürzlich von Burkert analysiert worden, *Weisheit und Wissenschaft,* S. 126-127. Vgl. die von J. Wiesner zitierten bibliographischen Verweise, *Die Thraker,* S. 218, Anm. 64.

[42] Vgl. Meuli, „Scythica", S. 161 f.; Dodds, *op. cit.,* S. 140 f.

[43] Vgl. z. B. Eliade, *Le chamanisme,* S. 180; siehe auch M. Eliade, „Notes on the Symbolism of the Arrow" (in: *Religions in Antiquity. Essays in Memory of E. R. Goodenough,* hrsg. v. Jacob Neusner, Leiden, 1968, S. 463-475), S. 463-465.

gelegen) berichtet. Nachdem er uns daran erinnert, daß Aristeas in einem epischen Gedicht erzählt, wie er „von göttlicher Raserei ergriffen" zu den Issedonen gegangen, wo er über deren Nachbarn, die Arimaspen („Menschen mit einem Auge") und die Hyperboräer (IV, 13) informiert worden sei, gibt Herodot wieder, was man ihm in Prokonnesos und in Kyzikos über ihn erzählt hat. Danach ging Aristeas in die Werkstatt eines Walkers in Prokonnesos, wo er starb; der Walker schloß seine Werkstatt, um die Verwandten zu benachrichtigen. Die Nachricht von seinem Tode hatte sich in der Stadt verbreitet, als ein Mann aus Kyzikos behauptete, er habe Aristeas auf dem Weg nach Kyzikos angetroffen und „selber mit ihm gesprochen". So geschah es, daß, als man die Tür der Werkstatt öffnete, „kein Aristeas da war, weder tot noch lebend". Nach sieben Jahren sei er in Prokonnesos wieder aufgetaucht und zum zweiten Mal verschwunden. Herodot fügt hinzu, was sich bei den Metapontern in Italien „zweihundertvierzig Jahre nach dem zweiten Verschwinden des Aristeas" zugetragen habe. Die Metaponter versichern, Aristeas sei ihnen in Person erschienen und habe sie Apollo einen Altar und „neben dem Altar eine Bildsäule mit der Inschrift ‚Aristeas von Prokonnesos' zu errichten geheißen; denn in Italien, sagte er, habe Apollo nur allein ihre Stadt Metapont besucht und in Apollos Begleitung auch er, der jetzt Aristeas sei; ehemals nämlich als Begleiter des Apollo sei er ein Rabe gewesen" (IV, 14-15).[44] Zu behalten sind einige rein schamanistische Züge: Ekstase, die mit dem Tod zu verwechseln ist, Bilokation, Erscheinen in Form eines Raben.

Hermotimus von Klazomenai, den bestimmte Schriftsteller für eine dem Pythagoras vorangegangene Inkarnation hielten, besaß die

[44] Über Aristeas, vgl. Meuli, *op. cit.*, S. 153 f.; Guthrie, *op. cit.*, S. 193 f.; Burkert, *Weisheit und Wissenschaft*, S. 124 f. Siehe auch Eliade, *Le chamanisme*, S. 306 und Anm. 4. In seinem Buch *Aristeas of Proconnesus* (Oxford, 1962) stellt J. D. P. Bolton eine „historizistische" Interpretation der Legende vor: Als ein glühender Verehrer des Apollo, „mit der Inbrunst, die die von Dionysos Initiierten gewöhnlich für ihre Götter haben", entschloß sich Aristeas in das Land der Hyperboräer zu gehen und nahm an einer Expedition in den Norden des Schwarzen Meeres teil. Er war so sehr von seinem Vorhaben besessen, daß er psychosomatische Störungen hatte. Die Krisenzustände wurden von seinen Begleitern als „Tod und Auferstehung" dargestellt, ebenso von Aristeas selbst als Beweis dafür, daß er von Apollo besessen sei. Die Reise, die er wirklich unternahm, führte ihn zu den Skythen und den Issedoniern, wo er viele Legenden über diese Völker und deren Nachbarn kennenlernte. Zurück in Proconnesus, erzählte Aristeas nach sechs Jahren seine Erfahrungen in einem Gedicht, das die Griechen später *Arimaspea* nannten (Bolton, S. 179 f.). Die Hypothese ist nicht zwingend. Jedenfalls paßt sie nicht recht, da Aristeas nur als Fabelgestalt in der Geschichte der griechischen Kultur vorkommt.

Macht, seinen Körper für viele Jahre zu verlassen. Während dieser Ekstase reiste er in die Ferne und sagte nach seiner Rückkehr die Zukunft voraus. Eines Tages aber, als er leblos dalag, verbrannten seine Feinde seinen Körper, und seine Seele kehrte niemals wieder.[45] Epimenides aus Kreta hatte lange in der Höhle des Zeus auf dem Berg Ida „geschlafen"; dort war er jünger geworden und hatte lang andauernde Ekstasen erlernt. Als er, Herr der „enthusiastischen Weisheit", d. h. einer besonderen ekstatischen Technik, die Höhle verließ, reiste er überall, sagte die Zukunft voraus, erklärte den verborgenen Sinn der Vergangenheit und reinigte die Städte von den Verunreinigungen, die durch Verbrechen hervorgerufen waren.[46] Burkert weist auf die Legenden von Phormos und Leonymos hin. Phormos wurde nach einer ekstatischen Reise in eine unbekannte Region, die zur „mythischen Geographie" gehört, von einer Verletzung geheilt. Zur Heilung einer Verletzung rät auch das Orakel von Delphi dem Leonymos, sich zum „Weißen Eiland" zu begeben, wo sich Achilles und Ajax befinden. Leonymos gelangte zum „Weißen Eiland" – später im Schwarzen Meer lokalisiert, ursprünglich jedoch eins mit den „Weißen Felsen" des Jenseits – und kehrte geheilt zurück. In beiden Fällen handelt es sich um ekstatische Reisen schamanistischer Art, von einigen Schriftstellern (Tertullian, Hermias) später als im Traum unternommene Reisen erklärt.[47]

Die Schamanen-Philosophen

Dieser Liste mythischer Personen, in deren *gesta* man sich an schamanistische Einflüsse erinnert fühlt, haben einige Gelehrte die Namen Parmenides, Empedokles und Pythagoras hinzugefügt. H. Diels hatte bereits die mystische Reise, die Parmenides in seinem Gedicht beschreibt, mit den ekstatischen Reisen der Schamanen Sibiriens verglichen.[48] Meuli nimmt das Motiv wieder auf und rückt die Vision

---

[45] Rohde, *op. cit.*, II, 94 f., mit Quellenangaben (bes. Plinius, *Naturalis Historia,* VII, 174). Vgl. Dodds, *op. cit.*, S. 141 und Anm. 39, mit anderen Beispielen von Verschwinden und Wiederauftauchen, z. B. Sophokles (*Elektra,* 62 f.), der, unter dem Einfluß seines Freundes Herodot, mythische Traditionen rationalisiert.

[46] Siehe die von Rohde zitierten Quellen, II, S. 96 f.; Guthrie, S. 197, Anm. 1; Burkert, *op. cit.*, S. 128. Vgl. Marcel Detienne, *Les maîtres de vérité,* S. 129 f.

[47] Quellenangaben und Bibliographie in Burkert, S. 129.

[48] H. Diels, *Parmenides' Lehrgedicht,* Berlin, 1897, S. 14 f.

des Parmenides in die Nähe schamanistischer Poesie.[49] Noch kürzlich haben Morrison, Burkert und Guthrie den Parmenides unter anderen Argumenten mit einem Schamanen verglichen.[50]
Hinsichtlich des Empedokles schreibt Dodds, es handele sich bei dessen Fragmenten um „die einzige Quelle erster Hand, von der aus wir uns eine gewisse Vorstellung machen können, was ein griechischer Schamane wirklich darstellte; er war der letzte Vertreter einer Spezies, die mit seinem Tod in der griechischen Welt erlosch, während sie anderswo noch in Blüte war" (*op. cit.* S. 145). Charles H. Kahn hat diese Deutung abgelehnt: „Die Seele des Empedokles verläßt nicht wie die des Hermotimos und die des Epimenides dessen Körper. Weder reitet er auf einem Pfeil wie Abaris, noch erscheint er in Form eines Raben wie Aristeas. Man findet ihn niemals gleichzeitig an zwei Orten, und er steigt nicht einmal in die Unterwelt hinab, wie es Orpheus und Pythagoras tun".[51]
Dodds hält Pythagoras für „einen großen griechischen Schamanen", der zweifelsohne theoretische Schlüsse aus seinen ekstatischen Erfahrungen gezogen hatte und folglich an die Seelenwanderung glaubte (*op. cit.* S. 143 f.). Besonders Burkert aber hat alle Quellen, die sich auf die Sage um Pythagoras beziehen, einer genauesten Analyse unterzogen und gezeigt, daß sich die Haupttraditionen in genau den mythisch-rituellen Handlungsablauf einpassen lassen, den wir bereits für mythische Figuren als charakteristisch kennengelernt haben.[52] Wirklich spielen auch die Sagen um Pythagoras auf die Beziehungen mit den Göttern und Geistern an[53], auf seine Macht über Tiere (Burkert, *op. cit.*, S. 118 ff.), auf seine gleichzeitige Gegenwart an mehreren Orten (*ibid.*, S. 133). Burkert erklärt die weitbekannte „goldene Schulter" des Pythagoras durch den Vergleich mit einer Initiation schamanistischer Art (*ib.*, S. 134). Tatsächlich ist bekannt, daß man glaubt, die sibirischen Schamanen erhielten während ihrer

---

[49] Meuli, „Scythica", S. 171 f.
[50] J. S. Morrisson, „Parmenides and Er" (*Journal of Hellenic Studies*, 75, 1955, S. 59-68), bes. S. 59; Burkert, *op. cit.*, S. 256 f.; W. K. Guthrie, *A History of Greek Philosophy*, Bd. II (Cambridge, 1965), S. 11 f. Siehe auch M. Detienne, *Les maîtres de vérité*, S. 139 f., und die unter Fußnote 114 gegebene Bibliographie.
[51] Charles H. Kahn, „Religion and Natural Philosophy in Empedocles' Doctrine of the Soul" (*Archiv für Geschichte der Philosophie*, 42, 1960, S. 3-35), bes. S. 30 f. („Empedocles among the Shamans").
[52] Vgl. *Weisheit und Wissenschaft*, S. 118 f., die Liste der wundersamen Legenden in Zusammenhang mit Pythagoras mit ihren Quellen und einer neueren Bibliographie.
[53] Vgl. die Dokumentation in Burkert, *op. cit.*, S. 118 f.; siehe auch S. 163 f.

Initiation neue Körperorgane und bisweilen Gelenke aus Eisen.[54] Die weiten Reisen des Pythagoras lassen ihn Epimenides und Empedokles vergleichbar erscheinen, die für Burkert ebenfalls „Schamanen" sind (S. 135). Schließlich stellt selbst die Katabase des Pythagoras (vgl. weiter oben) ein schamanistisches Element dar (Burkert, S. 136 ff.). Hieronymus aus Rhodos berichtet, Pythagoras sei in den Hades hinabgestiegen und habe dort die Seelen Homers und Hesiods gesehen, die für alles Böse, das sie über die Götter gesagt hatten, hätten Buße tun müssen.[55]

Griechischer Schamanismus

Bereits an anderer Stelle diskutierten wir das Problem des griechischen Schamanismus.[56] Jetzt genügt es, daran zu erinnern, daß einige Autoren (allen voran Dodds) die Verbreitung schamanistischer Techniken und Mythologien mit dem Kontakt griechischer Kolonien am Hellespont und am Schwarzen Meer zu iranischen Volksstämmen (d. h. den Skythen) erklären. Karl Meuli jedoch, der als erster die schamanistische Struktur bestimmter skythischer Bräuche herausgestellt und ihren Widerschein in griechischen Traditionen aufgezeigt hat, fand außerdem schamanistische Elemente in der epischen Dichtung Griechenlands.[57] Burkert hält den *goês* für einen authentischen griechischen Schamanen, da er mit dem Totenkult zu tun hat.[58] Schließlich versuchte E. H. S. Butterworth kürzlich, Schamanismus im archaischen Griechenland festzustellen: Er schätzt, daß zumindest drei der wichtigsten Stammeskulte im kontinentalen Griechenland des 14.-13. Jahrhunderts im „Schamanismus" ihren Ursprung haben.[59]

---

[54] Vgl. Eliade, *Le chamanisme,* S. 46.

[55] Fr. 42 (Ed. Wehrli); vgl. Burkert, S. 82, Anm. 32 und S. 136.

[56] Siehe M. Eliade, *Le chamanisme,* S. 305 f.; vgl. M. Detienne, *La notion de daimôn,* S. 81 f.; Alois Closs, „Der Schamanismus bei den Indo-Europäern" (*Studien zur Sprachwissenschaft und Kulturkunde, Gedenkschrift für Wilhelm Brandenstein,* Innsbruck, 1968, S. 289-302), bes. 296-297.

[57] Meuli, „Scythica", S. 164 f.; dagegen: Dodds, *op. cit.,* S. 164, Anm. 47.

[58] Burkert, „*Goês.* Zum griechischen ‚Schamanismus'", S. 43 f.

[59] E. A. S. Butterworth, *Some Traces of the pre-Olympian World in Greek Literature and Myth* (Berlin, 1966), S. 135-173; Jack Lindsay, *The Clashing Rocks,* S. 247 f. Wir haben die neueste Literatur über den Schamanismus in einem kürzlich veröffentlichten Abschnitt in der *History of Religions* untersucht.

Eine Schwierigkeit des Problems entsteht durch die Bereitschaft, den Begriffen „Schamane“ und „Schamanismus“ mehrere Bedeutungen zukommen zu lassen. *Stricto sensu* handelt es sich beim Schamanismus um ein religiöses Phänomen Sibiriens und Zentralasiens, das jedoch auch anderswo bezeugt ist (Nord- und Südamerika, Indonesien, Ozeanien etc.). Wir wollen hier nicht die Materialien der Analysen unseres Buches *Schamanismus und archaische Ekstasetechnik* wiederaufnehmen. Es genügt, daran zu erinnern, daß die Initiation Zerstückelung des Körpers, Erneuerung der Organe und Eingeweide, rituellen Tod und eine nachfolgende Auferstehung beinhaltet, die von den zukünftigen Schamanen als Abstieg in die Unterwelt erfahren wird (manchmal von einer Himmelfahrt begleitet). Der Schamane ist ein Ekstatiker par excellence. In alten und traditionellen Religionen nämlich bedeutet die Ekstase Flug der Seele zum Himmel oder ihr Irren im Erdkreis oder aber ihren Abstieg in unterirdische Regionen zu den Toten.

Der Schamane unternimmt diese ekstatischen Reisen um: 1) dem himmlischen Gott von Angesicht zu Angesicht zu begegnen und ihm eine Opfergabe der Gemeinde zu bringen; 2) die Seele eines Kranken zu suchen, die man fern seinem Körper für verirrt oder für von Dämonen verführt hält; 3) die Seele eines Verstorbenen zu ihrer neuen Bleibe zu geleiten; 4) sein Wissen durch den Umgang mit Göttern zu bereichern. Um sich auf seine ekstatischen Reisen vorzubereiten, muß der Schamane sein Ritualgewand anlegen und seine Trommel schlagen (oder ein anderes besonderes Instrument spielen). Während der Ekstase ist er in der Lage, sich in ein wildes Tier zu verwandeln und in dieser Form andere Schamanen anzugreifen. Dank seiner Fähigkeit, in übernatürliche Welten überzuwechseln und übernatürliche Wesen zu sehen (Götter, Dämonen, Totengeister etc.), hat der Schamane entscheidend zur *Kenntnis des Todes* beigetragen. Es ist wahrscheinlich, daß viele Züge der „Totengeographie“, sowie einer Anzahl Themen der Mythologie des Todes das Ergebnis ekstatischer Erfahrungen der Schamanen sind. Es ist sogar wahrscheinlich, daß eine Reihe epischer „Themen“ und Motive, treibt man die Analyse genügend weit, ekstatischen Ursprungs sind, und zwar in dem Sinne, daß sie den Berichten von Schamanen, die ihre Reisen und Abenteuer in jenseitigen Welten erzählen, entliehen worden sind.

Diese Präzisierungen machen deutlich, daß einige der mehr oder minder mythischen Gestalten, die wir Revue passieren ließen – Orpheus, Abaris, Aristeas, Hermotimus, ja sogar Pythagoras und Parmenides –, offensichtlich schamanistische Züge tragen. Aber was uns Herodot über Zalmoxis berichtet, ist nicht einem mythologischen System, schamanistischen oder schamanisierenden Glaubensrichtungen und Techniken einzugliedern. Im Gegenteil, wir haben zuvor gesehen, daß die Hauptcharakteristika seines Kultes (*andreon* und Bankette, Sich-Verbergen in der „unterirdischen Bleibe", Epiphanie nach vier Jahren, „Unsterblichwerden" der Seele und Belehrung über die Glückseligkeit in einer anderen Welt) Zalmoxis in die Nähe der Mysterien bringen.

Zalmoxis, Ekstase und Unsterblichkeit

Dies impliziert jedoch nicht das Fehlen von Ideengut, Techniken oder schamanistischen Verhaltensweisen bei den Geto-Dakern. Wie alle Thraker, so kannten auch die Geten die Ekstase. Strabon (VII, 3. 3) berichtet, Poseidonios folgend, daß sich die Myssier aus religiösen Gründen fleischlicher Nahrung enthielten und sich mit Honig, Milch und Käse begnügten, was ihnen die Namen „die, die Gott fürchten" *(theosebeis)* und „die, die im Dunst wandeln" *(kapnobatai)* einbrachte.[60] Diese Informationen gelten wahrscheinlich auch für die Geten. Die Bezeichnungen *theosebeis* und *kapnobatai* stehen aller Wahrscheinlichkeit nach nur für bestimmte religiöse Figuren, nicht aber für die Gesamtheit des Volkes (vgl. weiter unten, S. 70). Es ist möglich, daß der Ausdruck „im Dunst Wandelnde" sich auf eine durch Hanfrauchen hervorgerufene Ekstase gründet, eine bei Skythen[61] und Thrakern bekannte Methode (wenn man eine Passage bei Pomponius Mela in diesem Sinne interpretiert).[62] In diesem Fall wären die *kapnobatai* myssische und getische Tänzer und Hexer („Schamanen"), die Hanfrauchen dazu benutzten, um ekstatische Trancezustände hervorzurufen.

Wir kommen auf diese Spezialisten des Heiligen, wie sie in Dakien bezeugt sind, zurück (vgl. weiter unten). Die *kapnobatai* aber tauchen nicht im Zusammenhang mit Zalmoxis auf, und nichts ermächtigt

---

[60] Vasile Pârvan, *Getica. O protoistorie a Daciei* (Bukarest, 1926), S. 162, hatte Kapnobatai mit „die, die in den Wolken gehen" übersetzt, der Sinn ist aber „Wandelnde im Rauch"; vgl. Coman, *op. cit.*, S. 106.

[61] Herodot, IV, 71 f.; Meuli, *op. cit.*, S. 122 f.; Eliade, *Le chamanisme,* S. 310 f.

[62] Pomponios Mela, II, 21; vgl. Rohde, *Psyche,* II, S. 17 und Anm. 1.

uns dazu, anzunehmen, daß eine solche „schamanisierende“ Praxis zum Zalmoxiskult gehörte. Seit Rohde und Meuli ist viel gesagt worden zu einer Information des Polyänus (*Strategemata,* VII, 22) bezüglich des Kosingas, König der thrakischen Stämme der Kebrenoer und der Sykaiboaer, der auch gleichzeitig Hoherpriester der Hera war: Als seine Untergebenen widerspenstig wurden, drohte ihnen Kosingas, über eine Holzleiter zur Göttin aufzusteigen, um sich über ihr Betragen zu beklagen.[63] Die rituelle Himmelfahrt mittels Leiter ist typisch schamanistisch, aber der Symbolgehalt der Leiter ist auch in anderen Religionen des antiken Vorderen Orients und des Mittelmeeres belegt.[64] Die Mitteilung des Polyänus ist auch aus anderen Gründen wertvoll. Wie wir nach Strabon sehen werden, überredete Zalmoxis – der als eine Art Hohepriester vorgestellt wird – den König dazu, ihn an der Regierung zu beteiligen und begründete auf diese Art eine Institution, die sich in Dakien lange gehalten hat (der Hohepriester Comosikus wurde selbst König nach dem Tod seines Herrn und vereinigte beide Ämter in sich). Nach Suidas aber ist Hera eine griechische Variante des Zalmoxis[65]; in der Spätantike wurde die Göttin Hera als Personifizierung der Atmosphäre gesehen.[66] Coman sieht in dieser Gegebenheit ein Argument für die gottesähnliche Stellung des Zalmoxis.[67] Sicher ist, daß man in der von Polyänus stark rationalisierten Episode einen alten thrakischen Ritus ekstatischer („schamanistischer“?) Himmelfahrt erkennt.

Zusammenfassend läßt sich sagen, daß die von uns kurz analysierten Beispiele es nicht zulassen, Zalmoxis einen Platz unter den „Schamanen“ zuzuweisen. Aber vergeblich war unsere Untersuchung nicht. Eine Reihe antiker Autoren nämlich verglich Zalmoxis immer wieder mit historischen oder mythischen Figuren, die sich durch bestimmte Heldentaten oder ein bestimmtes Ansehen auszeichneten: Abstieg in die Unterwelt, Initiation, Ekstase, schamanistische Trance, eschatologische Lehren in Verbindung mit der „Unsterblichkeit“ oder der Seelenwanderung etc. Und genau diesem, besonders den Thrakern und den verwandten Volksstämmen im Balkan-, Karpaten- und Donauraum eigenen religiösen und kulturellen Bereich gehört Zal-

[63] Siehe andere Beispiele in A. B. Cook, *Zeus,* II, S. 129 f.
[64] Vgl. Eliade, *Le chamanisme,* S. 378 f.
[65] Suidas, s. v. Zalmoxis. Diodoros (I, 94) versichert, daß Zalmoxis sich so gab, als ob er mit Hestia in Verbindung stehe.
[66] Sallustius und Firmicus Maternus, von Coman zitiert, *op. cit.,* S. 95, Anm. 2.
[67] Coman, *ibid.,* S. 95.

moxis an. Es war etwas Wahres an den Klischees, die seit Herodot in Griechenland so beliebt waren, die nämlich Zalmoxis neben Pythagoras, Orpheus, Musaios und später neben Zarathustra, „ägyptische Weise“ und Druiden stellten. Man glaubte nämlich von allen diesen Personen, daß sie ekstatische Erfahrungen gesammelt und „Mysterien“, die menschliche Seele und deren Überleben betreffend, enthüllt hatten. Selbst der Hinweis des Mnaseas von Patara, Schüler von Eratosthenes, nach dem die Geten Kronos verehren und ihn Zalmoxis nennen, kann in gleicher Weise interpretiert werden. Denn Kronos ist höchster Herr auf der Insel der Glückseligen, wo nur Fromme Zugang haben.[68] Anders gesagt handelt es sich immer um eine glückselige Postexistenz in einer „anderen Welt“, die nicht der weltlichen Geographie angehört, die aber auch nicht eine der Unterwelten ist, wohin die Seelen der Nichtinitiierten gehen. Durch diese fragmentarischen und teilweise widersprüchlichen Hinweise hindurch erkennt man, daß der von Zalmoxis eingeführte Kult auf einer Erfahrung aufbaut, die man „eschatologisch“ nennen könnte, da sie sich dazu eignet, den Initiierten eine glückselige Postexistenz in einem paradiesischen Jenseits zu versichern.

Die Tatsache aber, daß man Zalmoxis mit Kronos oder bestimmten Spezialisten in Verbindung gebracht hat (wobei man die Ekstase für einen vorläufigen Tod hielt, da man von der Seele annahm, sie verlasse den Körper), hat einer modernen Interpretation des Zalmoxis als Totengott den Weg bereitet.

Etymologien und die Religionsgeschichte

Wenn man Zalmoxis als chthonische Grabesgottheit gesehen hat, so erfolgte dies vor allem wegen des „unterirdischen Gemaches“, in das er sich zurückgezogen hatte, und weil die Geten, so Herodot, nach ihrem Tod zu ihm gingen. Auch die Etymologie seines Namens schien diese chthonisch-funerale Funktion zu bestätigen. So war in der Antike tatsächlich neben der Form *Zalmoxis* (Herodot, Platon, Diodoros, Apuleius, Jordanes, Porphyrios etc.) die Variante *Zamolxis* (Lucian, Diogenes Laertius etc.) bekannt.[69] Es ist klar, daß sich eine

---

[68] Vgl. Pfister, „Zalmoxis“, S. 1116. Bereits bei Pindar, *Olympiae*, II, 68 f. vgl. Diogenes Laertius, VIII, 1, 2.

[69] G. I. Kazarow, „Zalmoxis“ (*Klio*, XII, 1912, S. 355-364), S. 363-364; Russu, *op. cit.*, S. 86.

der Formen durch Lautumstellung aus der anderen entwickelt hat. Porphyrios (*Vita Pyth.* 14) hatte die Variante Zalmoxis mit dem thrakischen *zalmos* „Haut, Fell" zu erklären versucht, was sich mit einer Anekdote deckt, nach der Zalmoxis nach seiner Geburt in ein Bärenfell gehüllt worden sein soll.[70] Einige Autoren (Rohde, Deubner, Kazarow etc.) hatten aus dieser Etymologie gefolgert, daß Zalmoxis ursprünglich ein „Bärengott"[71] war. Diese Hypothese ist kürzlich von Rhys Carpenter, der den Getengott neben andere „sleeping bears" (Bären im Winterschlaf)[72] stellt, wiederaufgenommen worden. Eine andere Etymologie interpretiert den Namen vom Wortfeld *zamol* ausgehend, für das schon M. Praetorius (1688) die Bedeutung „Erde" vorgeschlagen hatte. Cless verglich 1852 Zalmoxis mit dem litauischen Gott der Erde Zameluks (Ziameluks).[73] Aber erst P. Kretschmer führte 1935 den linguistischen Beweis, indem er Zemelô (von griechisch-phrygischen Grabinschriften in Kleinasien), das thrakische *zemelen* („Erde") und Semele („Göttin der Erde", Mutter des Dionysos), alles Namen, die von der Wurzel *g'hemel-* „Erde, Boden, zur Erde gehörend" abgeleitet sind, nebeneinander stellte (vgl. auch avestisch *zam* „Erde", litauisch *žêmé,* lettisch *zeme,* altpreußisch *same, semme,* altslawisch *zemlja* – „Erde, Land").[74] Kretschmer erklärt den Schlußteil in (Zamol)-*xis* (das man bei den Königsnamen Lipoxais, Arpoxais und Colaxais findet – Herodot, IV, 5-6) mit dem skythischen *-xais* „hoher Herr, Prinz, König". Die Bedeutung des Namens „Zalmoxis" wäre folglich „König, Herr der Menschen".

---

[70] Nachdem er daran erinnert hat, daß man in Kyzikos am Hellespont erzählte, daß die Ammen des Kindes Zeus in Bärinnen verwandelt worden seien, ganz so, wie sich die Dinge in Kreta zutrugen (*Zeus,* I, S. 112, Anm. 3 und 5), schließt A. B. Cook daraus, daß Zalmoxis der thrakische Rufname des neugeborenen Zeus war (*ibid.,* II, I, S. 230).

[71] Vgl. die Referenzen in C. Clemen, „Zalmoxis", S. 56 f.; Russu, S. 88.

[72] Rhys Carpenter, *Folk-tale, Fiction and Saga in the Homeric Epics* (Berkeley und Los Angeles, 1946), S. 113 f.; vgl. E. Roux, *Le problème des Argonautes* (Paris, 1949), S. 255.

[73] Vgl. Russu, S. 88, erinnert an die Standpunkte von Cless, Rhousopolous, Bessell und Tomaschek. Über Žemeluks, Zemininka, Zemyna und andere litauische Götternamen, vgl. H. Usener, *Götternamen* (Leipzig, 1920), S. 104 f.

[74] P. Kretschmer, „Zum Balkanskythischen" (*Glotta,* XXIV, 1935, S. 1-56), S. 45 f.; vgl. Russu, *op. cit.,* S. 88., id., *Limba Traco-Dacilor* (2. Ausg., Bukarest, 1967), S. 128; vgl. auch Alfons Nehring, „Studien zur indogermanischen Kultur und Urheimat" (*Die Indogermanen- und Germanenfrage = Wiener Beiträge zur Kulturgeschichte und Linguistik,* IV, Salzburg-Leipzig, 1936, S. 7-229), S. 214 f. F. R. Schroeder, „Sinfjötli" (*Hommage á Georges Dumézil,* Brüssel, 1960, S. 192-200), S. 195 f. (Zalmoxis sei der thrakische Name des Gottes, der nach Griechenland unter dem Namen Dionysos gekommen sei).

Aber die Nebeneinanderstellung eines skythischen Stammes und einer thrakischen Vokabel ist kaum zulässig. Darüber hinaus hat man zu Recht bemerkt, daß Zalmoxis im Schlußteil gar kein Wurzelelement *x(-a)is* aufweisen kann, sondern nur ein einfaches abgeleitetes Suffix *z-(x)* hat, „dessen Wert oder Nuance sich nicht präzisieren läßt".[75] Russu verwirft die Interpretation Kretschmers – „König, Herr der Menschen" –, weist aber auf die Hypothese von Rohde hin, die unter anderem auch von Clemen[76] angenommen wurde, nach der Zalmoxis ursprünglich Herr der Toten war. Für den gelehrten Thrakologen ist der semantische Wert des Stammes *zamol-* „Erde", und „Kraft der Erde", und Zalmoxis kann nichts anderes sein, als der „Gott der Erde", Personifizierung der Quelle des Lebens und des Mutterschoßes, in den die Menschen zurückkehren.[77]
Ungeachtet dessen, was man von dieser Etymologie hält, stellt sich die Frage, inwieweit sie uns dazu verhilft, die Struktur des Gottes zu erfassen. Keine antike Quelle erwähnt chthonisch-funerale Zeremonien zu Ehren von Zalmoxis.[78] Die Dokumente, über die wir verfügen, heben nur die Rolle des Zalmoxis beim Erwirken der „Unsterblichkeit" der Seele hervor. Es stimmt wohl, daß die Initiierten nach ihrem Tod zu Zalmoxis gehen sollen, aber dies besagt nicht, daß der Gott auch der höchste Herr der Verstorbenen ist. Das Verschwinden des Zalmoxis, sein „Tod", kommt einem *descensus ad inferos* im Blick auf eine Initiation gleich (vgl. weiter oben). Dem göttlichen Vorbild folgend, „stirbt" man rituell, nur um den Nicht-Tod, die „Unsterblichkeit" zu erlangen, auf der die Quellen insistieren.

---

[75] Russu, „Religia Geto-Dacilor", S. 92; vgl. D. Detschew, *Die Thrakischen Sprachreste* (Wien, 1957), s. v. Zalmoxis. Über die Sprache der Thraker siehe außer den bereits zitierten Büchern von Dečev und Russu, D. Dečev, *Charakteristik der thrakischen Sprache* (Sofia, 1952: deutscher Text, S. 63-119), V. Pisani, „Libri recenti sulla lingua dei Traci" (*Paideia,* XVI, 1961, S. 238-258; vgl. die Antwort darauf v. I. I. Russu, *Limba Traco-Dacilor,* 2. Ausg., S. 223-230) und die kritischen Analysen von E. Lozovan, „Onomastique roumaine et balkanique" (*Revue Internationale d'Onomastique,* XVII, 1965, S. 225-236), bes. S. 230 f.

[76] Clemen, „Zalmoxis", S. 58.

[77] Russu, „Religia", S. 93.

[78] Clemen (S. 60) hat das Opfer eines Boten mit Opfern zur Förderung der Ernte verglichen. Wir werden gleich sehen, warum dieser Vergleich sich nicht anbietet. Schon Tomaschek hatte das Verschwinden und das Wiederauftauchen des Zalmoxis in „agrarischem" Sinne gedeutet; vgl. „Die alten Thraker", II (*Sitzungsbericht. Akad. Wien,* 130, 1893, II S. 1-70), S. 63, 67.

Das trifft übrigens auch für andere griechisch-orientalische Mysterien zu; ihr möglicher chthonisch-agrarischer oder funeraler „Ursprung" erklärt keineswegs die Struktur der eigentlichen Initiation. Man muß die Gottheiten der Mysterien genauestens von denen der Toten unterscheiden. Die Götter und Göttinnen der Toten herrschen über alle Verstorbenen, während die Gottheiten der Mysterien nur den Initiierten Zugang zu sich gewähren. Außerdem handelt es sich um zwei verschiedene eschatologische Räume – das Land der Glücklichen, das die in die Mysterien Initiierten erwartet, ist nicht zu verwechseln mit den Unterwelten, wo sich die Toten versammeln.

Zalmoxis und Freyr

Von Jakob Grimm bis zu Neckel und Jan de Vries haben Germanisten das Thema des Sich-Verbergens bei Zalmoxis neben den Tod Freyrs, Gott der Fruchtbarkeit, gestellt.[79] Nach der *Ynglings-Saga* war Freyr König von Schweden; er starb infolge einer Krankheit und wurde unter einen kleinen Hügel gebettet. Aber Freyrs Tod wurde geheimgehalten. Der Hügel wurde mit drei Öffnungen versehen, durch die man über drei Jahre hin Gold, Silber und Eisen einfüllte. Saxo (*Gesta Danorum,* V, 142) berichtet Ähnliches mit Hinblick auf den dänischen König Frotho: Bei seinem Tod wurde er einbalsamiert, in einen Wagen verschlossen und drei Jahre lang quer durch das Land gefahren, damit das Volk nicht die Nachricht erführe. Es ist bekannt, daß Frotho nur ein anderer Name Freyrs ist.[80]
Neckel sah in dieser Sage einen durch die Goten den Nordgermanen vermittelten Einfluß des thrakischen Zalmoxismythos. Jan de Vries vertritt die Ansicht, daß es sich aller Wahrscheinlichkeit nach um gemeinsame Vorstellungen sowohl der Thraker als auch der Germanen handelt, die ihren letzten Ursprung in der Mythologie und Mystik des Ackerbaus haben.[81]
Der Vergleich ist nicht zwingend: Er hat nur deshalb vorgebracht werden können, weil man Zalmoxis, und folglich analog dazu Freyr,

---

[79] Vgl. Jacob Grimm, *Ueber Iornand und die Geten* (Berlin, 1846); G. Neckel, *Die Überlieferungen vom Gotte Balder* (Dortmund, 1920), S. 119; F. R. Schröder, *Germanentum und Hellenismus* (Heidelberg, 1924), S. 64; Jan de Vries, *Altgermanische Religionsgeschichte* (2. Ausg., Berlin, 1956-57), II, S. 182 f.
[80] Jan de Vries, *op. cit.,* II, S. 185 f.
[81] Jan de Vries, II, S. 183.

als Gott der Erde und des Ackerbaus ansah. Die skandinavischen Dokumente stellen aber einen mythischen König dar, dessen Leiche aus politischen und ökonomischen Gründen verborgen gehalten und dessen Tod für drei Jahre verschwiegen wurde; sie geben keine Auskünfte über seine „Rückkehr" auf die Erde; dagegen zielt das Sich-Verbergen des Zalmoxis auf die Schaffung eines Mysteriums ab und fügt sich, wie wir gesehen haben, in einen ganz anderen mythisch-rituellen Handlungsablauf ein.
Weder die von einigen Etymologen bevorzugten Hypothesen, noch die Vergleiche mit Gottheiten wie Freyr vermögen eine chthonisch-funerale oder agrarische Bedeutung nahezulegen. Wie auch immer seine Vorgeschichte ausgesehen haben mag, so ist Zalmoxis, so wie er von den Geto-Dakern verehrt wurde, weder ein Gott der Erde, noch einer der Fruchtbarkeit des Bodens, noch ein Totengott.

Die Opferung eines Boten

Auch das Menschenopfer, von dem Herodot (IV, 94) – und übrigens nur er – berichtet, ist in chthonisch-funeraler und agrarischer Hinsicht gedeutet worden. Dennoch ist der Text hinreichend verständlich. „Alle vier Jahre (Kröner, S. 287: „alle *fünf* Jahre . . .", Anm. des Ü.) schicken sie einen durchs Los Erwählten als Abgesandten zu Zalmoxis und sagen ihm ihre jedesmaligen Wünsche, die er dem Gotte ausrichten soll. Die Absendung geschieht auf folgende Weise: Einige müssen drei Speere halten, andere fassen Hände und Füße des Zalmoxis-Boten und werfen ihn in die Luft empor, so daß er in die Speere fällt. Wird er durchbohrt und stirbt, so halten sie das für ein Zeichen, daß der Gott gnädig ist. Stirbt er nicht, so geben sie dem Boten die Schuld, schelten ihn einen Bösewicht und senden einen anderen an den Gott ab. Die Aufträge geben sie ihm, während er noch lebt."
Das Menschenopfer ist in der Religionsgeschichte und sowohl bei den primitiven Ackerbauern, wie bei Völkern komplexerer Zivilisationen (wie die Mesopotamier, Indo-Europäer, Azteken etc.) belegt. Solche Opfer werden aus verschiedensten Gründen erbracht: um die Fruchtbarkeit des Ackerbodens zu gewährleisten (die Khond Indiens sind ein berühmtes Beispiel); um das Leben der Götter zu stärken (wie bei den Azteken); um Kontakt mit mythischen Vorfahren oder

kürzlich verstorbenen Anverwandten aufzunehmen; oder um das ursprüngliche Opfer, von dem die Mythen berichten, so zu wiederholen und infolgedessen die Kontinuität des Lebens zu gewährleisten (vgl. z. B. Hainuwele). In einem anderen Kapitel dieses Buches werden wir Gelegenheit haben, Opfer zu untersuchen, die entrichtet wurden, um ein Bauwerk (oder allgemein „Werk") zu „beleben": In diesem Fall realisiert die Opferhandlung den Transfer des Lebens und der noch nicht ausgeschöpften Wirkungsmöglichkeiten des Opfers in einen anderen „Körper" (s. unten: V).

Es fällt auf, daß das von Herodot beschriebene Opfer sich keinem genannten Typus zuordnen läßt. Kern ist das Entsenden eines Boten, vom Schicksal bestimmt und dazu beauftragt, „ihre jedesmaligen Wünsche" an Zalmoxis weiterzuleiten. Das Opfer ermöglicht also die Kommunikation einer Botschaft oder anders gesagt, *aktualisiert aufs neue die direkten Beziehungen zwischen den Geten und ihrem Gott.*

Diese Art von Menschenopfern kennt man vor allem in Südostasien und den Gebieten um den Pazifik, wo Sklaven geopfert werden, um den Vorfahren die Wünsche der Nachkommen anzutragen. In der Form, wie es in Südasien und im pazifischen Raum vorkommt, handelt es sich bei der Opferung eines Sklaven-Boten nicht um eine der archaischsten Entwicklungsstufen. Hinter diesem mythisch-rituellen Handlungsablauf wird eine ältere und weltweit viel weiter verbreitete Vorstellung sichtbar, nämlich die Hoffnung, den ursprünglichen (d. h. mythischen) Zustand wiederherstellen zu können, als die Menschen direkt und *in concreto* mit ihren Göttern kommunizieren konnten. Nach den Mythen endete dieser Zustand infolge eines bestimmten Ereignisses, das die Götter dazu veranlaßte, sich in den Himmel zurückzuziehen und die bestehenden Verbindungen mit der Erde und den Menschen zu unterbrechen (der kosmische Berg ist abgetragen worden, der Baum oder die Liane, die die Erde mit dem Himmel verbinden, sind zerschnitten worden etc.).[82]

In diese Kategorie von Ritualen ist die Opferung des getischen Boten einzuordnen. Es handelt sich nicht um einen Sklaven oder Kriegsge-

---

[82] Über dieses mythische Motiv siehe M. Eliade, „La nostalgie du Paradis dans les traditions primitives" (*Mythes, rêves et mystères,* Paris, 1957, S. 80-98 [Dt. Ausgabe: *Mythen, Träume und Mysterien,* Salzburg 1961]); id., „Australian Religion: An Introduction. Part II" (*History of Religions,* 6, 1967, S. 208-235), S. 210 f.; id., *The Quest* (Chicago University Press, 1969), S. 82 f. [Dt. Ausgabe: *Die Sehnsucht nach dem Ursprung,* Wien 1973].

fangenen, wie es in Asien oder Ozeanien zu beobachten ist, sondern um einen Freien und, wenn unsere Interpretation schlüssig ist, einen „Initiierten“ in die von Zalmoxis eingeführten „Mysterien“. Man findet in der klassischen Antike andere Beispiele, die den Brauch, Boten oder Nachrichten zu den Göttern zu schicken[83], verdeutlichen. Eine erstaunliche Parallele findet sich in der ekstatischen Reise eines altaischen Schamanen in den siebten oder neunten Himmel, um die Bitten des Stammes an Bai Ulgan weiterzuleiten und den Segen und die Zusicherung des Gottes zu empfangen, er werde für das Wohlergehen seiner Anhänger Sorge tragen.[84] Die Reise zum Himmel erfolgt in einer „Ekstase“, d. h. im Geiste: nur die Seele des Schamanen fährt zum Himmel auf. Aber bestimmten mythologischen Traditionen zufolge fand am Anfang, *in illo tempore,* die Begegnung mit Gott in Fleisch und Blut statt.

Alle vier Jahre entsandten die Geten Zalmoxis die „Seele“ eines Boten, um den Kontakt mit dem Gott wiederherzustellen und ihm „Wünsche“ zu überbringen. Die rituelle Erneuerung einer Verbindung, die einst zwischen Zalmoxis und seinen Anhängern *konkret* bestand, ist der symbolischen und sakramentalen *Gegenwart* bestimmter Mysterien-Gottheiten bei kultischen Festbanketten gleichzusetzen. Im einen wie im anderen Fall ist der ursprüngliche Zustand – d. h. die Zeit, als der Kult eingeführt wurde – wiederhergestellt. Die Anhänger können erneut, gemeinschaftlich mit ihrem Gott kommunizieren. Die Tatsache, daß alle vier Jahre ein Bote abgesendet wird, zeigt deutlich, daß das Opfer mit den Jahren des Sich-Verbergens des Zalmoxis in seinem „unterirdischen Gemach“ in Zusammenhang steht. Dem Wiedererscheinen des Gottes im Mythos entspricht im Ritual die Wiederherstellung konkreter Verbindungen (persönliche „Wünsche“) zwischen Zalmoxis und seinen Anhängern. Opfer und Entsenden des Boten konstituieren sozusagen eine symbolische (da rituelle) Wiederholung der Einsetzung des Kultes. Mit anderen Worten: Die Epiphanie des Zalmoxis nach den drei Jahren des Sich-Verbergens wird mit allem, was sie impliziert, vergegenwärtigt, besonders mit der Zusicherung der Unsterblichkeit und der Glückseligkeit der Seele (selbst wenn, wie wir bereits festgestellt haben, der

[83] Pfister, „Zalmoxis“, S. 1114 f.

[84] M. Eliade, *Le chamanisme* (2. Ausg., 1968), S. 160 f.

rituelle Handlungsablauf, so wie er von Herodot überliefert worden ist, unvollständig ist).[85]

Gebeleïzis

Nach der ersten Erwähnung von Zalmoxis' Namen fügt Herodot hinzu: „manche von ihnen (d. h. der Geten) nennen diesen Gott *(daimon)* auch Gebeleïzis" (IV, 94). Das ist das erste – und letzte – Mal, daß der Name dieses Gottes in der Literatur vorkommt. Kein anderer Autor hat nach Herodot von Gebeleïzis gesprochen. Tomaschek[86] hatte bereits in diesem Namen eine Parallele zum südthrakischen Gott Zbelsurdos, Zbeltiurdos[87] festgestellt, und es ist möglich, daß die ursprüngliche getische Form Zebeleizis[88] gewesen ist. Außerdem erkannte Tomaschek in Zbelsurdos den Stamm *z(i)bel* und die Wurzel *g'heib* „Licht, Blitz".[89] Der zweite Teil des Namens *-surdos* wäre von der Wurzel *suer* „dröhnen, heulen" abzuleiten. Folglich wäre Zbelsurdos sowie Zebeleizis (Gebeleïzis) ein Gott des Gewitters, Donar, Taranis, Perkúnas, Perunù und Parjaniya vergleichbar.[90]
Von der Aussage Herodots ausgehend, bemüht sich Kretschmer[91], etymologisch Zalmoxis und Gebeleïzis auf der Basis der Bedeutungsgleichheit der Stämme *zemele/gebele* zu verknüpfen, was die Gleich-

---

[85] Pârvan sah in dem Tatbestand, daß der Bote in der Luft geopfert wird, einen zusätzlichen Beweis dafür, daß Zalmoxis himmlischer Struktur ist (vgl. *Getica,* S. 151 f.). Das Argument hat einen gewissen Wert. In den arktischen und zentralasiatischen Religionen, wo Opfer an himmlische und chthonische Gottheiten anzutreffen sind, finden die ersten auf Anhöhen statt, und die Opfergaben werden in Bäumen ausgelegt; vgl. M. Eliade, *Traité d'histoire des religions* (neue Ausgabe, 1968), S. 63. [Dt. Ausgabe: *Die Religionen und das Heilige,* Salzburg 1954]. Ebenso wurde im alten Griechenland in den Kulten der Olympier das Opfertier mit erhobener Kehle und auf einem Altar bestimmter Höhe dargebracht.

[86] W. Tomaschek, „Die alten Thraker", II, S. 62.

[87] Über Zbeltiurdos, vgl. G. Seure, „Les images thraces de Zeus Keraunos: Zbelsurdos, Gebeleizis, Zalmoxis" (*Revue des Études grecques,* XXVI, 1913, S. 225-261); A. B. Cook, *Zeus,* II, 1, S. 817-824; G. I. Kazarow, *Realencyclopädie,* VI, A (1936), S. 516-517; vgl. Russu, *op. cit.,* S. 107, Anm. 1.

[88] Vgl. Russu, *op. cit.,* S. 106.

[89] Tomaschek, *op. cit.,* S. 61; vgl. Dečev, *Charakteristik der thrakischen Sprache,* S. 73, 81.

[90] Russu, S. 109; vgl. Eliade, *Traité d'histoire des religions,* S. 79 f., 107-111 (Bibliographie).

[91] P. Kretschmer, „Zum Balkanskythischen", S. 47 f.

wertigkeit der Stämme *zamol-* und *gebel* impliziert. Schließlich sah Kretschmer in Gebeleïzis den thrakischen und in Zalmoxis den hybriden skythisch-thrakischen Namen desselben Gottes.[92] Kretschmers Etymologie ist von Russu[93] und anderen verworfen worden, aber ihr kam das Verdienst zu, die Aussage Herodots, nach der die Geten an einen *einzigen Gott* glaubten, den einige Zalmoxis, andere Gebeleïzis nannten, zu erklären. Der hervorragende Archäologe Vasile Pârvan zweifelte nicht am Wahrheitsgehalt der Aussage Herodots, und Jean Coman sprach sogar von einem dako-getischen Monotheismus.[94] So fügt auch Herodot dem Bericht der Opferung eines Boten für Zalmoxis an: „Dieser thrakische Stamm schießt auch, wenn es donnert und blitzt, mit Pfeilen nach dem Himmel und droht dem Gott. Sie meinen auch, es gäbe keinen anderen Gott als den ihrigen."

Dieser leider unklare Absatz hat lange Diskussionen provoziert. C. Daicoviciu versteht ihn folgendermaßen: „Die gleichen Thraker schießen, wenn es blitzt und donnert, mit Pfeilen nach dem Himmel und drohen dem Gott, weil sie glauben, daß kein anderer Gott ist als der ihre", nämlich Gebeleïzis.[95]

Trotz der Aussage Herodots (die wirklich mit einer grammatikalisch und stilistisch überraschenden Nachlässigkeit verfaßt ist) fällt es schwer, Zalmoxis und Gebeleïzis als ein und denselben Gott anzusehen.[96] Ihre Merkmale sind verschieden, ihre Kulte ähneln sich nicht. Gebeleïzis ist ein Gewittergott oder mehr ein ehemaliger Gott des Himmels (wenn man Walde-Pokorny und Dečev folgt, die seinen

---

[92] Kretschmer, *op. cit.,* S. 48.

[93] Vgl. Russu, *op. cit.,* S. 108 f.

[94] Pârvan, *Getica,* S. 151 f.; J. Coman, „Zalmoxis", S. 85 (Prämonotheismus); id., „Zalmoxis et Orphée" (*Serta Kazaroviana,* I, Sofia, 1950), S. 183; vgl. R. Pettazzoni, „Il ‚monoteismo' dei Geti" (*Studia in honorem Acad. D. Dečev,* Sofia, 1958, S. 649-655). Das Problem des ‚geto-dakischen Monotheismus' gehört der Geschichte der Ideen des modernen Rumänien an und nicht der Geschichte der Religionen (siehe unten). Vor allem darf man nicht übersehen, daß Mars bei den Geten sehr populär war. (vgl. Vergil, *Aeneis* III, 35; Ovid, *Tristia,* V, 3, 22 etc.).

[95] C. Daicoviciu, „Herodot şi pretinsul monotheism al Geţilor" (*Apulum,* Alba-Iulia, II, 1944-45, S. 90-93).

[96] Vertreten z. B. von Seure, „Les images thraces", S. 225 und Kazarow, „Zalmoxis", S. 356. Für Kazarow war Zalmoxis ein Gott der Unterwelt (ibid. S. 357).

Namen von dem Wortstamm *guer*, „leuchten" ableiten).[97] Der einzige uns bekannte Ritus, des Abschießen von Pfeilen während des Gewitters, findet sich bei primitiven Völkern, wie den Semang von Malakka oder den Yurakare Boliviens, und auch in Asien. Aber die Bedeutung solcher Rituale ist nicht immer gleich. Auf der Ebene der ältesten Überlieferung – bei den Yurakare, Semang, Sakai – zielt der Schuß auf den Gewittergott und bedroht ihn.[98] In Asien sind es nicht mehr die Götter des Himmels oder der Atmosphäre, die man bedroht, sondern die Dämonen, die man für Gewitter verantwortlich hält. So schoß man auch im alten China bei einer Sonnenfinsternis Pfeile gegen den Wolf im Himmel ab, um den rituellen Raum und die Ordnung der Welt, die durch die Dunkelheit gestört worden waren, wiederherzustellen.[99] Auf Monumenten sieht man Mithra gegen die Wolken schießen[100], genau wie Indra[101]; ähnliche Rituale werden bei den Kauniern bestätigt (Herodot, I, 172) und sind im modernen Bulgarien noch lebendig.[102]

Angesichts dieser Parallelen kann man sich fragen, ob Herodot die Bedeutung des Rituals richtig verstanden hatte. Höchstwahrscheinlich wurde nicht der Gott (Gebeleïzis) bedroht, sondern die dämonischen Mächte, die sich in den Wolken manifestieren. Anders gesagt, es handelt sich um einen positiv kultischen Akt: Man ahmt den Gott der Blitze nach und hilft ihm, indem man Pfeile gegen die Dämonen der Dunkelheit schießt.

Wie dem auch sei, es gilt sich zu beschränken: Wir können nicht Struktur, Funktion und „Geschichte" des Gebeleïzis mit Hilfe einer Etymologie und auf der Basis eines einzigen Dokumentes erschließen. Der Tatbestand, daß Gebeleïzis nach Herodot nicht mehr erwähnt wird, impliziert nicht notwendigerweise sein Verschwinden aus dem Kult. Es wäre sinnlos, die Dürftigkeit der Dokumente zu bedauern; man sollte aber nicht übersehen, daß die Informationen, die religiöses Ideengut und religiöse Praktiken der Geto-Daker be-

---

97 A. Walde-J. Pokorny, *Vergleichendes Wörterbuch der indogermanischen Sprachen* (Berlin, I-III, 1927-32), I, S. 643; Dečev, *Charakteristik*, S. 73, 81.

98 Vgl. M. Eliade, „Notes on the symbolism of the arrow", S. 465-66.

99 Marcel Granet, *Danses et légendes de la Chine ancienne* (Paris, 1926), I. S. 233; Anm. 1; vgl. S. 390, Anm. II, S. 538 f.

100 F. Saxl, *Mithras* (Berlin, 1931), S. 76; G. Widengren, *Die Religionen Irans*, S. 44 f.

101 H. Oldenberg, *Die Religion des Veda* (3. Aufl., Berlin, 1923), S. 491, 494.

102 Kazarow, „Zalmoxis", S. 356 f.

treffen, fragmentarisch und approximativ sind. Die wenigen wertvollen Dokumente, die von antiken Autoren überliefert worden sind, beziehen sich nur auf Teilaspekte der Religion, lassen das Übrige aus – und wir sind darauf angewiesen, uns vorzustellen, was diesen mysteriösen Rest ausgemacht haben mag. Um auf Gebeleïzis zurückzukommen, im Bewußtsein des Schicksals der Himmels- und Gewittergötter lassen sich mehrere Hypothesen, um das Schweigen der Quellen zu erklären, aufstellen. Zunächst ist es möglich, daß Gebeleïzis folgendem, in der Religionsgeschichte bekanntem Prozeß zum Opfer gefallen ist: Zuerst Himmelsgott wie Dyaus, ist er Gewittergott und folglich auch Gott der Fruchtbarkeit wie Zeus oder Baal geworden. So wird tatsächlich bis auf wenige Ausnahmen ein himmlischer Gott zu einem *deus otiosus,* verschwindet schließlich aus dem Kult, wenn er nicht durch die Verwandlung in einen Gewittergott „wiederbelebt" wird, was bei Gebeleïzis der Fall zu sein scheint. Da aber die Gewittergötter sowohl bei den Indo-Europäern als auch in asiatischen und mediterranen Religionen eine wichtige Rolle spielen, erklärt sich so nicht unbedingt sein Verschwinden. Sein Verwachsen mit einer anderen Gottheit oder ein Überleben unter einem anderen Namen sind denkbar. Die Tatsache, daß die volkstümliche Mythologie des Propheten Elias eine Anzahl Elemente enthält, die einem Gewittergott eignen, beweist zumindest, daß Gebeleïzis noch zum Zeitpunkt der Christianisierung Dakiens aktiv war, gleich welchen Namen er in dieser Zeit trug.

Möglich wäre auch, daß zumindest ab einer bestimmten Epoche ein von dem Hohenpriester und der priesterlichen Klasse unterstützter religiöser Synkretismus Gebeleïzis mit Zalmoxis verschmolz. Wie dem auch sei, wichtig ist, darauf hinzuweisen, daß die dakischen Heiligtümer in Sarmizegetusa und Costeşti keine Dächer hatten, und daß das große Heiligtum in runder Form von Sarmizegetusa beherrscht war von einem Symbolismus des Himmels. Darüber hinaus bestätigt die wundervolle „Steinsonne" der geheiligten Stadtmauer von Sarmizegetusa den uranisch-solaren Charakter der geto-dakischen Religion römischer Epoche.[103] Wir wissen nicht, welcher Gott

---

[103] C. D. Daicoviciu, „Le problème de l'état de la culture des Daces à la lumière des nouvelles recherches" (in: *Nouvelles Études d'Histoire, présentées au X. Congrès des sciences historiques,* Bukarest, 1955, S. 121-137), S. 126 f.; Hadrian Daicoviciu, „Il Tempio-Calendario dacico di Sarmizegetusa" (*Dacia,* N. S. IV, Bukarest, 1960, S. 231-254; id., *Dacii* (Bukarest, 1968), S. 194 f., 210 f.

oder welche Götter in diesen Heiligtümern verehrt wurden, aber da die klassischen Autoren nur von Zalmoxis sprechen, kann man daraus schließen, daß in römischer Zeit ein Zalmoxis-Gebeleïzis-Synkretismus bestand. Wenn aber, so wie wir es uns vorstellen, Gebeleïzis den ehemaligen Himmelsgott der Geto-Daker darstellt, Schutzherr der aristokratischen und militärischen Klasse der *tarabostes* ist (deren Name das Element *-bostes* aus der Wurzel *bhô-s* „hell, leuchtend" enthält)[104], und Zalmoxis der „Gott der Mysterien", Meister der Initiation, der, der Unsterblichkeit verleiht, ist – dann ist der Synkretismus zwischen diesen beiden Gottheiten das Werk der priesterlichen Klasse gewesen.

Zalmoxis und die Priester-Therapeuten

Wir besitzen nur wenige Dokumente über die geto-dakischen Priester und Therapeuten-Magier. Doch spricht schon Platon davon, und seine Aussage ist wichtig. Nach der Schilderung einer Begegnung mit einem der Ärzte des „thrakischen Königs Zalmoxis, von denen man sagt, daß sie sogar die Unsterblichkeit verleihen können", fährt Sokrates fort: dieser thrakische Arzt berichtete ihm das, was er über „unseren König, der auch ein Gott ist", erfahren hatte; Zalmoxis, sagte er, lehrte, daß „genausowenig wie man versuchen sollte, die Augen ohne den Kopf zu heilen, oder den Kopf ohne den Körper, genausowenig sollte man versuchen, den Körper ohne die Seele zu heilen". Das ist der Grund, fügte der thrakische Therapeut an, warum „das Heilmittel vieler Krankheiten bei den griechischen Ärzten unbekannt ist, da sie die Gesamtheit vernachlässigen" (*Charmides,* 156 d). Hinter dem literarischen Klischee der „Weisheit der Barbaren", die der Wissenschaft der Griechen überlegen ist, erkennt man eine dem hippokratischen Integralismus analoge Lehre.[105] Man

---

[104] Walde-Pokorny, II, S. 122: I. I. Russu, *Limba traco-dacilor,* S. 96.

[105] Was etwaige Beziehungen zwischen Hippokrates und den Traditionen der Thraker angeht, so läßt sich nichts induzieren. Obwohl die alten Biographen darin übereinstimmen, daß sich Hippokrates im Norden Thrakiens aufgehalten hat, und einige moderne Autoren bemerken, daß die Bücher I und II der *Epidemien* anscheinend in einem „griechischen Thrakisch" geschrieben worden sind, findet sich dennoch keine Anspielung im hippokratischen *Corpus,* die die thrakischen Traditionen betrifft; vgl. G. Brătescu, *Hipocratismul de-a lungul secolelor* (Bukarest, 1968), S. 55 f.

darf nicht übersehen, daß das Ansehen der geto-dakischen Ärzte wirklich bestand und sich über Jahrhunderte hielt.[106]
Aber Platon vermittelt einige Details von höchstem Wert: Die Wichtigkeit, die Zalmoxis, der gleichzeitig Gott, König und Therapeut ist, der „Seele“ zuschreibt; der funktionale Zusammenhang zwischen dem Erhalt der Gesundheit durch eine „alles umfassende Methode“, in der die Seele eine entscheidende Rolle spielt, und dem Erlangen der Unsterblichkeit. In dem Maß, wie diese Details, wenn auch mit einer gewissen Aufmachung versehen, echte Informationen über die „Weisheit der Geten“ widerspiegeln, bestätigen und vervollständigen sie die Aussage Herodots: Insgesamt ist Zalmoxis der Gott-Therapeut, der sich vor allem mit der menschlichen „Seele“ und ihrem Schicksal beschäftigt.
Platon stellt dieses neue Element vor: Zalmoxis ist sowohl Gott als auch König. Die Tradition wird anderswo bei den Thrakern belegt: Rhesos, König und Priester, wurde von denen, die in seine Mysterien initiiert waren, als ein Gott verehrt.[107] Es lassen sich hier drei Hauptausrichtungen in einem religiösen System unterscheiden, deren Wurzeln wahrscheinlich auf die Prähistorie der Indo-Europäer zurückgehen: 1) Identifikation, Übereinstimmung oder Verwechslung zwischen Gott, König und Hohempriester; 2) die Tendenz, Könige zu „Göttern“ zu erheben; 3) wichtige Rolle des Hohenpriesters, dessen Autorität, im Prinzip der des Königs unterstehend, sich bei Gelegenheit als überlegen herausstellt. Wir verfügen über ein klassisches Beispiel der ersten Kategorie in der von Strabon angefertigten Darstellung der Religionsgeschichte der Daker. Was die „Vergöttlichung“ der Könige angeht, so ist dieses Problem zu komplex, um

[106] Tatsächlich existiert eine bestimmte Tradition bezüglich des Zalmoxis *iatrós* (vgl. Tomaschek, „Die alten Thraker“, II, I, S. 64 f), und, wie Pârvan bemerkt (*Getica,* S. 145), ist es vielleicht kein Zufall, wenn Dioscurides, griechischer Arzt im 1. Jahrhundert n. Chr., sich die Mühe gegeben hat, eine große Anzahl Namen geto-dakischer Heilkräuter zu sammeln und aufzulisten (vgl. Tomaschek, *op. cit.,* S. 22 f.; neuere Studien über Dioscurides werden diskutiert von Russu, *Limba traco-dacilor,* S. 43-47). Über die medizinischen Kenntnisse und Techniken der Geto-Daker siehe auch I. H. Crişan, „O trusă medicală descoperită la Grădiştea Muncelului“ (in: *Istoria Medicinii, Studii şi Cercetări,* Bukarest, 1957, S. 45-56).
[107] Die berühmten Verse der Muse über das Schicksal ihres Sohnes im Drama des Euripides, *Rhesus* (970-973), sind von einigen Autoren als Zalmoxis betreffend interpretiert worden; vgl. A. D. Nock, „The End of the Rhesus“ (*The Classical Review,* XL, 1926, S. 184-186); siehe auch Ivan M. Linforth, *The Arts of Orpheus* (Berkeley und Los Angeles, 1941), S. 60 f.; Jack Lindsay, *The Clashing Rocks,* S. 375.

hier behandelt zu werden.[108] Es genügt, einige keltische Parallelen in Erinnerung zu rufen. Nach Tacitus (*Hist.*, V, c. 61), läßt sich Mariccus, König der Boier, *deus* nennen, genau wie Conchobar, König von Ulster, der den Titel *dia talmaïde* trug. Es sind auch keltische Könige mit Götternamen bekannt.[109] So scheinen die Wichtigkeit und die politische und soziale Rolle, die der Hohepriester gegenüber dem König innehatte, die Thraker-Phrygier[110] und die Kelten (wo der Druide manchmal als über dem König stehend angesehen wurde[111]) zu charakterisieren, obwohl diese Gegebenheit auch für das archaische Griechenland belegt ist[112], und sie ist mit Sicherheit für die indo-europäische Vorgeschichte anzusetzen.[113]

Zalmoxis und Decaeneus

Die Verbindungen zwischen Gott, König und Hohempriester sind von Strabon, der bekanntlich Poseidonios folgt, ausführlich behandelt worden. Nach dem Autor der *Geographica* (VII, 3, 5), war Zalmoxis Sklave des Pythagoras, von dem er „einige Dinge, die Himmelskörper betreffend", gelernt hatte. Zalmoxis reiste bis nach Ägypten und erlernte „einige Dinge" von den Ägyptern. Nach der Rückkehr in sein Land wurde Zalmoxis von hohen Herren und vom Volk aufgesucht, „weil er nach den Himmelszeichen Weissagungen machen konnte". Schließlich überredete er den König, ihn an der Regierung zu beteiligen, weil er den Willen der Götter mitteilen könne. Obwohl man ihn zu Beginn nur zum „Priester des im Lande

---

[108] Vgl. den Stand der Frage in *La Regalità Sacra* (VIII. Congrès International d'Histoire des Religions, Leiden, 1959).

[109] Jan de Vries, *La Religion des Celtes* (übers. v. L. Jospin, Paris, 1963), S. 245 f. Über den getischen „König" Zalmodegikos, der im 3. Jahrhundert v. Chr. Beziehungen zu der griechischen Kolonie Histria hatte, vgl. D. M. Pippidi, *Contribuţii la istoria veche a României* (Bukarest, 1967), S. 172 f. (S. 554-555 französ. Résumé).

[110] Vgl. R. Hennig, *Symbolae ad Asiae Minoris reges-sacerdotes* (1893); Charles Picard, *Ephèse et Claros* (Paris, 1922), S. 274 f. Über Bulogaises, Hoherpriester und König der Bessier, siehe Dion Cassius, LIV, 34, 5.

[111] Jan de Vries, *La Religion des Celtes*, S. 217, 244. (Liegt auch in dtscher. Übers. vor; Anm. des Ü.)

[112] Vgl. Ingrid Löffler, *Die Melampodie. Versuch einer Rekonstruktion des Inhalts* (Beiträge zur klassischen Philologie, Heft 7, Meisenheim am Glan, 1963).

[113] Vgl. die Arbeiten von Georges Dumézil, bes. *Mitra-Varuna* (2. Ausg., Paris, 1948), und *L'idéologie tripartie des Indo-Européens* (Brüssel, 1958).

höchst verehrten Gottes" erklärte, wurde er schließlich selbst als ein Gott angesehen. „Nachdem er sich an einem höhlenartigen Ort, der den anderen unzugänglich war, niedergelassen hatte, verbrachte er dort sein Leben, traf mit Ausnahme des Königs und seiner eigenen Diener selten die von draußen. Der König arbeitete mit ihm zusammen, weil er gesehen hatte, daß das Volk ihm größere Achtung schenkte als zuvor, im Glauben, die Erlasse, die er verkündete, stimmten mit dem Rat der Götter überein. Diese Praxis hat sich bis in unsere Tage erhalten, denn es fand sich immer jemand solchen Charakters, der, obwohl er in Wirklichkeit nur Berater des Königs war, von den Geten Gott genannt wurde. Und schließlich glaubten die Leute, daß der Berg (d. h. „der höhlenartige Ort") geheiligt sei, und als solchen beschrieben sie ihn, obwohl sein Name Kogainon ist, genau wie der Name des Flusses, der in der Nähe dieses Berges verläuft."

Strabon fügt hinzu, daß, „als Burebista über die Geten herrschte, das betreffende Amt von Decaeneus verwaltet wurde und daß, auf die eine oder die andere Art, die pythagoräische Vorschrift, keine Lebewesen zu essen, noch bestand, genauso wie sie Zalmoxis gelehrt hatte".

In einem anderen Kapitel (VII, 3, 11) kommt Strabon auf die Geschichte der Geten seiner eigenen Zeit zu sprechen, wobei er besonders den Lebensbericht des Burebista vorstellt. Dieser Gete, schreibt er, „richtete, nachdem er die Herrschaft über den Stamm erhalten hatte, das Volk, das durch zahllose Kriege in eine furchtbare Lage geraten war, wieder auf. Durch Erziehung, Mäßigung und Gehorsam hob er die Männer auf eine solche Höhe, daß er in wenigen Jahren ein Imperium errichtete und die meisten Nachbarstämme den Geten unterwarf. Er begann selbst für die Römer gefährlich zu werden, denn er überquerte ungehindert die Donau und plünderte Thrakien bis an die Grenzen Macedoniens und des illyrischen Landes (. . .). Er hatte Decaeneus, einen Magier *(goês)*, als Gehilfen, um den absoluten Gehorsam seines Volkes zu erlangen, einen Mann also, der nicht nur in Ägypten gereist war, sondern auch ernsthaft bestimmte Zeichen erlernt hatte, mittels derer er vorgab, den göttlichen Willen zu kennen, und er war in kurzer Zeit für einen Gott gehalten worden (so wie ich es in der Geschichte des Zalmoxis schon berichtet habe)".

Als Beweis für den absoluten Gehorsam der Geten führt Strabon an, daß sie sich überreden ließen, ihre Weinstöcke auszureißen und ohne Wein zu leben. Einige erhoben sich jedoch gegen Burebista, woraufhin er verjagt wurde, bevor die Römer eine Expedition gegen ihn losschickten.[114]

Wie man sieht, nimmt Strabon einige Einzelheiten der von Herodot überlieferten Tradition wieder auf, modifiziert sie aber und fügt anderes an. Zalmoxis wird als der Sklave des Pythagoras dargestellt, jedoch handelt es sich hier nicht um die Lehre von der Unsterblichkeit der Seele, die er von seinem Herrn gelernt haben soll, sondern um „bestimmte Dinge, die Himmelskörper betreffend", d. h. die Wissenschaft, Zukünftiges nach den Himmelszeichen vorauszusagen. Strabon fügt die Reise nach Ägypten, dem Land der Magie schlechthin, hinzu. Dank seiner astronomischen Kenntnisse und seines Rufes als Magier und Prophet wird Zalmoxis vom König an der Regierung beteiligt. Als Hoherpriester und Prophet des „am höchsten verehrten Gottes im Lande" zog sich Zalmoxis in eine Höhle auf dem Gipfel des Kogainon zurück, wo er nur den König und seine eigenen Diener empfing, und später „wandte man sich an ihn wie an einen Gott". Nach Strabon wiederholte sich der ganze Handlungsablauf mit dem Hohenpriester Decaeneus, was dem Autor der *Geographica* den Vorrang der „pythagoräischen Doktrin" und des Vegetarismus unter den Geten erklärt.

Es ist klar, daß Strabon (oder vielmehr Poseidonios) über andere Informationsquellen verfügte, die über die von Herodot vermittelten hinausgehen. Es ist möglich, daß sich einige dieser Quellen vor allem auf die Daker der Karpaten stützen, die infolge der überraschenden Siege des Burebista in der römischen Welt bekannt waren, während die Informationen Herodots hauptsächlich die Geten im Schwarzmeer-Donauraum betreffen. Es ist aber auch denkbar, daß sogar der Kult des Zalmoxis im Laufe der letzten vier Jahrhunderte große Veränderungen erfahren hatte. Was Strabon beeindruckt zu haben scheint, ist das außergewöhnliche Prestige des Hohenpriesters, Prophet und Teilhaber des Thrones in einer Person, in Einsamkeit auf dem unzugänglichen Gipfel des heiligen Berges lebend und vergöttlicht. Eine andere Einzelheit scheint Strabon gleich wichtig: daß

---

[114] Über Burebista siehe Em. Condurachi, „Burebista şi oraşele pontice" (*Studii şi Cercetări de Istorie Veche,* IV, 1953, S. 515-523); M. Macrea, „Burebista şi Celţii de la Dunărea de mijloc" (*Studii şi Cercetări,* VII, 1956, S. 119-136); Radu Vulpe, „Les Gètes de la rive gauche de Bas-Danube et les Romains" (*Dacia,* N.S., IV, 1960, S. 309-332), bes. S. 310-315; H. Daicoviciu, *Dacii,* S. 85-119.

Zalmoxis – ganz wie kurz zuvor Decaeneus – seinen Aufstieg vor allem seinen astronomischen und seherischen Kenntnissen verdankt. Das Beharren auf der Kenntnis der Himmelskörper mag genaue Informationen wiedergeben. So scheinen die Tempel von Sarmizegetusa und von Costeşti, deren uranisch-solarer Bedeutungsgehalt deutlich ist, eine kalendarische Funktion zu haben.[115] Wir werden in der Folge die Hinweise, die Jordanes über die astronomischen Kenntnisse der dakischen Priester gibt, genauer untersuchen. Was den „heiligen Berg" Kogainon angeht, so ist sein Name, der nur bei Strabon belegt ist, suspekt und scheint nicht dem thrako-dakischen Wortbestand anzugehören.[116] Es bieten sich aber keine einleuchtenden Gründe dafür, an der Authentizität der Aussagen über die Wohnung des Hohenpriesters zu zweifeln. In dem großen Bereich des Karpaten-, Donau- und Balkanraumes, so wie anderswo (Kleinasien, Iran, Indien etc.) waren seit der Antike bis zum Beginn unseres Jahrhunderts Bergesgipfel und -höhlen der Lieblingsort für den Rückzug von Asketen, Mönchen und Kontemplativen aller Arten.

Im neuen Abschnitt der Religion der Daker, den uns Strabon (oder Poseidonios) vorstellt, findet sich der Charakter des Zalmoxis deutlich verändert. Da ist zunächst die Gleichsetzung zwischen dem Gott Zalmoxis und *seinem Hohenpriester,* der schließlich unter dem gleichen Namen zu einem Gott gemacht wird. Herodot ignoriert diesen Aspekt des Zalmoxiskultes. Das bedeutet nicht zwingend, daß es sich dabei um eine Änderung jüngeren Datums handelt; denn wie wir gesehen haben, handelt es sich um einen Zug, der für die Thrako-Phrygier charakteristisch ist. Möglich ist jedoch, daß wir es mit einem keltischen Einfluß zu tun haben oder mit einer Bewegung, die in den letzten zwei oder drei Jahrhunderten stattfand, so daß der Hohepriester des Zalmoxis aufgrund eines Prestigegewinnes als der Vertreter des Gottes und schließlich als der Gott selbst angesehen wurde.

Wichtiger ist aber, daß man bei Strabon-Poseidonios keine Anspielung auf einen mysterienartigen Kult findet, so wie ihn Herodot vorstellte. Zalmoxis ist nicht länger der „Sklave des Pythagoras", der den Geto-Dakern die Lehre von der Unsterblichkeit der Seele enthüllt, sondern der „Sklave des Pythagoras", der die Kunst, die Zu-

---

[115] Vgl. die Referenzen in Fußnote 103, bes. H. Daicoviciu, „Il Tempio Calendario dacico".

[116] Vgl. I. I. Russu, „Religia Geto-Dacilor", S. 94, Anm. Vgl. *ibid.,* S. 93 f. über einige neuere Hypothesen, die Lokalisierung Kogainons betreffend.

kunft im Lauf der Sterne zu lesen, erlernt und nach der Rückkehr in sein Land die rechte Hand des Königs und Hohenpriester ist und noch zu Lebzeiten vergöttlicht wird. Für Strabon aber stellt der Vegetarismus der Geto-Daker, ein Detail, das Herodot übersieht, den besten Beweis für die Kontinuität zwischen Zalmoxis, dem Sklaven des Pythagoras, und Decaeneus dar. Alles in allem ist für Strabon der Zalmoxiskult von einem Hohenpriester bestimmt, der als Regierungsmitglied und erster Berater des Königs gleichwohl einsam auf einem Gipfel lebt; dieser Kult ist deshalb „pythagoräisch“, weil er die Ernährung von Fleisch ausschließt.
Sicherlich lag es nicht in der Absicht Strabons, die berühmte Geschichte von Zalmoxis, die jeder Gebildete seiner Zeit von Herodot kannte, zu wiederholen: Er wollte das vorstellen, was andere, jüngere Quellen an Neuem hinzufügten. Höchstwahrscheinlich betrafen die Neuigkeiten vor allem die Rolle und das Ansehen der Hohenpriester und die „pythagoräische“ Askese der Daker. Es entzieht sich unserer Kenntnis, in welchem Maße die initiatorische und eschatologische Struktur des „Mysteriums“ des Zalmoxis so, wie sie dem Bericht des Herodot zu entnehmen ist, zur Zeit Strabons noch vorhanden war. Aber es steht außer Zweifel, daß man Informationen, die uns über die esoterischen Aspekte des Kultes aufklären können, bei den „Spezialisten des Heiligen“ und im Umkreis des Hohenpriesters suchen muß.

Die Einsiedler und die Gelehrten

Wir haben bereits aufgeführt, was Strabon über die *theosebeis* und die *kapnobatai* der Myssier sagt, die das rechte Ufer der Donau bewohnten. Diese Asketen und Kontemplativen waren Vegetarier und ernährten sich von Honig, Milch und Käse. Strabon fügt hinzu, daß es auch bei den Thrakern fromme Einsiedler gibt, die abseits von Frauen leben und unter dem Namen *ktistai* bekannt sind. Sie werden verehrt, weil sie sich den Göttern geweiht haben und „von jeder Angst frei“ leben (VII, 3. 3). Nach einer Information von Flavius Josephus (*Antiqu. Jud.,* XVIII, 2) nannte man diese Asketen und Insichgekehrten bei den Dakern *pleistoi,* ein Wort, das nach dem Vorschlag von Scaliger *polistai* gelesen werden sollte.
Diese Namen waren Anlaß für Kontroversen. Pârvan sah in *ktistai* das griechische Wort *ktistes* „Gründer“ und übersetzte nach der

Leseweise Scaligers *polistai* mit „Stadtgründer".[117] Der hervorragende Archäologe versicherte, daß der erste Begriff *ktistai* von den Geten des rechten Donauufers gebraucht worden sei, während die auf dem linken Ufer und die Daker den Begriff *polistai* verwendet hätten.[118] Das mag stimmen, aber, wie E. Lozovan bemerkt, Strabon bezieht sich ausdrücklich auf die Thraker, und Flavius Josephus spricht von den Dakern.[119] Wie dem auch sei, es ist sicher, daß diese Begriffe weder „Gründer", noch „Städtegründer" bedeuten. Jean Gagé und Lozovan haben gezeigt, daß die Version Scaligers *polistai* wenig wahrscheinlich ist.[120] Jean Gagé hat eine kühne Interpretation des Wortes *pleistoi* unternommen. In der Folge von Tomaschek und Kazarow hat er die *pleistoi* mit dem thrakischen Gott *Pleistoros* (Herodot, IX, 119) in Verbindung gebracht; aber er hat seinem Dossier eine Widmung aus der Regierungszeit Hadrians an Diana Plestrensis und einige Ortsnamen aus dem südlichen Donauraum hinzugefügt (unter anderem *Pliska* im Süden der Dobrudscha), um eine Wurzel *pleisk* herzuleiten (vgl. rum. *plisc,* „Schnabel eines Vogels"). Diese Herleitung ist von F. Altheim und Lozovan kritisiert worden. Letzterer schlägt eine Wurzel *pleus* vor mit seiner thrakischen Entsprechung *pleisk,* wovon sowohl das rum. *plisc,* wie auch *pleiskoi, pleistoi* und *pileati* („die mit dem Pilos Bedeckten") abstammt.[121] „Die *Pleistoi* treten uns jetzt demaskiert gegenüber, endgültig von dem Verdacht befreit, nur ein Gedankengebilde darzustellen. Unverheiratet und Vegetarier, wie die Adligen der Daker den Kopf mit dem *pilos* bedeckt, wird man durch sie nicht zufällig an die

---

[117] Pârvan, *Getica,* S. 160, zustimmend Coman, „Zalmoxis", S. 90; dagegen: Russu, „Religia Geto-Dacilor", S. 124.

[118] Pârvan, *Getica,* S. 160, 739; id., *Dacia,* S. 80.

[119] E. Lozovan, „Les *Pleistoi*: des Carpathes à Qumran" (*Acta Philosophica et Theologica,* II, Roma, 1964, S. 183-189), S. 185, Anm.; id., „Dacia Sacra" (*History of Religions,* VII, 1968, S. 209-243), S. 221, Anm. 51.

[120] J. Gagé, „Du culte thrace de Pleistonus à la secte dace des ‚Pleistoi'. A propos d'une dédicace épigraphique à Diana Plestrensis" (*Noul Album Macedo-Român,* Freiburg i. Br., 1959, S. 15-26), S. 16; E. Lozovan, „Les *Pleistoi*", S. 184; id., „Dacia Sacra", S. 221.

[121] Über die Filzkopfbedeckung – *pilos* – bei den Dakern, Goten und Bewohnern des Iran, vgl. F. Altheim, *Geschichte der Hunnen,* I (Berlin, 1959), S. 325-329; vgl. G. Dumézil, *Mythe et Epopée,* I (Paris, 1968), S. 444 f., über die ‚porteurs de feutre' bei den Skythen. Die Symbolik und die Mythologie der Filzkopfbedeckung sind glänzend von L. Olschki, *The Myth of Felt* (Berkeley und Los Angeles, 1949), dargestellt worden.

Essener erinnert".[122] Was *ktistai* angeht: D. Dečev leitet es vom indoeuropäischen *sqei-d,* „trennen" ab, von dem sich das thrakische *skistai,* „getrennt, vereinzelt, ledig" herleitet.[123]
Was hier anzumerken bleibt, ist das Vorkommen einer oder mehrerer Klassen von „Spezialisten des Heiligen", die sich durch eine fast mönchische Lebensweise auszeichneten, da sie unverheiratet waren, sich vegetarisch ernährten und in der Einsamkeit lebten. Origenes berichtet von einer Legende, nach der Zalmoxis die pythagoräische Lehre bei den Kelten verbreitet haben soll[124], was noch einmal die Wichtigkeit betont, die man sogar in der Spätantike der Tradition, die die Religion des Zalmoxis mit dem Glauben an die Unsterblichkeit der Seele umschrieb, zukommen ließ. Einige moderne Autoren haben das Druidentum mit den thrakischen und geto-dakischen Bruderschaften verglichen.[125] Besonders die Bedeutung des Hohenpriesters, der Glaube an die Unsterblichkeit und die geheiligte Wissenslehre initiatorischer Art der Druiden erinnern an dakische Parallelen. Außerdem muß man einige keltische Einflüsse ins Auge fassen, da westliche Gebiete Dakiens eine Zeit lang von Kelten bewohnt wurden.[126] Es ist also wahrscheinlich, daß zur Zeit Strabons die Tradition eines „mysterienhaften" Zalmoxiskultes unter geto-dakischen Einsiedlern und Ordensleuten, wie auch immer sie geheißen haben mögen, überlebt hat. Es ist ebenfalls wahrscheinlich, daß diese zurückgezogenen Asketen auf irgendeine Art vom Hohenpriester abhängig waren.

---

[122] E. Lozovan, „Les *Pleistoi* daces – moines abstinents?" (Orpheus, XI, 1964, S. 141-147), S. 146.

[123] D. Dečev, „Charakteristik der thrakischen Sprache" (*Linguistique Balkanique,* Sofia, II, 1960, S. 148-212), S. 169; vgl. Lozovan, „Les *Pleistoi*", S. 185, Anm. 6; id., „Dacia Sacra", S. 221, Anm. 51. Kürzlich hat A. Dupont-Sommer vorgeschlagen, im Texte von Josephus anstelle des verderbten *Dakôn* („der Dakier") *sadôk* oder eher noch *saddoukaiôn* („der Sadduzäer") zu lesen; vgl. „On a passage of Josephus relating to the Essenes" (*Journal of Semitic Studies,* I, 1956, S. 361-366) und *Les écrits esséniens découverts près de la Mer Morte* (Paris, 1959), S. 47. Wirklich fragt sich Dupont-Sommer, wie auch einige andere Autoren, was die Daker in dem Text von Flavius Josephus gesucht haben mögen. Aber Lozovan erinnert zu Recht daran, daß Josephus die *Antiquitates Judaicae* zwischen 93-94 geschrieben hatte, kurz nach dem dakischen Feldzug des Domitian, als die Daker weit bekannt waren; vgl. Lozovan, „Les *Pleistoi*", S. 187 f. „Dacia Sacra", S. 223 f.

[124] (Pseudo-)Origenes, *Philosophumena,* II, 25.

[125] H. Hubert, *Les Celtes depuis l'époque de la Tène et la Civilisation celtique* (Paris, 1932), S. 283; J. Coman, „Décénée" (*Zalmoxis,* III, 1943, S. 103-160), S. 148 f.

[126] Vgl. Pârvan, *Getica,* S. 461 f.; id., *Dacia. Civilizaţiile antice din ţările Carpato-danubiene* (IV. Ausg. Bukarest, 1967), S. 103 f., 183 f.; H. Daicoviciu, *Dacii,* S. 61 f.

Die Vorrangstellung des Hohenpriesters wird besonders von Jordanes hervorgehoben, der, obwohl er im 6. Jahrhundert schrieb, ältere Quellen benutzte, vor allem Cassiodorus, der wiederum auf Dion Chrysostomos (von Jordanes zitiert, *Getica,* V, 40) und anderen Autoren fußt. Jordanes glaubte, daß er die Geschichte seiner Vorfahren, der Goten, schreibe, und wir werden auf die Verwechslung der Namen „Gete" und „Gote" noch zurückkommen. Jordanes versichert, daß die Daker einen König namens Zalmoxis hatten, „von großer Bedeutung in der Philosophie" und zuvor einen anderen Gelehrten, Zeuta, dem Dicineus (*Getica,* V, 40) folgte. Nach Jordanes (XI, 67/68) wurde Dicineus der Vertraute des Königs Boruista, als Sulla über die Römer herrschte, d. h. etwa um das Jahr 80 v. Chr. – diese Angabe scheint zutreffend. Nach der Schilderung Jordanes' sind die Aktivitäten Decaeneus' sowohl kultureller wie religiöser Natur. Einerseits entpuppt er sich als zivilisatorischer Heros (so, wie man ihn sich in der Spätantike vorstellte); andererseits gibt er sich als Reformator (offenbar als Schöpfer) der religiösen Institutionen.
Jordanes beschreibt das zivilisatorische Werk des Decaeneus mit außergewöhnlichen Worten: Als er sah, daß die Goten (Geten) „ihm in allem folgten und auch von Natur wohlbegabt waren, so unterrichtete er sie in fast der ganzen Philosophie; denn hierin war er ein erfahrener Meister. Er bildete sie durch die Ethik und milderte so ihre barbarischen Sitten; er unterrichtete sie in der Physik und brachte sie zu einem nach eigenen Gesetzen geregelten, naturgemäßen Leben; diese Gesetze sind jetzt noch bei ihnen geschrieben und heißen *Belagines*; er lehrte sie Logik und machte sie vor allen Völkern geschickt im Gebrauche ihrer Vernunft; die praktische Philosophie darlegend wies er sie darauf hin, mit guten Werken ihr Leben zu schmücken; durch den Vortrag der theoretischen Philosophie leitete er sie auf das Betrachten des Himmels hin und lehrte sie, die Bahnen der zwölf Himmelszeichen und den Weg der Planeten durch dieselben zu beobachten und die ganze Sternkunde zu betreiben; er setzte ihnen auseinander, wie der Mond wächst und abnimmt, und wie weit die feurige Sonnenkugel den Erdkreis an Größe übertrifft, oder er machte ihnen klar, unter welchem Namen sowie unter welchen Zeichen die 346 Sterne durch das Himmelsgewölbe ziehen, vom Aufgang bis zu ihrem Untergang. Was muß das für eine Freude gewesen sein für diese heldenmutigen Männer, in den Lehren der Philosophie unterrichtet zu werden, da sie dabei die Waffen für eine Zeit sinken ließen? Da konnte man sehen, wie der eine nach der Lage des Himmels, der

andere nach der Beschaffenheit der Kräuter und Gesträuche forschte, dieser das Ab- und Zunehmen des Mondes, jener Sonnenfinsternisse betrachtete und beobachtete, wie die Himmelskörper, die nach Osten eilen, durch die kreisförmige Bewegung des Himmelsgewölbes erfaßt nach Westen zurückgebracht werden. Als sie [die Geten] die Ursache [all dieser Dinge] kennenlernten, beruhigten sie sich. Solches und vieles andere teilte Dicineus den Goten (Geten) aus seinem Wissen mit und gewann so wunderbar hohes Ansehen bei ihnen, daß er nicht bloß das Volk, sondern sogar die Könige beherrschte" (XI, 69-71).

Dieses phantasievolle Gemälde ist sicher mehr als nur eine rhetorische Übung. Das ungeschickte Zusammenklauben der Quellenmaterialien dient Jordanes nur zur Verherrlichung seiner „Vorfahren", der Geten. Dion, eine der Quellen des Jordanes, versicherte, die Geten seien fast genauso zivilisiert und „gelehrt" wie die Griechen. Sicherlich war dies durch eine ehrwürdige Tradition gestützt: Zalmoxis, Schüler des Pythagoras. Aber bereits Strabon hatte auf die astronomischen Kenntnisse des Hohenpriesters hingewiesen, eine Information, die Jordanes aufgreift und erweitert und die übrigens, wie wir gesehen haben, von den dakischen Tempeln und deren Sonnen- und Kalendersymbolismen bestätigt wird. Wahr ist, daß Jordanes den Decaeneus als Zivilisator der ganzen Nation hinstellt; trotz der Klischeevorstellung des „zivilisatorischen Heros", die diese schwärmerische Biographie beherrscht, ist es möglich, daß die von Jordanes zusammengetragenen Quellen die überraschenden Fortschritte, die in Dakien seit Burebista und Decaeneus bis zur Zeit des Decebalus erzielt wurden, in Betracht ziehen. Es ist wohl möglich in der enzyklopädischen Wissensvermittlung des Decaeneus, die von Jordanes mit begeisterten Worten bedacht wird, den kulturellen Aufschwung der Daker infolge der von Burebista erreichten politischen Einigung zu sehen, die ihre Blütezeit unter der Regierung des Decebalus hatte.[127]

Für Jordanes ist Dicineus ebenfalls für die religiöse Organisation verantwortlich. Er wählte sich einige der edelsten und klügsten Männer aus, „unterrichtete sie in der Theologie und hieß sie, bestimmte Gottheiten und Heiligtümer in Ehren halten. Denjenigen, die er zu Priestern weihte, gab er den Namen *pilleati* („die mit Kappen"),

[127] Vgl. Daicoviciu, *Dacii,* S. 209, und die in Anm. 106 und 114 gegebenen Referenzen. Die Quellen von Jordanes sind von Mommsen, *Mon. Germ. Hist.* auct, ant. 5, I, S. XXXI f. analysiert worden. Vgl. auch F. Altheim, „Waldleute und Feldleute" (*Paideuma,* V, S. 424-430).

wahrscheinlich, weil sie beim Opfern das Haupt mit einer Tiara bedeckt hatten, die wir auch *pilleus* nennen; das übrige Volk aber befahl er *capillati* („die Behaarten") zu heißen, ein Name, den die Goten (= Geten) annahmen und hochhielten und dessen sie noch heutzutage in ihren Gesängen gedenken" (XI, 72).
Es liegt keinerlei Grund vor zu glauben, die Organisation der Priesterklasse sei Leistung des Decaeneus gewesen oder daß er die Namen *pilleati* und *capillati* erfunden hätte. Sehr wahrscheinlich war der Hohepriester nur der Reformator einer bereits bestehenden Institution, die es jedoch zu organisieren und verstärken galt, als der dakische Staat eine Macht und ein Prestige erreicht hatte, wie es bekanntlich unter Burebista der Fall war.
Jedenfalls weist der letzte Kompilator, der die dakische Religionsgeschichte behandelt, fast ausschließlich auf die Leistung des Hohenpriesters und Kulturheros Decaeneus hin und stellt Zalmoxis unter dessen Nachfolger. Wir haben es hier mit der säkularisierten und stark „historisierten" Version eines *deus otiosus* zu tun. Als Gott ist Zalmoxis nicht mehr vorhanden. Nach Jordanes stellen die wenigen Quellen, die Zalmoxis noch erwähnen, ihn neben Decaeneus in die Reihe der Philosophen, die die Goten in jenem mythischen Land ihrer Vorfahren, Dakien, zivilisiert haben.

Dacia capta

Die Transformation des Zalmoxis in einen Kulturheros und Philosophen ist einzig das Werk fremdländischer Autoren: Es liegt kein Beweis vor, der den gleichen Prozeß bei den Geto-Dakern belegt. Insgesamt wissen wir von Herodot bis zu Jordanes alles, was uns über Zalmoxis und die Religion der Daker bekannt ist, durch Informationen und Kommentare fremdländischer Schreiber. Versucht man vermittels der Deutungen dieser Autoren das Wesen der Religion des Zalmoxis und ihre Entwicklungsrichtung zu entziffern, so gelangt man zu folgendem Ergebnis: Der Mysteriencharakter des Zalmoxis und seine berühmte Lehre von der Unsterblichkeit, die die Griechen so stark beeindruckt hatte[128], sind durch ein wachsendes Interesse an

[128] Es ist bestimmt vor allem der Lehre von der Unsterblichkeit und der Episode, die aus ihm einen „Sklaven des Pythagoras" machte, zuzuschreiben, daß die antiken Autoren immer wieder von Zalmoxis sprachen.

Medizin, Astronomie, Mystik und „Magie" vervollständigt worden. Ein vergleichbarer Entwicklungsprozeß läßt sich im übrigen in anderen Mysterienreligionen zu Zeiten des griechisch-orientalischen Synkretismus feststellen.

Wir wissen nicht, was aus Zalmoxis und seinem Kult nach der Umwandlung Dakiens in eine römische Provinz (106 n. Chr.) geworden ist. Sicher ist, daß sich die Romanisierung in städtischen Bereichen schneller und tiefgreifender vollzog. In den Städten kam es zu zahlreichen Namensänderungen, und dort blühten auch synkretistische Kulte auf.[129] Aber wie überall in den Provinzen des römischen Reiches haben sich autochthone Religionspraktiken, mehr oder weniger verändert, über den Prozeß der Romanisierung und auch den der Christianisierung hinaus gehalten. Man hat vom Überleben des „heidnischen" Erbes, d. h. des geto-dakischen und dako-römischen, bei den Rumänen genügend Beweise, die auch in allen anderen Aufsätzen dieses Buches erwähnt werden. Ihre Zahl ist bestimmt noch größer: Es genügt, an den Totenkult und die Begräbnismythologie, an agrarische Riten, jahreszeitliches Brauchtum, magische Vorstellungen etc. zu denken, die, wie man weiß, kaum verändert viele Jahrtausende von einer Religion zur anderen überdauern.

Ein Beispiel dieser Fortdauer, bis zum Vokabular eindeutig, ist das der Göttin Diana. Pârvan[130] vertrat die Ansicht, daß die dako-römische Diana *(Diana sancta, potentissima)* die gleiche Gottheit sei wie die Artemis-Bendis (Basileia) der Thraker (Herodot, IV, 33). So wahrscheinlich diese Gleichsetzung auch scheinen mag, so ist sie jedoch nicht erwiesen[131], es besteht jedoch kein Zweifel, daß sich unter dem römischen Namen Diana, synkretisiert oder nicht, eine einheimische Göttin verbirgt. Die Verehrung dieser Göttin hat die Romanisierung Dakiens überdauert, und der Name *Diana* findet sich im rumänischen *zâna* („Fee") wieder. Die *Diana sancta* von Sarmizegetusa[132] ist zu *Sânziana (San[cta] Diana)* geworden, Zentralgestalt

---

[129] Wir werden auf die synkretistischen Kulte in Dakien in einer gesonderten Arbeit noch zu sprechen kommen. Die Bibliographie ist sehr umfangreich.

[130] Vgl. *Getica,* S. 163.

[131] Siehe E. Lozovan, „Dacia Sacra", S. 230 und die zitierte Bibliographie, *ibid.,* Anm. 105.

[132] Lozovan, „Dacia Sacra", S. 230 und Anm. 109, in der H. Daicoviciu, „Diana de la Sarmizegetusa, Ulpia Traiana" (*Omagiu lui C. Daicoviciu,* Bukarest, 1960, S. 131-139) zitiert wird.

der rumänischen Volkskultur.[133] Die religiöse und linguistische Fortdauer ist vor allem dadurch gewährleistet worden, daß der Umwandlungsprozeß im volkstümlichen Milieu, d. h. auf dem Lande (Feld und Wald), stattfand.

Was Zalmoxis angeht, so darf man keinen vergleichbaren Verlauf erwarten, denn sein Kult war von Anfang an gleichermaßen in gebildeten wie in protourbanen Kreisen verbreitet. Andererseits fällt die Vorstellung schwer, daß der oberste Gott der Geto-Daker, der einzige, der die Griechen und später die Eliten der hellenistischen und römischen Welt interessierte und mit dem sich die Schriftsteller bis zum Ende der Antike beschäftigt haben, als einziger vollkommen untergegangen und, nach der Umwandlung Dakiens in eine römische Provinz, ganz in Vergessenheit geraten sein soll. Sollte er etwa in einer der synkretistischen oder romanisierten Gottheiten wiederzufinden sein?[134]

Vergessen wir nicht, daß die charakteristischen Züge des Zalmoxiskultes mysterienhafter und eschatologischer Natur waren: Nach Herodot hatte Zalmoxis die Möglichkeit verkündet, daß man die Unsterblichkeit durch eine Initiation erlangen könnte, die einen *descensus ad inferos* und eine Epiphanie beinhaltete, d. h. rituellen „Tod" und anschließende „Wiedergeburt". Es ist denkbar, daß Glaubensinhalte, die sich auf Zalmoxis und seinen Kult bezogen, vom Christentum absorbiert und vollständig umgeformt wurden. Es ist schwer vorstellbar, daß ein religiöser Komplex, der auf der Hoffnung beruht, durch das Vorbild – und die Meditation – eines Gottes vom Mysterientyp die Unsterblichkeit zu erlangen, von christlichen Missionaren übersehen worden sein könnte. Alle Aspekte der Religion des Zalmoxis – Eschatologie, Initiation, „Pythagoreismus", Asketentum, mysterienhaftes Wissen (Astrologie, Heilkunde, Theurgie etc.) – waren einem Vergleich mit dem Christentum förderlich. Die beste und einfachste Erklärung für das Verschwinden des Zalmoxis und seines

[133] Die *dianatici*, „von Diana Besessene", werden im Rumänischen zu zănateci, „Verrückte, Verwirrte"; V. Pârvan, *Contribuţii epigrafice la istoria creştinismului daco-roman* (Bukarest, 1911), S. 120; E. Lozovan, „Dacia Sacra", S. 231.

[134] A. Bodor, „Der Liber- und Libera-Kult. Ein Beitrag zur Fortdauer der Bodenständigen Bevölkerung im Römerzeitlichen Dazien" (*Dacia,* N. S. VII, 1963, S. 211-239), nimmt an, daß der Kult des Paares Liber-Libera dakischen Ursprungs ist; er bezieht sich auf einen Artikel des Suidas, wo von einer Göttin Zalmoxis die Rede ist; vgl. weiter oben, Anm. 65. Siehe auch N. Gostar, „Cultele autohtone în Dacia romana" *(Anuarul Institutului de Istorie antică)*, II, 1965, S. 237-254.

Kultes wäre vielleicht in der frühen Christianisierung Dakiens (seit vor 270 n. Chr.) zu suchen.[135] Leider ist über die ältesten Phasen des Christentums in Dakien nur wenig bekannt.[136] Folglich wissen wir nicht, ob gewisse Aspekte der Religion des Zalmoxis unter einer neuen Form in den ersten christlichen Jahrhunderten weiterlebten. Man würde allerdings vergeblich nach möglichen Spuren des Weiterlebens des Zalmoxis in der rumänischen Volkskultur suchen, einfach deshalb, weil sein Kult nicht spezifisch ländlicher Struktur war und vor allem, weil er sich, mehr als alle anderen heidnischen Gottheiten, zu einer fast umfassenden Christianisierung eignete.

Die Metamorphosen des Zalmoxis

Das Schicksal des Zalmoxis ist gewiß paradox. Nach seinem Verschwinden bei den Dako-Römern existierte er fern seines Vaterlandes in den Traditionen der Goten weiter, und damit in der historiographischen und stark mythologisierten Gelehrsamkeit der westlichen Welt. Er lebte weiter, da er in gewisser Weise das Wesen der Geto-Daker verkörperte. Rekonstruiert man die mythologische Geschichte der Geto-Daker im Bewußtsein der westlichen Welt seit dem Einfall der Barbaren bis zum Ausgang des Mittelalters, so versteht man, warum Alfons der Weise in seiner *Cronica General* mit so viel Begeisterung von *Zamolxen, Boruista* und seinem Berater *Dicineo* spricht.

Zuerst gilt es, sich das Bild der Geto-Daker bewußt zu machen, so wie es sich seit Herodot herausgeformt und besonders in den letzten Jahrhunderten der Antike gefestigt hatte. Diese Barbaren besaßen wegen ihrer moralischen Stärke, ihres Heroismus, ihrer Würde und der Schlichtheit ihres Lebensstils hohes Ansehen. Aber andererseits galten die Geto-Daker vor allem wegen ihrer Verwechslung mit den Skythen als echte Wilde, stark behaart *(hirsuti)*, nicht geschoren *(intonsi)*, in Pelze gekleidet *(pelliti)* etc.

---

[135] Das besagt nicht, wie einige rumänische Autoren angenommen haben, daß Zalmoxis das Christentum vorweggenommen oder vorbereitet hätte.

[136] Siehe den Stand der Frage in E. Lozovan, „Aux origines du christianisme dacoscythique" (in: Altheim-Stiehl, *Geschichte der Hunnen*, IV, Berlin, 1962, S. 146-165); D. M. Pippidi, „In jurul izvoarelor literare ale creştinismului daco-roman" (in: *Contribuţii la istoria veche a României*, S. 481-496); id., „Niceta din Remesiana şi originile creştinismului daco-roman" (*ibid.*, S. 497-516, vgl. S. 516, Anm. 72, Bibliographie).

Die Tradition des Heroismus der Geto-Daker – „die mannhaftesten der Thraker", wie Herodot sie nannte – hat sich lange über den Untergang des dakischen Staates hinaus erhalten. Ovid sprach von den „wilden Geten, die keine Furcht haben vor der Macht Roms" (*Ex Ponto*, I, II, 81-82) und beschrieb sie als „wahre Abbilder des Mars" (*Tristia*, V, VII, 17). Für Vergil war der Lebensraum der Geten „das kriegerische Land des Rhesus" (*Georg.*, IV, 462); tatsächlich herrschte Mars (Pater Gradivus) über ihre Felder (*Aeneis*, III, 35). Noch zu Beginn des 2. Jahrhunderts n. Chr. wiederholte Dion Chrysostomos, die Geten seien „das kriegslustigste aller Völker". Und Lucian versicherte, daß „jedesmal wenn ich das Land der Geten bereiste, ich sie im Kampf antraf". Im 5. Jahrhundert versicherte Apollinaris Sidonius, daß die Geten (die er „Thraker" nannte) unverwundbar seien.[137] Jordanes wiederum hatte eine große Mythologie über den außergewöhnlichen Heroismus seiner „Vorfahren" entstehen lassen: Die Geten (= Goten) hatten die Griechen während des Trojanischen Krieges besiegt und später auch Cyrus den Großen und Darius bezwungen; obwohl 700 000 Mann stark, wagte die Armee des Xerxes nicht, gegen die Geten anzutreten.[138] Isidor von Sevilla (7. Jahrhundert), der ebenfalls die Goten mit den Geten gleichsetzte, schrieb in seiner *Historia Gothorum,* daß selbst Rom, siegreich über alle anderen Völker, „dem ihm auferlegten Joch der Gefangenschaft unterlag".[139]

Natürlich wurden die Geten, die man mit den Amazonen gleichsetzte, den Giganten angenähert.[140] Ovid verglich sie mit den Nachfahren der Giganten, den Lestrygonen und den Zyklopen (*Ex Ponto,* IV, X, 21-24). Die christlichen Schriftsteller ihrerseits setzten die Geto-

---

[137] Dion Chrysostomos, *Orationes* XXXVI 4; Lucius, *Icaromenippus,* 16; Sidonius, *II. Panegyrikus des Anthemius,* 34-36 – Texte, die von Jane Acomb Leake, *The Geates of Beowulf* (Madison, 1967), S. 18, 42, zitiert werden.

[138] *Getica,* IX, 60; X, 61-64. Wieder ist es Jordanes, der berichtet, daß die Armee von Philipp v. Macedonien von Getenpriestern zerstreut wurde, und daß selbst Julius Caesar sich vergeblich bemühte, dieses wunderlich wachsame Volk zu besiegen (X-XI, 65-68).

[139] „Quibus tanta extitit magnitudo bellorum et tam excellens gloriosae victoriae virtus, ut Roma ipsa victrix omnium populorum subacta captivitatis iugo Geticis triumphis adcederet et domina cunctarum gentium illis ut famula deserviret" (Isidorus, *Historia Gothorum,* 67-68; Text nach Leake, *The Geates of Beowulf,* S. 44).

[140] Vgl. die Zitate von Statius (I. Jahrhundert n. Chr.) und Dion Cassius, zusammengestellt v. Leake, S. 19-20. Nach Dion, von Jordanes (IX, 58-59) zitiert, war ein König der Geten, Telephus, Sohn des Hercules und glich seinem Vater in Gestalt und Kraft.

Goten mit Gog und Magog gleich.[141] Teilweise entwickelte sich diese ethnische Mythologie infolge der Verwechslung zwischen Geten und Goten. Julian Apostata ist wahrscheinlich der erste, der die Bezeichnung „Gete“ für „Gote“ benutzte, was nicht besagt, daß er die beiden Völker verwechselte, denn er spricht von einem Sieg der Geten über die Goten und bezieht sich an anderer Stelle ebenfalls auf die Daker.[142] Im 4. Jahrhundert nimmt Prudentius diese Gleichsetzung wieder auf; sie wird zunehmend populärer, obwohl man die ethnische Identität der Geten nicht vergessen hat.[143] Mit Claudian aber (Anfang des 5. Jahrhunderts) setzt sich die Tradition, die Goten *Getae* zu nennen, durch. Sein Zeitgenosse Orosius schreibt: „Aber die, die heute die Goten sind, waren früher die Geten“ *(modo autem Getae illi qui et nunc Gothi)*, und Rutilius Claudius Namatianus, Prosper Tiro von Aquitanien und eine Reihe anderer Schriftsteller übernehmen diese Gleichsetzung.[144] Cassiodor (487-583), die Hauptquelle des Jordanes, folgt nur einer bereits gefestigten Tradition. Jordanes benutzt seinerseits die Bezeichnung *Getae,* wenn er von der alten Geschichte spricht, und verwendet, mit einigen Ausnahmen (LX, 308, 315, 316), *Gothi,* wenn er sich auf die jüngere Geschichte bezieht.

Die verherrlichende Darstellung der Goten, so wie Jordanes und Isidor sie wiedergeben und die im Mittelalter wieder in den Romanen um Theoderich zu finden ist, existiert zusammen mit dem anderen, negativen Bild, das sich aus der Verwechslung zwischen Geten (= Goten) und Skythen herleitet. Wie die eingehende Studie von Jane Leake[145] zeigt, ziehen sich die beiden Vorstellungen durch das Mittelalter. Die Klischee-Beiwörter – „in Pelze gekleidet“, „stark behaart“ etc. – werden von den Geten und den Skythen auf die Goten übertragen (Leake, S. 49). In der mittelalterlichen Geographie wird der germanische Norden als das *Scythia* der klassischen Autoren darge-

---

[141] Vgl. die Stellen bei Hieronymus, Ambrosius und Isidor, zitiert bei Leake, S. 25, 35-37; vgl. *ibid.*, S. 38 f., Querverweise auf jüdische Quellen und auf die Thematik von Gog und Magog im Alexanderroman. Isidor hielt die Geten-Goten für die Nachkommen von Gog und Magog (vgl. Leake, S. 38, 158, Anm. 39).

[142] *Panegyrikus auf Konstantin,* 9 D; *De Caesaribus* 311 C, 320 D, 327 D; vgl. Leake, S. 25. Fast zur gleichen Zeit gebrauchte Ausonius die gleiche Formulierung; vgl. Leake, *ibid.*

[143] An drei Stellen, an denen Servius in seinem Kommentar zu Vergil den Begriff *getae* benutzt, erklärt er ihn zweimal korrekt, spricht aber in einer Passage über die *Georgica* (IV, 462) von den Geten als Goten; vgl. Leake, *ibid.*

[144] Die Referenzen bei Leake, S. 25-26, 155-156.

[145] *Op. cit.*, S. 72 f., 83 f.

stellt; folglich werden die Geten und ihre Nachbarn in den Norden projiziert (*ibid.*, S. 54-55). In seiner *Cosmographia* verlegt Aethicus Ister sogar das Schwarze Meer, den Kaukasus und das Kaspische Meer in den Norden (S. 57). Zu Beginn des Mittelalters verwendet man die Bezeichnungen *Gothia* und *Getia* für Dänemark und Jütland, und auf mittelalterlichen Karten wird Dänemark *Dacia* oder *Gothia* genannt, da im Mittelalter *Daci* ein Synonym für *Dani* war. Adam von Bremen vermischt Goten mit Geten, Dänen mit Dakern und nennt sie alle Hyperboräer.[146]

Während der Niederschrift der Chronik der normannischen Herzöge stellt Wilhelm von Jumièges (11. Jahrhundert) ihre mythische Geschichte dar und spricht von „Dakien, das man heute Dänemark nennt" *(Dacia, quae et Danamarcha)*, einem Land bewohnt von Goten, die „viele Könige hatten, die umfassendes Wissen in den Philosophien besaßen, besonders Zeuta und Dichineus, und auch Zalmoxis und einige andere".[147] Aber wie Alexandre Busuioceanu[148] gezeigt hat, wird diese Tradition besonders in Spanien aufgenommen, um integrierender Bestandteil der Nationalkultur zu werden. Isidor, selbst gotischer Abstammung, hatte die iberische Historiographie auf die vorherrschende Gleichsetzung der Geten mit den Goten gegründet. Isidor, der Jordanes nicht kannte, sprach in seiner Lobrede auf Spanien von diesem Land, „wo die ruhmreiche Fruchtbarkeit des getischen Volkes aufblühte" *(Geticae gentis gloriosa fecunditas)*. Und als man im 13. Jahrhundert Jordanes in Spanien zu lesen beginnt, gelangen die „Daker" durch die *Historia Gothica* des Bischofs Rodrigo Jiménez de Rada und durch die *Cronica General* des

---

[146] Siehe die umfangreiche Dokumentation von Jane Leake, *op. cit.*, S. 72 f., 79. Schweden, Dänemark und Norwegen sind in einem *Scythia*, S. 79, zusammengefaßt. Vgl. S. 92, die Identifikation Dänemark – *Dacia* in *Imago mundi*.

[147] „. . . sistens reges habuit multos mirare philosophiae eruditione vehementer imbutos, Zeutan scilicet atque Dichineum, necnon Zalmoxen aliosque plures" (*Gesta Normannorum Ducum*, I, II-III, Ed. Jean Marx, 1914, zitiert von Leake, *op. cit.*, S. 80). Es ist sehr wahrscheinlich, daß die *Geates* bei Beowulf die *Getae* sind, die von den Germanen für ihre Vorfahren gehalten wurden (Leake, S. 98-133). Über die Gleichsetzung Geten-Goten in der Tradition der Sachsen Transsilvaniens, vgl. Karl Kurt Klein, „Die Goten-Geten-Daken-Sachsengleichung in der Sprachentwicklung der Deutschen Siebenbürgens" (*Südost-Forschungen*, XI, 1946-1956, S. 84-154). Über die historischen Beziehungen zwischen den Bewohnern Skandinaviens und den Rumänen, siehe E. Lozovan, „De la Mer Baltique à la Mer Noire" (in: F. Altheim-R. Stiehl, *Die Araber in der alten Welt*, Berlin, 1965, Bd. II, S. 524-554).

[148] Alexandre Busuioceanu, „Utopia getică" (*Destin*, Nr. 8-9, Madrid, Mai 1954, S. 99-114).

Königs Alfons des Weisen in die Geschichte und Genealogie des spanischen Volkes. Was Alfons über die Vorfahren in der weitentfernten *Daçia* oder *Goçia* schreibt, über *Zamolxen,* „von dem die Historiker berichten, daß er auf staunenswerte Weise Bildung in der Philosophie besaß“[149], über den König *Boruista* und seinen Vertrauten *Dicineo,* stammt direkt von Jordanes.[150] Aber diesmal handelt es sich nicht mehr um eine einfache Kompilation. Alexandre Busuioceanu hat sehr gut die Rolle dieser historisierten Mythologie in der *Reconquista* und insgesamt im Bildungsprozeß des historiographischen Bewußtseins der Spanier aufgezeigt.[151]
Es ist wirklich bezeichnend, daß der Name Trajans, des Kaisers aus rein iberischem Stamm, nicht in dem der Geschichte Dakiens gewidmeten Kapitel der *Cronica General* zu finden ist, während Decebalus (Dorpaneo) dort auftaucht. Für Alfons gebührte Trajan ein Kapitel in der Geschichte Roms, und dort findet man auch einen kurzen Hinweis auf die Eroberung Dakiens.[152] Das ist der erste Hinweis auf Trajan als Eroberer Dakiens in einer spanischen Chronik.
Man könnte sagen, daß im historiographischen Bewußtsein der Rumänen ein umgekehrter Prozeß stattfand. So ist seit dem 16. Jahrhundert das Hauptthema der rumänischen Historiographie zugleich Hauptanlaß zu nationalem Stolz: die römische Abstammung. Rom und die Vorstellung der Latinität stehen im Vordergrund der Entstehung der rumänischen Kultur. Erst um die Mitte des 19. Jahrhunderts werden die Daker „wiederentdeckt“ durch die wagemutige Studie von Hasdeu, in der er fragt, ob dieses Volk wirklich untergegangen sei.[153] Und erst um 1920 werden, vor allem dank Pârvan und seinen Schülern, Vor- und Frühgeschichte Dakiens wissenschaftlich

---

[149] „Cuentan las estorias que fue muy sabio a maravilla en la filosofia“ (zitiert von Busuioceanu, S. 112).

[150] In der Beschreibung der zivilisatorischen Leistungen des Dicineus folgt Alfons genau dem Jordanes; vgl. z. B. die Passage über die Vermittlung von Philosophie und Wissenschaft: „este Dicineo ensenno a los godos fascas toda la filosophia et la fisica, et la theoria, et la practica, et la logica, et los ordenamientos de los doze signos, et los cossos de las planetas, et el cresçer, et el descreçer de la luna, et el cosso del sol, et la astrologia, et la astronomia, et las sciencias naturales . . .“; Text nach Busuioceanu, S. 112-113.

[151] Al. Busuioceanu, *op. cit.,* S. 112.

[152] „A los de Dacia et de Sicia conquirio por batalla et echo de Dacia al rey Decibalo et fizo la tierra provincia de Roma.“ Busuioceanu, der diese Passage wiedergibt (S. 113), erkennt darin das Echo eines Textes von Dion Cassius.

[153] B. P. Hasdeu, „Perit-au Dacii?“ (*Foiţa de istoriă şi literatură,* Iaşi, 1860, Nr. 2, 3, 4, 5).

untersucht. Sehr bald entwickelt sich aber unter den Schriftstellern und interessierten Lesern eine Bewegung, die in ihren ausgefallensten Formen die Bezeichnung „Thrakomanie“ verdient. Man sprach von einer „Erhebung des autochthonen Kerns“ und verstand darunter die Erhebung des geto-thrakischen Elementarwesens gegen die Formen des lateinischen Denkens, die während der Entstehung des rumänischen Volkes eingedrungen waren.

Die Aufwertung des „autochthonen Kerns“ stellt ein ziemlich bewegtes Kapitel der Geschichte der modernen rumänischen Kultur dar, das aber über unseren Gegenstand hinausgeht. Es genügt, daran zu erinnern, daß Zalmoxis eine bedeutende Rolle in dieser Wiedergewinnung der entlegensten Vergangenheit des rumänischen Volkes spielt. Zalmoxis kommt als Prophet in Theaterstücken vor; als religiöser Reformator, Zarathustra vergleichbar, in verschiedenen Aufsätzen und Monographien; als Himmelsgottheit, die den getischen „Vor-Monotheismus“ gründet, in einigen religionsgeschichtlichen Interpretationen theologischer Prägung. Immer und überall wird Zalmoxis hoch bewertet, weil er das religiöse Genie der Geto-Daker verkörpert, weil er, in letzter Instanz, die Geistigkeit der „Autochthonen“, dieser fast mythischen Vorfahren, die von den Römern besiegt und assimiliert wurden, darstellt.

Die „Geten“ haben in der mythologisierten Historiographie des Westens dank der Verwechslung mit den Goten überlebt: sie waren die mythischen Vorfahren der germanischen Völker und später der Spanier geworden. Ihre „Könige und deren Vertraute“ – Zalmoxis und Dicineus – lebten im Gedächtnis der westlichen Welt vor allem als Kulturheroen der „Geten“. Ein vergleichbarer Entwicklungsprozeß fand im historiographischen Bewußtsein der Rumänen statt. Die Geto-Daker wurden als Vorfahren wiederentdeckt und in mehr als einem Fall als „mythische Vorfahren“, da mit zahlreichen para-historischen Symbolrollen betraut. Zalmoxis selbst hat in der modernen rumänischen Kultur sein ursprünglich religiöses Prestige wiedergewonnen, das er in den ersten Jahrhunderten unserer Zeitrechnung, als er auf die Rolle eines Kulturheros verwiesen worden war, eingebüßt hatte. Aber ganz offenbar ist auch diese Wiederentdeckung eine Kulturleistung und gehört zur Ideengeschichte des modernen Rumänien.

1944, 1969.

III

DER TEUFEL UND DER LIEBE GOTT: DIE VORGESCHICHTE DER VOLKSTÜMLICHEN RUMÄNISCHEN KOSMOGONIE

Das kosmogonische Tauchen

Hinsichtlich der Einflüsse der Bogomilen auf das rumänische Brauchtum weist N. Cartojan auf einen kosmogonischen Mythos hin, den er nach einer moldauischen Variante so zusammenfaßt: „Vor der Erschaffung der Welt gab es nur eine unbegrenzte Menge von Wasser, auf der Gott und Satan umhergingen. Als Gott beschlossen hatte, die Erde zu machen, schickte er Satan ‚auf den Meeresgrund', um in seinem Namen Erdsamen *(sămânţă de pământ)* zu holen und ihm diesen an die Wasseroberfläche zu bringen." Zweimal tauchte Satan auf den Meeresgrund, aber anstatt den Erdsamen im Namen Gottes zu holen, wie es ihm befohlen war, tat er es in seinem eigenen Namen. Während er sich zur Oberfläche erhob, entglitt ihm der Erdsamen zwischen den Fingern. Bei einem dritten Abstieg auf den Grund der Gewässer holte er den Samen in seinem und in Gottes Namen. Zurück an der Oberfläche, war ein wenig Schlamm unter seinen Fingernägeln geblieben, nämlich die Menge, die er im Namen Gottes geholt hatte, alles übrige war zwischen seinen Fingern zerronnen. „Mit dem Lehm, der unter den Fingernägeln des Teufels geblieben war, formte Gott einen Erdhügel, auf dem er sich zum Ausruhen ausstreckte. Als Satan Gott eingeschlafen glaubte, beschloß er, ihn ins Wasser zu stürzen und zu ertränken, um allein Herr der Welt zu sein. Aber in dem Maße, wie der Teufel Gott vorwärtsrollte, vergrößerte und dehnte sich die Welt unter diesem aus. Und die Erde dehnte sich so weit aus, daß das Wasser keinen Platz mehr hatte, wo es sich halten konnte."[1]

Dieser rumänische kosmogonische Mythos ist in mehreren Varianten aufgezeichnet worden, deren bekannteste von Tudor Pamfile, Elena Niculiţă Voronca, Florian Marian und I. A. Candrea veröffentlicht und untersucht worden sind.[2] N. Cartojan weist darauf hin, daß der bulgarische Gelehrte Jordan Ivanov, der den Ursprung des Mythos bei den Bogomilen nicht anzweifelt, ebenfalls andere slawische Volkslegenden veröffentlicht und so die Verbreitung des Motivs bis nach Nord- und Ostrußland aufgehellt hat.[3] Aber, fügt Cartojan hinzu, der bulgarische Gelehrte kannte das Werk O. Dähnhardts, *Natursagen,* nicht. Nun aber stellten zum Zeitpunkt des Erscheinens der Bücher von Jordan Ivanov und Cartojan die von Dähnhardt im ersten Band seines Werkes gesammelten Materialien und vor allem sein Versuch, diesen kosmogonischen Mythos zu analysieren und seine Geschichte nachzuzeichnen, den wichtigsten Beitrag zur Lösung des Problemes dar.[4]

N. Cartojan faßte die Schlußfolgerungen, zu denen Dähnhardt 1907 gekommen war, zusammen und übernahm sie. Wie aus der rumäni-

---

[1] N. Cărtojan, *Cartile populare în literatura românească.* Bd. I, Bukarest, 1929, S. 37-38. Wir haben bereits das Wesentliche des vorliegenden Artikels dargelegt in: „Preistoria unui motiv folkloric românesc", in: *Buletinul Bibliotecii Române din Freiburg,* Bd. III, 1955-1956, S. 41-54. Vgl. ebenfalls „Un volum de cercetări literare", in: *Vremea,* Bukarest, 3. Juli 1934, und „Cărtile populare în literatura românească", in: *Revista Fundaţiilor Regale,* 1939; derselbe Artikel ist ebenfalls auf französisch veröffentlicht worden: „Les livres populaires dans la littérature roumaine", in: *Zalmoxis,* II, 1939 (erschienen 1941), S. 63-78.

[2] *Şezătoarea, Revistă pentru literatură şi tradiţiuni populare,* 1892 f, II, S. 99-104; III, 1-2, 25; Tudor Pamfile, *Povestea lumii de demult,* S. 14, 17-18, 25-27; Elena Niculiţă Voronca, *Datinele şi credinţele poporului român,* I, Cernăuţi, 1903, S. 5-7, 22, 143-144; II, 1912, S. 244 f.; Florian Marian, *Insectele în limba, credinţele şi obiceiurile Românilor,* Bukarest, 1903, S. 122-124; id., *Inmormântarea la Români,* Bukarest, 1892, S. 49-51; I. A. Candrea, *Iarba fiarelor. Studii de folklor,* Bukarest, 1928, S. 59 f.; N. Cartojan, *op. cit.,* S. 41 (Bibliographie).

[3] Jordan Ivanov, *Bogomilski knigi i legendi,* Sofia, 1925, zusammengefaßt von N. Cartojan, *op. cit.,* S. 38. Man kann die Diskussion gewisser Thesen von Ivanov im Artikel von Emile Turdeanu nachlesen: „Apocryphes bogomiles et apocryphes pseudo-bogomiles", in: *Rev. Hist. Rel.,* Teil 138, 1950, S. 22-52, 176-218. Siehe auch weiter unten, Anm. 25.

[4] Oskar Dähnhardt, *Natursagen. Eine Sammlung Naturdeutender Sagen, Märchen, Fabeln und Legenden,* Bd. I: *Sagen zum Alten Testament,* Leipzig-Berlin, 1907, S. 1-89. Cartojan hat die Arbeit von J. Feldmann nicht beachtet: *Paradies und Sündenfall,* Münster i. W., 1913, in der der kosmogonische Mythos in einer von Dähnhardt verschiedenen Perspektive diskutiert wird, S. 337 f., 381 f.

schen Variante hervorgeht, enthält der Mythos zwei Motive: 1) das ozeanische Motiv der Urwasser, von deren Grund „der Erdsamen“ geholt wird, und 2) das dualistische Motiv der Weltschöpfung durch die Zusammenarbeit zweier antagonistischer Wesen. Der Dualismus, so schließt Dähnhardt (*op. cit.,* I S. 36 ff.), ist sicherlich iranischer Herkunft. Das ozeanische Motiv, das im Iran unbekannt ist, ist dagegen in Indien reichlich bezeugt. Der kosmische Mythos, so wie er in den Balkanländern und bei anderen Völkern Zentral- und Osteuropas verbreitet ist, wäre somit das Ergebnis des Verschmelzens zweier verschiedener Themen, eines indischen und eines iranischen. Die Ergebnisse Dähnhardts zusammenfassend zieht N. Cartojan den Schluß:

„Dieses ozeanische Motiv ist von Indien nach dem Iran gewandert, wo es sich mit dem Dualismusmotiv vereint hat. In dieser Form ist es in der Folgezeit von den häretischen christlichen Sekten übernommen worden, von denen es in den ersten Jahrhunderten unseres Zeitalters in Kleinasien nur so wimmelte (Gnostiker, Mandäer, Manichäer). Diese Sekten haben die indoiranische Legende verändert, indem sie ihr eine christliche Form gaben und sie an die Bogomilen weitergegeben haben.“[5]

Wir werden die Rolle der Bogomilen bei der Überlieferung dieses kosmogonischen Mythos später noch diskutieren. Im Augenblick ist es wichtig, das Wesentliche des Dossiers, das Dähnhardt erstellt hat, zu betonen. Indem Dähnhardt die von Veselovskij[6] gesammelten Materialien benutzt und ergänzt hat, hat er europäische, bei den Bulgaren, den Zigeunern von Transsilvanien, den Russen, den Ukrainern, den Letten und in der Bukowina aufgezeichnete Versionen publiziert.

Wir werden sehen, daß derselbe Mythos auch in anderen Gegenden Zentral- und Nordeuropas aufgezeichnet worden ist. Mit einigen Varianten – deren Bedeutung man später ermessen wird – bleibt der mythische Handlungsablauf derselbe.

---

[5] N. Cartojan, *op. cit.,* S. 39. Vgl. Dähnhardt, *op. cit.,* S. 7 f., 14 f., 34 f.

[6] Alex. Veselovskij, „Razyskanija v oblasti russkago duchovnago sticha XI (Dualističeskija povêrya o mirozdanji)“, in: *Sbornik otdelenija russk. jazyka imp. akademii,* 46, 1890, Nr. 6, S. 1-116. Die Arbeit des ukrainischen Gelehrten M. P. Dragomanov, 1892 und 1894 in Sofia in bulgarisch veröffentlicht, ist kürzlich von Earl W. Count übersetzt worden: *Notes on the Slavic Religio-Ethical Legends: The Dualistic Creation of the World,* Indiana University, Bloomington, 1961.

Südosteuropäische Versionen

Die bulgarische Legende erzählt, daß es zu Beginn weder die Erde noch Menschen gab, sondern nur Wasser, und es existierten nur Gott und Satan. Eines Tages wandte sich Gott an Satan und sagte ihm: „Laß uns die Erde und die Menschen erschaffen." – „Aber wo sollen wir die Erde suchen?" fragte Satan. – „Unter dem Wasser", antwortete Gott, „gibt es Erde. Tauche hinab und hole etwas Lehm. Aber vor dem Tauchen mußt du sagen: ‚Durch die Macht Gottes und die meine!' und du wirst bis auf den Grund gelangen und Erde finden." Aber Satan sagte: „Durch meine Macht und die Gottes", und infolgedessen konnte er den Meeresgrund nicht erreichen. Erst nachdem er die Formel richtig ausgesprochen hatte und das dritte Mal hinabgetaucht war, kam er bis auf den Grund, und es gelang ihm, etwas Schlamm unter den Fingernägeln mitzubringen. Mit diesen Resten schuf Gott die Erde. Als Gott eingeschlafen war, zog ihn der Teufel nahe an das Wasser und versuchte ihn zu ertränken. Aber die Erde breitete sich immer weiter aus, so daß es dem Teufel nie gelang, das Wasser zu erreichen.[7] Wir werden sehen, daß diese unbegrenzte Ausbreitung der Erde eine andere mythische Episode vorbereitet, in der die Gestalt Gottes plötzlich seltsam verkleinert erscheint.

Bei den Zigeunern von Transsilvanien hat man folgende Legende zusammengetragen: Anfangs existierten nur die Gewässer. Gott dachte daran, die Welt zu schaffen, wußte aber weder, wie er sie schaffen sollte, noch warum. Und er war zornig, weder Bruder noch Freund zu haben. Wütend schleuderte er seinen Stock auf die Gewässer. Dieser verwandelte sich in einen großen Baum, und unter diesem Baum bemerkte Gott den Teufel, der lachend zu ihm sagte: „Guten Tag, mein lieber Bruder! Du hast weder Bruder noch Freund, ich werde für dich Bruder und Freund sein!" Gott freute sich und sagte ihm: „Du wirst nicht mein Bruder sein, aber mein Freund. Ich soll keinen Bruder haben." Sie reisten zusammen neun Tage lang an der

---

[7] A. Strauss, *Die Bulgaren*, Leipzig, 1898, S. 6 f.; Dähnhardt, *op. cit.*, S. 2; J. Feldmann, *Paradies u. Sündenfall*, S. 364; Dragomanov, *op. cit.*, S. 1-3. Allein in dieser bulgarischen Version unseres Mythos bittet Gott den Teufel, den Lehm „durch die Macht Gottes und die meine" zu holen. In allen anderen Versionen bittet Gott ihn, nur seinen Namen auszusprechen. Eine andere, einfachere Variante wird von O. D. Kowatcheff wiedergegeben: „Bulgarischer Volksglaube aus dem Gebiet der Himmelskunde", in: *Zeitschrift f. Ethnologie*, 63, 1931, S. 340.

Wasseroberfläche entlang, und Gott begriff, daß der Teufel ihn nicht liebte. Einmal sagte ihm der Teufel: „Mein lieber Bruder, allein leben wir ziemlich schlecht, wir müssen noch weitere Wesen schaffen!" – „Dann tu es doch", antwortete Gott. – „Aber ich kann es nicht", entgegnete der Teufel. „Ich möchte eine große Welt schaffen, aber ich kann es nicht, lieber Bruder!" – „Gut", sagte Gott, „ich werde also die Welt erschaffen. Tauche in die großen Gewässer hinab und bringe mir Sand, mit diesem Sand werde ich die Welt formen." Erstaunt fragte ihn der Teufel: „Du willst die Welt aus Sand machen? Das verstehe ich nicht!" Gott erklärte ihm: „Ich werde meinen Namen über den Sand sprechen, und die Erde wird entstehen. Geh und bringe Sand!" Der Teufel tauchte hinab, aber auch er wollte eine Welt erschaffen, und da er nun über Sand verfügte, sprach er seinen eigenen Namen aus. Aber der Sand versengte ihn, und er mußte ihn fortwerfen. Zu Gott sagte er dann, daß er nichts gefunden hätte. Gott schickte ihn noch einmal. Neun Tage lang behielt der Teufel den Sand, sprach immer wieder seinen eigenen Namen aus und der Sand versengte ihn mehr und mehr, so sehr, daß er ganz schwarz wurde und schließlich gezwungen war, ihn fortzuwerfen. Als Gott ihn sah, rief er aus: „Du bist schwarz geworden, du bist ein schlechter Freund! Geh und bring Sand, aber sprich nicht länger deinen Namen aus, denn sonst wirst du völlig verbrennen." Der Teufel tauchte erneut und brachte diesmal den Sand. Gott formte die Welt, und der Teufel freute sich sehr. „Ich werde hier unter diesem großen Baum wohnen", sagte er. „Was dich betrifft, mein lieber Bruder, such dir eine andere Bleibe." Gott wurde böse: „Du bist ein sehr schlechter Freund", schrie er. „Ich will nichts mehr mit dir gemein haben. Geh fort!" Da kam plötzlich ein großer Stier daher, der den Teufel forttrug. Aus dem großen Baum fiel Fleisch auf die Erde und aus den Blättern des Baumes entstanden die Menschen.[8]

Eine russische Variante berichtet von den drei Tauchversuchen des Teufels und der Erschaffung der Welt mit Hilfe des Schlamms, der

[8] H. V. Wlislocki, *Märchen und Sagen Transsilvanischer Zigeuner,* Berlin, 1892, S. 1; Dähnhardt, S. 34-35; Feldmann, S. 364 f. Der Mythos ist scheinbar bei den Zigeunern des Vorderen Orients und des Westens unbekannt. Dähnhardt vermutet, daß die verschiedenen Elemente dieser Legende Analogien zu den altaischen und persischen Überlieferungen darstellen, und er spricht dem Mythos der Zigeuner eine indo-iranische Herkunft zu (*op. cit.*, S. 35-36).

diesem unter den Fingernägeln geblieben war. Voll Zorn wollte der Teufel die Erde ergreifen und sie ins Wasser werfen. Aber es war zu spät. Es gelang dem Teufel nicht mehr, die Erde zu ergreifen, die, indem sie sich nach allen Seiten ausdehnte, unbegrenzt wurde.[9]
In der Bukowina hat man folgende Legende aufgezeichnet: Als nur der Himmel und die Wasser existierten, fuhr Gott auf diesen in einem Boot. Er traf auf eine Schaumkugel, in derem Innern sich der Teufel befand. – „Wer bist du?" fragte Gott. Der Teufel wollte ihm nur antworten unter der Bedingung, daß Gott ihn in sein Boot aufnahm. Gott willigte ein und erhielt die Antwort: „Ich bin der Teufel!" Nachdem sie lange schweigend gefahren waren, sagte der Teufel: „Wie gut wäre es, wenn es festes Land gäbe." Da befahl ihm Gott, hinabzutauchen und in seinem Namen Sand zu holen. Es folgen die bekannten Details: die drei Tauchversuche, die Erschaffung der Welt mit einigen Sandkörnern, das Ausruhen Gottes während der Nacht, der Versuch des Teufels, ihn zu ertränken, mit der bekannten Folge: der Ausbreitung der Erde.[10]
Eine der von Dähnhardt vorgestellten lettischen Legenden ist einfacher: Gott schickt den Teufel, ihm Sand zu holen, und formt die Welt mit dem, was diesem unter den Fingernägeln geblieben ist. Es ist weder die Rede davon, den Sand im Namen Gottes zu holen, noch von den Bemühungen des Teufels, Gott zu ertränken (Dähnhardt, *op. cit.,* S. 44). In anderen lettischen Varianten behält der Teufel etwas Schlamm in seinem Mund, als der Schlamm sich aufzublähen beginnt, spuckt der Teufel ihn aus und läßt so die Gebirge entstehen (*ibid.,* S. 56-57). Ähnliche Legenden sind in Klein-Rußland, in der Ukraine und in der Bukowina aufgezeichnet worden.[11]

[9] Dähnhardt, S. 43, nach *Etnograf. Sbornik,* VI. 1864, Sektion I, S. 122. Nach einer anderen Legende, die bei den Raskolniki von Estland bezeugt ist, hatte der Teufel etwas Schlamm in seinem Mund versteckt. Als Gott der Erde befohlen hatte, zu wachsen und sich auszudehnen, begann der im Mund des Teufels versteckte Schlamm anzuschwellen, und als der Teufel ihn ausspuckte, entstanden die Wüsten, die Sümpfe und Felsen; vgl. Dähnhardt, S. 54. Vgl. eine ähnliche Legende der Bukowina, weiter unten, Anm. 11. Die anderen russischen Varianten werden weiter unten diskutiert.
[10] Dähnhardt, S. 43., nach *Zeitschrift für deutsche Mythologie,* I, S. 178; Feldmann, S. 394. Nach Dähnhardt ähnelt dieser Mythos der Bukowina einer galizischen Variante, die von Afanasiev veröffentlicht worden ist.
[11] Die kleinrussische Legende setzt Gott und den Erzengel Satanail in Szene. Dieser versteckt etwas Sand unter seiner Zunge, aber er wird gezwungen, ihn auszuspucken,

Polnische, baltische, mordwinische Varianten

Fügen wir nun dem Dossier von Dähnhardt einige neue Dokumente hinzu. Außer einer letzten Einzelheit gleicht die polnische Legende erstaunlich der in der Bukowina aufgefundenen Variante: Gott fährt in einem Boot spazieren, trifft auf eine Schaumkugel, in der sich der Teufel befindet, den er in sein Fahrzeug aufnimmt. Weil der Teufel wünschte, daß es irgendeinen festen Ort gäbe, befahl ihm Gott, auf den Grund des Meeres zu tauchen und ihm Sand zu bringen. Aus diesem Sand erschuf Gott die Erde, aber sie reichte gerade nur für die beiden aus, um sich bequem ausstrecken zu können. Als der Teufel sah, daß Gott eingeschlafen war, begann er, ihn ins Meer zu stoßen. Aber vergeblich, denn unter Gott wuchs die Erde und breitete sich mehr und mehr aus. Schließlich erwachte Gott und stieg in den Himmel auf. Der Teufel verfolgte ihn, aber Gott schleuderte einen Blitz nach ihm und stieß ihn in den Abgrund.[12]
Nach einer finnischen Version befand sich Gott vor der Erschaffung der Welt auf einer Goldsäule mitten im Meer. Als er sein Bild im Wasser sah, rief er: „Erhebe dich!" Das Bild war der Teufel. Gott fragte ihn, wie man die Welt erschaffen könne. Der andere antwortete ihm: „Man muß dreimal auf den Meeresgrund hinabsteigen!" Gott befahl dem Teufel zu tauchen. Das dritte Mal gelang es diesem, Schlamm mitzubringen. Aber er versteckte etwas davon in seinem Mund, und der sich aufblähende Schlamm schmerzte ihn. Gott nahm

---

und aus seiner Spucke entstehen die Berge und Felsen (Dähnhardt, S. 52; *ibid.,* S. 56, eine ukrainische Legende.). Nach der Legende der Bukowina hatte der Teufel etwas Schlamm verschluckt. Nachdem Gott die Erde gesegnet hatte, begann dieser Schlamm ebenfalls zu wachsen, und der Teufel platzte beinahe. Gott hatte Erbarmen mit ihm und befahl ihm, sich zu erbrechen, und so machte er die Berge; vgl. E. N. Voronca, *Datinele si credinţele poporului român,* I, S. 15; I. A. Candrea, *Iarba fiarelor,* S. 63. Dähnhardt ordnet diese Varianten bei den Legenden über die Entstehung der Gebirge ein; *op. cit.,* S. 52 f.

[12] I. Piatowska, „Obyczaje ludu ziemi sieradzkiez", *Lud,* IV, 4, 1898, S. 414-415. Dieselbe Legende in Galizien: Nach dem Sandholen und der Schöpfung „schlief Gott ermüdet ein, um sich auszuruhen", und der Teufel versuchte ihn zu ertränken: Vgl. Br. Gustawicz, „Kilka szczególow ludoznawczych w powiatu bobreckiego", *Lud,* VII, 3, 1902, S. 267-268. (Ich verdanke diese beiden Hinweise dem Entgegenkommen von Evel Gasparini.) Sehr wahrscheinlich sind der Aufstieg Gottes in den Himmel und seine Verfolgung durch den Teufel, das mit dem Hinabstoßen des letzteren in den Abgrund endet, Elemente, die zu einem anderen Mythos gehören.

die Erde aus dem Mund des Teufels und warf sie nach Norden, und so entstanden die Steine und Felsen.[13]

Die Esten erzählen, daß am Anfang der Geist Gottes *(jumala vaim)* über den Wassern schwebte. Er hörte ein Geräusch und sah Blasen an die Oberfläche steigen, und eine Stimme schrie ihm zu: „Warte auf mich!" Gott wartete auf ihn. „Wer bist du?" fragte er ihn. „Ich bin ein anderer." Gott schickte ihn auf den Meeresgrund, um Schlamm zu suchen. Der andere bewahrte etwas davon in seinem Mund und als der Schlamm zu schwellen angefangen hatte, sagte Gott ihm: „Spuck ihn aus, Satan!" und so erhielt er den Namen Satan. Und dort, wo Satan hingespuckt hatte, erschienen Sümpfe und Seen.[14]

Obwohl die folgende mordwinische Variante zu den Mythen der Ugrier gehört, die wir später mit den Überlieferungen Zentralasiens vorstellen werden, führen wir sie hier an: Gott (Tšam-Pas) befand sich allein auf einem Felsen. Er dachte daran, die Welt zu erschaffen. „Ich habe weder Bruder noch Gefährten, um über diese Angelegenheit zu diskutieren!" sagte er und spuckte auf die Gewässer. Aus seiner Spucke entstand ein Gebirge. Tšam-Pas schlug mit seinem Stock darauf, das Gebirge brach auseinander, und der Teufel (Saitan) kam aus ihm hervor. Kaum erschienen, schlug der Teufel Gott vor, sie sollten sich als Brüder ansehen und zusammen die Welt erschaffen. „Wir werden nicht Brüder sein", antwortete ihm Tšam-Pas, „aber Gefährten." Und er schickte ihn, Sand auf dem Meeresboden

---

[13] Übersetzt aus der finnischen Zeitschrift *Antero Vipunu,* I, 2, S. 25, in: Wilhelm Schmidt, *Ursprung der Gottesidee,* Bd. VI, Münster i. W., 1935, S. 568, und Bd. XII, *ibid.,* 1955, S. 49. Eine ähnliche Variante in Elli Kaija Köngäs, „The Earth-Diver", *Ethnohistory,* VII, 1960, S. 151-180, S. 161. Die Identität zwischen dem Bild Gottes und dem Teufel erinnert an eine bulgarische Legende, die nicht zum kosmogonischen Zyklus gehört. Während Gott allein umhergeht, sieht er seinen Schatten und ruft aus: „Erhebe dich, Kamerad!" Satan erhebt sich aus dem Schatten Gottes und fordert ihn auf, das Universum zwischen ihnen aufzuteilen: die Erde für ihn, den Himmel für Gott; die Lebenden für Gott und die Toten für ihn. Und sie unterzeichnen einen Vertrag in diesem Sinne (Dähnhardt, *op. cit.,* S. 44; W. Schmidt, *Ursprung,* XII, S. 123; vgl. ebenfalls A. Strauss, *Die Bulgaren,* S. 9).

[14] Oskar Loorits, *Grundzüge des estnischen Volksglaubens,* I, Uppsala-Lund, 1949, S. 455-456. Loorits hatte diesen Mythos bereits vorgestellt und analysiert in seinem Artikel: „Contribution to the material concerning baltic-byzantine cultural relation" (in: *Folklore,* 45, 1934, S. 47-73), S. 48 f. Er spricht ihm eine östliche Herkunft zu; nach ihm wäre er über Byzanz nach Rußland gekommen und von den Russen bis in die baltischen Länder verbreitet worden.

zu suchen. Aber statt den Namen Gottes auszusprechen, sagte der Teufel seinen eigenen, da erhoben sich Flammen auf dem Meeresgrund, und er kam ganz versengt nach oben. Beim dritten Tauchversuch sprach er den Namen Gottes aus, und es gelang ihm, Sand mitzunehmen, aber er behielt etwas davon in seinem Mund. Als dieser Staub anzuschwellen begann und sein Kopf so groß wie ein Gebirge geworden war und fast platzte, hatte Gott Mitleid mit ihm und schlug ihm auf den Kopf. Saitan spuckte mit einer solchen Kraft aus, daß die Erde bebte, und aus diesem Beben entstanden die Berge und Hügel.[15]

Wir wollen nicht alle europäischen Varianten vorstellen. Die übrigen wird man in den Werken von Dähnhardt, Feldmann und W. Schmidt finden. Wir werden noch die Gelegenheit haben, auf einige andere zu sprechen zu kommen, wenn wir die Verbreitung dieses kosmogonischen Mythos in Zentral- und Nordasien untersuchen. Fügen wir hinzu, daß das Thema vom Antagonismus zweier übernatürlicher Wesen und das vom Tauchen ins Meer das zentrale Element eines anderen Legendenzyklus bilden, der den Propheten Elias und den Teufel oder den Kaiser Diokletian und den Heiligen Johannes den Täufer in Szene setzt.[16] Aber sehen wir uns, bevor wir die vergleichende Untersuchung durchführen, die Balkandokumente, die wir gerade vorgestellt haben, näher an.

---

[15] A. Strauss, *Die Bulgaren,* S. 17-19; Dähnhardt, *op. cit.,* S. 61-62; Feldmann, S. 378 f.; W. Schmidt, *Ursprung d. Gottesidee,* XII, S. 45 f. Außerdem: Uno Harva, *Die religiösen Vorstellungen der Mordwinen,* Helsinki, 1954, S. 134-135 (der Teufel taucht in Gestalt einer Gans).

[16] Der Teufel, der die Sonne gestohlen hatte, spielt mit Elias Ball. Dieser wirft seinen Ball ins Meer, und als der Teufel taucht, um ihn herauszuholen, läßt Elias das Meer gefrieren, nimmt die Sonne und fliegt damit zum Himmel. Dem Teufel gelingt es, das Eis zu zerbrechen, er verfolgt den Heiligen und reißt ihm ein Stück von der Ferse ab. In den Volksliedern der Serben sind die beiden entsprechenden Personen der Kaiser Diokletian und der heilige Johannes der Täufer. Sie spielen mit einem Apfel und einer Krone. Der heilige Johannes wirft den Apfel ins Meer, und während der Kaiser sich beeilt, ihn herauszuholen, läßt er das Meer gefrieren, bemächtigt sich der Krone und steigt zum Himmel auf. Die Krone ist die Sonne, denn der Heilige kommt mit der *sjajno sunce,* „der leuchtenden Sonne", im Paradies an. Vgl. E. Gasparini, *La civiltà matriarcale degli Slavi* (Vorlesung, 1955-1956, lithographiert, Venedig, 1956, S. 90 f.; id., *Credenze religiose e obblighi nuziali degli antichi Slavi* (Vorlesung, lithographiert, Venedig, 1960, S. 9 f.). Nach Gasparini stellen diese Legenden die *lunarizzazione* des Mythos vom Fischen der Erde dar; siehe *Credenze religiose,* S. 11.

Die „Müdigkeit Gottes"

Bei den Rumänen hat dieser Mythos eine Fortsetzung, die nicht ohne Interesse für unser Vorhaben ist. Bei seinem Aufwachen bemerkte Gott, daß die Erde sich so weit ausgedehnt hatte, daß kein Platz mehr für die Wasser war. Da er nicht wußte, wie er diesen Zustand der Dinge beheben sollte, schickte er die Biene zu dem Igel – dem klügsten Tiere –, um ihn um Rat zu fragen. Aber der Igel weigerte sich, ihm zu helfen, unter dem Vorwand, daß Gott allwissend sei. Die Biene wußte jedoch, daß der Igel die Gewohnheit hatte, ganz allein mit sich zu reden. Tatsächlich hörte sie ihn bald murmeln: „Offensichtlich weiß Gott wohl nicht, daß man Gebirge und Täler machen muß, um Platz für das Wasser zu lassen." Die Biene flog zu Gott, und der Igel verfluchte sie und bestimmte sie dazu, nur noch Unrat zu fressen. Aber Gott segnete die Biene: Der Dreck, den sie fressen würde, sollte zu Honig werden.[17]

Bei den Bulgaren ist der Mythos noch drastischer. Die Erde hatte sich so weit ausgedehnt, daß es der Sonne nicht mehr gelang, sie zu bedecken. Gott schuf die Engel und schickte den Kriegsengel zu Satan, um diesen zu fragen, was zu tun wäre. Aber dem Kriegsengel gelang es nicht, sich dem Teufel zu nähern. Darauf erschuf Gott die Biene und schickte sie, um sich auf die Schulter des Teufels zu setzen und zu horchen, was dieser sagte. „Oh, wie dumm Gott ist", murmelte der Teufel. „Er weiß nicht, daß man einen Stock nehmen, das Kreuzzeichen in alle vier Himmelsrichtungen schlagen und sagen muß: ‚Soviel Erde genügt!'" Die Biene beeilte sich, Gott die Lösung des Problems mitzuteilen.[18] In einer anderen bulgarischen Variante hatte Gott die Erde so riesig gemacht, daß es dem Himmel nicht mehr gelang, sie zu bedecken. Da er nicht wußte, was zu tun sei, aber bemerkt hatte, daß der Teufel mit dem Igel sprach, sandte er die Biene, sie zu belauschen. „Gott weiß nicht", sagte der Teufel, „daß man einen Stock nehmen und die Erde mit allen Kräften schlagen muß, um Berge und Täler zu schaffen. Und so wird er die Erde mit dem Himmel bedecken können."[19]

Man findet den Igel auch in einer lettischen Legende wieder. Gott hatte die Erde zu weit ausgedehnt, und es gelang ihm nicht mehr, sie

---

[17] Florian Marian, *Insectele,* S. 122; Dähnhardt, S. 42-43.

[18] A. Strauss, *Die Bulgaren,* S. 7 f. Der Teufel verurteilt die Biene dazu, seine Ausscheidungen zu fressen, aber Gott segnet sie; es wird keine süßere geben als dich!

[19] Dähnhardt, *op. cit.,* S. 127.

wieder unter das Himmelsgewölbe zu bringen. Der Igel, der gerade vorbeikam, fragte Gott nach dem Grund seiner Ratlosigkeit. Nachdem Gott ihm sein kosmogonisches Mißgeschick erzählt hatte, beruhigte ihn der Igel: „Das ist nicht schlimm", sagte er. „Es genügt, sie ein wenig zusammenzupressen, und die Erde paßt wieder unter den Himmelsdeckel." So ließ Gott beim Zusammenpressen Gebirge und Täler entstehen. Und um den Igel zu belohnen, gab er ihm ein Kleid aus Nadeln, damit sich ihm kein Feind mehr nähern konnte.[20]

Dieser kosmogonische Mythos unterscheidet sich deutlich sowohl von den biblischen wie den mediterranen Traditionen. Der Gott, dessen kosmogonische Sorgen wir gerade gesehen haben, hat weder etwas vom Schöpfergott des Alten Testaments noch von den Schöpfergöttern oder Herrschern der griechischen Mythologie. Übrigens ist auch die mythische Landschaft ganz unterschiedlich. Ihr fehlt die Weite und Würde der griechischen und biblischen Kosmogonien. Sicher, die großen Urwasser sind vorhanden, aber der Handlungsablauf und die Personen des Mythos sind eher bescheiden: ein Gott, der nur widerwillig schafft, oder auf Einflüsterung des Teufels und mit dessen Hilfe; der nicht weiß, wie er sein Werk vollenden soll; ein Teufel, der sich manchmal intelligenter als Gott zeigt, aber kindische Ausflüchte benutzt (ein wenig Schlamm im Mund zu verstecken, zu versuchen, Gott zu ertränken, indem er ihn ins Wasser stößt etc.), die Biene und der Igel. Dieses bescheidene und einfache mythische Universum ist nicht ohne besondere Bedeutung. Was auch immer die Herkunft dieses kosmogonischen Mythos sein mag, es scheint sicher, daß er in volkstümlichen Schichten verbreitet war und sich auf sehr einfache Zuhörer einstellen mußte.

Der Mythos läßt sich auf folgende Elemente zurückführen: 1) die Urwasser; 2) Gott, der sich an der Wasseroberfläche ergeht; 3) der Teufel, der zu Beginn der Erzählung erscheint oder Gott erst später trifft oder den dieser unfreiwillig aus seinem Schatten, seiner Spucke oder seinem Stock erschafft; 4) der „Erdsamen"[21], der auf dem

---

[20] Dähnhardt, S. 128. Die Analogie der rumänischen und der lettischen Variante ist bemerkenswert; man wird dies beachten müssen, wenn man die Hypothese der Verbreitung dieser Legenden durch die Bogomilen diskutieren wird; vgl. weiter unten.

[21] Man trifft denselben Ausdruck in einer kaukasischen Variante (Dähnhardt, S. 53) und bei den Wogulen (*ibid.*, S. 66-67). Das Bild der Erde, die schwindelerregend schnell, ausgehend von einem „Samen" wächst, verdient eine Sonderuntersuchung; vgl. das kosmogonische Ei oder der Urembryo (Hiraṇyagarbha), die auf dem Urozean schwimmen.

Grund der Gewässer ruht und dessen Existenz nur Gott kennt, der allein fähig ist, aus ihm die Welt zu machen, ihn aber aus unbekannten Gründen nicht selbst holen will oder kann und so den Teufel schickt; 5) das dreifache Tauchen des Teufels und seine Unfähigkeit, den Schlamm in seinem eigenen Namen zu holen; 6) die schöpferische Kraft Gottes, der auf wunderbare Weise einige Sandkörner oder Schlammreste, die der Teufel unter seinen Fingernägeln mitgebracht hat, vergrößert. Aber diese Schöpfung hat etwas „Magisches" und „Automatisches": Die Erde wächst aus ihrem „Samen", ein bißchen wie bei dem *mango trick,* wo ein Mangobaum innerhalb einiger Augenblicke in schwindelerregender Weise aus seinem Kern wächst und Früchte trägt; die Erde dehnt sich „automatisch" aus, ohne Wissen Gottes, einzig und allein, weil der Teufel versucht hat, diesen während seines Schlafes zu ertränken; 7) was offen gestanden bei diesen mythologischen Berichten überrascht, ist *die Müdigkeit Gottes, nachdem er die Welt erschaffen hat.* Gott will sich ausruhen oder fühlt das Bedürfnis, zu schlafen, er schläft so tief ein, wie die Bauern nach einem Arbeitstag, so tief, daß er nicht einmal merkt, wie der Teufel ihn stößt. Es stimmt, daß in solchen volkstümlichen Berichten Gott manches Mal stark vermenschlicht wird. Dennoch erscheinen in unserem Mythos die Müdigkeit und der Schlaf Gottes ungerechtfertigt, denn schließlich hat Gott fast nichts getan: Es ist der Teufel, der dreimal getaucht ist (und trotzdem nicht einschläft), und es ist „Magie", durch die sich die Erde beträchtlich ausdehnt; 8) dieser negative und unerwartete Zug in der Person Gottes verstärkt sich noch im zweiten Teil des Mythos, wo Gott sich als unfähig erweist, ein kleines post-kosmogonisches Problem zu lösen und den Teufel oder den Igel um Rat fragen muß.[22] Die physische Müdigkeit, die ihn gezwungen hatte, sich hinzulegen und tief einzuschlafen, *wird nun von einer geistigen Müdigkeit begleitet.* Plötzlich stellt Gott, der allwissend

[22] Sicherlich muß die „Vorgeschichte" dieses Motivs in der Notwendigkeit gesucht werden, Gott von der Verantwortung für die Existenz der Täler und der Gebirge freizumachen; diese wurden später und aus Notwendigkeit geschaffen; am Anfang war die Erde flach – man weiß, daß die vollkommene Ebene ein Paradiessymbol in vielen indoiranischen, aber auch „primitiven" Mythologien ist. Die Welt ist am Anfang der Schöpfung eben gewesen, und sie wird es von neuem am Ende des Zyklus sein, wenn die Schöpfung symbolisch oder wirklich erneuert wird. Aber es bleibt die Tatsache, daß Gott nicht wußte, wann er anhalten mußte, als er die Handvoll Erde gesegnet hatte, damit sie wuchs und sich ausdehnte. Noch ein Beweis, daß dieses schwindelerregende Wachsen „magischer" Art war und sich der Kontrolle des Schöpfers entzog.

erschienen war (er wußte das Wesentliche: den Ort, wo der „Erdsamen" zu finden war, und die Weise, wie die Erde zu erschaffen war), eine sonderbar verringerte Intelligenz zur Schau. Während sogar seine schöpferischen Fähigkeiten noch intakt sind (wie in der bulgarischen Variante, wo er die Engel und dann die Biene erschafft), scheint seine geistige Bewegungslosigkeit total, und nicht nur der Teufel kennt die Lösung seines Problems, sondern sogar der Igel, also eines der Geschöpfe Gottes – obwohl der Bericht nicht eigens darauf hinweist.

Mehr noch als der „Dualismus" tragen diese negativen Elemente – die Müdigkeit Gottes, sein tiefer Schlaf, die Abnahme seiner Intelligenz – dazu bei, den rumänischen und südosteuropäischen kosmogonischen Mythen einen deutlich abweichenden Charakter zu geben. Denn, wie wir bald sehen werden, bilden die „Müdigkeit" oder der „Verfall" Gottes keine integralen Bestandteile dieses Mythos in seinen zentral- und nordasiatischen Ausprägungen.

Was auch immer die Herkunft dieses mythologischen Themas sein mag, eins scheint uns offensichtlich: Der dramatische Charakter der Erzählungen, die wir zuletzt analysiert haben, ist weniger auf die Gegnerschaft des Teufels als auf die Passivität Gottes und seinen unbegreiflichen Verfall zurückzuführen. Es ist unnötig, zu wiederholen, daß dieser Gott nichts mit dem Schöpfer- oder Weltherrscher-Gott des Juden- und Christentums zu tun hat. Und obwohl das religiöse Leben all dieser Völker Südosteuropas durch den christlichen Glauben gespeist ist und seine Quelle im Glauben an einen dreifaltigen Gott findet, haben wir es in den kosmogonischen Legenden, die uns beschäftigen, wie auch in einigen anderen volkstümlichen Themen mit einer anderen Art von Gott zu tun, einem Gott, der unter seiner Einsamkeit leidet, der das Bedürfnis empfindet, für die Erschaffung der Welt einen Gefährten zu besitzen, der zerstreut und müde ist, und der zu guter Letzt unfähig ist, die Schöpfung mit eigenen Mitteln zu vollenden.

Man kann diesen Gott mit dem *deus otiosus* so vieler „primitiver" Religionen vergleichen, in denen Gott, nachdem er die Welt und die Menschen geschaffen hat, sich nicht mehr für das Schicksal seiner Schöpfung interessiert und sich in den Himmel zurückzieht und so die Fertigstellung seines Werkes einem übernatürlichen Wesen oder einem Demiurg überläßt. Wir behaupten nicht, daß der *deus otiosus* der archaischen Gesellschaften – so wie man ihn zum Beispiel bei den Selk'nam, den Bambuti und vielen anderen afrikanischen Völkern antrifft[23] – in den Anschauungen der südosteuropäischen Völker weiterlebt. Es handelt sich nicht notwendigerweise um eine überkommene Anschauung aus den fernsten Zeiten, sondern um einen Prozeß, der viel später stattgefunden haben kann. Mit anderen Worten: Die negativen Kennzeichen, die in unseren kosmogonischen Mythen ans Licht gekommen sind, sind dazu geeignet, als volkstümlicher und insgesamt jüngerer Ausdruck für einen *deus otiosus* interpretiert zu werden, für einen Gott, der sich entfernt, nachdem er die Welt geschaffen hat, und der folglich nicht länger selbst im Zentrum des Kultes ist. Fügen wir hinzu, daß das Thema des „fernen Gottes" eine wichtige Rolle in der religiösen rumänischen Volkskultur spielt und ebenso häufig bei den anderen südosteuropäischen Völkern bezeugt ist. Nach diesen Vorstellungen stieg Gott anfangs von Zeit zu Zeit auf die Erde herab und wandelte auf ihr in Begleitung des heiligen Petrus. Aber wegen der Sünden der Menschen hat er auf diese Besuche verzichtet und sich endgültig in den Himmel zurückgezogen. Die Ferne Gottes findet ihre unmittelbare Rechtfertigung in der Verderbtheit der Menschen. Gott zieht sich in den Himmel zurück, weil die Menschen das Böse und die Sünde gewählt haben. Es ist ein mythischer Ausdruck für Gottes Abwendung vom Bösen und von der sündigen Menschheit. Wir werden noch Gelegenheit haben, auf andere Ausdrucksformen hinzuweisen. Aber es ist offensichtlich, daß dieser Gott, der sich zurückzieht und entfernt, nicht der jüdisch-christliche ist.

Slawischer „Dualismus"?

Woher stammt diese Konzeption eines Gottes, der die Welt mit Hilfe des Teufels erschafft, der nach der Schöpfung einschläft, der heil aus dem Anschlag des Teufels hervorgeht, der sich aber, zumindest in gewissen Varianten, unfähig zeigt, sein kosmogonisches Werk allein zu vollenden? Wie gesagt, man hat versucht, diese Balkanlegenden als von den Vorstellungen der Bogomilen geprägt zu interpretieren. Nach Veselovskij, Hasdeu und Dähnhardt haben Slawisten wie Jordan Ivanov, F. Haase[24] und noch andere mit verschiedenen Argu-

---

[23] Vgl. Beispiele in unserem *Traité d'Histoire des Religions,* Paris, 1949, S. 52 f., 55 f. (Dt. Ausgabe: *Die Religionen und das Heilige,* Salzburg 1954).

[24] Vor allem in seinem Werk: *Volksglaube und Brauchtum der Ostslaven,* Breslau, 1939, S. 231 f.

menten diese Hypothese verteidigt.[25] Das Problem des Bogomilentums ist beachtlich; wir beabsichtigen nicht, es hier in seiner Gesamtheit zu diskutieren.[26] Wir wollen jedoch bemerken, daß die Hypothese von der Bogomilenherkunft des kosmogonischen Mythos auf Schwierigkeiten stößt. Zunächst findet man diesen Mythos in keinem der Bogomilentexte. Wichtiger noch, der Text ist weder in Serbien noch in Bosnien noch in der Herzegowina bezeugt, obgleich Bosnien bis ins 15. Jahrhundert ein wichtiges Zentrum der Sekte geblieben ist.[27] Obwohl nach Toth Szabo Pal Überreste des Bogomilenglaubens in Ungarn bis ins 15. Jahrhundert überlebt haben und erst nach der Reformation verschwunden sind[28] und obwohl ein dualistischer Mythos über die Erschaffung des Menschen in Ungarn verzeichnet worden ist[29], ist das kosmogonische Motiv, das uns beschäftigt, dort nicht festgestellt worden. Andererseits sind, wie wir gesehen haben, Varianten in der Ukraine, in Rußland und im Baltikum gesammelt worden, wohin die Anschauungen der Bogomilen niemals gedrungen sind. Außerdem findet sich der Mythos weder in Deutschland noch im Westen, während die Katharer und die *Patarini* eine Anzahl volkstümlicher Motive manichäischer und bogomilischer Herkunft bis nach Südfrankreich, Deutschland und bis in die Pyrenäen verbrei-

---

[25] In seiner Untersuchung hat E. Turdeanu gezeigt, daß eine große Zahl der angeblichen Anschauungen der Bogomilen bereits in Apokryphen bezeugt sind, die nichts mit dem Bogomilentum gemeinsam haben und sogar zeitlich früher sind. Dem. Russo hatte bereits die Hypothese von B. P. Hasdeu kritisiert und patristische Vorläufer und Parallelen der volkstümlichen Texte gezeigt, die Hasdeu als häretisch ansah, und insbesondere als bogomilisch; vgl. *Studii bizantino-române,* Bukarest, 1907, und *Studii şi Critice,* Bukarest, 1910. N. Minissi findet die Interpretation von Turdeanu zu streng; vgl. „La tradizione apocrifa e le origini del Bogomilismo“, in: *Ricerche Slavistiche,* III, 1954, S. 97-113, besonders S. 111 f. Sagen wir klar, daß Turdeanu nur die apokryphe Literatur untersucht und nicht die mündlichen Überlieferungen.

[26] Man wird eine erschöpfende Bibliographie bei Dimitri Obolensky, *The Bogomils. A study in Balkan Neo-Manichaeism,* Cambridge, 1948, S. 290-304, finden, die sich ergänzen läßt mit den Untersuchungen von Turdeanu, Minissi, Alois Schmaus, „Der Neumanichäismus auf dem Balkan“, in: *Saeculum,* II, 1951, S. 271-299, und H.-Ch. Puech, „Catharisme médiéval et bogomilisme“, in: *Oriente e Occidente nel medioevo,* Accademia Nazionale dei Lincei, XII, Convegno „Volta“, Rom, 1957, S. 56-84. Siehe ebenfalls O. Bihalgi-Merin und A. Benac, *The Bogomils,* London, 1962.

[27] Vgl. H.-Ch. Puech, *op. cit.,* S. 69 f., mit der verzeichneten Bibliographie, S. 69, Anmerkung 2.

[28] N. Cartojan, *Cărţile populare în literatura românească,* I, S. 32.

[29] Vgl. H. von Wlislocki, *Volksglauben und religiöser Brauch der Magyaren,* Münster i. W., 1893, S. 93; Dähnhardt, S. 99.

tet haben.[30] Schließlich findet sich, wie wir gleich sehen werden, die weiteste Verbreitung des Mythos bei den Turkmongolen Zentralasiens.

Einige russische Gelehrte und neuerdings Uno Harva haben den Russen die Verbreitung des Mythos jenseits des Urals zugesprochen.[31] Wenn man aber annimmt, daß die Russen ihn nicht von den Bogomilen empfangen haben, woher nahmen sie ihn? Andere Forscher haben versucht, das Bogomilentum durch die Präexistenz eines starken religiösen Dualismus bei den Altslawen zu erklären.[32] Die Vorstellung von einem „slawischen Dualismus" geht auf eine Angabe Helmolds zurück (*Chronica Slavorum* [I, 52], 1164-1168 geschrieben). Nachdem sich das Zeugnis Helmolds großer Autorität erfreut hatte, wurde es von Aleksander Brückner zurückgewiesen: Dieser Gelehrte meint, daß Helmold rückblickend dem slawischen Heidentum die christliche Konzeption und Ikonographie des Teufels auferlegt.[33] Aber der Hyperkritizismus von Aleksander Brückner scheint heute überwunden, Gelehrte wie V. Pisani, G. Vernadski, Roman Jakobson und Evel Gasparini schenken dem Zeugnis Helmolds Glauben und übernehmen ebenfalls den „Dualismus" der Altslawen.[34] Diese neue methodologische Orientierung ist noch verstärkt worden durch

---

[30] Zur Verbreitung eines dualistischen persischen Themas bis in die Bretagne (vgl. P. Sébillot, *Contes des provinces de France,* Paris, 1920, S. 209 f.) und in der Provence (P. Sébillot, *Folklore de France,* Paris, 1904-1907, III, S. 4), siehe A. H. Krappe, „A Persian theme in the Roman de Renard", in: *Modern Language Notes,* 58, 1943, S. 515-519, besonders S. 516. Gaston Paris hatte auf dessen manichäische Herkunft bereits hingewiesen (vgl. *Journal des Savants,* 1894, S. 606, Anm. 3).

[31] Vgl. Uno Harva, *Die religiösen Vorstellungen der altaischen Völker,* S. 102.

[32] Jordan Ivanov, *Bogomilski knigi i legendi,* S. 361 f., hatte diese Hypothese zurückgewiesen. Aber siehe ebenfalls F. Haase, *Volksglaube u. Brauchtum der Ostslaven,* S. 241 f.

[33] Aleksander Brückner, *Mitologia slava* (traduzione dal polaco e note di Julia Dicksteinówna, Bologna, 1924), S. 203 f., 207, etc. Dasselbe Argument bei Ivanov, S. 361 f. Vgl. ebenfalls B. O. Unbegaun, „La religion des anciens Slaves", in: *Mana,* 2, III, 1948, S. 420.

[34] Vgl. V. Pisani, *Le religioni dei Celti e dei Balto-Slavi nell'Europa precristiana,* Mailand, 1940, S. 49 f.; G. Vernadsky, *The Origins of Russia,* Oxford, 1959, S. 118 f.; R. Jakobson, „Slavic Mythology", in: Funk and Wagnall, *Dictionary of Folklore, Mythology and Legend,* II, 1950, S. 1025 f.; E. Gasparini, *Credenze religiose e obblighi nuziali degli antichi Slavi,* S. 54 f. Alois Schmaus zeigt mehr Skeptizismus: vgl. „Zur altslawischen Religionsgeschichte", in: *Saeculum,* IV, 1953, S. 206-230, S. 223 f. Über die Konzeption der Gottheit bei den Slawen, vgl. Bruno Meriggi, „Il concetto del Dio nelle religioni dei popoli slavi", in: *Ricerche Slavistiche,* I, 1952, S. 148-176.

Übereinstimmungen zwischen den Slawen und den Iranern[35] einerseits und zwischen den Thrako-Phrygiern, den Iranern und den Slawen andererseits[36], wie kürzlich ans Licht gebracht wurde. *A priori* ist es nicht ausgeschlossen, daß gewisse „dualistische" Anschauungen, die in den Balkanländern und den Karpaten- und Donaugebieten verbreitet sind, die Überreste von religiösen Anschauungen des thrako-skythischen Substrats darstellen.[37] Man muß auch hinzufügen, daß sich „dualistische" Tendenzen bei den Ostslawen ziemlich spät gezeigt haben. Gershom Scholem fragte sich, ob der Sabbatismus Polens nicht von russischen Sekten beeinflußt worden ist, die sich besonders in der Ukraine nach dem großen Schisma der Raskolniki entwickelt haben.[38]
Es steht uns nicht zu, in dieser Diskussion Partei zu ergreifen: Unser Thema ist nicht der religiöse Dualismus, sondern nur dessen Einwirkungen auf das Thema vom kosmogonischen Tauchen. Dieser Mythos, der das Tauchen des Teufels oder eines Wasservogels enthält, gefolgt vom Schöpfungswerk Gottes, ist an 24 Punkten des baltischslawischen Gebiets (davon 6 in der Ukraine und 11 in Großrußland) und an 12 Punkten des finno-ugrischen Gebietes bezeugt. Indem sich I. Grafenauer auf diese Tatsachen stützt, hat er in diesem kosmogonischen Mythos den Beweis für den Glauben der Altslawen an ein Höchstes Wesen gesehen.[39] Diese Hypothese hat den Widerspruch von Fr. Bezlaj gefunden, der Grafenauer vorwirft, von einer zu schmalen Basis aus zu argumentieren.[40] Zu Recht wendet E. Gasparini ein, daß dieser kosmogonische Mythos einer der häufigsten der Erde und seine Verbreitung in Eurasien besonders intensiv ist (*op. cit.*, S. 4 ff.).
Unabhängig von Grafenauer hatte Evel Gasparini versucht, die Konzeption des Höchsten Wesens bei den Altslawen herauszuarbeiten.

---

[35] Vgl. Roman Jakobson, *op. cit.*, S. 1025; K. H. Menges, „Early Slavo-Iranian Contacts and Iranian influences in Slavic mythology", in: *Symbolae in honorem Z. V. Togan*, Istanbul, 1950-1955, S. 468- 479.

[36] Vgl. R. Jakobson, *ibid.;* Ivan Popovič, „Illyro-Slavica", in: *Annali dell'Istituto Universitario Orientale*, Sezione linguistica, Neapel, I, 2, 1959, S. 165-176.

[37] Vgl. Ugo Bianchi, *Il dualismo religioso*, Rom, 1958, S. 42 f. Der archaische Charakter des südosteuropäischen Brauchtums steht außer Zweifel; vgl. weiter unten, Aufsatz V.

[38] G. Scholem, „Le mouvement sabataïste en Pologne" (erster Artikel, *Rev. Hist. Rel.*, Bd. 143, 1953, S. 30-90) S. 38.

[39] I. Grafenauer, „Ali je praslovanska beseda ‚bog' iranska izposojenka", in: *Slovenski Etnograf*, V, 1952, S. 237-250; E. Gasparini, *Credenze religiose e obblighi nuziali*, S. 4.

[40] Fr. Bezlaj, „Nekaj besedi o slovenski mitologiji v zadnjih desetih letih", in: *Slovenski Etnograf*, III-IV, 1951, S. 348; Gasparini, *op. cit.*, S. 4.

Soweit man nach seinen noch vorläufigen Berichten urteilen kann, betrachtet Gasparini den Mythos des „Fischens der Erde", so wie man ihn bei den Slawen antrifft, als das Ergebnis eines starken Einflusses der Mondmythologie.[41] Aber Gasparini besteht auf dem von Helmold gegebenen Hinweis, demzufolge die Slawen die Existenz eines einzigen Gottes im Himmel *(non diffitentur unum deum in coelis)* nicht bestreiten. Aber sie meinen, daß dieser Gott sich einzig für himmlische Angelegenheiten *(coelestia tantum curare)* interessiert, nachdem er die Herrschaft der Welt niederen, von ihm geschaffenen Gottheiten überlassen hat *(hos vero distributis officiis obsequentes de sanguine eius processisse)*. Helmold nennt diesen Gott *prepotens* und *deus deorum,* aber er ist nicht ein Gott der Menschen: Er herrscht über die anderen Götter *(coeteris imperitans),* und er hat keine Beziehung mehr mit der Erde.[42] Gasparini vergleicht diesen „fernen Gott" mit den himmlischen Göttern der Finno-Ugrier und der Turkvölker Zentralasiens: höchste und Schöpfer-Götter, aber passiv, ohne Bilder und ohne Kult (*ibid.,* S. 64 ff.). Er schließt daraus, daß bei den Altslawen, ganz wie bei den Finno-Ugriern, der himmlische Gott sich von der Welt zurückzieht und ein *deus otiosus* wird.[43]

Wir verschieben die Diskussion dieser Thesen auf einen späteren Zeitpunkt. Im Augenblick erinnern wir daran, daß im Mythos vom kosmogonischen Tauchen sich die Untätigkeit Gottes in einer Landschaft und einem Handlungsablauf zeigt, die ziemlich charakteristisch sind und die Urwasser, die Feindschaft des Widersachers und die Müdigkeit, ja sogar die geistige Unbeweglichkeit des Schöpfers nach der Erschaffung der Welt umfassen. Es ist also richtig, unsere Untersuchung strikt auf diese mythologischen Motive zu beschränken.

---

[41] Vgl. *Corso di Storia delle Lingua e Letteratura Russa,* Anno accademico 1949-1950, lithographierte Vorlesung, Venedig, 1950, S. 188; vgl. auch *La civiltà matriarcale,* S. 90 f.; id., *Danze e fiabe del mondo slavo,* Venedig, 1955, hektographierte Vorlesung, S. 113 f.

[42] Vgl. *Credenze religiose e obblighi nuziali degli antichi Slavi,* S. 54 f. Gasparini hält diese Passage von Helmold für das wichtigste Dokument in der Religionsgeschichte der Altslawen, sogar wichtiger als den Text von Prokop; *ibid.,* S. 68.

[43] *Ibid.,* S. 85. Er findet übrigens noch andere ähnliche verwandte Züge zwischen den Slawen und Finno-Ugriern, zum Beispiel in den Heirats- und Begräbnissitten, in den Wechselliedern und der Tonleiter, in der Kleidung etc.; vgl. E. Gasparini, „Finni e Slavi", in: *Annali dell'Istituto Universitario Orientale,* Sezione Slava, Neapel, I, 1958, S. 77-105.

Einige russische Legenden

Bis jetzt haben wir nur eine russische Variante zitiert, und das deshalb, weil sich die russischen Dokumente gesondert gruppieren lassen. Dies geschieht vor allem wegen der Tatsache, daß der Teufel dort in Form eines Wasservogels erscheint. Das ist bei der Legende vom See Tiberias der Fall, ein apokrypher Text, der zur „Liste der göttlichen Bücher" gehört und von dem man Manuskripte aus dem 15. und 16. Jahrhundert besitzt.[44] Als weder der Himmel noch die Erde existierten, sondern nur der See Tiberias, flog Gott durch die Lüfte (wahrscheinlich in Form eines Vogels). Er bemerkte einen Wasservogel *(gogol)*, der an der Oberfläche der Fluten schwamm. Das war Satanael. „Wer bist du?" fragte ihn Gott. – „Ich bin Gott." – „Und mich, nun, wie nennst du mich?" – „Du bist der Gott der Götter und der Herrscher aller Herrscher", antwortete ihm Satanael. Gott ließ ihn auf den Meeresgrund tauchen und ernannte ihn zum Herrn der Engel. Aber als Satanael seinen Thron über die Wolken erheben wollte, befahl Gott dem Erzengel Michael, ihn hinabzustürzen.
Die christliche Bearbeitung der Legende steht außerhalb jeden Zweifels, aber der charakteristische Zug – die Vogelgestalt des Teufels – ist gewiß zentralasiatischer Herkunft. Merken wir an, daß Gott von der Existenz des Teufels nichts wußte, während letzterer wußte, daß sein Gesprächspartner der „Gott der Götter" war. Man kann diese Episode als eine Bemühung interpretieren, beweisen zu wollen, daß Gott den Ursprung des Bösen nicht kennt. Aber dieses Entfernen Gottes vom Bösen und vom Teufel führt manchmal zu einer klar dualistischen Position. Eine im Distrikt von Tver aufgefundene Variante erzählt, daß weder Gott noch der Teufel geschaffen worden sind und daß niemand weiß, woher sie stammen. Satan war Gott ähnlich, mit dem Unterschied, daß er nichts ohne Gott erschaffen konnte. Der Mythos folgt dem bekannten Schema: Gott befiehlt Satan zu tauchen, aber der Teufel behält etwas Sand in seiner Hand, und als die Erde sich auszuweiten beginnt, werden diese paar Sandkörner zu Gebirgen.[45] In einer anderen Variante schlägt der Teufel Gott vor, sein Blutsbruder zu werden: „Du wirst der Jüngere, ich der Ältere

---

[44] Man kann die Bibliographie der ersten Ausgaben und kritischen Untersuchungen bei Dähnhardt, I, S. 45, Anm. 1, finden. Dazu kommt Jordan Ivanov, *Bogomilski knigi i legendi*, S. 287-311; H.-Ch. Puech, *Le traité contre les Bogomiles de Cosmas le Prêtre*, S. 129 f.

[45] Dähnhardt, I, S. 338-339, nach *Živaja Starina*, IX, S. 393 f.

sein!" und als Gott in Lachen ausbricht, erklärt er sich damit zufrieden, der Jüngere zu sein. Aber Gott schlägt das Kreuzzeichen und der Teufel verschwindet.[46] In dieser Legende läßt sich das alte, stark verchristlichte Motiv der Blutsverwandtschaft Gott (Christus) – Teufel aufdecken. Die Idee, daß der Böse der ältere Bruder (bzw. älteste Sohn) Gottes ist, ist wahrscheinlich zervanitischer Herkunft.

Eine großrussische Legende stellt die Angelegenheit anders dar. Im Meer befand sich eine Ente, und der Teufel fragte sie, warum sie dort wäre. „Ich bin ein Wasservogel", antwortete die Ente, „mein Platz ist im Meer." Der Teufel beauftragt sie, ihm Lehm zu bringen, und die Ente taucht dreimal. Da kommt Gott vorbei und fragt ihn, woher er den Lehm genommen habe. „Die Ente hat ihn gebracht", erwidert der Teufel. – „Nun, machen wir gemeinsam die Erde", schlägt ihm Gott vor. Da taucht auch der Teufel, aber er behält etwas Schlamm in seinem Mund; indem er ihn ausspuckt, läßt er die Gebirge entstehen.[47] Das Thema der Ente, die sowohl dem Erscheinen des Teufels wie dem Gottes vorausgeht, ist mit Sicherheit archaisch. Aber das Unwissen Gottes, das er in bezug auf den Lehm zeigt, scheint eine abweichende Entwicklung zu sein. Man findet von ihr nur sehr wenige andere Beispiele (vgl. den burjätischen Mythos). Die Reihenfolge der Figuren des Mythos – die Ente, der Teufel, Gott – ist ebenfalls sehr seltsam. Sehr wahrscheinlich ist der Widersacher in Gestalt eines Vogels zu zwei verschiedenen Figuren geworden: zu einem Teufel und zu einer Ente. Tatsächlich taucht in einer anderen großrussischen Variante der Teufel in Gestalt eines Schwans und bringt etwas Schlamm, mit dem Gott die Welt erschafft. Die Sümpfe und Gebirge sind aus den Resten gebildet, die der Teufel in seinem Mund versteckt hatte.[48] Eine Version in Nordrußland stellt Gott und

---

[46] Dähnhardt, I, S. 48, nach Veselovskij.

[47] W. Schmidt, *Ursprung der Gottesidee,* XII, S. 56-57, nach Dobrovolskij.

[48] W. Schmidt, *op. cit.,* XII, S. 57-58. Die ukrainischen Versionen ähneln der Balkanform: Gott bittet den Engel Satanael, ihm Schlamm in seinem Namen zu bringen. Satanael behält davon etwas im Mund, und er schafft so, als er ausspuckt, die Gebirge. Als Gott einschläft, versucht Satanael ihn zu ertränken (Strauss, *Die Bulgaren,* S. 13 f.; Dähnhardt, S. 55). Nach einer anderen Variante fand Gott Satanael im Schaum. Er gab ihm zwei Flügel und machte ihn zum Engel. Das läuft darauf hinaus zu sagen, daß Gott sich bemühte, ein Wesen zu „formen" und zu „vergeistigen", dessen Herkunft er nicht kannte, das sich aber bald als der Widersacher enthüllt. Tatsächlich schickt ihn Gott, die Erde zu holen – und von diesem Punkte an entwickelt sich der Bericht wie in der ersten Variante (Dähnhardt, S. 55). Nach einer ruthenischen Variante taucht der Erzengel Satanael dreimal und behält etwas Schlamm in seinem Mund (Dähnhardt, S. 52).

den Teufel in Gestalt je einer weißen und schwarzen tauchenden Ente dar.[49] Das rührt wahrscheinlich aus dem Einfluß der Legende vom See Tiberias[50] her.

Wie man gerade gesehen hat, bringen die russischen Versionen ein neues Element mit sich: die Vogelgestalt des Teufels und in gewissen Fällen auch Gottes. Dieser Zug wird in den Mythen der eurasischen Völker noch deutlicher, vor allem bei den Hirten und Viehzüchtern, bei denen nach F. Flor das Thema des kosmogonischen Tauchens eine Art „Signatur"[51] darstellt. Es ist uns unmöglich, das gesamte Dossier vorzustellen. Das Wesentliche der Dokumentation wird man in den Bänden IX-XII vom *Ursprung der Gottesidee* von P. Wilhelm Schmidt finden. Der hervorragende Ethnologe hat die schon von Veselovskij, Dähnhardt und Harva gesammelten Materialien benutzt, ergänzt und gegliedert. Im letzten Band seines enormen Werkes hat P. W. Schmidt eine historische Analyse dieses kosmogonischen Mythos gegeben, mit der wir nicht immer einverstanden sind.[52]

Das kosmogonische Tauchen bei den Ugriern

Rufen wir uns zunächst einige ural-ugrische Mythen in Erinnerung. Die Tscheremissen erzählen, daß vor Erschaffung der Welt Keremet, der Bruder Gottes (Yuma), in Gestalt einer Ente umherschwamm.

---

[49] U. Harva, *Die religiösen Vorstellungen der altaischen Völker*, S. 97, nach Veselovskij.

[50] Aber das Bild „Gott in Gestalt eines Vogels" trifft man auch in anderen Kontexten des osteuropäischen religiösen Brauchtums. Vgl. die galizische Weihnacht (genauer der Gegend von Dniestr), in denen die Rede von drei Tauben ist, die tauchen, Sand holen und die Erde erschaffen (Dähnhardt, S. 59). In einer ukrainischen Variante befinden sich Gott, Petrus und Paulus auf drei Ahornbäumen inmitten eines blauen Meeres. Nacheinander tauchen sie auf den Meeresgrund, um von dort Goldsand zu holen, der für die Schöpfung notwendig ist, aber Gott allein gelingt dies (Dähnhardt, *ibid.*).

[51] F. Flor, „Die Indogermanen in der Völkerkunde. Gedanken um das Problem der Urheimat", in: *Hirt Festschrift*, Heidelberg, 1936, Bd. I, S. 69 f., S. 102.

[52] *Ursprung d. Gottesidee*, XII, S. 115-173. Es ist unnötig, alle Passagen der früheren Bände von *Ursprung* anzugeben, in denen W. Schmidt das „Tauchmotiv" untersucht hatte. Man findet seine ersten Versuche der Synthese in Ursprung, Bd. VI, 1935, S. 32-42, und „Das Tauchmotiv in Erdschöpfungsmythen Nordamerikas, Asiens und Europas", in: *Mélanges de Linguistique et de Philologie offerts à Jacques Van Ginneken*, Paris, 1937, S. 111-122. Diese Seiten waren bereits fertiggestellt, als wir von dem Artikel Ugo Bianchis erfuhren: „Le dualisme en histoire des religions", in: *Rev. Hist. Rel.*, Teil 159, 1961, S. 1-46. Siehe auch Alan Dundes, „Earth-diver: Creation of the Mythopoeic Male", in: *American Anthropologist*, Teil 64, 1962, S. 1032-1051: Versuch einer psychoanalytischen Interpretation.

Auf Bitte Yumas tauchte Keremet und brachte etwas Schlamm mit, aber er behielt auch etwas davon im Mund. Gott hatte die Erde flach und glatt geformt, aber beim Ausspucken schuf Keremet die Gebirge.[53] Bei den Mansi (Wogulen) schickte das Höchste Wesen, Kors-Torum, nacheinander mehrere Tauchvögel, ihm Sand vom Meeresgrund zu holen. Gottes Widersacher erscheint in diesem Mythos nicht.[54] Die Wogulen kennen mehrere Versionen. Nach einer von ihnen holt Elempi, der Sohn der Stammeltern, den Lehm, indem er in Gestalt eines Wasservogels hinabtaucht.[55] Nach einer anderen Variante bewohnen die Stammeltern ein Haus inmitten der Wasser. Eines Tages bemerken sie einen Eisvogel, der hinabtauchte und mit etwas Schlamm in seinem Schnabel wieder an die Oberfläche kam. Am Morgen war die Erde da, am dritten Tag waren die Wasser vollständig verschwunden.[56] Schließlich erinnert eine dritte Wogulenvariante an die Züge, die bereits in mordwinischen und osteuropäischen Legenden angetroffen worden sind. Von seinem Platz über den Wolken spuckt Gott auf die Wasser. Aus der Spucke formt sich eine Kugel und nach einiger Zeit hört Gott ein Geräusch. „Wer macht das Geräusch?“ fragt er. „Das bin ich, Satanael.“ – „Komm zu mir auf die Wolken“, sagt ihm Gott. Satanael kommt herauf, und Gott fragt ihn, ob sie nicht zusammen die Welt erschaffen könnten. „Sicherlich“, antwortet Satanael, „man kann den Erdsamen vom Meeresgrund holen.“ Er taucht hinab und bringt den Samen an seiner Fußsohle mit, wenngleich er auch etwas in seinem Mund zurückbehält. Als die Erde sich, von Gott gesegnet, auszudehnen beginnt, spuckt Satanael aus und läßt so die Gebirge entstehen.[57]

Erinnern wir nun an einige Mythen der Samojeden, die den nordischen Zweig der Uralvölker darstellen. Nach einem von Lehtisalo

---

[53] Strauss, *Die Bulgaren,* S. 16; Dähnhardt, S. 60. Nach einer mordwinischen Variante spuckte Gott ins Wasser, und aus seiner Spucke entstand Satan in Gestalt eines Vogels (Dähnhardt, S. 62).

[54] Dähnhardt, S. 62-63, nach Veselovskij.

[55] Dähnhardt, S. 66, nach Lucien Adam, *Revue de Philologie et d'Ethnographie,* I, 1874, S. 9. Vgl. W. Schmidt, *Ursprung,* XII, S. 39-40. Siehe auch U. Harva, *op. cit.,* S. 98, nach Munkácsi. W. Schmidt, S. 41, hat gut gezeigt, daß dieser Mythos viele dem kosmogonischen Tauchthema fremde Motive enthält.

[56] Dähnhardt, S. 63, nach Munkácsi; W. Schmidt, XII, S. 41-42.

[57] Strauss, *Die Bulgaren,* S. 14; Dähnhardt, S. 66-67; Feldmann, *op. cit.,* S. 383 f.; Harva, S. 95; W. Schmidt, XII, S. 42-43. Der Mythos erzählt anschließend die Erschaffung des Himmels, die Erschaffung des Menschen und die Episode des Hundes, die wir weiter unten nach einer samojedischen Variante zusammenfassen.

veröffentlichten Text befiehlt Num, der höchste Gott, den Schwänen und Gänsen hinabzutauchen, um zu sehen, ob es auf dem Grund der Wasser Erde gibt. Die Vögel kommen zurück, ohne etwas gefunden zu haben. Gott schickt dann den Polartaucher. Nach sechs Tagen kommt dieser wieder an die Oberfläche. Er hat Erde erblickt, aber er hatte nicht mehr die Kraft, etwas davon mitzubringen. Nun taucht der Vogel *ljuru*, und am siebten Tag kommt er mit etwas Schlamm im Schnabel zurück. Als Num schon die Erde erschaffen hatte, kam „von irgendwoher" „ein Alter", der ihn um Erlaubnis fragte, sich auszuruhen. Num weigerte sich erst und befahl ihm, selbst hinabzutauchen, um sich Erde zu verschaffen, aber schließlich gab er nach. Am Morgen überraschte er den Alten am Ufer der Insel dabei, wie er diese zerstörte. Er hatte schon einen guten Teil zerstört. Gott forderte ihn auf, fortzugehen, aber der Alte erbat sich soviel Erde, wie er mit der Spitze seines Stabes bedecken konnte. Er verschwand in dem Loch, nachdem er erklärt hatte, daß er von jetzt ab dort wohnen würde, und raubte Menschen. Bestürzt erkannte Num seinen Irrtum: Er hatte geglaubt, daß der Alte sich *auf* der Erde niederlassen wollte, und nicht *unter* ihr.[58]

Behalten wir einige Dinge im Gedächtnis: Num schickt Wasservögel[59] zum Tauchen, und nicht den Teufel; der Widersacher tritt erst *nach* Erschaffung der Welt in Erscheinung, aber ist sofort bestrebt, sie zu zerstören; schließlich begibt er sich unter die Erde und erklärt den Menschen seine Feindschaft, das heißt, daß er sich als Herr des Reichs der Toten enthüllt. Die verborgene Lehre des Mythos besteht darin, daß Num nichts mit den Mächten des Bösen zu schaffen hat, die seine Schöpfung verderben, und daß er auch nicht direkt für die Sterblichkeit der Menschen verantwortlich ist. (Obwohl der Tod durch seinen Mangel an Weitsicht in die Welt gekommen ist: vgl. die

[58] T. Lehtisalo, „Entwurf einer Mythologie der Jurak-Samojeden", in: *Mém. de la Société finno-ougrienne,* LIII, 1924, S. 8 f.; W. Schmidt, Bd. XII, S. 11-12; siehe auch Bd. III, S. 352 f.

[59] Ein Mythos der Samojeden von Turuchansk erzählt, daß nach der Sintflut sieben Überlebende in einem Boot umhertrieben. Die Wasser waren so hoch gestiegen, daß sie fast den Himmel berührten. Die Menschen baten einen Rotkehltaucher, Erde zu holen. Nach sieben Tagen kam der Vogel mit Erde, mit Sand und Kräutern wieder. Die Menschen warfen das Ganze auf die Wasseroberfläche, und auf ihr Gebet hin formte Num die Erde von neuem für sie: Vgl. Walter Anderson, „Nordasiatische Flutsagen", in: *Acta et Commentationes Universitatis Dorpatensis. B. Humaniora,* IV, 3, Dorpat, 1923, S. 17 f.

Mythen, die den Ursprung des Todes durch einen Unfall oder durch die Unaufmerksamkeit Gottes oder durch die Dummheit des ersten Menschen erklären.)

Ein anderer samojedischer Mythos stellt die von Anfang an bestehende Feindschaft zwischen Num und dem Tod dar. Weil Ngaa (der Tod) größer als Num sein wollte, forderte dieser ihn auf, die Erde zu erschaffen. Ngaa tauchte die Hand ins Wasser, um Sand zu holen, aber der Sand rann ihm zwischen den Fingern durch. Da erschuf Num die Welt und bat Ngaa, einen Walfisch unter die Erde zu schicken, um sie zu befestigen. Aber weil die Erde sich weiterhin bewegte, befahl ihm Num, sie mit einem großen Stein festzumachen, was Ngaa auch ausführte. So entstanden die Berge des Ural. „Nun, da wir die Welt gemacht haben", sagte Gott, „müssen wir einen Herrn für sie finden." Und aus etwas Erde schuf er den Menschen. Er formte auch einen Hund, dem er befahl, den Menschen gut zu bewachen. Aber während seiner Abwesenheit verführte Ngaa den Hund, indem er ihm ein Fell versprach, wenn er ihn sich dem Menschen nähern lasse; er näherte sich ihm und verschlang ihn. Num erschuf jetzt ein Menschenpaar und verurteilte den Hund dazu, sich von Exkrementen zu ernähren.[60] Die „dualistischen" Elemente sind gut hervorgehoben, das kosmogonische Tauchmotiv ist fast vergessen (Ngaa begnügt sich damit, seine Hand in das Wasser zu tauchen), aber der Widersacher Gottes, der Tod, arbeitet von Anfang an bei der Erschaffung der Welt mit.

Altaivölker, Mongolen

Bei den verschiedenen Turkvölkern stellen die kosmogonischen Mythen noch klarer die Vereinigung von zwei ursprünglich unabhängigen Motiven dar: 1) die Wasservögel, die auf Befehl Gottes tauchen, um Schlamm zu holen; 2) der Widersacher Gottes, der – in Vogel- oder Menschengestalt – dieselbe Handlung durchführt, sich aber darüber hinaus bemüht, sich eine Welt für sich selbst zu schaffen, oder der versucht, die Schöpfung zu zerstören. So taucht im Mythos der Lebedtataren auf Geheiß Gottes ein weißer Schwan und bringt ihm etwas Schlamm in seinem Schnabel. Gott formt die Erde flach

---

[60] Lehtisalo, *op. cit.*, S. 9 f.; W. Schmidt, XII, S. 12-13.

und glatt, aber er schickt noch einen anderen Vogel, und mit der Materie, die dieser mitbringt, macht er die Gebirge. Der Teufel kommt erst später und macht die Sümpfe.[61] Ein Mythos der Abakantataren, den auch Radlov aufgezeichnet hat, berichtet, daß es anfangs nur eine Ente gab. Sie schuf sich einen Gefährten, eine andere Ente, und schickte sie Sand holen. Der „Gefährte" tauchte dreimal, aber er behielt etwas Sand für sich, und die Ente sagte ihm: „Dies sollen Steine werden." Der „Gefährte" bat ihn um etwas Erde für sich, und er erhielt schließlich die Menge, die er mit der Spitze seines Stabes bedecken konnte.[62]

In dieser letzten Version erschafft Gott – in Vogelgestalt – einen Gefährten nach seinem Bilde. Dieser hilft ihm bei der Erschaffung der Welt, aber er verhält sich, wenn auch in abgeschwächter Weise, wie sein Widersacher. Der Mythos ist verworren, denn Erlik Khan erscheint später und verunreinigt den Menschen, und obwohl nicht gesagt wird, woher er kommt, weiß man, daß er der Herr der Hölle ist. Die von Gott geschaffene Ente, die diesen überlistet hatte, indem sie von ihm das Loch verlangte, das der Stock gebohrt hatte, erweist sich als der „Teufel".

Der dualistische Charakter ist bei den Mythen der Altaitataren ziemlich ausgeprägt. Anfangs, als weder Himmel noch Erde existierten, sondern allein die Wasser, schwammen Gott und der „Mensch" in Gestalt von schwarzen Gänsen umher. Der „Mensch" versuchte höher als Gott aufzusteigen und fiel ins Wasser zurück. Er flehte Gott um Hilfe an, und Gott ließ einen Stein aus den Wassern sich aufrichten, und der „Mensch" setzte sich auf den Stein. Anschließend schickte Gott ihn, Schlamm zu holen. Aber der „Mensch" behielt etwas davon in seinem Mund, und als die Erde zu wachsen anfing, schwoll auch der Schlamm an. Er mußte ihn ausspucken und schuf so die Sümpfe. Gott sagte ihm: „Du hast gesündigt, und deine Untertanen werden böse sein. Meine Untertanen werden fromm sein, sie

---

[61] W. Radlov, *Aus Sibirien,* Leipzig, 1884, II, S. 360; vgl. auch W. Schmidt, *Ursprung der Gottesidee,* Bd. IX, 1949, S. 121 f.

[62] W. Radlov-H. T. Katanov, *Proben der Volksliteratur der türkischen Stämme,* IX. Teil, Sankt Petersburg, 1907, S. 222 f.; W. Schmidt, *Ursprung,* IX, S. 512 f.; XII, S. 22-23. Anschließend erzählt der Mythos die Erschaffung des Menschen und die Episode des Hundes; Erlik Khan führt ihn mit dem Fell in Versuchung, nähert sich dem Menschen und beschmutzt ihn.

werden die Sonne sehen und das Licht, und ich werde Kurbystan (= Ohrmazd) genannt werden. Du, du wirst Erlik sein."[63]
Der Synkretismus mit iranischen Ideen ist offensichtlich.[64] Aber der Handlungsablauf des kosmogonischen Tauchens ist fast vollständig erhalten. Die Identität zwischen dem „Menschen" und dem Herrn der Hölle, Erlik Khan, erklärt sich durch die Tatsache, daß der erste Mensch, der mythische Stammvater, gleichzeitig auch der erste Tote ist. Das „dualistische" Element und besonders die Feindschaft erster Mensch – Gott ist eine spätere Entwicklung, die nach der paradigmatischen Feindschaft Gott – Teufel erarbeitet worden ist.
Bei den Altai-Kiži spielt Ülgen eine weniger glänzende Rolle. Er steigt in die Urwasser hinab, um die Erde zu erschaffen, aber er weiß weder was noch wie er es machen will. Er sieht einen „Menschen" näherkommen. „Wer bist du?" fragt ihn Ülgen. – „Ich werde die Erde machen", antwortet ihm der andere. Gott wird zornig. – „Wenn ich sie nicht erschaffen kann, wie willst du sie dann machen?" – „Ich weiß, wo die notwendige Materie zu finden ist", antwortet der „Mensch". Gott befiehlt ihm daraufhin, auf den Meeresgrund zu tauchen. Der „Mensch" findet ein Gebirge, löst ein Stück davon ab und steckt es sich in den Mund. Ein Stück davon gibt er Ülgen, der es ausbreitet und daraus die Erde macht. Aber etwas hatte er zwischen den Zähnen behalten, und als er es ausspuckt, formt er daraus die Gebirge. Der „Mensch" erbittet soviel Erde, wie er mit der Spitze seines Stabes bedecken kann, und er verschwindet dann in dem Loch.[65]
In diesen vier tatarischen Mythen stellt das kosmogonische Tauchen das zentrale Motiv dar, aber die Personen, die es ausführen, unterscheiden sich voneinander: ein weißer Schwan (Lebedtataren), die zweite „Ente" (Abakan), der „Mensch" in Gestalt einer schwarzen

---

[63] W. Radlov, *Aus Sibirien*, II, S. 3-5; eine besser ausgearbeitete Version ist von Radlov in dem ersten Band seiner *Proben der Volksliteratur*, I, S. 175-184 veröffentlicht worden; vgl. auch W. Schmidt, *Ursprung*, IX, S. 102-104, 112 f., 126 f.; XII, S. 15-17. Der Mythos erzählt anschließend die Erschaffung des Menschen. Erlik Khan bittet um soviel Erde, wie er mit seinem Stock bedecken kann. Er schlägt auf die Erde, und schädliche Tiere erscheinen. Schließlich schickt Gott ihn unter die Erde. Der Antagonismus zwischen Erlik und Gott weist nicht notwendigerweise auf eine „dualistische" Konzeption hin. In paläotürkischen Inschriften ist Erlik der Gott des Todes; vgl. Annemarie v. Gabain, „Inhalt und magische Bedeutung der alttürkischen Inschriften", in: *Anthropos*, 48, 1953, S. 537-556.

[64] Vgl. Ugo Bianchi, *Il dualismo religioso*, S. 183-185.

[65] Dähnhardt, I, S. 70-71, nach Potanin; Harva, *op. cit.*, S. 94 (dieselbe Quelle); vgl. auch W. Schmidt, XII, S. 19-20.

Gans (Altai), der „Mensch“ (Altai-Kiži). Ebenfalls verschieden sind die jeweiligen „Situationen“ zwischen Gott und seinem Gegner: Letzterer kommt nach der Schöpfung (Lebed); er wird von Gott geschaffen (= Ente), dem er bei der Erschaffung der Welt hilft (Abakan); er befindet sich an der Seite Gottes in Gestalt einer schwarzen Gans (Altai); er weiß, wo sich die notwendige Materie zur Herstellung der Welt befindet (Altai-Kiži). Der Widersacher bemüht sich vergebens, eine parallele Schöpfung durchzuführen; es gelingt ihm nur, die Schöpfung Gottes zu verwüsten und zu vernichten (Sümpfe, Berge, unterirdische Hölle). Er ist der Böse, aber auch der König der Toten (Abakan, Altai, Altai-Kiži). In allen Varianten befiehlt immer Gott das kosmogonische Tauchen, sei es Vögeln, sei es seinem „Gefährten“ (zweite Ente, der „Mensch“), sei es der unbekannten Person, die er trifft (der „Mensch“, Altai-Kiži), und Gott allein hat die kosmogonische Gewalt: Er erschafft die Welt aus einem Fragment. In dem Altai-Kiži-Mythos weiß Gott nicht, wo sich die Ursubstanz befindet, der „Mensch“ teilt ihm dies mit. Aber dieses Motiv findet sich ziemlich selten.

Bei den Mongolen sind die Varianten noch komplexer. Očirvani und Tšagan-Šukurty steigen vom Himmel auf das Urmeer herab. Očirvani bittet Tšagan-Šukurty, hinabzutauchen und ihm Schlamm zu bringen. Nachdem er den Schlamm auf einer Schildkröte ausgebreitet hat, schlafen beide ein. Da kommt der Teufel, Šulmus, und versucht sie zu ertränken, mit dem bekannten Ergebnis: der beträchtlichen Ausbreitung der Erde.[66] Nach einer zweiten Variante will Očurman, der im Himmel lebt, die Erde erschaffen und sucht einen Gefährten. Er findet ihn in Tšagan-Šukurty und schickt ihn, in seinem Namen Schlamm zu holen. Aber Tšagan-Šukurty wird überheblich: „Ohne mich hättest du den Schlamm nicht bekommen!“ schreit er, und da zerrinnt die Materie zwischen seinen Fingern. Er taucht ein zweites Mal und holt den Schlamm im Namen Očurmans. Nach der Schöpfung bekommt Šulmus, der einen Teil der Erde erbittet, genau das, was er mit der Spitze seines Stabes berühren kann. Šulmus schlägt mit seinem Stock auf den Boden, und es erscheinen Schlangen.[67]

---

[66] W. Schmidt, XII, S. 24, nach Potanin. Vgl. auch Bd. X, 1952, S. 53.

[67] W. Schmidt, XII, S. 25-26, nach Potanin. Vgl. auch X, S. 53-54. Man weiß, daß die Kosmologie und die Mythologie der Mongolen stark vom Buddhismus und den indischen Spekulationen beeinflußt worden sind (Očirvani = Vajrapani). Das Überleben des kosmogonischen Tauchmotivs ist deshalb um so bemerkenswerter.

Man kann die Erscheinung der Schlangen als eine Veränderung im „dualistischen“ Sinne eines älteren Themas ansehen: das Loch, durch das der Gott des Todes unter die Erde hinabsteigt. Wie schon Ugo Bianchi bemerkt hat[68], haben wir in diesem letzten Mythos zwei Verkörperungen von bösen Wesen: den eifersüchtigen und überheblichen Mitarbeiter (Tšagan-Šukurty) und den zerstörerischen Widersacher (Šulmus). In dem Mythos werden zwei verschiedene dualistische Motive vereint oder nebeneinandergestellt: 1) die Identifizierung des Widersachers-Rivalen mit der tauchenden Figur; 2) der Böse, der, man weiß nicht woher, dazu kommt, als die Erde schon erschaffen ist, und der davon einen Teil erbittet oder sie zu zerstören versucht.

Burjäten, Jakuten

Die Burjäten kennen den Mythos in verschiedenen Varianten, davon sind einige stark abweichend. Eine Legende erzählt von Sombol-Burkan, der sich über den Urwassern befindet. Er bemerkt einen Vogel, der mit seinen zwölf Jungen umherschwimmt. „Vogel, tauche in die Tiefen hinab und bringe mir Erde, schwarze Erde in deinem Schnabel und rote Erde mit deinen Füßen!“ Als er die Substanzen erhalten hatte, säte er sie über den Wassern aus, und so entstand die Welt.[69] Nach einer anderen Variante tauchen auf Befehl Gottes (Burkhan) die Wasservögel und bringen ihm rote Erde. Gott erschafft die Welt und anschließend den Menschen.[70] Manchmal ist die Rede von drei Gottheiten – Essexe Burkhan, Maidari-Burkhan und Šibegeni-Burkhan[71] –, die einen Wasservogel losschicken, um ihnen Schlamm zu holen, mit dem sie die Welt erschaffen. Danach erschaffen die drei Götter das erste Menschenpaar.[72]
Gewisse Varianten fügen dem Tauchen eine dramatische Episode bei: Beim Eindringen in die Tiefen trifft der Wasservogel einen Krebs, der

[68] Ugo Bianchi, *Il dualismo religioso,* S. 162.
[69] Uno Harva, *op. cit.,* S. 104; W. Schmidt, Bd. X, S. 205-206.
[70] W. Schmidt, Bd. XII, nach A. Bastian. Vgl. auch Uno Harva, *op. cit.,* S. 104.
[71] Essexe Burkhan ist zweifelsohne Esege Malan, das Höchste Wesen der Burjäten. Maidari = Maitreya, und Šibegeni = Sakyamuni. Zu den buddhistischen Einflüssen in Zentral- und Nordasien vgl. M. Eliade, *Le chamanisme et les techniques archaïques de l'extase,* Paris, 1951, S. 430 f. (2. Ausgabe, 1968, S. 385 f.). Der Name Burkhan (Burkan, Burchan) bezeichnet in Zentralasien „Gott“. Vgl. W. Schmidt, *Ursprung,* X, S. 573 f.; Dominik Schröder, „Zur Religion der Tujen des Sininggebietes“ (in: *Anthropos,* XLVIII, 1953, S. 202-259), S. 203.
[72] U. Harva, *op. cit.,* S. 104; W. Schmidt, Bd. XII, S. 27 f. (nach Klementz).

ihn fragt, wo er hin will. Als er den Grund erfährt, ärgert sich der Krebs. „Ich lebe schon immer im Wasser, und dennoch habe ich niemals seinen Grund gesehen", schrie er und drohte, den Vogel mit seinen Scheren in Stücke zu zerreißen. Aber Sombol-Burkhan gab dem Vogel eine Zauberformel, mit deren Hilfe er den Meeresgrund erreichen konnte.[73]

Die Burjäten aus dem Bezirk von Alarsk kennen einen ähnlichen Mythos wie die Altai-Kiži. Burkhan steigt vom Himmel herab, um die Welt zu erschaffen. Šolmo, der Teufel, verrät ihm, wo sich die Erde befindet. Gott schickt ihn, welche zu holen, und sät sie über dem Meer aus, indem er sagt: „Es werde die Welt!" Šolmo fordert etwas Erde, um dort seinen Stock hineinzustecken – und aus diesem Loch kommen alle Arten von Kriechtieren und schädlichen Tieren heraus.[74]

Obwohl sich die Jakuten heute weiter im Norden und Osten befinden als alle anderen Turkvölker, kennen sie den Mythos in den stark christianisierten Varianten, die sich eher den russischen und südosteuropäischen Formen annähern. Nach einer von Priklovskij veröffentlichten Version gab es anfangs nur die Wasser. Das höchste Wesen, Yürün ajy-tojon (der Weiße Schöpfergott), sah eine Blase auf den Fluten und fragte sie: „Wer bist du und woher kommst du?" Die Blase antwortete, daß sie Satan sei und auf der Erde lebe, die sich auf dem Grund der Wasser befinde. Gott sagte zu ihr: „Wenn es wirklich Erde unter den Wassern gibt, bringe mir ein Stück davon!" Satan tauchte hinab. Gott segnete das Stück Erde und setzte sich darauf. Satan versuchte, ihn zu ertränken, und begann, an der Erde zu ziehen, aber dadurch wurde sie nur fester und weiter.[75]

Eine von Shieroshewskij gefundene Variante läßt Christus mit seinem älteren Bruder Satan auftreten. „Du rühmst dich, alles tun zu können und hältst dich für mächtiger als mich. Nun gut, bring mir etwas Sand vom Meeresgrund!" Satan tauchte zweimal, aber der

---

[73] U. Harva, S. 105 f. Bei den Votyak der Gegend von Sarapul trifft der Teufel, als er taucht, um Gott Schlamm zu bringen, einen Krebs. Dieser läßt ihm sagen, daß er noch niemals Erde gesehen hat, obwohl er schon seit 120 Jahren das Meer bewohnt; Harva, S. 106. Zu Recht bemerkt Harva, daß in dieser Legende der Teufel den ursprünglich Tauchenden, den Wasservogel, ersetzt hat *(ibid.)*.

[74] Harva, *op. cit.*, S. 94; W. Schmidt, Bd. XII, S. 28-29. In einer anderen Variante versteckte der Teufel den Schlamm unter seinem Absatz, um daraus die Gebirge zu machen; Harva, S. 98; W. Schmidt, XII, S. 29.

[75] W. Schmidt, Bd. XI, S. 57, nach V. L. Priklovskij, „Trigoda o Jakutskoj oblasti" (*Živaja Starina,* IV, 1891, S. 43-66), S. 66.

Sand zerrann ihm zwischen den Fingern. Das dritte Mal verwandelte er sich in eine Schwalbe und es gelang ihm, etwas Schlamm in seinem Schnabel mitzubringen. Christus segnete ihn und schuf die Erde, glatt und eben wie ein Teller. Aber Satan hatte etwas Schlamm versteckt. Christus entdeckte den Betrug und gab ihm einen Schlag auf den Nacken. Er spuckte aus, und die Gebirge erschienen.[76]

Schließlich wird in einer Variante der Nordjakuten der Platz Gottes von der „Mutter Gottes" eingenommen. Diese wollte die Welt erschaffen und dazu erschuf sie zwei Wasservögel, einen Rotkehltaucher und eine wilde Ente, um sich Schlamm vom Grund der Wasser holen zu lassen. Aber nur die wilde Ente brachte ihn ihr. Der Rotkehltaucher behauptete, nichts gefunden zu haben, und die „Mutter Gottes" verurteilte ihn dazu, von nun an seine Nahrung nur tauchend zu suchen. Dann erschuf sie die Erde.[77]

Diese letzte Version ist die einzige, in der das Tauchen von Wasservögeln durchgeführt wird, eine Besonderheit, die eine Erinnerung an einen vorchristlichen Mythos sein kann. Die beiden anderen Varianten sind von Grund auf christianisiert. (Dennoch muß man im Gedächtnis behalten, daß in der zweiten der Teufel sich in eine Schwalbe verwandelt, um den Schlamm an die Oberfläche bringen zu können.) Der Widersacher Gottes (Christi) ist nicht mehr der Böse, der Herr des Todes (Erlik Khan, der „Mensch", Ngaa etc.), sondern Satan.

Der Rotkehltaucher ist gleichfalls in einem Mythos der Jenissäer anwesend: Der große Schamane Doh flog über die Wasser in Begleitung von Schwänen, Rotkehltauchern und anderen Wasservögeln. Da er keinen einzigen Ort zum Ausruhen fand, schickte er den Rotkehltaucher, um ihm Erde vom Meeresgrund zu holen. Beim dritten Tauchen gelang es dem Vogel, etwas Schlamm in seinem Schnabel mitzubringen, und Doh machte daraus eine Insel.[78]

Die Vögel, vor allem die Wasservögel, spielen eine wichtige Rolle in den Mythologien Zentral- und Nordasiens. Als Erscheinungen Gottes, des Demiurgen oder des mythischen Stammvaters erscheinen die Vögel schon „in den Ursprüngen", und ihr Erscheinen ist das Vorzei-

---

[76] V. L. Shieroshewskij, *Jakuty,* Sankt Petersburg, 1896, S. 653, zusammengefaßt bei Uno Harva, *op. cit.*, S. 92-93, und W. Schmidt, XI, S. 57-58 und XII, S. 34.

[77] Tretjakov, zusammengefaßt bei Harva, *op. cit.*, S. 105, und W. Schmidt, XI, S. 58. Siehe andere Varianten bei Dähnhardt, S. 70; Feldmann, S. 375; W. Schmidt, XI, S. 58-59; XII, S. 35.

[78] Uno Harva, *op. cit.*, S. 103-104.

chen einer Schöpfung, oder der Veränderung der Weltstruktur, oder der Gründung eines Volkes oder einer Dynastie. In einem kosmogonischen Mythos, dessen Verbreitung über Sibirien und Zentralasien hinausgeht, schlüpft die Welt aus einem Ei, das auf dem Urozean schwimmt. Die Gebräuche der sibirischen Schamanen enthalten einen bisweilen stark ausgeprägten Vogelsymbolismus: In der Ekstase ist der Schamane angeblich fähig, in den Lüften zu fliegen oder in die unterseeischen Tiefen zu tauchen.[79] Wie wir später noch sehen werden, findet man die Tauchvögel in den Kosmogonien Nordamerikas wieder; manchmal dieselben Arten, von denen die nordasiatischen Mythen reden. Außerdem gehört das kosmogonische Tauchmotiv zu den Mythologien Indiens und Indonesiens, obwohl es sich dort nicht mehr um Vögel handelt, sondern um Amphibien. Diese beträchtliche Verbreitung stellt vor Probleme, mit deren Diskussion wir uns noch später befassen werden. Aber nur in Eurasien gehört zum kosmogonischen Tauchen eine feindliche Gegenfigur zu Gott, das heißt, daß es sich in einem „dualistischen" Sinn entwickelt hat. Es ist deshalb wichtig, die Herkunft dieser Entwicklung zu überprüfen.

Iran

Wie man bereits gesehen hat, haben die ersten Gelehrten, die sich mit unserem Mythos beschäftigt haben, seine Herkunft im klassischen Land des Dualismus gesucht, im Iran. Nun aber ist das kosmogonische Tauchmotiv im Iran nicht bezeugt. Wenn es sich also um eine iranische Schöpfung handelt, muß sie außerhalb des Iran stattgefunden haben, in einem synkretistischen Milieu. Iranische religiöse Ideen und kosmogonische Anschauungen haben sich sowohl nach dem Nordwesten Indiens und Tibets wie auch nach Zentralasien und Sibirien ausgebreitet. Alle diese Ideen und Anschauungen waren übrigens nicht „dualistisch" (vgl. die Mythen, Symbole und Rituale, die sich auf den Mithraskult oder den des Heilbringers-Weltherrschers oder des „Lichtmenschen" beziehen etc.). Wir haben schon bei Gelegenheit auf gewisse iranische Einflüsse in den Mythologien der Mongolen und der Burjäten (vgl. auch Khurbystan = Ohrmazd, bei den Altaitataren) hingewiesen. Versuchen wir festzustellen, ob man

---

[79] Vgl. M. Eliade, *Le chamanisme,* S. 149 f. (2. Ausgabe, S. 136 f.).

nicht trotz der Abwesenheit des kosmogonischen Tauchthemas wenigsten einige seiner konstitutiven Elemente im Iran wiederfinden kann.

Es scheint, daß wenigstens zwei grundlegende Motive unserer Mythen in jenen iranischen Überlieferungen bezeugt sind, die als zervanitisch gelten. Das erste Motiv erinnert an die plötzliche geistige Passivität Gottes in den Balkanlegenden. Nach einem Hinweis von Eznik, der auch durch andere Quellen bestätigt wird, wußte Ohrmazd nach Erschaffung der Welt nicht, wie er die Sonne und den Mond machen sollte. Ahriman hingegen wußte es, und er redete vor den Dämonen darüber: Ohrmazd müsse mit seiner Mutter schlafen, um die Sonne, und mit seiner Schwester, um den Mond zu erschaffen. Ein Dämon beeilt sich, dieses Rezept Ohrmazd mitzuteilen.[80] In keinem zoroastrischen Text wird diese Episode erwähnt, obwohl der zoroastrische Priester zum Inzest ermutigte, den er damit rechtfertigte, daß er ihn Ohrmazd zuschrieb.[81] Aber was unser Interesse weckt, ist nicht der Inzest als Mittel der Schöpfung, sondern das Thema der Unfähigkeit des Schöpfers, sein Werk zu vollenden und die Notwendigkeit, in der er sich befindet, sich dazu an seinen Widersacher zu wenden, der ein dämonisches Wesen ist. Die Tatsache, daß Eznik dieses Motiv aus polemischen Zwecken benutzt, stellt nicht notwendigerweise dessen Authentizität in Frage. Wir haben es wahrscheinlich mit einer nichtzoroastrischen, stark „volkstümlich geprägten" Überlieferung zu tun.

Das zweite grundlegende Motiv unseres Mythos, das man mit einer iranischen Quelle in Verbindung bringen kann, ist das Bruderverhältnis Gott (Christus) – Satan. Man erinnere sich an die tscheremissischen Mythen (wo Keremet der Bruder Gottes ist) und an die jakutischen (Satan als älterer Bruder); sowie an den russischen Bericht, in dem Satan Gott vorschlägt, sein älterer Bruder zu sein; an die russische Variante aus Tver, nach der weder Gott noch Satan geschaffen worden sind; ebenso an die Varianten der Mordwinen und Zigeuner,

---

[80] Eznik, *Wider die Sekten,* Buch II, Kap. 8, der Text ist übersetzt bei Zaehner, *Zurvan. A Zoroastrian dilemma,* Oxford, 1955, S. 438-439; vgl. *ibid.,* S. 435-436, ein Fragment der *Akten der Anāhitā,* wo der Mythos diese Fortsetzung hat: Ahriman drohte die Erde mittels einer Kröte, die die Wasser aufgesogen hatte, zu zerstören. Ein ahrimanisches Wesen, die Fliege, bringt die Kröte dazu, die gespeicherten Wasser von sich zu geben, indem sie ihr in die Nase sticht.

[81] Vgl. Zaehner, *Zurvan,* S. 151 f. Der „kosmogonische" Inzest Ohrmazds hat sein Pendant in einer mandäischen Überlieferung; Zaehner, *ibid.,* S. 152 f.

die die Einsamkeit Gottes herausstellen und seinen Wunsch, einen Bruder oder Gefährten zu haben. Nun aber glaubten die Bogomilen nach einer von Euthymios Zigabénes überlieferten Angabe, daß Satanael der Erstgeborene Gottes sei und Christus der zweite Sohn.[82]
Der Glaube an die Gleichheit, ja sogar an die „Blutsverwandtschaft" von Christus und Satan wurde von den Ebioniten geteilt[83], was vermuten läßt, daß sich eine solche Auffassung in einem jüdisch-christlichen Milieu verbreiten konnte. Die Idee, daß Gott von Anfang an ein Prinzip des Guten und ein Prinzip des Bösen eingesetzt und das gegenwärtige Weltalter dem Engel der Finsternis überlassen, das zukünftige aber dem Engel der Wahrheit vorbehalten hat, ist schon den Essenern geläufig[84], aber es handelt sich zweifelsohne um einen iranischen Einfluß.[85]
Was nun unsere Mythen, wie auch die Überlieferungen der Bogomilen betrifft, die wir gerade erwähnt haben, lassen sie sich mit einem zervanitischen Mythos in Verbindung bringen, der unter anderem von Eznik und Theodor bar Kônai übermittelt wird und der die Geburt Ahrimans und Ohrmazds erklärt. Als noch alles leer war, hatte Zurvan tausend Jahre lang Opfer gebracht, um einen Sohn zu bekommen. Und da er die Wirksamkeit seines Opfers bezweifelt hatte (Eznik: „Welchen Nutzen wird schon das Opfer haben, das ich anbiete?"), empfing er zwei Söhne: Ohrmazd, „auf Grund des darge-

---

[82] Euthymios Zigabenes, *Panoplia Dogmatica* (*Patr. Graeca,* Bd. 130), Kol. 1290. Der Exarchos Johannes kannte bereits zu Beginn des 10. Jahrhunderts diese Überlieferung (vgl. Obolensky, *The Bogomils,* S. 122). Ihre Beliebtheit in bogomilischen Kreisen ist durch eine gewisse Anzahl von Apokryphen und literarischen Texten der Sekte bestätigt (Obolensky, S. 186).

[83] Epiphanius, *Panarion,* XXX, 16.

[84] *Gemeinderegel,* III, 20; IV, 16-20; vgl. A. Dupont-Sommer, *Les Écrits esséniens découverts près de la mer Morte,* Paris, 1959, S. 94, 96. R. P. Jean Daniélou, *Théologie du judéo-christianisme,* I, Paris, 1958, S. 69, hat bereits diese Vorstellungen der Ebioniten mit der Doktrin der Essener in Verbindung gebracht.

[85] A. Dupont-Sommer, *op. cit.,* S. 93, Anm. 2, und *Nouveaux aperçus sur les manuscrits de la mer Morte,* Paris, 1958, S. 157-172. Vgl. auch H. Michaud, „Un mythe zervanite dans un des manuscrits de Qumran", in: *Vetus Testamentum,* V, 1955, S. 137-147; J. Duchesne-Guillemin, „Le zervanisme et les manuscrits de la mer Morte", in: *Indo-Iranian Journal,* I, 1957, S. 96-99; id., *The Western Response to Zoroaster,* Oxford, 1958, S. 94 f. Zu den persischen Einflüssen auf das späte Judentum vgl. G. Widengren, „Stand und Aufgaben der iranischen Religionsgeschichte", II (*Numen,* II, 1955, S. 47-134), S. 109 f.; id., „Quelques rapports entre Juifs et Iraniens à l'époque des Parthes", in: *Vetus Testamentum,* Supplement, IV, Leiden, 1957, S. 157-241; id., *Iranisch-semitische Kulturbegegnung in parthischer Zeit,* Köln und Opladen, 1960, besonders S. 51 f., 62 f.

brachten Opfers", und Ahriman, „auf Grund des besagten Zweifels". Zurvan beschloß, den Erstgeborenen zum König zu machen. Ohrmazd erfuhr von der Absicht seines Vaters und enthüllte sie Ahriman. Dieser zerriß den Schoß seiner Mutter[86] und kam heraus. Aber als er Zurvan erklärt hatte, daß er sein Sohn sei, entgegnete dieser: „Mein Sohn ist wohlriechend und leuchtend, und du, du bist finster und stinkend." Da wurde Ohrmazd geboren, „leuchtend und wohlriechend", und Zurvan wollte ihn zum König weihen. Aber Ahriman erinnerte ihn an sein Gelöbnis, den Erstgeborenen zum König zu machen. Um seinen Schwur nicht zu brechen, gewährte ihm Zurvan das Königtum für 9000 Jahre, danach würde Ohrmazd regieren. Daraufhin, so fährt Eznik fort, begannen Ohrmazd und Ahriman „Geschöpfe hervorzubringen. Und alles, was Ohrmazd erschuf, war gut und gerade, und was Ahriman machte, war schlecht und gekrümmt."[87] Wir machen darauf aufmerksam, daß beide Götter Schöpfer sind, wenn auch die Schöpfung Ahrimans ausschließlich schlecht ist. Nun aber stellt dieser negative Beitrag zum Schöpfungswerk (Berge, Sümpfe, Schlangen und schädliche Tiere etc.) ein wesentliches Element in den Versionen des kosmogonischen Tauchmythos dar, in denen Gottes Widersacher eine Rolle spielt.

„Durch die Darbringung des Opfers ist die ganze Schöpfung geschaffen worden", steht in dem Großen Bundahišn (III, 20, Zaehner, S. 336). Wie man bemerkt hat[88], ist das Opfer Zurvans mit dem Prajāpatis in den Brāhmanas vergleichbar und stellt zweifelsohne mit seinen unheilvollen Folgen einen rituellen Irrtum dar. Das Böse ist das Ergebnis eines technischen Unfalls, einer Unachtsamkeit des göttlichen Opfernden. Das Böse verfügt nicht über einen eigenen Seinsstatus: Es ist abhängig von seinem unfreiwilligen Urheber, der im voraus die Zeit seiner Existenz begrenzt. Spätere Autoren (Šahrī-

---

[86] Eznik hat wohl verstanden, daß Zurvan Hermaphrodit war. Aber andere Autoren reden von der „Mutter" (Theodor bar Kônai, Yohannân bar Penkayê) oder der „Gattin" Zurvans (Theodor Abu Qurra), vgl. Zaehner, *op. cit.*, S. 63 f., 423, 428.

[87] Siehe die nachgedruckten Texte bei Bidez-Cumont, *Les mages hellénisés*, Paris, 1938, Bd. II, S. 89-92, und bei Zaehner, *op. cit.*, S. 421 f., und ihre Diskussion *ibid.*, S. 54 f. Dieser Mythos ist jüngst erörtert worden von M. Molé, „Le problème zurvanite" (in: *Journal asiatique*, Teil CCXLVII, 1959, S. 431-470), S. 459 f., und von G. Widengren, „Das Prinzip des Bösen in den östlichen Religionen" (in: *Das Böse. Studien aus dem C. G. Jung-Institut*, Bd. XIII, Zürich, 1961, S. 25-61), S. 45 f.

[88] G. Widengren, *Religionens värld*, 2. Ausgabe, Stockholm, 1953, S. 71; id., „Das Prinzip des Bösen", S. 46 f.

stānī, Murtazā Rāzī, Mas'ûdī) erwähnen ebenfalls die Auffassung der Zarvaniya und anderer Sektierer, die Ahriman zu erklären versucht haben, sei es als aus einem bösen Gedanken Gottes (Zurvan) abgeleitet, sei es durch die Feststellung, daß es immer etwas Böses in Gott gegeben habe.[89] Zurvan wäre dann die „göttliche Totalität" schlechthin, die *coincidentia oppositorum,* die sich u. a. in dem androgynen Charakter ausdrückt.

Es kann hier nicht die Rede davon sein, das wichtige Problem der Beziehungen zwischen den sogenannten „zervanitischen" Ideen und dem Mazdaismus anzugehen. Es wäre wichtig zu wissen, ob die Iranisten darin übereinstimmen, daß „die Gāthās nicht *a priori* den Gedanken verwerfen, daß der Geist des Guten und der des Bösen dieselbe Herkunft haben könnten" (Molé, S. 460). Aber für das Thema dieses Essays ist es wichtig, daran zu erinnern: 1) daß die Blutsverwandtschaft der Repräsentanten des Guten und des Bösen ein auch sonst und namentlich im christlichen religiösen Brauchtum bezeugtes Thema ist[90]; und 2) daß diese Vorstellung eine „Vorgeschichte" hat, die sowohl in den indischen Spekulationen über die Blutsverwandtschaft *devas-asuras* wie auch in den archaischeren Anschauungen über die göttliche Zwei-Einheit bezeugt ist.[91] Man wird später ermessen können, welche Bedeutung diese archaischen Anschauungen für das Verständnis unseres Mythos haben.

Die Bilanz der iranischen Parallelen, die sich in unseren kosmogonischen Mythen unterscheiden lassen, stellt sich folgendermaßen dar: 1) die zervanitische Auffassung des Brüderverhältnisses Ohrmazd–Ahriman findet sich in den Versionen wieder, die die Blutsverwandtschaft oder Freundschaft zwischen Gott (Christus) und dem Teufel in den Vordergrund stellen; eine Zahl dieser Versionen sind in Zentralasien und Nordasien bezeugt (siehe oben, S. 105, S. 113), was eine Herkunft von den Bogomilen auszuschließen scheint; 2) die Unfähigkeit Ohrmazds, die Sonne und den Mond zu machen, erinnert an die auf den Schöpfungstag folgende geistige Trägheit Gottes in gewissen

---

[89] Siehe die Texte bei Zaehner, *Zurvan,* S. 433 f., 443, 451; vgl. auch U. Bianchi, *Zaman i Ohrmazd,* Turin, 1958, S. 157 f.; M. Molé, *op. cit.,* S. 462 f.

[90] Vgl. zum Beispiel den Legendenzyklus, der sich um den Kampf zwischen einem Heiligen und seiner Schwester, einer Teufelin, die Kinder raubt und tötet, gebildet hat. Siehe M. Eliade, „Notes de démonologie", in: *Zalmoxis,* I, 1938, S. 197-203.

[91] Vgl. M. Eliade, „La coincidentia oppositorum et le mystère de la totalité", in: *Eranos-Jahrbuch,* XXVII, Zürich, 1959, S. 195-236.

Balkanlegenden. Aber in einigen russischen, zentral-asiatischen und sibirischen Varianten ist das Wissen des Teufels noch bemerkenswerter: Er weiß, wo man die zur Schöpfung notwendige Materie finden kann (vgl. oben die Legenden der Großrussen, der Wogulen, Altai-Kiži, Burjäten und Jakuten). Dieses mythische Motiv scheint nicht von einem iranischen Vorbild abgeleitet zu sein.

Man kann noch eine dritte Parallele in Betracht ziehen: das Motiv des Vertrags zwischen Gott und Satan. Wir haben weiter oben eine bulgarische Legende angeführt, wo Satan aus dem Schatten Gottes entsteht (übrigens auf dessen Befehl) und diesem vorschlägt, mit ihm das Universum zu teilen. Šahristānī kennt eine Überlieferung, nach der der Teufel von Ohrmazd das Recht erhält, das Böse zu tun, und diese Abmachung vor zwei Zeugen besiegelt.[92] Es handelt sich nicht notwendigerweise um eine zervanitische Idee. Die Vorstellung von einem Vertrag zwischen Ohrmazd und Ahriman ist bereits unausgesprochen in der Abmachung enthalten, die die 9000 Jahre betrifft, die der Herrschaft Ahrimans überlassen werden.[93]

Welche Schlußfolgerung läßt sich an diesem Punkt der Untersuchung ziehen? Die zwei oder drei Motive, die wir gerade geprüft haben, lassen sich mit iranischen synkretistischen Überlieferungen von wahrscheinlich „zervanitischer" Herkunft in Verbindung bringen. In gewissen Varianten unseres Mythos erinnert die Gestalt des Teufels an die des Fürsten dieser Welt der gnostisch-manichäischen Spekulationen. Aller Wahrscheinlichkeit nach haben die iranischen Einflüsse dazu beigetragen, unserem Mythos seinen aktuellen Aspekt zu verleihen. Aber es ist ebenfalls wahrscheinlich, daß diese Einflüsse mehr als einmal eine bereits existierende religiöse Konzeption, in der die Feindschaft und die Spannung zwischen den entgegengesetzten Figuren eine wesentliche Rolle spielte, nur noch stärker hinsichtlich ihres Dualismus betont und erweitert haben. Wir werden auf dieses Problem zurückkommen, wenn wir versuchen werden, uns vorzustellen, wie der ursprüngliche Handlungsablauf des kosmogonischen Tauchens in den Mythos umgewandelt wurde, so, wie wir diesen kennen-

---

[92] Texte bei Zaehner, *op. cit.*, S. 434. Siehe *ibid.*, S. 451, eine Passage von Murtazā Rāzi, wo gesagt wird, daß Yazdān (Gott) und Ahriman Frieden schlossen, indem sie ihre Säbel dem Mond anvertrauten. Wer immer auch den Vertrag vor der festgesetzten Zeit brechen würde, sollte mit seinem eigenen Säbel getötet werden.

[93] Siehe auch U. Bianchi, *Zamān i Ohrmazd,* S. 95 f.

gelernt haben: um zwei übernatürliche feindliche Wesen kreisend. Aber zunächst müssen wir einige Varianten vorstellen, die außerhalb des „dualistischen“ Bereichs anzusiedeln sind.

Nordamerikanische Kosmogonien

Dähnhardt hatte bereits auf eine gewisse Zahl von amerikanischen Mythen hingewiesen.[94] Ein typisches Beispiel stellt der Mandanmythos dar. Bevor die Erde existierte, erschuf der Herr des Lebens den ersten Menschen. Dieser traf einen Tauchvogel oder eine Ente und sagte ihr: „Du tauchst so gut, tauche in die Tiefen und bringe mir etwas Erde.“ Der Mensch verstreute diese über den Wassern, sprach eine Formel und erschuf die Erde.[95] Im allgemeinen ist es jedoch der Schöpfer oder ein göttliches Wesen, das verschiedene Tiere zum Tauchen schickt.

Der Mythos ist in einem großen Teil Nordamerikas verbreitet[96], besonders in den Waldgegenden des Nordens und des Ostens, bei den Algonkin, den Athapasken und den Irokesen. Er ist ebenfalls häufig in den Ebenen anzutreffen, bis zu den Schoschonen, den Arapaho und den Iowa. Bei den Eskimos und den meisten Stämmen der Nordwestküste ist er unbekannt. (Nichtsdestoweniger ist er bei einem Stamm der Kwakiutl auf der Insel Vancouver und bei einem Stamm der Chinook von Oregon, den Kaphlamet, festgestellt worden.) In Kalifornien läßt sich das Motiv in den Überlieferungen mehrerer Völker antreffen: Wintu, Maidu, Miwok, Yokuts, Mono und Salina. In der Gegend der Pueblos und im Süden der Prärien ist der Mythos unbekannt.[97] Dähnhardt und nach ihm Uno Harva haben geglaubt, das kosmogonische Tauchen in den Mythen zweier Stämme Südbra-

---

[94] O. Dähnhardt, *Natursagen*, I. S. 75-88.

[95] Maximilian Prinz zu Wied, *Reise ins Innere von Nordamerika*, Coblenz, 1839-1841, II, S. 152, zitiert bei Dähnhardt, S. 75.

[96] Vgl. James Teit, „Kaska Tales“ (in: *Journal of American Folklore*, XXX, 1917, S. 427-473), S. 427 f.; Gladys A. Reichard, „Literary Types and Dissemination of Myths“ (in: *ibid.*, XXXIV, 1921, S. 269-307), S. 269 f.; Stith Thompson, *Tales of the North American Indians*, Cambridge, Mass., 1929, S. 279, Anm. 30.

[97] Vgl. Gudmund Hatt, *Asiatic influences in American Folklore*, Kopenhagen, 1949, S. 14-15.

siliens, Kaingang und Are, wiederzuerkennen, aber es handelt sich in Wirklichkeit um Mythen über eine Sintflut.[98]
Die tauchenden Tiere sind Vögel[99] und besonders die Tauchente[100], in zwei Fällen (Yokuts und Wintu) das Wasserhuhn[101], die Ente mit einem roten Kopf (die bei den nördlichen Arapaho der Schildkröte beigesellt wird)[102], aber auch in recht großer Anzahl vierfüßige Schwimmer[103], Schalentiere (Yuchi)[104], Insekten (Cherokesen)[105] und Fische (ein irokesischer Mythos).[106] In gewissen Fällen, wie in dem kosmogonischen Mythos der Arapaho, der zum Sonnentanz gehört, tauchen das Höchste Wesen und der Urahn, beide in Enten verwandelt, gemeinsam.[107]
Ein gemeinsames Charakteristikum für alle diese Mythen besteht darin, daß es weder einen Konflikt noch eine Gegensätzlichkeit zwischen den tauchenden Tieren und der Person, die die Erde erschafft, gibt.[108] Das ist um so erstaunlicher, als Nordamerika eine Zone

---

[98] Dähnhardt, *op. cit.*, S. 87; Harva, *op. cit.*, S. 107. Vgl. G. Hatt, *op. cit.*, S. 15, Anm. 1, der auch diese Schlußfolgerung von P. Ehrenreich anführt: „Die in Nordamerika so gewöhnliche Vorstellung von einem Urwasser, aus dem die Erde durch Tiere herausgefischt wird, scheint in Südamerika zu fehlen", in: *Die Mythen und Legenden der Südamerikanischen Urvölker und ihre Beziehungen zu denen Nordamerikas und der alten Welt,* Berlin, 1905, S. 29. Fügen wir jedoch hinzu, daß auch in Nordamerika das kosmogonische Tauchen manchmal zu den Sintflutmythen gehört. Die Überschneidung dieser beiden Motive ist vor allem bei den Algonkinstämmen häufig; vgl. einige Beispiele bei H. B. Alexander, *North American Mythology* (= *The Mythology of All Races,* Bd. X, Boston, 1916), S. 42 f.; Sir James George Frazer, *Folk-lore in the Old Testament,* London, 1919, I, S. 295 f. Offensichtlich besteht eine Strukturähnlichkeit zwischen den Sintflutmythen und den Wasserkosmogonien: Die Sintflut stellt das Chaos von vor der Schöpfung wieder her; das überlebende Paar, das nach manchen Wechselfällen ein wenig feste Erde findet, ist dem Ersten Paar vergleichbar.

[99] Einige bibliographische Hinweise bei Hatt, S. 14, Anm. 3.

[100] Siehe die zitierten Beispiele bei W. Schmidt, in: *Ursprung der Gottesidee,* Bd. II, S. 262 (Miwok), 274 (Yokuts, vgl. auch Bd. V, 301), 288 f. (Salina), 423 (Lenape), 673 f. (Atsina), 685 f. (Arapaho), 759 (Cheyenne).

[101] Beispiele bei W. Schmidt, Bd. II, S. 278; V, S. 207.

[102] Vgl. W. Schmidt, Bd. II, S. 688.

[103] Vgl. Hatt, S. 14, Anm. 3.

[104] Hatt, S. 14, Anm. 4.

[105] *Ibid.,* Anm. 5, indem er James Mooney, *Myth of the Cherokee,* Washington, 1900, S. 239 zitiert.

[106] Dähnhardt, *Natursagen,* I, S. 85.

[107] Man findet die Analyse dieses Mythos bei W. Schmidt, Bd. II, S. 700, 715 f.

[108] W. Schmidt bemerkt, daß, im Unterschied zu den nordasiatischen Mythen, die nordamerikanischen Mythen die äußerste Tiefe des Ozeans hervorheben (vgl. *Ursprung,* Bd. VI, S. 40-41). Das Tauchen dauert manchmal sechs Jahre (wie in einem Mythos der Maidu des Nordwestens; vgl. *Ursprung,* II, S. 110), und man erzählt mit

darstellt, in der sich verschiedene „dualistische“ Konzeptionen entwickelt haben.[109] Mehr noch: Das dualistische Element läßt sich selbst in gewissen kosmogonischen Mythen antreffen. Man möge sich das zentrale Thema der kalifornischen Kosmogonien in Erinnerung rufen, das auf den Konflikt zwischen dem Schöpfer und dem Kojoten ausgerichtet ist. Der Schöpfer wollte die Welt paradiesisch und den Menschen unsterblich erschaffen, der Kojote brachte den Tod und verdarb die Erde, indem er die Gebirge entstehen ließ, die Nahrung zerstörte etc. Aber der Kojote spielt keine Rolle beim kosmogonischen Tauchen.[110] Wie wir bald sehen werden, stellt das Fehlen des dualistischen Charakters ein entscheidendes Element für die Chronologie der Formen dieses Mythos dar.

Das arische Indien

In Indien hat sich der Mythos vom kosmogonischen Tauchen in einem ganz anderen Sinn entwickelt. Das tauchende Tier ist ein Wildschwein: es steigt auf den Grund des Wassers hinab und hebt die

---

vielen Details die Zwischenfälle der unterseeischen Reise; vgl. die Mythen der Yokuts (*Ursprung,* II, S. 273 f.), der Salina (*ibid.,* S. 288 f.), der Schwarzfuß (*ibid.,* S. 665), der Dickbauch (S. 674), Arapaho (S. 685, 688, 692 f., 887), Cheyenne (759). Aber siehe auch die Mythen der Samojeden (*Ursprung,* III, S. 352) und Wogulen (Feldmann, *op. cit.,* S. 381).

[109] Einige dieser Konzeptionen werden bei U. Bianchi, *Il dualismo religioso,* S. 69 f. erörtert.

[110] Dähnhardt vergleicht einen bei den Algonkin und Irokesen ziemlich verbreiteten Mythos (von Zwillingen, die sich im Schoß ihrer Mutter streiten und von denen einer aus der Seite herauskommt) mit der iranischen Überlieferung von dem pränatalen Streit zwischen Ohrmazd und Ahriman, und schlußfolgert daraus die iranische Herkunft des nordamerikanischen Mythos (*Natursagen,* I, S. 10-11, 79). Die Schlußfolgerung ist nicht zwingend: Die Entfernung zwischen dem Iran und der östlichen Waldgegend Nordamerikas ist beträchtlich, und wir finden den Mythos an keiner Stelle zwischen den beiden Punkten (vgl. auch G. Hatt, *op. cit.,* S. 22). Als Parallele zu der Legende der Zigeuner aus Transsilvanien (siehe weiter oben), wo der von Gott ins Wasser geworfene Stock sich in einen Baum verwandelt und aus dem Baumstamm der Teufel hervorkommt, zitiert W. Schmidt den Mythos der Wawenock (Algonkin des Nordwestens): Der kulturbringende Heros Gluskabe hat sich selbst aus einem Stück Erde erschaffen, das übriggeblieben war, nachdem der Schöpfer die ersten menschlichen Wesen geformt hatte (siehe *Ursprung,* Bd. VI, S. 39-40). Vgl. auch den Mythos der Koryak über den Ursprung des Raben, der aus dem Staub geformt ist, der beim Schärfen des Messers des Höchsten Wesens entstanden war (*ibid.,* Bd. III, S. 403). Die zugrunde liegende Idee ist dieselbe: Die Substanz, die Gott für sein schöpferisches Werk hervorgebracht oder benutzt hat, ist fähig, Wesen entstehen zu lassen, die sich später gegen die Schöpfung und sogar gegen den Schöpfer wenden.

Erde hoch. Aber die Identität dieses kosmogonischen Wildschweins ist im Verlauf der Zeiten verschieden interpretiert worden. Taittirīya Saṃhitā (VII, I, 5, 1 ff.) gibt das exemplarische Bild der ursprünglichen Wasser und Prajāpatis, der sich wie der Wind über den Wellen bewegt. Er sah die Erde und stieg, in ein Wildschwein verwandelt, in die Tiefen hinab und hob die Erde empor. Taittirīya Brāhmaṇa (I, 1, 3, 5 ff.) gibt mehr Einzelheiten wieder: Zu Anbeginn, als nur die Wasser existierten, sah Prajāpati ein Lotusblatt und dachte: Es gibt etwas, auf dem es ruht. Er nahm die Gestalt eines Wildschweins an, tauchte und fand die Erde. Er löste einen Teil davon ab und kam wieder an die Oberfläche und breitete die Erde auf dem Lotusblatt aus. Śatapatha Brāhmaṇa (XIV, 1, 2, 11) fügt das wichtige Detail hinzu, daß ein Wildschwein namens Emūṣa die Erde hochhob.

Nun aber ist das Wildschwein Emūṣa bereits im *Rig-Veda* (I, 61, 7; VIII, 77, 10) bezeugt, wonach man glaubt, es bewache hundert Büffel und einen Teller Reis jenseits eines Gebirges. Indra schießt mit seinem Bogen einen Pfeil ab, der das Gebirge überquert und das Wildschwein tötet. Der Name *emūṣa* ist bestimmt nicht arisch, nach Kuiper wäre er austro-asiatisch. Kuiper hat gezeigt, daß der Mythos sich ausschließlich in den Hymnen der Familie Kāṇva findet.[111] Auch dieser Name ist nicht arisch, und Hillebrandt meinte, daß die Familie Kāṇva nicht zur Elite der vedischen Priesterfamilien gehörte.[112] Wahrscheinlich kannte diese Familie die arischen Überlieferungen weniger[113], aber andererseits hatte sie Zugang zu den vorarischen mythologischen Schätzen, muṇḍa oder protomuṇḍa.

Kuiper glaubt, daß das Wildschwein des kosmogonischen Mythos ursprünglich nichts mit dem rigvedischen *emūṣa* zu tun hatte.[114] Wir teilen diese Meinung nicht. Gonda hat überzeugende Argumente zugunsten der Identität des Wildschweins *emūṣa* in beiden mythologischen Komplexen geliefert.[115] Man kann daher vermuten, daß wir

---

[111] F. J. Kuiper, „An Austro Asiatic Myth in the Rig-Veda" (in: *Mededelingen der koninklijke Nederlandse Akademie van Wetenschappen,* Amsterdam, Neue Serie, XIII, 7, 1950, S. 163-182), S. 173.

[112] Vgl. Alfred Hillebrandt, *Vedische Mythologie,* 2. Ausgabe, Breslau, 1927-1930, Bd. II, S. 58, Anm. 3; 256, 426, Anm. 2.

[113] Vgl. F. B. J. Kuiper, *op. cit.,* S. 179.

[114] *Ibid.,* S. 177 f. Zum Mythos des Wildschweins, vgl. auch Macdonell, in: *Journal of Royal Asiatic Society,* XXVIII, 1895, S. 178-189; Jarl Charpentier, *Kleine Beiträge zur indo-iranischen Mythologie,* Uppsala, 1911, S. 49 f.

[115] J. Gonda, *Aspects of early Viṣṇuism,* Utrecht, 1954, S. 139 f. Es ist gewiß, daß das Wildschwein eine wichtige Rolle in dem kulturellen Komplex archaischer agrarischer Gesellschaften spielt; vgl. Gonda, *ibid.,* S. 141 f.

es mit einem das kosmogonische Tauchen enthaltenden Mythos zu tun haben, der bereits bei den austro-asiatischen Völkern bekannt war und vom Brahmanentum assimiliert und weiterentwickelt wurde. Denn, wie wir gerade gesehen haben, ist es Prajāpati in den brahmanischen Schriften, der sich in ein Wildschwein verwandelt, um die Erde vom Grund der Urwasser heraufzuheben. Im *Rāmāyaṇa* (II, 110, 3) ist diese Rolle Brahmā zugefallen. Aber im *Viṣṇu Purāṇa* (I, 4, 1 f.) ist das Zusammenwachsen zwischen Brahmā und Viṣṇu schon vollendet: Brahmā-Viṣṇu steigt in Gestalt eines Wildschweins auf den Grund des Ozeans hinab und hebt die Erde hoch. Im *Bhāgavata Purāṇa* (I, 3, 7) ist das Wildschwein ein *avatāra* Viṣṇus.[116]
Die Tatsache, daß ein großer Gott in Gestalt eines Tieres taucht, unterstreicht den archaischen Charakter des Mythos (tatsächlich findet man dieses Motiv bei den Hirtenvölkern Zentralasiens nicht). Andererseits muß man hinzufügen, daß es sich in der Mehrzahl der indischen Versionen nicht um die erste Schöpfung handelt, sondern um eine Neuschöpfung der Welt nach einer „großen Auflösung". Von einem gewissen Gesichtspunkt kann man diese Wiederholungen der Schöpfung mit den Sintflutmythen vergleichen. Aber es gibt, wie wir bereits bemerkt haben (weiter oben, Anmerkung 98), eine Strukturähnlichkeit zwischen den Kosmogonien des Wassers und den Sintflutmythen. Für die indische Vorstellung, der der Gedanke eines absoluten Anfangs in der Zeit widerstrebt und die in erstaunlichen Begriffen die Lehre von kosmischen Zyklen entwickelt hat, hat sich die Kosmogonie schließlich mit jedem Neubeginn der Welt vermischt.
Der *varāha-avatāra* hat sich im Hinduismus einer großen Beliebtheit erfreut. Manchmal ist er als die vollkommenste Inkarnation Viṣṇus angesehen worden und hat immer wieder die Aufmerksamkeit der indischen Künstler geweckt.[117] In Anbetracht dessen, daß gewisse Anschauungen und religiöse Praktiken, die sich im Hinduismus ent-

---

[116] In einer ceylonesischen Version ist es Rāhu, der Dämon, der die Finsternisse bewirkt, der Viṣṇu gebeten hat, einen Lotussamen auf die Wasser zu setzen. Als der Samen gewachsen ist, steigt Rāhu an dem Stengel entlang hinab. Das Wasser war so tief, daß er vier Tage brauchte, um an die Oberfläche zurückzukommen (vgl. H. Parker, *Village Folk-Tales of Ceylon,* I-III, London, 1916-1919, Bd. I, S. 47 f.). Aber es handelt sich wahrscheinlich um eine Verwechslung zwischen dem Dämon Rāhu und dem Wildschwein Raghu; vgl. W. Ruben, *Über die Literatur der vorarischen Stämme Indiens,* Deutsche Akad. d. Wissenschaften, Berlin, Institut für Orientforsch., Veröff. 15, 1952, S. 51 f.
[117] Vgl. J. Gonda, *op. cit.,* S. 140, Anm. 66.

faltet haben, ihre Wurzeln im vorarischen Substrat zu haben scheinen, könnte sich die Beliebtheit des *varāha-avatāra* aus seiner vorarischen Herkunft erklären.

Das vor-arische Indien und Südostasien

Tatsächlich ist der Mythos vom kosmogonischen Tauchen bei mehreren eingeborenen Völkern, vor allem bei den Mundastämmen bezeugt.[118] So erzählen ihn die Bihar vom Chota Nagpur: das Höchste Wesen, Singbōngā, das sich in der Unterwelt befand, stieg durch den hohlen Stengel eines Lotus an die Oberfläche der Wasser. Er setzte sich auf die Lotusblume und befahl der Schildkröte, ihm etwas Schlamm vom Grund zu bringen. Die Schildkröte führte dies aus, aber bei ihrem Aufstieg zur Oberfläche löste sich der Schlamm im Wasser auf. Singbōngā befahl daraufhin der Krabbe zu tauchen. Diese brachte Schlamm in ihren Füßen mit, aber wie bei der Schildkröte verlor sie ihn beim Aufstieg. Schließlich schickte Singbōngā den Blutegel: Dieser schluckte etwas Schlamm und spuckte ihn auf die Hand des Höchsten Wesens, das daraus die Erde machte.[119] Man trifft einen ähnlichen Mythos bei den Santal an: Marang Buru schickt den Fisch, die Krabbe und den Blutegel zum Tauchen.[120] Die Munda erzählen ihn fast mit denselben Worten.[121] Der Mythos ist anscheinend auch bei den Savara (= Saora, Mundastamm) bekannt: Die

---

[118] Man findet eine Synopse der Varianten des Mythos in Zentral- und Nordasien, Indien und Indonesien bei L. Walk, „Die Verbreitung des Tauchmotivs in den Urmeerschöpfungs- (und Sintflut-)Sagen“, in: *Mitteilungen der anthropologischen Gesellschaft in Wien,* LXIII, 1933, S. 60-76. Vgl. auch R. H. Lowie, „Zur Verbreitung der Flutsagen“, in *Anthropos,* XXI, 1926, S. 615-616. Die indischen Varianten sind verzeichnet bei Stith Thompson und Jonas Balys, *Motif and Type Index of the Oral Tales of India,* Bloomington, Indiana, 1958, S. 15-16.

[119] Rai Bahadur Sarat Chandra Roy, *The Bihors, a little known jungle-tribe of Chota Nagpur,* Ranchi, 1925, S. 398-400; G. Hatt, *op. cit.,* S. 25.

[120] Sarat Chandra Mitra, „Schöpfungsmythe der Bihar und ihre Parallele bei den Santal und in Nordamerika“, in: *Anthropos,* XXVI, 1931, S. 599. Vgl. eine andere Variante bei Adolf Bastian, *Völkerstämme am Brahmaputra,* Berlin, 1883, S. 125, nachgedruckt bei Alfred Kühn, *Berichte über den Weltanfang bei den Indochinesen und ihren Nachbarvölkern,* Leipzig, 1935, S. 24-25.

[121] W. Schmidt, *Das Mutterrecht,* Wien-Mödling, 1955, S. 40. W. Schmidt *(ibid.)* zitiert auch Varianten von den Gond, Agori und Bondo. Verrier Elwin, *The Baiga,* London, 1934, S. 308-311, gibt eine lange Version des Mythos bei den Baiga wieder, wo das Tauchen von einer Krähe (der Tochter des Schöpfers, Bhagavan) und dem Erdwurm ausgeführt wird.

Welt war überflutet und alles zerstört worden, mit Ausnahme eines Paares, das sich in einer Kürbisflasche gerettet hatte. Die Ratte Kittungs (des Schöpfers) brachte Erde vom Meeresgrund mit, und Kittung streute sie über die Fluten aus.[122]

Der Mythos findet sich bei einigen Völkern von Assam: den Garo, den Singpho, den Sema Naga etc. Hier die Version der Garo: Nachdem der Gott Tattara-Rabuga beschlossen hatte, die Erde zu erschaffen, bat er die Göttin Nosta-Nōpantu, seinen Wunsch zu erfüllen. Die Göttin schickte eine große Krabbe, aber das Wasser war zu tief, und die Krabbe machte kehrt. Nosta-Nōpantu bat nun eine kleine Krabbe, ihrerseits zu tauchen. Aber die kleine Krabbe hatte Angst und kam schnell wieder an die Oberfläche. Schließlich schickte sie einen Mistkäfer, Chiching-Barching, und dieser brachte etwas Lehm, mit dem Nosta-Nōpantu die Erde formte.[123] Die Singpho erzählen, daß die Götter Mutum und Muta vom Himmel herabstiegen und eine Handvoll Erde unter den Wassern holten, mit der sie die Welt erschufen.[124] Die Kachari (Sema Naga) reden von Krabben, die den für den Schöpfer notwendigen Schlamm bringen.[125] Bei den Shan von Birma handelt es sich um Ameisen, die tauchen.[126]

Unter den Negritos-Semang der malaiischen Halbinsel glauben die Stämme Menik Kaien und Kintak Bong, daß die Erde in Form von Staub durch den Mistkäfer Taheum aus den Meerestiefen geholt worden ist. Der Bär Kapaw drückte sie mit seiner Tatze, sonst wäre die Erde bis zum Himmel weitergewachsen.[127] In dieser Variante ist das Insekt anscheinend nicht von einer Gottheit geschickt worden, sondern ist aus eigener Initiative getaucht. Ein ähnlicher Mythos ist bei den Kenta der malaiischen Halbinsel entdeckt worden: Anfangs gab es nur die Wasser. Kaei, das Höchste Wesen, thronte am Firmament; nahe bei ihm befand sich die Sonne. Vom Grund der Wasser brachte Tahoba (ein Mistkäfer) ein Kügelchen Erde. Dieses begann

---

[122] Verrier Elwin, *The Religion of an Indian Tribe,* Oxford, 1955, S. 86-87.

[123] A. Playfair, *The Garos,* London, 1909, S. 82 f.; vgl. auch R. Lowie, *op. cit.,* S. 615-616; G. Hatt, *op. cit.,* S. 25; A. Kühn, *op. cit.,* S. 24.

[124] A. Kühn, *op. cit.,* S. 23 (Nr. 25).

[125] J. H. Hutton, *The Sema Nagas,* London, 1921, S. 380, Anm. 1; A. Kühn, S. 24-25 (Nr. 26).

[126] L. Walk, *op. cit.,* S. 65, 74.

[127] Ivor H. N. Evans, *Studies in Religion, Folk-lore and Custom in British North Borneo and the Malay Peninsula,* Cambridge, 1923, S. 154; id., *The Negritos of Malaya,* Cambridge, 1927, S. 159-160; G. Hatt, S. 31; A. Kühn, S. 25 (Nr. 31), vgl. auch W. Schmidt, *Ursprung,* III, S. 158 f., 167; VI, S. 233.

bald zu wachsen, so daß es, hätte der Bär es nicht zusammengedrückt, nur Berge und keine Ebenen geben würde.[128]
In Indonesien und Mikronesien ist das kosmogonische Tauchen nur sporadisch bekannt. Die Dajak vom Nordwesten Borneos sprechen von zwei Schöpferwesen, die in das Urmeer in Gestalt von Vögeln herabsteigen und zwei Stücke Erde in der Größe eines Hühnereis mitbringen. Der eine der Vögel dehnt sein Ei zum Himmelsgewölbe, der andere bildet daraus die Erde. Aber die Erde ist zu groß, und die beiden Wesen sind genötigt, sie zusammenzupressen, und lassen so die Gebirge entstehen.[129] Dieses letzte Detail erinnert an einige Balkanversionen. Aber der Mythos verrät die Überlagerung durch ein anderes Thema: das des kosmogonischen Eis.
In den Überlieferungen der Toba-Batak von Sumatra steigt ein junges Mädchen vom Himmel herab und schickt eine Schwalbe, ihm Schlamm zu holen. Daraus knetet es die Erde.[130] Nach einer anderen Variante bringen eine Schwalbe und ein dicker Mistkäfer vom Himmel eine Handvoll Erde mit.[131] Diese letzte Form ist charakteristisch: Tatsächlich stellt die himmlische Herkunft der Erde das beherrschende Motiv der indonesischen und mikronesischen Kosmogonien dar.
In Melanesien ist das kosmogonische Tauchen nur in New-Britain bekannt, unter den Küstenstämmen der Halbinsel Gazelle. Es sind zwei Kulturheroen, die Brüder To-Kabinana und To-Karvuvu, die die Erde aus den Meerestiefen gefischt haben. Dieselbe Geschichte ist, breiter ausgestattet, im südlichen Gebiet der Neuen Hebriden verbreitet.[132] In Mikronesien erfährt das kosmogonische Tauchmotiv

---

[128] P. Schebesta, *Bei den Urwaldzwergen von Malaya,* Leipzig, 1927, S. 212-213, 242; A. Kühn, S. 25 (Nr. 34); G. Hatt, S. 31. Das schwindelerregende Wachsen der Erde ist, wie man sich erinnert, eines der charakteristischen Kennzeichen der südosteuropäischen und zentralasiatischen Varianten. Die kosmogonischen chinesischen Überlieferungen kennen „lebende Erden": Diese sind „Erden, die von selbst wachsen"; vgl. H. Maspero, „Légendes mythologiques dans le Chou King" (in: *Journal asiatique,* 1924, S. 1-100), S. 47, Anm. 1.

[129] P. W. Schmidt, *Grundlinien einer Vergleichung der Religion und Mythologie der austronesischen Völker,* Wien, 1910, S. 7; G. Hatt, *op. cit.,* S. 32.

[130] A. Kühn, *op. cit.,* S. 27, er zitiert A. Bastian, *Die Denkschöpfung umgebender Welt aus kosmogonischen Vorstellungen in Cultur und Unkultur,* Berlin, 1896, S. 11-12.

[131] A. Kühn, *op. cit.,* S. 26 (Nr. 36), nach J. Warneck, *Studien über die Literatur der Toba-Battak,* Berlin, 1899, S. 123-124.

[132] Ronald B. Dixon, *Oceanic Mythology* (= *The Mythology of all Races,* Bd. IX), Boston, 1916, S. 105. Im Archipel Pintados, der zu den Philippinen gehört, bringt ein Seeadler den Schlamm vom Meeresgrund; vgl. L. Walk, *op. cit.,* S. 65, 74. Walk

eine Erosion und wird mit anderen mythischen Motiven vermischt, bis es schließlich ganz verschwindet.[133]
Zusammenfassend läßt sich sagen, daß bei der eingeborenen Bevölkerung von Indien, Assam und der malaiischen Halbinsel das Tauchen von einem Schöpferwesen befohlen und von Land- und Wassertieren ausgeführt wird, während in den Hinduüberlieferungen ein großer Gott in Gestalt eines Wildschweins taucht. Nur ausnahmsweise (in einer Semangversion) tauchen die Tiere, ohne von einem Schöpferwesen angewiesen worden zu sein. Sie tauchen dreimal, wie die Vögel in gewissen sibirischen Varianten oder der Teufel in den südosteuropäischen Legenden.[134] Die einzigen Fälle, wo es sich nicht um Amphibien handelt, sondern um Vögel, gehören zu einem anderen geographischen und kulturellen Gebiet (vgl. die Dajaklegende über die beiden Schöpferwesen, die in Gestalt von Vögeln tauchen, und bei den Toba-Batak die Schwalbe, die von einem himmlischen jungen Mädchen geschickt worden ist).

---

erwähnt ebenfalls eine Legende der Gilbert Islands in bezug auf den Ursprung der Insel Samoa, aber das Tauchmotiv ist fast verschwunden. Na Arean (Der Herr Spinne) ruft seine Brüder, die Welle und den Polyp, und schreit ihnen zu: „Polyp, geh und trage Sand und Steine zusammen!“ (Walk, S. 63, 65, 74). Eine Reihe von ozeanischen Mythen reden von einem Riesenfisch, der vom Grund des Ozeans geholt und mit Messern zerhackt wird; deshalb sind die Inseln stachelig und holprig und von Gebirgen durchzogen (Dixon, *op. cit.*, S. 43 f.). In Neuseeland und Hawaii ist der Riesenfisch Maui der Held des Fischens der Erde; vgl. die Texte und Kommentare bei Katharine Luomala, *Maui-of-a-thousand-Tricks: His Oceanic and European Biographers*, Honolulu, 1949, S. 45-47, und s. v. *earth-fishing*.

[133] Man findet ihn in geschrumpfter Form bei einigen Stämmen im Nordwesten Australiens: Der Demiurg Wóloro taucht seine Hand in den Ozean und holt daraus etwas Erde; vgl. H. Petri, *Sterbende Welt in Nordwest-Australien*, Brunswick, 1954, S. 105.

[134] Die Serie der beiden erfolglosen Versuche, gefolgt von einem dritten, erfolggekrönten, findet sich in anderen Arten von Schöpfungsmythen wieder. So bei den Tai und den Chinesen, wo man erzählt, daß, als die Welt mit Wasser bedeckt war, der Obere Herr nacheinander drei Heroen schickte, um die Erde einzurichten und wohnlich zu machen; vgl. Henri Maspero, *Les religions chinoises*, Paris, 1950, S. 189 f. (Das Wesentliche findet sich bereits in dem Artikel von 1924, *Légendes mythologiques dans le Chou-King*.) Nach einer muslimischen Überlieferung, die Tabarī übermittelt, hatte Allah den Engel Gabriel auf die Erde geschickt, um von dort eine Handvoll des für die Erschaffung des Menschen notwendigen Staubes zu holen. Aber einen hinterlistigen Rat des Teufels (= Iblīs) befolgend, verweigerte dies die Erde. Der zweite Bote, Michael, hatte nicht mehr Erfolg. Aber der dritte, ʿAzrāʾil, ließ sich durch die Herausforderung der Erde nicht beirren und brachte den von Gott verlangten Staub. Zur Belohnung ernannte Allah ʿAzrāʾil zum Engel des Todes: Dieser empfängt die Seelen der Toten; vgl. Tabarī, *Annalen*, hrsg. von Goeje, I, 87; zitiert von H. Schwarzbaum, „The overcrowded earth“ (in: *Numen*, IV, 1957, S. 59-74), S. 64.

Entstehung und Verbreitung des Mythos

Das Problem der Herkunft und Verbreitung dieses Mythos hat die Forscher sehr bewegt. Dähnhardt glaubte an eine iranische Herkunft (*op. cit.*, S. 14 f.). Aber man hat gesehen, daß im Iran der Mythos nicht bezeugt ist. Uno Harva dachte an Indien, wo man die ältesten geschriebenen Dokumente findet, die sich klar auf das kosmogonische Tauchen beziehen.[135] Die beiden Wissenschaftler erklärten die nordamerikanischen Versionen mit der Verbreitung des asiatischen Mythos in seiner „dualistischen" Form; folglich hätte sich die Verbreitung vor ziemlich kurzer Zeit vollziehen müssen (vielleicht während des Mittelalters?). Aber diese Erklärung stößt auf unüberwindliche Schwierigkeiten. Denn einerseits enthält der amerikanische Mythos vom kosmogonischen Tauchen nie das dualistische Element, das so charakteristisch für die südosteuropäischen und zentralasiatischen Varianten ist. Wie läßt sich die Tatsache erklären, daß der Mythos bei seinem Übergang von Nordasien nach Nordamerika gerade das Element verloren hat, das *a priori* eine Bevölkerung im höchsten Maße hätte interessieren müssen, die das „dualistische" Problem und insbesondere die Feindschaft zwischen dem Schöpfer und dem Kojoten leidenschaftlich bewegte? Andererseits trifft man den Mythos bei archaischen Stämmen an (Yuki, Maidu etc.), wo die jüngeren asiatischen Einflüsse völlig fehlen.[136]

Wenn Wilhelm Schmidt auch die asiatische Herkunft der nordamerikanischen Versionen akzeptiert, so hat er doch eine sehr abweichende Chronologie vorgeschlagen. Für den gelehrten Autor von *Der Ursprung der Gottesidee* hat sich die Verbreitung in einer sehr weit zurückliegenden Epoche vollzogen und zwar aus folgendem Grund: Gewisse nordamerikanische Stämme, die über den Mythos vom kosmogonischen Tauchen verfügen, stellen eine *Urkultur* dar (das heißt, eine Kultur von umherziehenden Jägern), während in Zentral- und

---

[135] Vgl. *Die religiösen Vorstellungen der altaischen Völker*, S. 108; id. (= *Uno* Holmberg), *Finno-Ugric, Siberian Mythology (= The Mythology of all Races*, Bd. IV), Boston, 1927, S. 328, 331.

[136] In einem kürzlich erschienenen Artikel akzeptiert Earl W. Count im wesentlichen die Hypothese von Dähnhardt-Harva über die junge Herkunft der nordamerikanischen Mythen; „The Earth-Diver and the Rival Twins: A Clue to time correlations in North-Eurasiatic and North American Mythology", in: *Selected Papers of the XXIXth International Congress of Americanists*, herausgegeben von Sol Tax, Bd. III, Chicago, 1952, S. 55-62.

Nordasien der Mythos Bestandteil der religiösen Überlieferungen der Hirtenvölker ist, die einer jüngeren Kultur angehören *(Primärkultur)*. Angesichts der Tatsache, daß die Zähmung von Haustieren in Nordamerika unbekannt war, mußte der Mythos mit den ersten Wellen von nordasiatischer Bevölkerung, die noch nicht die Zähmung kannten, gekommen sein. Diese Bevölkerung, noch im Stadium des Jagens und Sammelns, wäre von Asien nach Amerika vor dem Untergang des Bering-Isthmus (das heißt vor ungefähr 25 bis 15 000 Jahren vor unserer Zeitrechnung) gekommen.
Andererseits verteidigte W. Schmidt ebenfalls die nordasiatische Herkunft der austro-asiatischen Völker und insbesondere der eingeborenen Stämme in Indien und Indochina, bei denen das kosmogonische Tauchen bezeugt ist.[137] Nach W. Schmidt gehört der Mythos zum gemeinsamen Erbe der paläolithischen Bevölkerung von Nordasien; von dort aus hat er sich nach Süden mit den Austro-Asiaten und nach Amerika vor dem Bruch des Bering-Isthmus mit den Vorfahren der Maidu, der Patwin, der Wintu etc. verbreitet.[138]
Es bleibt den Paläoethnologen und Ethnologen überlassen, die Sicherheit dieser Hypothese einzuschätzen. Bemerken wir trotzdem, daß W. Schmidt dem Verschwinden des Bering-Isthmus bei der Chronologie der nordamerikanischen kulturellen Überlieferungen eine übersteigerte Bedeutung zumaß. Verbindungen zwischen den beiden Kontinenten haben fast ohne Unterbrechung bestanden, und asiatische Einflüsse haben sich auch weiterhin während des Neolithikums und sogar noch später, im Metallzeitalter, ausgewirkt.[139]
Die Hypothese von Wilhelm Schmidt ist neuerdings von einem seiner glänzendsten Schüler, Josef Haekel, modifiziert worden. Dieser Gelehrte geht von der Beobachtung W. Schmidts aus, daß zwischen den beiden wichtigen Gruppen, bei denen der Mythos des Tauchens bezeugt ist, insbesondere bei den Nord- und Südkaliforniern und den

---

[137] Aber Hermann Baumann hat darauf hingewiesen, daß der Mythos bei den Austro-Asiaten eigentlich nicht bekannt ist, sondern nur bei den Gond, den Munda und anderen Völkerstämmen, die W. Schmidt zu Unrecht „austro-asiatische“ nennt; vgl. „P. Wilhelm Schmidt und das Mutterrecht“ (in: *Anthropos,* Bd. 53, 1958, S. 212-228), S. 215.

[138] W. Schmidt, *Ursprung d. Gottesidee,* Bd. VI, S. 40 f., 233; Bd. XII, S. 166 f.; id., *Das Mutterrecht,* S. 40 f.

[139] Vgl. z. B. Josef Haekel, „Kosmischer Baum und Pfahl in Mythos und Kult der Stämme Nordwestamerikas“, in: *Wiener völkerkundliche Mitteilungen,* VI. Jg., N. F. Bd, I. Nr. 1-4, 1958, S. 33-81, besonders S. 73 f.

Ost-, West- und Zentralalgonkin, historische Beziehungen bestanden haben müssen (vgl. *Ursprung,* V, S. 734). Nun aber findet sich der kulturelle prähistorische Komplex Zentralkaliforniens im Zentrum des Bereichs des Mythos vom kosmogonischen Tauchen. Es handelt sich um die ältere Schicht der Prähistorie Zentralkaliforniens – ungefähr 2500 Jahre vor Chr.; ihre spezifischen Objekte sind die *charmstones*. Andererseits sind prähistorische Steinobjekte desselben Typs, *plummets* genannt, in Gebieten der archaischen Periode („neolithische" Jäger ohne Keramik) in der östlichsten Zone Nordamerikas (die sich von Maine an der atlantischen Küste bis nach Georgia und Tennessee erstreckt) gefunden worden, genau dort, wo sich ein anderes Zentrum unseres Mythos befindet. Zwischen den prähistorischen Kulturen Kaliforniens und denen des Ostens haben mit Sicherheit Beziehungen bestanden. Außerdem entsprechen den nordamerikanischen *plummets* und den *charmstones* ähnliche Steinobjekte in neolithischen Gebieten des nördlichen Eurasien.[140] Es ist daher wahrscheinlich, daß der Mythos vom kosmogonischen Tauchen von Nordasien nach Amerika mit den ältesten Wellen der neolithischen Kultur während des 3. Jahrtausends herübergekommen ist.[141]

Wenn auch unser Mythos während des Neolithikums in Amerika verbreitet worden ist, ist sein „Ursprung" gewiß älter. Was die Gegend seiner Entstehung anbetrifft, sind zwei Hypothesen vorgebracht worden. Indem Harva die Meinung vertrat, daß das Motiv der Urwasser nicht in der Vorstellung kontinentaler Völker entstehen konnte, hatte er Indien als Ursprungsheimat vorgeschlagen.[142] Die Hypothese einer südlichen Herkunft in Küstennähe wird auch von A. B. Rooth vertreten: „It is logical to seek the origin of the conception of the primeval ocean in a coastal or island area, where it would

[140] Vgl. Beardsley, „Culture Sequence in Central California", in: *American Antiquity,* XIV, 1948, S. 24 f.

[141] Josef Haekel, „Prof. Wilhelm Schmidts Bedeutung für die Religionsgeschichte des vorkolumbischen Amerika" (in: *Saeculum,* VII, 1956, S. 1-39), S. 26 f. Nach Haekel kann der Mythos nicht als der älteste der nordamerikanischen Kosmogonien angesehen werden. Das Schöpfungsmotiv durch einen geistigen Akt des Höchsten Wesens oder mit der Hilfe einer Ursubstanz ist in noch älteren Kulturschichten bezeugt: bei den Jägern und Sammlern der glazialen und postglazialen Epochen (*ibid.,* S. 27). Als entgegengesetzte Ansicht, siehe R. Pettazzoni, „L'idée de Création et la notion d'un Être Créateur chez les Californiens", in: *Proceedings of the 32th International Congress of Americanists* (Kopenhagen, 1956), Kopenhagen, 1958, S. 238-244.

[142] Uno Harva, *Die relig. Vorstellungen,* S. 108. Wir haben dieselbe Herkunft in einem Jugendartikel angedeutet, „Un volum de cercetari literare", *Vremea,* 3. Juli, 1934.

seem natural. We may draw the following conclusion from this reflection: this myth seems to have originated in the eastern Asiatic coastal area, from whence it spread westward across Siberia and eastward across the North American continent."[143]
Jedoch hat Gudmund Hatt beobachtet, daß das kosmogonische Tauchen vor allem in den Mythologien der kontinentalen Völker vorherrschend und bei den Seevölkern weniger häufig ist. Tatsächlich findet sich der Mythos nicht an der Pazifikküste Asiens; dagegen ist er bei der Bevölkerung, die das Innere der malaiischen Halbinsel bewohnt, bezeugt (Semang etc.) sowie bei den eingeborenen Stämmen Indiens und verschwindet ausgerechnet bei den ausgesprochenen Meereskulturen, zum Beispiel in Mikronesien. Es scheint deshalb wahrscheinlich, daß es nicht die Meereslandschaft ist, die das Motiv des kosmogonischen Tauchens beeinflußt hat, sondern eher das Bild der großen Seen Nordasiens.[144]

Struktur und Bedeutung des kosmogonischen Tauchens

Man muß sich jedoch davor hüten, der Entsprechung zwischen dem geographischen Milieu und der mythischen Landschaft eine zu große Bedeutung zuzugestehen. Letztere gehört zu einer imaginären Welt und befindet sich in bezug auf das kosmische Milieu in einem ähnlichen Verhältnis wie *Madame Bovary* zu einem wirklichen Ehebruch. Die Urwasser stellen ein fast universell verbreitetes Motiv dar, und es ist nicht notwendig, ihm eine Herkunft in einer bestimmten geographischen Zone zu suchen. Es handelt sich um ein exemplarisches Bild einer mythischen Geographie. Nun aber setzt das Thema vom kosmogonischen Tauchen das Bild des Urmeeres bereits voraus, und man muß von diesem Bild ausgehen, wenn man die Struktur und die Entwicklung unseres Mythos analysieren will.
Wenn das Thema des kosmogonischen Tauchens vom Bild der Urwasser abhängt, muß es sehr alt sein. Wahrscheinlich ist es von einem einzigen Zentrum aus verbreitet worden. Das Eindringen des Mythos

---

[143] Anna Birgitta Rooth, „The Creation Myths of the North American Indians" (in: *Anthropos,* 52, 1957, S. 497-508), S. 500.
[144] G. Hatt, *Asiatic Influences in American Folklore,* S. 30.

in Amerika vor dem 3. Jahrtausend weist darauf hin, daß er bereits bei den prähistorischen Völkern Zentral- und Nordasiens bekannt war.[145] Sehr wahrscheinlich stellt die ursprüngliche Form des Mythos den Schöpfer dar, der selbst auf den Grund der Wasser in Gestalt eines Tieres tauchte, um von dort die zur Erschaffung der Erde notwendige Materie mitzubringen. Wie wir sahen, trifft man diese Form in Indien und einigen nordasiatischen und nordamerikanischen Versionen an.[146]

Die Episode des tiergestaltigen Schöpfers, der auf den Grund des Ozeans taucht, hat sich später zu dem entwickelt, was man die zweite Phase des Mythos nennen könnte: Von nun an läßt der Schöpfer Tiere, Diener oder seine Helfer tauchen. Erst aus dieser zweiten Phase entwickeln sich die dramatischen und letztlich „dualistischen" Möglichkeiten des kosmogonischen Tauchens. Die Wechselfälle beim Tauchen und bei dem darauf erfolgenden kosmogonischen Werk werden nun heraufbeschworen, um die Unvollkommenheiten der Schöpfung zu erklären. Da nicht mehr der Schöpfer selbst taucht, um sich die Substanz der Erde zu beschaffen, sondern dieses Geschäft von einem seiner Helfer oder Diener ausgeführt wird, wird es möglich, in dem Mythos, gerade aufgrund dieser Episode, ein Element des Ungehorsams, der Feindschaft oder der Opposition einzuführen. Die „dualistische" Interpretation der Schöpfung ist durch die fortschreitende Umwandlung des tiergestaltigen Helfers Gottes in seinen „Diener", seinen „Gefährten", und schließlich in seinen Widersacher möglich geworden.

Es wäre vergeblich zu hoffen, daß man die verschiedenen Etappen rekonstruieren könnte, die zum Beispiel den Mythos, so wie wir ihn bei den Eingeborenen Indiens und in Nordamerika finden, von „dualistischen" Formen in Zentralasien und Südosteuropa trennen. Aber man kann sich zumindest in seinen großen Linien diesen langen Verwandlungsprozeß vorstellen. Vor allem muß man die archaischen

---

[145] Waldemar Jochelson behauptet, daß der Mythos, unbekannt bei den Koryak, sich bei den Tschuktschi und den Yukagir wiederfindet, aber er zitiert keine einzige Tatsache für diese Behauptung; vgl. *The Koryak, Religion and Myths* (= *The Jesup North Pacific Expedition,* VI, I), Leiden-New York, 1905, S. 351 f.

[146] Das Tauchen eines Gottes in Vogelgestalt scheint in den Felsmalereien und der Keramik des Bronzezeitalters in Nordeuropa und Westsibirien bezeugt zu sein; vgl. Karl Jettmar, „Die Aussage der Archäologie zur Religionsgeschichte Nordeurasiens", in: Ivar Paulson (u. a.), *Die Religionen Nordeurasiens und der amerikanischen Arktis,* Stuttgart, 1962, S. 313.

Kosmogonien und Mythologien berücksichtigen (vermutlich lunarer Struktur), die die Welt und die menschliche Existenz durch ein System der Widersprüche und Spannungen erklären, ohne jedoch von da aus zu einem ethischen oder metaphysischen „Dualismus" zu gelangen. Die unterscheidbaren Polaritäten im Kosmos und im menschlichen Leben (Tag und Nacht, hoch und tief, Chaos und Schöpfung, Winter-Sommer, möglich-manifest, männlich-weiblich, Geburt-Tod etc.) dienten als Illustration und Modell für die periodischen Erneuerungen des Universums und des Lebens; sie stellten ebenfalls die „Theorie" dar, die geeignet war, von der Gesamtheit der Wirklichkeiten und in erster Linie der menschlichen Wirklichkeit Rechenschaft zu geben. Man muß vermuten, daß solche Konzeptionen mehr oder weniger klar in den prä- und protohistorischen Zivilisationen Zentralasiens und des Südostens und natürlich auch anderswo hervorgebracht wurden.[147] Wir haben keinen Grund zu glauben, daß solche archaischen Konzeptionen vollständig in den Gegenden verschwunden waren, wo man später „dualistische" Systeme findet, noch daß folglich letztere ausschließlich späte Einflüsse iranischer Herkunft darstellen. Angesichts des konservativen Charakters der religiösen Ideen ist es wahrscheinlich, daß archaische Konzeptionen weiterbestanden haben, indem sie sich unter dem Einschlag späterer Einflüsse stark veränderten. Es gelingt nur, die verschiedenen Formen unseres Mythos zu erklären – ausgehend von seinem hypothetischen „Erstzustand" (der tiergestaltige Schöpfer, der auf den Grund des Ozeans taucht) bis zu den südosteuropäischen Varianten (der Teufel, der das Tauchen auf Befehl Gottes ausführt) – wenn man eine Serie von aufeinanderfolgenden Modifikationen annimmt, die in verschiedenen Epochen und unter dem Antrieb neuer religiöser Ideen stattgefunden haben. Die dramatischen Zwischenfälle des Tauchens sind geeignet, sowohl die Erscheinung des Todes wie die der Gebirge und Sümpfe, die „Geburt" des Teufels wie auch die Existenz des Bösen zu erklären.

---

[147] Wir gedenken nicht, hier die Diskussion dieses Problems zu eröffnen. Siehe Carl Hentze, *Bronzegerät, Kultbauten, Religion im ältesten China der Shangzeit,* Antwerpen 1951; vgl. auch unsere Beobachtungen in: *Critique,* Nr. 83, April 1954, S. 331 f. Zur „Herkunft" der Dualsysteme, vgl. Hermann Baumann, *Das doppelte Geschlecht,* Berlin, 1955, S. 314-332. Siehe auch M. Eliade, *The Quest, History and Meaning in Religion,* Chicago, 1969, S. 127-175 („Prolegomenon to Religious Dualism"); (Dt. Ausgabe: *Die Sehnsucht nach dem Ursprung,* Wien 1973).

Die Vermutung, daß dieser Mythos mehrere Male wiedererfunden worden ist, bringt nicht weiter. Aber man errät die Gründe, warum er ständig neu interpretiert und neu bewertet wurde. Er konnte, zum Beispiel, die *otiositas* Gottes nach der Erschaffung der Welt veranschaulichen, so bei den Finno-Ugriern und in Osteuropa. Er eignete sich ebenfalls zu Vermischungen mit manichäischen und bogomilischen und dualistischen Elementen, so wie dies vermutlich in Rußland und den Balkanländern geschah. Da nun aber das kosmogonische Tauchen weder im Mittelmeerraum noch im alten Nahen Osten noch im Iran bezeugt ist, während dieser Mythos in ganz Eurasien verbreitet ist, kann man seine Anwesenheit in Osteuropa nicht allein mit späten, gnostischen oder manichäischen, Einflüssen erklären. Diese Einflüsse erklären nur seinen „dualistischen" Aspekt. Der archaische Charakter des Mythos in seiner vordualistischen Form fordert uns auf, ihn als zum religiösen Erbe der protohistorischen Völker Südosteuropas zugehörig zu betrachten. Die Tatsache, daß so viele andere Elemente einer archaischen Kultur bis zur Schwelle des 20. Jahrhunderts auf dem Balkan und in Osteuropa weiterbestanden haben, macht eine solche Hypothese weniger gewagt, als sie auf den ersten Blick erscheint.[148]

Aber wir beeilen uns hinzuzufügen, daß das Interesse für den Mythos vom kosmogonischen Tauchen nicht in seiner „Geschichte" liegt, die im übrigen so schwer zu rekonstruieren ist. Seine Bedeutung scheint uns in der Tatsache zu liegen, daß er die einzige „volkstümliche" Kosmogonie Südosteuropas darstellt.[149] Die Tatsache, daß dieser Mythos, ständig neu interpretiert und neu bewertet, von den Völkern dieser Gegend gehütet worden ist, beweist, daß er einer tiefen Notwendigkeit der Volksseele entsprach. Einerseits gab er Rechenschaft von der Unvollkommenheit der Schöpfung und der Existenz des Bösen in der Welt. Andererseits enthüllte er Aspekte Gottes, die das Christentum ausdrücklich leugnete, die aber bereits die religiösen Vorstellungen des archaischen Menschen häufig verfolgt und die

---

[148] Vgl. Leopold Schmidt, *Gestaltheiligkeit im bäuerlichen Arbeitsmythos,* Wien, 1952; Dr. Jaap Kunst, „Cultural relations between the Balkans and Indonesia", in: *Koninklijk Instituut voor de Tropen,* Mededeling, no. CVII, Amsterdam, 1954; siehe auch weiter unten, V.

[149] Man weiß, daß die nicht-biblischen Kosmogonien in dem Volkstum Westeuropas verschwunden sind. Paul Sébillot stellte fest, daß es keinen kosmogonischen Mythos in den volkstümlichen Überlieferungen Frankreichs gibt (siehe *Folklore de France,* Bd. I, 1905, S. 182).

insgesamt niemals aufgehört hatten, Fragen und Spekulationen hervorzurufen. Einer dieser Aspekte Gottes, der vor allem in den Balkanlegenden veranschaulicht wurde, war sein Charakter als *deus otiosus,* der die Widersprüche und die Leiden des menschlichen Lebens erklärte. Ein anderer Aspekt war der einer Kameradschaft, einer Freundschaft oder sogar einer Blutsverwandtschaft zwischen Gott und dem Teufel, ein Geheimnis, das lange vor dem Zervanismus den menschlichen Geist gequält hatte und dessen historisch-bezeugte Lösungsversuche fast eine ganze Phänomenologie der göttlichen Zwei-Einheit oder der *coincidentia oppositorum* darstellen.[150] Sicherlich, es handelte sich – in den sozialen Milieus, in denen der Mythos im Umlauf war – nicht um systematische Überlegungen, sondern eher um Bilder, Handlungsabläufe und Symbole, die den Zuhörern halfen, eine tiefe und sonst rätselhafte Struktur der Gottheit zu erfassen.

Obwohl ständig neu interpretiert, hatte der Mythos vom kosmogonischen Tauchen bis in seine jüngsten Versionen die ursprüngliche Landschaft bewahrt: die großen Wasser vor der Schöpfung und Gott, der ein Wesen zum Tauchen in die Tiefen schickt. Gewiß ein äußerst archaisches Bild.[151] Außerhalb seines unmittelbaren Kontextes – der in jedem besonderen Fall von der Entwicklung und der Verkettung der erzählerischen Ereignisse abhängt – haben das Bild der Urwasser und das kosmogonische Geheimnis, das sich daraus ergibt, eine Funktion für ein tieferes Niveau des psychischen Lebens. Die Urwasser und das kosmogonische Geheimnis gehören zu dieser imaginären Welt, die mehr und mehr als eine wesentliche Dimension der menschlichen Existenz anerkannt wird. Es ist nicht ohne Interesse, noch einmal festzustellen, wie sehr diese imaginäre Welt von Symbolen, Gestalten und Handlungsabläufen geprägt ist, die uns aus grauer Vorgeschichte erreichen. Die Kontinuität hat sich auf der Ebene des Bildes und des mythologischen Handlungsablaufs erhalten, trotz unzähliger Wechselfälle auf der Ebene der Erzählung und vielfältiger Umkehrungen auf der Ebene der religiösen und moralischen Ideolo-

---

[150] Vgl. M. Eliade, „La coincidentia oppositorum et le mystère de la totalité", in: *Eranos-Jahrbuch,* XXVII, Zürich, 1959, S. 195-236.

[151] Siehe auch F. R. Schöder, „Die Göttin des Urmeeres und ihr männlicher Partner", in: *PBB (West),* 82, 1960, S. 221-264, und Kurt Schier, „Die Erdschöpfung aus dem Urmeer und die Kosmogonie der Völospá", in: *Märchen, Mythos, Dichtung = Festschrift Friedrich von der Leyen,* München, 1963, S. 303-334.

gie. Diese Feststellung ist wichtig. Denn indem man sich bemüht, solche Kontinuitäten anzuerkennen, die die Welt, in der wir leben, mit den vergangenen Welten der Vorgeschichte verbinden, ist es der modernen Forschung gelungen – sowohl der Paläoethnologie und der Religionsgeschichte wie auch der Tiefenpsychologie –, das Wissen über den Menschen zu erneuern.
1955, 1961.

IV

FÜRST DRAGOŞ UND DIE „RITUELLE JAGD“

Die *offizielle Gründung* des Fürstentums Moldau (wie E. Lozovan es formuliert[1]) ist im Geschichtsbewußtsein der Chronikschreiber und ihrer Leser an ein legendäres Ereignis verknüpft: die Jagd auf den Auerochs *(zimbru, bour)* durch einen Rumänen aus Maramureş, Dragoş, der später zum ersten Woiwoden der Moldau wurde. Es ist nicht unsere Aufgabe hier, die in dieser Legende versteckten oder abgewandelten historischen Realitäten darzulegen. Die Ursprünge und der Beginn des Moldaustaates sind ein Problem der mittelalterlichen Geschichte der Rumänen, und wir sind weder kompetent, noch haben wir die Absicht, dieses Thema hier anzuschneiden. Unsere Untersuchung liegt auf einer ganz anderen Ebene: Nicht die mögliche *Geschichtlichkeit* einer Jagd auf den Auerochsen interessiert uns, sondern im Gegenteil die Mythologie, die der um eine solche Jagd gebildeten Legende zugrunde liegt.

Einige Völker, ältere und neuere, haben Mythen oder mehr oder minder fragmentarische mythologische Erinnerungen, die ihre „Ursprünge“ betreffen, aufbewahrt. Von der romantischen Historiographie zunächst begeistert gepriesen, wurden später diese mythischen Traditionen von der Historiographie kritischen oder rationalistischen Typs *entmythisiert*. Nichts liegt uns ferner, als die Ergebnisse dieser genauen, mit einer bewundernswerten Schärfe geführten Forschungen mindern zu wollen. Aber welche Verdienste ihnen auch immer im 19. Jahrhundert zugekommen sein mögen, so fragt man sich doch, ob diese Bemühungen um *Ent-mythisierung* es wert sind, fortgesetzt zu werden. Sich weiter zu bemühen, die Nichthistorizität

[1] Eugen Lozovan, *Villes, campagnes et routes de la Romania Orientale* (in F. Altheim, *Geschichte der Hunnen,* Bd. V Berlin 1962, S. 327-362), S. 348 f.

dieser oder jener aus der Legende kommenden Traditionen beweisen zu wollen, wäre vertane Zeit. Man ist sich heute einig, daß der Mythos und die Legende in einem anderen Sinne *wahr* sind, als die geschichtliche Wirklichkeit z. B. *wahr* ist. Es handelt sich um zwei unterschiedliche Weisen, in der Welt zu existieren, um zwei unterschiedliche geistige Vorgehensweisen in der Interpretation der Welt; Daseinsweisen und Geistesaktivitäten, die sich im übrigen nicht ausschließen. Ein Volk und auch der einzelne können sich ihrer Verantwortung in der Geschichte durchaus bewußt sein und diese mutig wahrnehmen, aber sich gleichzeitig an den alten Mythen und Legenden erfreuen und neue schaffen, denn diese Legenden legen Zeugnis über eine andere Dimension menschlichen Seins ab.

Wir werden diese wenigen Vorbemerkungen nicht weiter ausführen. Es wird ausreichen zu sagen, daß aus unserer Sicht Dragoş und die Jagd auf den Auerochs Teil einer Gesamtheit symbolischer Strukturen sind, die es aufmerksam zu erforschen und zu verstehen gilt. Mit anderen Worten, was uns vor allem interessiert, ist, die Bedeutung der Legende zu entziffern und das geistige Wertsystem zu erfassen, in dem ähnliche Mythen und Legenden haben entstehen und sich entfalten können. Selbst wenn wir hier das Problem des Ursprungs und der Verbreitungsweise unseres mythischen Motivs werden anschneiden müssen, so sei dennoch schon jetzt eingestanden, daß es uns nicht vorrangig erscheint. Die Frage, die geeignet wäre, die Funktion einer legendären Geschichte im Leben eines Volkes zu erläutern, lautet nicht: *Woher* kommt die Legende? Sondern sie lautet, unter der Voraussetzung, sie komme tatsächlich von irgendwoher, *warum* genau *diese* Legende übernommen wurde und was aus ihr, nach ihrer Übernahme, *gemacht* wurde.

Die Chronisten

Die ersten Chronisten nehmen kurz die Überlieferung auf. „Im Jahre 6867 nach der Schöpfung (= 1359 n. Chr.) begann nach dem Willen Gottes die Moldau. Sie begann auf folgende Art: Dragoş, Woiwode von Maramureş kam aus Ungarn auf der Jagd nach einem Auerochs und hat zwei Jahre geherrscht.“[2] Dieselbe Information findet sich,

---

[2] Ioan Bogdan, *Vechile cronici moldoveneşti până la Ureche. Texte slave cu studiu, traduceri şi note* (Bukarest, 1891), S. 193.

mit fast identischen Formulierungen, im *Letopisetz* von Bistriţa und in der serbisch-moldauischen Chronik von Neamtz.[3] Die moldauisch-polnische Chronik fügt einige Einzelheiten hinzu: „Nach dem Willen Gottes kam der erste Woiwode Dragoş jagend von Ungarn, von der Landschaft und dem Fluß mit Namen Maramureş, einen Auerochs verfolgend, den er in der Nähe des Flusses Moldau tötete, er vergnügte sich dort mit seinen Bojaren, und das Land gefiel ihm und er blieb und kolonisierte es mit seinen Moldauern aus Ungarn und blieb ihr Fürst zwei Jahre lang."[4]

Die umfassendste Version wird uns von der sogenannten Anonymen Chronik überliefert. „Und unter ihnen befand sich ein mutiger und intelligenter Mann namens Dragoş, und dieser ging eines Tages, um mit seinen Gefährten Rotwild zu jagen, und auf den hohen Bergen fand er die Spuren eines Auerochsen, und er verfolgte den Auerochsen in den hohen Bergen und überquerte die Berge und, den Auerochsen weiterverfolgend, kam er in eine sehr schöne Ebene und erreichte den Auerochsen am Ufer eines kleinen Flusses unter einer Weide und tötete ihn und erfreute sich an seinem Fleisch.

Und sie bekamen von Gott den Gedanken, einen Ort zu suchen, um sich dort unten niederzulassen und dort zu leben, und alle zusammen haben beschlossen, dort unten zu bleiben. Und sie sind zurückgekehrt und haben den anderen von den Schönheiten des Landes, seinen Flüssen und Quellen erzählt, damit sie sich auch dort niederließen. Und dieser Gedanke gefiel auch den anderen Gefährten und sie beschlossen, dorthin zu ziehen, wo ihre Freunde gewesen waren, und sie fingen an, das Land auszusuchen, denn die Gegend war unbewohnt und an den Grenzen [waren] nomadische Tataren mit ihren Herden. Dann baten sie Wladislaw, den ungarischen Fürsten, sie ziehen zu lassen, und Fürst Wladislaw ließ sie, sehr bewegt, ziehen.

Und sie gingen von Maramureş mit all ihren Gefährten, Frauen und Kindern auf die andere Seite der Berge, sie fällten Bäume, räumten Felsen beiseite, überquerten mit Gottes Hilfe die Berge und kamen an

---

[3] Ioan Bogdan, *Cronice inedite atingătoare la istoria Românilor. Adunate şi publicate cu traduceri şi adnotaţiuni* (Bukarest, 1895), S. 49, 100. Nach Gheorghe Brătianu, *Tradiţia istorică despre întemeierea Statelor Româneşti* (Bukarest, 1945), S. 247 ff. Siehe jetzt Dan Simonescu, „Tradiţia istorică şi folclorică în problema ‚întemeierii' Moldovei" (*Studii de Folclor şi Literatură,* Bukarest, 1967, S. 27-40); C. C. Giurescu, „Valoarea istorică a tradiţiei conservate de I. Neculce" (*ibid.* S. 439-495).

[4] I. Bogdan, *Vechile cronici moldoveneşti până la Ureche,* S. 223; G. Brătianu, *op. cit.* S. 248.

der Stelle an, an der Dragoş den Auerochsen getötet hatte. Der Ort gefiel ihnen, und sie ließen sich dort unten nieder. Sie suchten unter sich einen weisen Mann namens Dragoş aus und wählten ihn zum Fürsten und Woiwoden. Und so begann nach dem Willen Gottes die Moldau.

Und der Woiwode Dragoş hat sich zunächst an der Moldau niedergelassen, und später dann hat er Baïa und andere Gegenden entlang der Flüsse und Bäche kolonisiert und nahm zum Füstenwappen für das ganze Land den Kopf des Auerochsen. Und Dragoş der Woiwode herrschte zwei Jahre lang."[5]

Die Legende wird von den späteren, rumänisch schreibenden Chronisten berichtet. Die von Ureche vorgelegte Fassung ist die vollständigste und scheint den anderen Chronisten als Vorlage gedient zu haben. Im wesentlichen gibt Ureche den Bericht der Anonymen Chronik wieder, unter Hinzufügung einiger Einzelheiten, die von Interesse sind. „Die Hirten Transsilvaniens – das Maramureş heißt – begegneten, als sie in den Bergen mit ihren Herden gingen, einem wilden Tier, das *bour* (Auerochse) genannt wurde, und nachdem sie es mit ihren Hunden in den Bergen gejagt hatten, verfolgten sie es bis an den Fluß Moldau. Dort unten streckten sie das Tier, da es erschöpft war, an der Stelle, die heute Boureni heißt, nieder. Sie gründeten ein Dorf und sie machten den Kopf des Auerochsen zum Wappen des Landes. Die Hündin, die das Tier gejagt hatte, verendete, und da sie Molda hieß, nannten sie den Fluß die Molda, oder, wie er auch von manchen genannt wird, Moldova. Außerdem gaben sie dem [ganzen] Land, nach dem Namen des Flusses, den Namen Moldova."[6]

Ureche erwähnt Dragoş gar nicht. Er spricht von mehreren Söhnen eines Fürsten (Domn), die jagend von Maramureş kamen. Und in dem Fragment, das Stolnic Cantacuzène zugeschrieben wird, ist nur die Rede von einigen Hirten, die durch die Wälder zogen, einem Auerochsen begegneten und ihn bis jenseits der Berge verfolgten.[7] Wie R. Vuia bemerkt, beinhaltet diese Überlieferung eine ziemlich rationale, fast jeglicher legendären Elemente entleerte Erklärung der

---

[5] *Cronica anonimă,* in I. Bogdan, *Vechile cronici moldoveneşti până la Ureche,* S. 237-238; G. Brătianu, *op. cit.* S. 248 ff.

[6] Grigore Ureche Vornicul şi Simion Dascălul, *Letopiseţul Tării Moldovei,* ed. C. C. Giurescu (Craiova, 1934), S. 4 ff.; G. Brătianu, *op. cit.,* S. 250.

[7] M. Kogălniceanu, *Cronicele Romañiei,* S. 110.

Gründung des Fürstentums Moldau.[8] Aber es ist offensichtlich, daß es sich hier um einen Prozeß, sei er bewußt oder unbewußt, der „Ent-mythisierung" handelt: Die Hirten ersetzen die Jäger. Ureche benutzt auch das Verfahren der „Beweisführung durch Etymologie" (die Moldau hat ihren Namen von der Hündin Molda, der *bour* wird in Boureni niedergestreckt), was auch den Versuch verdeutlicht, eine legendenhafte Überlieferung zu rationalisieren und sie zugleich „historischer" und „natürlicher" zu machen. Wie sehr diese etymologisierende Tendenz dem Zeitgeschmack entsprach, beweisen die Marginalia der Urechechronik (Der Name Suceava käme aus dem ungarischen *soci*, „Kürschner" usw.).[9]
In seinem polnischen Poem entwickelt und verwickelt Miron Costin die Dragoş-Legende weiter, u. a. durch das Einführen von Elementen der Volksdichtung: Der junge Held bereitet sich auf seinen Abschied vor, um seine Kräfte zu messen, seine Mutter versucht, ihn davon abzuhalten, indem sie ihn an die Gefahren erinnert, die ihn erwarten usw.[10] Aus diesem Grund erscheint uns dieses Poem von Miron Costin, ebenso wie die Fassung von Cantemir (die sehr wahrscheinlich bei Miron Costin Anleihen macht), für unsere Untersuchung weniger nützlich. Was die von Bandinus wiedergegebenen Einzelheiten betrifft, so verraten diese einen *literarischen* Ursprung, gleich ob der Autor sie nun aus späteren Quellen entliehen (Notizen von Ureche, Ungarische Chronik – „Leatopiseţul Unguresc") oder teilweise nach seinen literarischen Reminiszenzen erfunden hat.[11]

„Rituelle Jagd" und „führende Tiere"

Wir werden später die möglichen Quellen dieser Überlieferung untersuchen, aber da wir die Dragoşlegende aus der Sicht der Religionsgeschichte besprechen, wollen wir versuchen, deren Strukturen offen-

---

[8] R. Vuia, „Legenda lui Dragoş" (*Anuarul Institutului de Istorie Naţională,* I. Cluj, 1922, S. 300-309), S. 302.
[9] M. Kogălniceanu, *Chronicele Romăniei,* S. 378-379.
[10] R. Vuia, *op. cit.* S. 302. Siehe E. Lozovan, „Rurik et Dragoş" (*Revue des Études Roumaines,* XI- XII, 1969, S. 61-79), S. 66 ff.
[11] Tatsächlich handelt es sich hier um drei Brüder, Domucus, Volocha und Dragoş (nach ihm hat man heute einen Fluß benannt, etc.). V. A. Ureche, Codex Bandinus. Memoriu asupra scrierii lui Bandinus dela 1646, urmat de text, însoţit de acte şi documente (*Analele Academiei Române, Memorii, Secţia istorică,* seria 2, tom XVI, 1893-94, S. 1-355, Bukarest, 1895), S. 306-307; vgl. auch S. 128-130. Über Bandinus siehe weiter unten, Aufsatz VI.

zulegen. Es handelt sich offensichtlich um eine „rituelle Jagd“, denn die Verfolgung des Auerochsen endet mit der Entdeckung eines unbekannten Landes und letztlich in der Gründung eines Staates. Dieses mythische Motiv ist sehr verbreitet, sei es in der Form des Ursprungsmythos (Ursprung der Völker, der Staaten, der Dynastien usw.), sei es in der Form volkstümlicher Legenden, die die unerwarteten Folgen einer Tierverfolgung hervorheben. Mit anderen Worten, die Dragoşlegende stellt nur eine der vielen Varianten des Motivs der rituellen Jagd dar. R. Vuia hat bereits nach Vorlagen von P. Cassel ein Bild der wichtigsten Varianten skizziert[12]: Ein indischer Prinz verfolgt einen Hirsch und verirrt sich in unbekannte Gegenden; von einem Hirsch gelockt, kommt Dietrich bis zur Hölle; ein Jäger aus Tirol stirbt in den Bergen bei einer Hirschverfolgung; der gejagte Hirsch verwandelt sich in ein junges Mädchen oder einen Dämon usw.

Wir wollen hier nicht die Analyse all dieser Varianten aufzählen und ergänzen. Was uns hier interessiert, ist die Funktion des Führens, die ein Tier bei der Jagd übernimmt oder die unter anderen Umständen in Erscheinung tritt. So z. B. hat, nach Gregor von Tours, eine Hindin Chlodwig die Furt durch die überschwemmte Vienne gezeigt, als er sich auf den Angriff gegen Alarich und die gotische Armee vorbereitete.[13] Und an anderer Stelle (*Hist.* IV, 44) berichtet derselbe Autor, daß der burgundische General Mummolus die Isère überqueren konnte, um dem von den Lombarden belagerten Grenoble zu Hilfe zu eilen, weil ihm ein „wildes Tier“ die Furt zeigte. Dieses Motiv scheint im Westen ziemlich bekannt gewesen zu sein. Fredegarius berichtet, daß „ein wildes Tier“ den Vandalen den Durchgang bei Gibraltar offenbarte und diese so von Spanien nach Afrika gelangen konnten.[14] Nach einer anderen Überlieferung führte eine Hindin die von den Sachsen verfolgten Franken über den Main.[15] Pio Rajna erinnert an folgende Episode aus dem *Leben des heiligen Severin,* die Anfang des 6. Jahrh. geschrieben wurde (Severin starb 482): Eine

---

[12] R. Vuia, *op. cit.* S. 303-304, Zusammenfassung von P. Cassel, *Einleitung und Deutung des Buches der Sieben Weisen Meister* (Berlin 1891), S. 104. Leider scheint R. Vuia das grundlegende Werk von Carl Pschmadt, *Die Sage von der verfolgten Hinde* (Inaugural-Dissertation, Greifswald, 1911) entgangen zu sein. Weitere Literatur siehe Anm. 16 und 18.

[13] *Historia Francorum,* II, 37.

[14] Fredegarius, *Historica Francorum,* II, 60.

[15] Thietmar von Merseburg, VII, 53; vgl. Jacob und Wilhelm Grimm, *Deutsche Sagen* (1816), Nr. 455.

Gläubigengruppe aus Novico, unterwegs zum Heiligen, wird im Gebirge von einem Schneesturm überrascht. Ein Traum beruhigt den Anführer der Gruppe. In der Tat, am nächsten Morgen erscheint ein riesiger Bär vor den Gläubigen und führt sie 200 km weit.[16] Eine andere Überlieferung berichtet von dem Abenteuer des Lopichis, einem Vorfahren des Historikers Paulus Diaconus: Er flüchtete aus der Gefangenschaft der Awaren und wurde durch einen Wolf bis in seine Heimat Italien geführt.[17] Die Beispiele können beliebig vermehrt werden.[18]

Aus leicht verständlichen Gründen erfreute sich die von Jordanes erzählte Geschichte der Hunneninvasion einer einmaligen Popularität. Das Eindringen der Hunnen in Europa 375 hat, obwohl es nur eine Episode in der Reihe der vielen Völkerinvasionen aus der eurasischen Steppe darstellte, beachtliche Folgen gehabt. Man versteht, daß das Ereignis nicht in Vergessenheit geraten konnte. Jordanes berichtet nach Priscus, daß die Hunnen jenseits der Mäotischen Sümpfe lebten und sich ausschließlich der Jagd widmeten. Als eines Tages hunnische Jäger am Ufer der Maiotis (heute Asowsches Meer) auf der Suche nach Wild waren, erschien unvermutet eine Hindin, die ins Moor ging. Das Tier verhielt sich wie ein Führer: Es ging etwas voran, blieb stehen, damit die Jäger ihm folgen konnten, und so durchquerten sie zu Fuß die Mäotischen Sümpfe, die sie für so unüberschreitbar wie das Meer gehalten hatten. Als sie im Land der Skythen ankamen *(Scythica terra)*, verschwand die Hirschkuh. Die

---

[16] *Mon. Germ. Hist. Auct. ant.*, t. I, 2, S. 22; Pio Rajna, *Le origini dell'epopea francese* (Florenz, 1884), S. 252. Zu diesem Text verweist F. Altheim (*Geschichte der Hunnen*, I, 1959, S. 235) auf einen Artikel, der uns nicht zugänglich war: H. J. Diesner, in: *Wissenschaftl. Zeitschrift der Martin-Luther-Universität* (Halle-Wittenberg), VII, 1958, S. 1170.

[17] Paulus Diaconus, *Hist. Lang.* IV, 37; vgl. Grimm, *Deutsche Sagen*, Nr. 407; C. Pschmadt, *op. cit.*, S. 39 f. F. Altheim kommt, nachdem er daran erinnert hat, daß nach G. Baesecke, *Vor- u. Frühgeschichte d. deutschen Schrift*, I, S. 334, die beiden Legenden übereinstimmen, zu dem Schluß, daß sie den Einfluß der asiatischen Reitervölker auf die Germanen erkennen lassen (*Gesch. d. Hunnen*, I, 235). Doch siehe weiter unten.

[18] Pio Rajna, *op. cit.*, S. 250-51, zitiert noch vier Beispiele: Im *Chanson des Saisnes* überquert ein Hirsch den Rhein und zeigt so der französischen Armee die Furt; im *Fierabras* führt ein Hirsch Richard den Normannen durch die steigenden Fluten der Flogot; in der *Karlamagnus-Saga* überquert ein weißer Hirsch auf Grund der Gebete von Karl d. Großen die Gironde; in der *Chevalerie Ogier* wird Karl d. Große von einem weißen Hirsch über die Alpen geführt. Diese Beispiele, die schon Gaston Paris, Léon Gauthier und Carl Pschmadt diskutiert haben, sind wieder aufgenommen und vervollständigt von A. H. Krappe „Guiding Animals" (*Journal of American Folklore*, 45, 1942, S. 228-246), S. 236-37. Siehe auch C. Pschmadt, *op. cit.* S. 31 ff., S. 40 ff.

Hunnen, die nicht wußten, daß es jenseits der Maiotis noch eine Welt gab, waren von Bewunderung für das Land der Skythen ergriffen. Sie glaubten, daß die ihnen bis dahin unbekannte Furt von der Gottheit offenbart worden war. Nach ihrer Rückkehr zu ihrem Volk lobten sie die *Scythica terra* und überzeugten die anderen, ihnen durch die von der Hindin gezeigte Furt zu folgen. Und einmal im Land der Skythen angekommen, opferten sie der Siegesgöttin alle Gefangenen, die sie gemacht hatten.[19]

Halten wir folgendes fest: 1. Die Hunnen wußten nichts von einem Gebiet jenseits der Sümpfe, denn sie lebten vom Rest der Welt isoliert. 2. Sie waren ausschließlich Jäger. Sie sehen die Hindin, verfolgen sie anfangs, wie man Wild verfolgt, aber sie verstehen sehr bald den „göttlichen" Charakter des Geschehens, denn die Hirschkuh blieb von Zeit zu Zeit stehen, um auf sie zu warten. Schließlich war sie nicht mehr *Jagdwild,* sondern *Führer* und verschwand, als sie in Sicherheit auf der anderen Seite der Mäotischen Sümpfe waren. 3. Einmal im *Land der Skythen* mit ihrem ganzen Volk angekommen, verhielten sich die Hunnen wie „Krieger-Jäger": Die ersten Gefangenen wurden der Victoria geopfert. Der Übergang zum Krieg vollzog sich auf „natürliche" Weise. Man weiß in der Tat, daß die Hunnen eine Kriegsführung im Stile der Jäger der eurasischen Steppen hatten, d. h. daß sie das Verhalten der Raubtiere beim Verfolgen des Rotwildes nachahmten.

Ursprungsmythen

Wir werden auf diesen hunnischen Mythos zurückkommen, wollen aber zunächst den vergleichenden Teil der Untersuchung vervollständigen und dabei mit der griechisch-römischen Welt beginnen. Bei der

---

[19] Jordanes, *De origine actibusque Getarum sive Gothorum,* 123 ff. (Kap. 24). Zur Wichtigkeit dieser Stelle vgl. F. Altheim, *op. cit.* S. 6 ff. Siehe auch Procopius von Cäsarea, *Bell. Goth.,* IV, 5, und Karl Dietrich, *Byzantinische Quellen zur Länder- und Völkerkunde,* 1912, II, S. 4. J. Marquart, *Osteuropäische und Ostasiatische Streifzüge* (Leipzig, 1903), S. 529, glaubt, daß Procopius sich auf die Protobulgaren bezieht. Pio Rajna war auch der Meinung, daß die Hunnen diese Legende bei den Goten entliehen haben oder daß die Geschichte, die von Priscus-Jordanes berichtet wurde, durch „einen gotischen Schmelztiegel" gewandert sei; *op. cit.,* S. 252. Übrigens war Jordanes kein Gote, sondern Alane; vgl. F. Altheim, *Geschichte der Hunnen,* Bd. V, S. 27. A. H. Krappe hat die Folgerung gezogen, daß das Thema hunnischen Ursprungs sei, da keine germanische Tradition der Legende vor der Ankunft der Hunnen in Europa (375) bekannt sei; *op. cit.,* S. 240 ff. Aber Krappe hat einige griechische und lateinische Traditionen vernachlässigt, die wir weiter unten diskutieren werden.

Beschreibung von Picenum berichtet Strabon, daß die Picenter aus dem Sabinerland stammen: Ein Specht hat ihre Vorfahren in ihre neue Heimat geführt. Dies erklärt, fügt Strabon hinzu, ihren Namen, denn dieser Vogel wurde von ihnen *Picus* genannt, und sie meinten, er sei dem Gott Mars geweiht.[20] In einem anderen Abschnitt erinnert Strabon an den Ursprungsmythos der Samniter: Einmal weihten die Sabiner alle Kinder eines Jahrgangs Mars. Volljährig geworden, wurden diese als Siedler fortgeschickt, und ein Stier wies ihnen den Weg.[21] Strabon führt weiter aus, daß nach den Samnitern die Hirpini kommen: Ihr Name kommt von jenem des Wolfes, der ihnen als Führer diente, um sie in ihr Siedlungsgebiet zu führen; unser Autor erklärt, „hirpus" sei das samnitische Wort für Wolf, eine Überlieferung, die auch von Festus bezeugt wird.[22]

Diese drei Ursprungsmythen haben ein gemeinsames Element: Ein italisches Volk hat sich zur unabhängigen ethnischen Gruppe geformt, indem es einem Tier folgte, das ihm als Führer diente. Dieses Tier ist dem Gott „geweiht", was in einigen Fällen bedeuten kann, daß es dessen Repräsentant oder seine Epiphanie ist. In zwei Fällen hat das Volk, das sich in Folge dieser Wanderung herausgebildet hatte, den Namen des führenden Tieres übernommen: Hirpini, Picenter. Die Zahl indo-europäischer Stämme und Völker, deren ethnischer Name aus dem eines Tieres abgeleitet ist, ist beachtlich.[23] Der Name Italiens selbst, *Vitalia,* soll aus *vitulus,* „junger Ochse", gebildet worden sein. Aber dies ist eine ganz andere Frage. Das mythische Motiv, das uns interessiert, bezieht sich auf die Gründung einer Kolonie oder auf die Herausbildung eines den Spuren eines führenden Tieres folgenden Volkes. R. Merkelbach erinnert daran, daß dieses mythische Motiv nicht den italischen Völkern eigen ist.[24] Cal-

---

[20] Der Specht als Vogel des Mars ist ebenfalls in der Romulus-Legende belegt; zugleich mit der Wölfin hat der Specht die Zwillinge ernährt; Plutarch, *Romulus,* 4, 2; vgl. F. Altheim, *A History of Roman Religion* (London, 1938), S. 66 ff.

[21] Strabon, *Geographica,* V, 4, 12.

[22] Festus, Epit., S. 106 Müller; vgl. F. Altheim, *op. cit.* S. 67. Über die religiöse Bedeutung des ethnischen Namens des Wolfes siehe Aufsatz I.

[23] Richard v. Kienle, „Tier-Völkernamen bei indogermanischen Stämmen" (*Wörter und Sachen,* XIV, 1932, S. 25-67).

[24] Reinhold Merkelbach, „Spechtfahne und Stammessage der Picentes" (*Studi in onore di Ugo Enrico Paoli,* Florenz, 1955, S. 513-520), S. 514. Die Wichtigkeit dieses Artikels darf nicht unterschätzt werden. Merkelbach zeigt, daß das Tier, das auf der Fahne erscheint, in Zusammenhang gebracht werden muß mit den Ursprungsmythen einiger Völker aus der Antike. Anders gesagt, wenn die Armee der Fahne folgt, läßt sie das mythische Ereignis der Gründung der Nation wiederaufleben.

limachus erzählt in seiner Hymne an Apoll (65 ff.) wie Battos auf dem Wege nach Lybien von Apoll in Gestalt eines Raben geführt wurde. Der Gott zeigte ihm die Stelle, wo seine Stadt, Kyrene, gebaut werden sollte. Die weißen Raben Apolls führten die böotischen Emigranten.[25] Es handelt sich um ein ziemlich bekanntes Motiv in der mediterranen Welt: Man überläßt dem Tier die Wahl des Standortes einer Stadt oder eines Tempels. Es kommt vor, daß ein Orakel das Erscheinen des Tieres ankündigt und den Rat erteilt, ihm zu folgen. Das ist eine vielleicht spätere „Rationalisierung". Ursprünglich hatte das Tier selbst Orakelfunktion, seine Epiphanien und seine Bewegungen waren die Botschaft des Orakels.

Das Orakel von Delphi fordert Kadmos auf, einer Kuh zu folgen: Diese geht in Richtung des dem Ares heiligen Hains, und dort, wo sie sich niederläßt, baut Kadmos die Stadt Theben.[26] Nach einer anderen Überlieferung war es auch eine Kuh, die Ilos den Platz zeigte, an dem Troja gebaut werden sollte.[27] Eine Sau führte die verjagten Trojaner bis nach Lavinium, der wahrscheinlich ältesten Niederlassung in der Gegend von Ostia.[28] Athenaios teilt eine Überlieferung, von Creophylos stammend, mit, wonach Ephesus an der Stelle gebaut wurde, an der der Keiler, dessen Ankunft vom Orakel angekündigt worden war, von den Einwohnern der zukünftigen Stadt eingefangen und niedergestreckt wurde.[29] Es ist sinnlos, noch weitere Beispiele anzuführen. Erinnern wir nur noch daran, daß die Tiere nicht nur den Standort einer Stadt oder einer Kolonie angeben, sie dienen auch als Führer in verzweifelten, scheinbar ausweglosen Situationen. Kalli-

---

[25] Schol. Aristophanes, *Nub.*, 133, zitiert von A. H. Krappe, S. 230, Anm. 22.

[26] Apollodorus, *Bibl.*, III, 4, I; vgl. Pausanias, IX, 12, I s., IX, 19, 4. Siehe die Diskussion darüber bei A. B. Cook, *Zeus*, I (Cambridge, 1914) S. 540 ff. Siehe auch F. Vian, *Les origines de Thèbes, Cadmos et les Spartes* (Paris, 1963), S. 78 ff.

[27] Tzetzes, Scholia in Lycoph., 29 f.; Cook, *Zeus*, I, S. 468 f. Eine andere Variante dieser Tradition ist auch bei Apollodorus, *Bibl.*, III, 12, 3 aufgezeichnet. Siehe auch den Kommentar von Frazer, *Apollodorus, The Library* (New York, 1921), S. 38.

[28] Dion von Halikarnass, I, 55 ff.; A. H. Krappe, S. 229. Hier muß an den Gründungsritus der Mande-Dörfer erinnert werden: Ein Stier, vorübergehend freigelassen, wird verfolgt und geopfert. Sein „Grab" wird zum Mittelpunkt der neuen Siedlung; vgl. L. Frobenius, *Kulturgeschichte Afrikas* (Zürich, 1933), S. 179 ff. Aber in diesem Fall handelt es sich um einen Gründungsritus – und auf keinen Fall um die Bestimmung des Gebietes einer zukünftigen Stadt.

[29] Athenaeus VIII, 62; A. H. Krappe, *op. cit.*, S. 229. Der Mythos hat noch weitergelebt, vielleicht nur als literarisches Klischee, bei den ersten christlichen Chronisten: Das Pferd Konstantins hat ihm die Linie der zukünftigen Mauern Konstantinopels gezeigt; vgl. die Hinweise bei Krappe, S. 229, Anm. 11.

sthenes, der erste Historiker Alexanders des Großen, erzählt, daß, als der Führer, der ihn in der Wüste zum Orakel des Ammon leiten sollte, sich verirrt hatte, Alexander und seine Armee von zwei Schlangen geführt wurden.[30]
Wie wir gesehen haben, stehen das Erscheinen, die Verfolgung und, eventuell, die Tötung eines wilden Tieres oder eines Haustieres in Verbindung mit der Entstehung eines Volkes, der Gründung einer Kolonie oder Stadt, der Befragung eines Orakels durch den Gründer des ersten europäischen Reiches. All diesen Mythen, Legenden und literarischen Klischees scheint ein Gedanke zugrunde zu liegen: Ein Tier entscheidet über die *einzuschlagende Richtung* in einem unbekannten Land oder rettet eine Menschengruppe aus einer unentwirrbaren Lage. Diese Handlung ist nicht nur ein „Wunder", sie markiert oder ermöglicht den *Beginn* einer neuen historischen Realität: Stadt, Nation, Staat, Reich. Wir werden später sehen, daß die Offenbarungen, die von Tieren bewirkt werden, sich auch auf andere Wirklichkeiten beziehen.
Unterstreichen wir zunächst den Unterschied der Dragoşlegende und jener der Durchquerung der Mäotischen Sümpfe im Vergleich mit allen anderen. In den beiden ersten wird das führende Tier von Jägern verfolgt, in den anderen erscheint das Tier in einer kritischen Situation, aber es ist nicht die Rede von einer Jagd. In der Tat: Das Tier wird von Anfang an als von den Göttern geschickter Führer betrachtet (selbst wenn es verfolgt und getötet wird, wie in der Legende der Gründung von Ephesus: Das Orakel hatte schon das Erscheinen des Keilers angekündigt und angeordnet, ihn zu verfolgen und zu töten, um das Zentrum der Stadt bestimmen zu können). Man kann den letzten Teil der hunnischen Fassung als zu dieser zweiten Kategorie gehörig betrachten. Ab einem bestimmten Zeitpunkt wird die Hirschkuh nicht mehr gejagt, sie verhält sich wie ein Führer, und die Hunnen betrachten sie als Abgesandten einer göttlichen Macht.

Hunor und Magor

Die ungarische Legende von Hunor und Magor entwickelt dasselbe Motiv. Als sie in der Steppe jagten, entdeckten die Brüder Hunor und Magor, Söhne des Riesen Menroth, eine Hindin und folgten ihr

[30] Fr. Gr. Hist. 124 F 14 a; siehe ergänzende Hinweise bei Merkelbach, S. 314, Anm. 1. Vgl. auch A. H. Krappe, S. 321 und Anm. 33, 34.

durch die Maiotis bis zu einer fruchtbaren Ebene. Dort verschwand die Hirschkuh, aber da dieser Ort für die Herden günstig schien, kehrten Hunor und Magor zurück, ihren Vater um Erlaubnis zu bitten, sich dort mit ihren Gefährten niederlassen zu können. Sechs Jahre später lockten sie Gesänge und Musik erneut in die Steppe. Die Schwiegertöchter des Königs Bereka (Bedar) und die Töchter des Königs Dula feierten ein Fest *(festum tubae)*, über das wir nicht weiter informiert sind. Hunor und Magor entführten diese Frauen und Mädchen, und ihre Nachkommen wurden die Urahnen der Hunnen und Magyaren.[31]

R. Vuia meint, diese Legende mit der des Dragoş vergleichend, „ihr Inhalt [sei] im Grunde identisch".[32] Er entdeckt sogar zwei gleichgeartete Einzelheiten: 1. Hunor und Magor finden das Land günstig für die Viehzucht („pro armentis nutriendis ipsam conspexerunt opportunam": *Chron. Hungaricum*), und in der Urechechronik finden die Jäger, daß „das Land gut für die Nahrungsbeschaffung ist" („au socotit cu toţii, că e locul bun de hrană"), 2. in der ungarischen Legende bitten die zwei Brüder ihren Vater um Erlaubnis, nach der Maiotis ziehen zu dürfen, und in der rumänischen Legende bitten Dragoş und seine Gefährten Wladislaw, den ungarischen Fürsten, um Erlaubnis, gehen zu dürfen.[33] Und trotzdem neigt R. Vuia, ohne die Möglichkeit der Entlehnung auszuschließen, dazu, die rumänische Legende als Variante eines internationalen Motivs indischen Ursprungs zu betrachten.[34] Der leider zu früh verstorbene Georges Brătianu meinte seinerseits, es handele sich um einen direkten Einfluß der ungarischen, auf die Eroberung Pannoniens und Transsilvaniens bezüglichen Legenden auf die Traditionen eines „Herabsteigens" der „ungarischen" Rumänen von Maramureş.[35]

---

[31] Simonis de Keza, *Gesta Hungarorum (= Chronicon Hungaricum*, ed. Al. Horányi, Wien, 1781, Kap. I, S. 31-32, nachgedruckt bei R. Vuia, S. 306) und *Chronicon Pictum*, I. S. 250 ff. Die ungarischen Gelehrten sind der Meinung, daß die Legende von den hunnischen Versionen abhängig ist; vgl. Sebestyén, zitiert bei R. Vuia, S. 308, Anm. 1. Über die Quellen und die Methode von Simon Keza vgl. Kurt Wais, *Frühe Epik Westeuropas und die Vorgeschichte des Nibelungenliedes*, I (Tübingen, 1953), S. 32 ff. Über den gesamten Problemkomplex vgl. Michael de Ferdinandy „Studien zu den Quellen der ugrischen Mythologie" (*Ural-Altaische Jahrbücher*, 28, 1956, S. 18-34); id., *Wörterbuch der Mythologie*, Teil II, S. 227, 233.

[32] R. Vuia, *op. cit.*, S. 306.

[33] R. Vuia, *ibid.*, S. 306, Anm. 2.

[34] R. Vuia, *ibid.*, S. 309.

[35] Gh. Brătianu, *Tradiţia istorică despre întemeierea Statelor româneşti*, S. 125 ff.

Wir wollen hier nicht das Problem der rumänischen historischen Tradition, die die Gründung des Fürstentums Moldau betrifft, besprechen.[36] Aber es ist wichtig, drei unterschiedliche Realitäten zu unterscheiden: 1. das *Ereignis* oder der *historische Prozeß* der Gründung des Fürstentums durch die aus Maramureş herabgekommenen Rumänen, 2. die *Überlieferung* dieses Ereignisses, wie sie von den ersten Historiographen aufgezeichnet, interpretiert und dargestellt wurde[37], 3. der *Mythos* der Gründung, der als wesentliche Bestandteile die Verfolgung eines Auerochsen durch eine Jägergruppe, die Überquerung der Berge, die Tötung eines wilden Tieres und die Entscheidung enthält, sich in der Gegend niederzulassen, die man gerade entdeckt hatte.

Es kann sein, daß die ersten Geschichtsschreiber die ungarischen Chroniken mit der Legende von Hunor und Magor gekannt haben, und daß sie daraus den Inhalt oder bestimmte Elemente entliehen haben. Aber das schließt nicht aus, daß eine ähnliche Legende bei den Rumänen in Umlauf war.[38] Denn, wie wir gesehen haben, ist das mythische Motiv des Tieres, das eine ethnische Gruppe in seine zukünftige Heimat führt, sowohl in Italien wie auch in der hellenistischen Welt umfassend belegt. Andererseits, und im Gegensatz zu dem, was R. Vuia dachte, sind die zwei Traditionen, die ungarische und die moldauische, nicht „identisch". Im ersten Fall führt eine Hindin Hunor und Magor durch die Sümpfe und verschwindet anschließend, während es sich im zweiten Fall um einen Auerochsen und eine regelrechte Jagd handelt, die mit der Tötung des Tieres endet. Wenn es keine gleichgeartete Legende bei den Rumänen gab, so kann man sich nur schlecht vorstellen, weshalb die Chronisten nicht in *allen Punkten* der ungarischen Fassung gefolgt sind, denn das Motiv des wunderbaren Hirschs existiert in der rumänischen Volkskultur, und sein schließliches Verschwinden stellt einen dramatische-

---

[36] Ich verweise auf das Buch von G. Brătianu und für die neuere Bibliographie auf die Studie von Eugène Lozovan, zitiert in Anm. 1. Die Ausführungen von N. Iorga, *Histoire des Roumains* (Paris-Bukarest, 1937, Bd. III. S. 341 ff.) bleiben wertvoll.

[37] G. Brătianu betont die Tatsache, daß die ältesten *letopisetz*, die in Kirchenslawisch abgefaßt sind – die von Bistritza, Putna und die anonyme Chronik – ungefähr ein Jahrhundert nach den berichteten Ereignissen geschrieben wurden. Vgl. *Tradiţia istorică*, S. 121-22.

[38] Man kann nichts über den „Ursprung" der mündlichen populären Tradition entscheiden, die von S. Fl. Marian, *Tradiţii poporane române* (Bukarest, 1895), S. 40-63 aufgezeichnet wurde.

ren, also auch reizvolleren Bestandteil dar als die Tötung des Auerochsen. Die Hypothese von R. Vuia, es handele sich um eine „heraldische Legende“,[39] ist nicht zwingend. Weil das Wappentier der Moldau ein Auerochse gewesen sei, habe man die Hunor- und Magor-Fassung übernommen und dabei die Hindin durch den Auerochsen ersetzt. Aber dann fragt man sich, weshalb nicht die ungarische Überlieferung in ihrer Gesamtheit übernommen wurde, d. h. unter Beibehaltung des so wichtigen Elements des schließlichen *Verschwindens* des Auerochsen (= Hindin). Es ist sinnlos anzunehmen, man habe dies neue Element, die Tötung des Tieres, eingeführt, weil die Woiwoden und die rumänischen Bojaren ihre Freude an der Auerochsenjagd gehabt hätten.[40] Die Hunnen waren im wesentlichen Jäger, und doch verschwindet die Hirschkuh auf wunderbare Weise, nachdem sie deren Ahnen durch die Maiotis geführt hatte. Wiederholen wir: Das mysteriöse Verschwinden des Tier-Führers ist ein Element von höchst dramatischer Wirkung, und es ist nicht einzusehen, weshalb man es beseitigt hätte, wenn die Dragoş-Legende nur eine Übertragung der ungarischen Fassung wäre.

Der Auerochse und der Stier

Das Motiv der *rituellen Auerochsenjagd* ist sicherlich einheimischer Natur. Schon bei den Dakern hatte dieses Tier ein religiöses Prestige. Man findet seine Abbildung im Mittelpunkt des Schildes, der in Piatra Roşie[41] gefunden wurde, und eine Inschrift, die in der *Anthologia Palatina* überliefert ist, berichtet, daß Trajan dem Zeus Casios in der Nähe von Antiochia ein vergoldetes Auerochsenhorn geweiht habe, das in den dakischen Schätzen erbeutet worden war.[42] Leider wissen wir darüber noch sehr wenig. Aber welche Rolle auch immer dem Auerochsen in der dakischen Mythologie und Religion zukommt, bestimmt steht er in enger Verbindung mit einem mythisch-rituellen Komplex südlichen Ursprungs, der seine Wurzeln in der Vorgeschichte hat. Natürlich handelt es sich um einen vielschichtigen mythisch-rituellen Komplex. Man braucht sich nur die Rolle des Stieres im frühen Nahen Osten und im Mittelmeerraum ins Gedächt-

---

[39] R. Vuia, *op. cit.*, S. 303.
[40] *Ibid.*, S. 309.
[41] *Istoria Romîniei* (Bukarest, 1960), I, S. 336.
[42] *Anthologia Palatina*, VI, S. 332.

nis zu rufen.[43] Der Stier, ob wild oder als Nutztier, taucht sowohl in heroischen wie auch in Fruchtbarkeitskontexten auf. Der Stierkampf ist eine Initiationsprüfung heroischen Typs, aber das Opfern des Stieres beinhaltet auch kosmogonische Bedeutungen. Sowohl die Götter des Gewitters, wie auch die Heroen wurden mit Stieren verglichen, und in dem Avesta erscheint der Stier bereits auf der Flagge *(gaoš drafšo)*.[44] Das Opfern des Stieres spielte bereits eine wichtige Rolle in den Mithrasmysterien. Das Fangen des Stieres durch Mithra ist Bestandteil eines archaischen, indo-iranischen Mythos, es war ein wesentliches Moment der Neujahrsfeiern, hatte also eine kosmogonische Bedeutung.[45] Sehr wahrscheinlich haben sich die Mithramysterien im Nordwesten des Iran, in Armenien und im Kaukasus gebildet. Zu Beginn der christlichen Zeit gab es im Kaukasus noch das Ritual des Opfers eines gestohlenen Stiers.[46] Man weiß, daß die Mithrasmysterien in Dakien sehr populär waren.[47]. Es handelt sich hier im übrigen weder um den ersten noch um den letzten Kontakt dieses Volkes mit der iranischen Geisteswelt.

Diese knappen Hinweise erheben nicht den Anspruch, das gesamte Thema zu umfassen. Aber sie führen uns in die religiöse Vorstellungswelt ein, die unsere Mythen und Legenden verständlich machen könnte. Nun kommt es darauf an, die Vorgeschichte der „rituellen Jagd", beginnend mit der mythisch-rituellen Funktion der wichtigsten Tiere unserer Legenden, anzuschneiden: der Stier (= Auerochs) und der Hirsch. Fügen wir dem bereits Gesagten noch hinzu, daß die indo-europäischen Völker ziemlich früh schon den Stier religiös und mythisch bewertet haben und daß viele Stämme den Stier als Namensgeber gewählt hatten.[48] Einige Götter sind stiergestaltig oder werden von Stieren begleitet. Die ihm gewidmeten mythisch-rituellen

---

[43] Siehe M. Eliade, *Traité d'Histoire des Religions* (Paris, 1949), S. 85 und die angefügte Bibliographie, S. 113 ff. (Dt. Ausgabe: *Die Religionen und das Heilige*, Salzburg 1954). Vgl. auch A. Alvarez de Miranda „Magia y Religion del toro norteafricano" (*Archivo Español de Arqueologia*, Madrid, 1954, S. 1-44).

[44] *Yasna*, 10, 14; vgl. F. Altheim, *Gesch. d. Hunnen*, I, S. 203, Anm. 14, Bibliographie über die Stier-Flaggen.

[45] G. Widengren, „Stand und Aufgaben der iranischen Religionsgeschichte" (*Numen*, I, 1954, S. 16-83, II, 1955, S. 47-134), II, S. 94; vgl. I, S. 51 ff. Siehe auch G. Widengren, *Die Religionen Irans* (Stuttgart, 1965), S. 41 ff.

[46] F. Cumont, *Journal of Roman Studies*, 27, 1937, S. 63-71.

[47] Das Wesentliche der Dokumentation findet sich in L. W. Jones, *The Cults of Dacia* (Univ. of California, Publ. Philol., IX, 8, 1929, S. 245 ff.). O. Floca, „I culti orientali nella Dacia" (*Ephem. Dacoromana*, VI, 1935, S. 204 ff.).

[48] Richard v. Kienle, *Tier-Völkernamen bei indogermanischen Stämmen*, S. 55-57.

Handlungsabläufe und Symbolsysteme überdauerten Jahrtausende. Wie in den Mythen symbolisiert der Stier im Volksbrauchtum die beängstigende Kraft, den Mut, die Aggressivität. Man braucht nur, um ein Beispiel zu nennen, die Abschnitte, die den Stier im irischen Volkstum betreffen, bei J. Weisweiler zu lesen.[49] Andererseits wird der Held in diesem Brauchtum mit dem Hirsch verglichen, und in der Topographie Galliens sind die Namen, die aus „Hirsch" abgeleitet sind, zahlreicher als jene, die aus dem Begriff Stier stammen.[50] J. Weisweiler unterscheidet gar zwei Kulturen in der keltischen Tradition: die des Stiers, mediterranen Ursprungs und von einer Hirtenstruktur, und jene des Hirschs, nordeurasischen Ursprungs, die von den vorgeschichtlichen Jägern ausgearbeitet wurde. Beide Kulturen sind natürlich vorindoeuropäisch.

Wir werden auf dieses Problem zurückkommen. Jetzt möchten wir darauf hinweisen, wie diese beiden archaischen „Kulturen" sich gegenseitig in Westeuropa beeinflußt haben. Der Hirsch und der Stier sind bereits auf den Felsenzeichnungen der Iberischen Halbinsel und Liguriens abgebildet.[51] Und auf dem Kupferkessel von Gundestrup wird der Gott zwischen Hirsch und Stier dargestellt. In irischen Texten ist es oft schwer zu entscheiden, ob es sich um einen Hirsch oder einen Stier handelt. Der Hirsch wird „wilder Ochse" genannt *(oss allaid, dam allaid, ag allaid)*, die Hindin „wilde Kuh" *(bó allaid)* und das Hirschkalb „wildes Kalb" *(loeg allaid)*.[52] Und die Kirche verurteilt und brandmarkt zwischen dem 5. und 8. Jahrh. *cervulum seu vitulum facere,* d. h. die bäuerlichen Riten, bei denen Masken und Verkleidungen getragen wurden, die Hirsche und Stiere darstellten.[53]

Die religiöse Rolle des Hirsches

All dies zeigt, wie komplex das Problem ist. Schon in der Vorgeschichte haben sich die verschiedenen Kulte und Religionssysteme gegenseitig beeinflußt. Lange vor den „großen Religionsbegegnun-

---

[49] J. Weisweiler „Vorindogermanische Schichten der irischen Heldensage" (*Zeitschrift für keltische Philologie,* 24, 1954, S. 10-55, 165-197), S. 28 ff. Über die Rolle des Stieres in den keltischen Religionen vgl. Jan de Vries, *La Religion des Celtes* (Paris, 1963), S. 184-188.

[50] J. Weisweiler, *op. cit.,* S. 193.

[51] Franz Altheim, *Italien und Rom* (1941), I, S. 82.

[52] J. Weisweiler, *op. cit.,* S. 194.

[53] *Ibid,* S. 193, mit den Hinweisen in Anm. 4. Die Bibliographie, die das *cervulum facere* betrifft, ist riesig. Wir werden darauf zurückkommen.

gen“ kam es zu Symbiosen und Synkretismen. Seit dem neolithischen, wenn nicht schon paläolithischen, Zeitalter ist es schwer, Religionsauffassungen im „Reinzustand“ anzutreffen, d. h. vollkommen unabhängig von vorherigen und zeitgenössischen Religionsschöpfungen. Nehmen wir zum Beispiel die Rolle des Hirsches in den Mythologien und Religionen Eurasiens. Das Problem ist riesengroß und betrifft nur teilweise unsere Untersuchung. Aber es ist wichtig, den religiösen Hintergrund eines Mythos wie dem der Ankunft der Hunnen in Europa zu kennen. Sich auf F. R. Schröder stützend erinnerte Weisweiler daran, daß der Hirschkult sich im Osten bis nach China und Japan ausdehnte, und im Süden bis nach Italien (Val Camonica; Diana von Nemi usw.), nach Illyrien, Griechenland (Artemis), zum Schwarzen Meer, Kaukasus und Kleinasien (der hethitische Gott des Gewitters, der auf einem Hirsch reitet, usw.).[54] Wir werden auf die Hirschmythologien in Zentralasien und Sibirien zurückkommen und dabei vor allem einige indische Mythen hervorheben, die zu wenig mit unserem Gegenstand in Verbindung gebracht wurden. Jetzt möchten wir nur daran erinnern, daß Hirschmasken vom frühen Altertum bis in die Neuzeit belegt sind.[55] Der berühmte paläolithische „Zauberer“ aus der Grotte Trois-Frères (Ariège) wird mit dem Hirschkopf und einem riesigen Geweih dargestellt.[56] Auf einer Schiefertafel in Lourdes ist ein Mann mit einem

---

[54] J. Weisweiler, *Vorindogermanische Schichten der irischen Heldensage,* S. 191 ff.: F. R. Schroeder, *Skadi und die Götter Skandinaviens* (Tübingen, 1941), S. 90 ff.; vgl. auch J. Wiesner „Zum Hirsch in der Frühzeit“ (*Pisciculi,* Festschrift für F. J. Dölger, Münster i. W., 1939), S. 309 ff.: Helmut Rosenfeld, „Die Dioskuren als leuchŏ pôlo und die Alkes ‚Elchreiter‘ der Vandalen“ (*Rheinisches Museum für Philologie,* 89, 1940, S. 1 ff.); id. „Die vandalischen Alkes ‚Elchreiter‘, der ostgermanische Hirschkult und die Dioskuren“ (*Germanisch-Romanische Monatsschrift,* 28, 1940, S. 245 ff.); vgl. auch Jan de Vries, *Altgermanische Religionsgeschichte,* I (2. Aufl., 1956), S. 363 ff., und die Untersuchungen von Karl Hauck und O. Höfler, zitiert in den Anm. 55 und 60. Über den Hirschkult bei den Kelten vgl. Jan de Vries, *La Religion des Celtes,* S. 112 ff., 181 ff.: „Le cerf ancêtre mythique chez les Celtes“, O. Höfler (Anm. 55), 40 (mit Bibliographie).

[55] Siehe die Bibliographien bei Leopold Schmidt, *Masken in Mitteleuropa* (Wien, 1955), S. 25, Nr. 92-100; Otto Höfler, *Siegfried, Arminius und die Symbolik* (Heidelberg, 1960), S. 32 ff. und Anm. 66-94.

[56] Die Zeichnung ist häufig abgebildet worden, siehe zuletzt J. Marringer, *L'homme préhistorique et ses dieux* (Paris, 1958), Fig. 19, und S. Giedion, *The Beginnings of Art* (New York, 1962), Fig. 340-341, S. 504-505. Es handelt sich wahrscheinlich um einen „Hexenmeister“, der den Herrn der Tiere darstellt, denn er hat das Gesicht einer Eule, die Ohren eines Wolfes, einen langen Gemsbart und einen Pferdeschwanz. Der „Zauberer“ tanzt gerade und hat die Augen auf verschiedene Tierarten gerichtet, die in den Felsen eingeritzt sind.

Hirschgeweih und einem Pferdeschwanz eingraviert.[57] Die Hirschjagd und -tötung ist auf Felszeichnungen des schwedischen Bronzezeitalters dargestellt.[58] In der Edda steht der Hirsch mit Odin und dem Weltenbaum in Verbindung.[59] Ein Hirsch schmückt die Spitze der Eisenflagge, die im „ship burial" von Sutton Hoo (Suffolk) entdeckt wurde und aus dem 7. Jahrh. stammt.[60] Die Funktion des Hirsches als Grabtier und Totenführer ins Jenseits ist sehr breit in den germanischen Traditionen belegt.[61] Tote treten manchmal als Hirsche wieder auf.[62] Es gibt im übrigen den Brauch, Tote in Hirschfelle[63] einzuwickeln, wahrscheinlich wegen der Rolle des Tieres als Seelengeleiter.

Doch die Begräbnisfunktion des Hirsches ist nicht die wichtigste. Sein solarer Charakter ist ebenfalls bezeugt. In einer isländischen Dichtung des 13. Jahrh. wird der „Solarhirsch" mit den Füßen auf der Erde und mit den Himmel berührendem Geweih beschrieben.[64] Wie wir sehen werden, ist der Goldene Hirsch auch in Indien bekannt. Im alten russischen Volksglauben wird die Sonne als strahlender, den Himmel durchlaufender Hirsch betrachtet.[65] Beschließen wir hier diese wenigen Hinweise auf das europäische Material über den Hirsch. Wir werden Gelegenheit haben, es zu vervollständigen. Weisweiler meint, die Hirschkulte und -mythen stammen aus Nordeuropa.[66] Die Indoeuropäer hätten sie den „Hyperboräern", die in der Vorgeschichte diese Gegenden bewohnten, entliehen. Um solche Einflüsse zu beweisen, zitiert Weisweiler Wörter aus der Arktis, die in

---

[57] J. Marringer, *op. cit.*, Abb. 31, nach Breuil.

[58] Vgl. Oscar Almgren, *Nordische Felszeichnungen als religiöse Urkunden* (Frankfurt a. M. 1934), S. 110, 125 etc.

[59] *Grimnismál*, 26; F. R. Schröder, *op. cit.*, S. 48 ff.

[60] Karl Hauck, „Herrschaftszeichen eines Wodanistischen Königtums" (*Jahrbuch für Fränkische Landesforschung*, 14, 1954, S. 9-66), S. 19 ff. Die Flaggen und Insignien, die mit Hirschen geschmückt sind, sind auch bei den alten Germanen ziemlich häufig; vgl. O. Höfler, *op. cit.*, S. 45 ff. Die bronzenen Hirschköpfe an den Zeltstangen sind auch bei den Skythen bezeugt; vgl. A. Salmony, „An Unknown Scythian Find in Novocherkask" (*Eurasia Septentrionalia Antiqua*, X, 1936, S. 54-60, Fig. 1-5).

[61] Vgl. bibliographische Hinweise bei K. Hauck, S. 20 und O. Höfler, S. 45.

[62] W. E. Peuckert, in *Handwörterbuch d. deutschen Aberglaubens*, IV, S. 93 ff.; Höfler, S. 44.

[63] O. Höfler, *op. cit.*, S. 45 und Anm. 147.

[64] J. Weisweiler, *op. cit.*, S. 191.

[65] O. Schrader – A. Nehring, *Reallexikon der indogermanischen Altertumskunde* I (Berlin-Leipzig, 1917-1923), S. 503 ff.

[66] Weisweiler, *op. cit.*, S. 196.

keltischen Sprachen weiterleben.[67] Wir wollen diese Hypothese nicht in ihrer Gesamtheit diskutieren, möchten aber darauf aufmerksam machen, daß der Hirsch bereits bei den paläolithischen Jägern Frankreichs eine religiöse Rolle innehatte (die Grotte Trois-Frères etc.). Mit anderen Worten, er steht, wie Weisweiler meint, in Beziehung zur Kultur der paläolithischen Jäger, aber diese waren von ihrem Ursprung her keine „Hyperboräer". Wenn man von einer „hyperboräischen" Kultur sprechen kann, dann war sie wahrscheinlich die Erbin, direkt oder vermittelt, der höheren franko-kantabrischen paläolithischen Kultur. Da die Bedingungen in etwa dieselben wie im Eiszeitalter geblieben waren, hatten die „hyperboräischen" Jäger in den nordischen und arktischen Regionen eine Kultur weitergeführt, die im Süden auf Grund der klimatischen Veränderungen verschwunden war. Wenn also Weisweiler vielleicht recht hat, zu schlußfolgern, die Indo-Europäer hätten die „Hirschkultur" den „Hyperboräern" entlehnt und im Süden und Osten verbreitet, so hat er sicherlich unrecht, diese Kultur als nordische Schöpfung zu betrachten. Das nördliche Eurasien hat eine Kultur und Geisteshaltung erhalten und bewahrt, angepaßt und bereichert, die bereits im franko-kantabrischen Paläolithikum eine brillante schöpferische Epoche gekannt hatte.

Die Hirschjagd in Indien

Ähnliche Phänomene sind zu anderen Zeiten und in unterschiedlichen Verhältnissen feststellbar. Betrachten wir die Hirschjagdmythen in Indien und vergleichen sie mit ähnlich gearteten Mythen aus Zentralasien. Man wird sehen, wie ein archaischer und weitverbreiteter Mythos in anderen religiösen Zusammenhängen neu interpretiert und bewertet wird. In der indischen Literatur bezeichnet *śarabha* sowohl ein Fabeltier wie auch ein Tier der Hirschgattung. Der *Dhūmakāri-jātaka* (Nr. 413 des Pali *Jātaka*) spielt auf den *śarabha* an, der von den Mücken geplagt, sich dem stark qualmenden Feuer eines Ziegenhirten nähert.[68] Im *Śarabhaminga-jātaka* (Nr. 483) findet man dagegen folgenden Bericht: Der König Brahmadatta geht mit seinem Gefolge zur Jagd. Aus einem Busch kommt ein *sarabha* heraus.

---

[67] *Ibid.*, S. 196-197.

[68] Jean Przyluski, „Un ancien peuple du Penjab: les Salva" (*Journal Asiatique*, 214, 1929; S. 311-354), S. 321.

„Diese Tiere haben ein wunderbares Geschick, den Pfeilen auszuweichen. Dieses duckt sich, um die Pfeile des Königs vorbeifliegen zu lassen und läuft anschließend weiter." Brahmadatta verfolgt es lange. An einer Grube voll schmutziger Gewässer angekommen, umgeht sie der *sarabha*, während der König darin untergeht. Der *sarabha*, der kein anderer als der wiederverkörperte Bodhisattva war, zieht den Mann, der ihn hatte töten wollen, aus dem Abgrund heraus und lehrt ihn das Gesetz. An einem anderen Tag begibt sich der König in seinen Park, um mit dem Bogen zu schießen. Als er gerade zielen will, läßt Sakka, der König der Götter, das Bild des *sarabha* erscheinen, und Brahmadatta unterläßt es, den Pfeil abzuschießen. Er erklärt, daß er den *sarabha* aus Dankbarkeit für eine Wohltat nicht töten könne. „Das ist kein Wild, sondern ein Asura. Würdest du ihn töten, so würdest du König der Götter werden", erklärt Sakka. Aber der König bleibt bei seiner Entscheidung, worauf Sakka ihn lobpreist, ihm langes Leben und Vergöttlichung nach dem Tode wünscht.[69]
Halten wir diesen Zug fest: Der *sarabha* ist kein herkömmliches Jagdwild, sondern ein Asura, ein zugleich göttliches und dämonisches Wesen. Wer es tötet, wird dem König der Götter gleich. Eine gleichgeartete Tradition ist im brahmanischen Milieu überliefert. Im *Mahābhārata* (I, 65, v. 2534 und I, 67, v. 2663) ist der Sarabha ein Asura, dessen Inkarnation der Eremit-König Paurava ist. „In den *Purāṇas* ist der Asura Sarabha ein fürchterliches Ungeheuer, das acht Beine hat, stärker als ein Löwe und Viṣṇu feindlich ist."[70]
In einer Fabel, die dem Vinaya der Mahāsāṃghika entnommen wurde, findet man einen etwas anderen Mythos. Ein goldfarbener Hirsch fliegt durch die Lüfte in Richtung Norden. Die Gattin des Königs von Benares sieht ihn und möchte sein Fell haben, um sich daraus ein Kissen zu machen. Ein Jäger geht Richtung Norden und erreicht die Schneeberge. Ein Rishi enthüllt ihm, daß ein „goldfarbener Hirschkönig" sich oft beim Flug auf einem Baum niederläßt. Der Jäger versteckt sich in einem Hinterhalt und sieht den König der Hirsche durch die Lüfte kommen. „Sein Körper strahlte ein Licht aus, das die Klüfte der Berge erhellte." Mit einem Netz gelang es dem

[69] *Ibid.*, S. 322-23. Für śarabha im Sanskrit steht Pali sarabha.
[70] *Ibid.*, S. 323; Przyluski glaubt, daß śarabha, das zunächst eine Tiergattung bezeichnet, Wappentier des Stammes Salva, ein wildes und göttliches Tier bezeichnet hat, als die Salva zum königlichen Klan des Bundes geworden waren. (*ibid.* S. 325) Diese Erklärung, in der besten evolutionären Tradition, ist nicht zwingend.

Jäger, ihn zu fangen, und er überbrachte ihn der Königin. „Sie sprang vor Freude hoch. Von der Tiefe ihres Gefühls ergriffen, ging sie zu dem Tier und umarmte es. Aber wegen der großen Unreinheit ihres Herzens führte dies dazu, daß die Goldfarbe des Tieres auf der Stelle verschwand. Die Königin sagte: ‚Dieser Hirsch ist nur noch ein Tier ohne Schönheit, man lasse es frei, damit es gehe.'"[71]

Der solare Charakter des Königs der Hirsche und dessen Beziehungen zur Königin sollen hier unterstrichen werden. Es handelt sich um ein Thema, daß einer gesonderten Untersuchung würdig wäre. Hier soll aber jetzt ein weiterer Mythos indischen Ursprungs vorgestellt werden, der in der siamesischen Chronik *Suvaṇṇa Khamdëng*[72] überliefert ist. Eines Tages verwandelt sich Visukamma (= Viśvakarman, der göttliche Künstler) in einen Tharai Khăm, d. h. in einen goldenen Hirsch, und hielt sich im Park des Königs P'raya Côraṇī auf. Vergeblich versuchte dieser, ihn zu fangen. Er befahl seinem Sohn Suvaṇṇa Khamdëng, den goldenen Hirsch zu jagen und ihn lebend zu fangen. Suvaṇṇa „versammelte eine Armee von über zwanzigtausend Männern, unter denen er die zweiunddreißig geschicktesten und schnellsten auswählte, sie zu Jägern ernannte und ihren Kopf mit einem den Ohren und Hörnern des Tharai ähnlichen Turban bedecken ließ. Er ließ sie einen Schurz in der Hautfarbe des Tieres anziehen, dessen Ende zusammengebunden wurde, daß es wie der Schwanz des Hirsches aussähe. Alle anderen nahmen jeweils eine Schlinge." Die Verfolgung dauerte zwei oder drei Monate, ohne daß man ihn erreichen konnte. Wenn die Armee schlief, dann schlief auch der goldene Hirsch. „Wenn man nahe daran war, ihn zu erreichen, dann verschwand er wieder in der Ferne. Er wartete auf sie, und wenn sie sich näherten, lief er weiter." Der Prinz verlangte also Verstärkung von seinem Vater. Mit einer beachtlichen Armee wurde die Verfolgung des Hirsches wieder aufgenommen, und man jagte ihn bis zum Fuße des Berges Doi Ang Salong. Von dort kam eine Frau, Nag In Láo[73], um den Prinzen zu sehen. Sie wurde von großer Leidenschaft für ihn

---

[71] Übersetzung E. Chavannes, *Cinq cents contes,* Nr. 341, abgedruckt bei Przyluski, *op. cit.,* S. 337-338.

[72] *Annales du Siam, Première partie; Suvaṇṇa Khamdeng, Suvaṇṇa K'ôm Khăm, Sinhanavati,* übersetzt von Camille Notton, franz. Konsul (Paris, Limoges, Nancy, 1926), S. 3-6. Indische Namen kommen zahlreich vor. Siehe auch J. Przyluski, *op. cit.,* S. 343 ff.

[73] Nang = Dame; In = Indra; Láo = schneiden (Camille Notton, *op. cit.,* S. 5, Anm. 3).

ergriffen, lud ihn in ihr Heim, eine Höhle, ein, und „sie genossen die Freuden der Liebe". Nachdem die Armee lange dort gelagert hatte, zog sie weiter, und Wälder durchquerend kam sie am Fuße des Berges Usupabatta an. Dort verschwand der goldene Hirsch und wurde nie mehr gesehen. An dieser Stelle baute man ein Lager mit dem Prinzen Suvaṇṇa in dessen Mitte auf.

Halten wir folgende wesentliche Elemente fest: 1. Ein göttliches Wesen verwandelt sich in einen goldenen Hirsch und läßt sich im Park des Königs selbst nieder, als wolle es ihn herausfordern; 2. der König, außerstande, ihn zu fangen, beauftragt seinen Sohn, es zu tun; 3. der Prinz zieht mit einer zahlreichen Armee los, die von 32 als Hirsche verkleideten Jägern geführt wird; 4. obwohl der goldene Hirsch immer in Sichtweite bleibt, stellt er sich als unüberwindlich heraus; 5. der Prinz verliebt sich in eine Einheimische und schläft mit ihr; 6. er bleibt lange in der Gegend, aber der Hirsch wartet auf ihn; 7. schließlich nehmen Prinz und Armee die Jagd wieder auf, aber am Fuße eines Berges angekommen, verschwindet der Hirsch. Sehr wahrscheinlich spiegeln die 32 als Hirsche verkleideten Jäger die Erinnerung an eine Gesellschaft wieder, in der die Menschen bestimmten Riten nachgingen *(cervulum facere)*. Das Verhalten des Hirsches scheint uns bezeichnend zu sein: er läßt sich in einem riesigen Land verfolgen und verschwindet erst an dessen Grenzen. Es ist, als wolle er den Prinzen zwingen, das „Gründungsritual" zu vollziehen. In der Tat erfahren wir später, daß der Prinz zu einem sehr mächtigen Herrscher, der Inkarnation des mythischen Keilers, wurde. Die erotische Episode reiht sich in dasselbe Schema der Souveränität ein: Der zukünftige König vereinigt sich mit einer „Tochter des Landes", volkstümliches Abbild der Gottheiten der Erde, Verkörperung der *Autochthonie*. „War diese Jagd", fragt Przyluski, „nicht ein Ritus, der es ermöglichte, sich vom Raja zum obersten Herrscher zu erheben? Auf diese Weise könnte man sich auch die rätselhafte Formel des Jātaka, Nr. 483, erklären, nach der derjenige die Macht des Königs der Götter erhält, mit anderen Worten, die Weltherrschaft erlangt, der einen *śarabha* fängt."[74] Przyluski hat die Verknüpfung zwischen *śarabha*-Jagd und Weltherrschaft richtig gesehen. Aber sowohl in Indien wie auch an anderen Orten kann diese rituelle Jagd verschiedenen Zielen dienen.

---

[74] *Op. cit.*, S. 344-345.

Camille Notton zitiert eine Wa-Überlieferung, die Mang Rai die Verfolgung eines goldenen Hirsches zuschreibt, als er das Land Xieng-Tŭng eroberte.[75] „Eine andere Legende in der Chronik von Xieng Măi schreibt diesem die Jagd nach einer Hindin und ihrem weißen Kalb zu, als er auf der Suche nach einer Stelle war, um die Stadt Xieng Măi zu gründen."[76] Wir finden also in Indien und in den hinduistisch beeinflußten Ländern die Jagd nach dem Wunderhirsch (śarabha, Goldener Hirsch usw.) in Verbindung mit: 1. der Eroberung eines Gebietes (oder Gründung eines Königreiches), 2. der Gründung einer Stadt, 3. der Gewinnung der Weltherrschaft, 4. einer Grunderfahrung, einer Art *metanoia* oder religiöser Bekehrung (siehe Bodhisattva-Hirsch).

Diese Angaben zu Bedeutung und Funktion sind keineswegs erschöpfend für die indische Hirschmythologie. Wir haben schon andeutungsweise auf den dämonischen Charakter des *śarabha* in den Purāṇas hingewiesen. In einer berühmten Episode des *Rāmāyaṇa* (III, 40, 48, 49) verwandelt sich Marīcha, von einem Dämon besessen, in einen goldenen Hirsch mit vier goldenen, mit Perlen geschmückten Geweihstangen und reißt Rāma in seiner Verfolgung mit. So bleibt Sītā alleine zurück und Rāvana kann sie entführen.[77]

Wir werden später noch auf den ambivalenten Charakter des Hirsches eingehen. Fügen wir noch hinzu, daß die ihn betreffenden Mythen und Legenden immer von einem Volk zum nächsten, von einem Kontinent zum anderen weiterverbreitet wurden. Die Fassung, die den Bodhisattva, der sich in einen *śarabha* verwandelt hat, um den Jäger-König zu bekehren, in den Vordergrund stellt, ist sehr wahrscheinlich die Quelle einer der beliebtesten christlichen Legenden, jener der Bekehrung des heiligen Eustachius. Der römische General Placidus, ein reicher, aber gegen die Armen wohltätiger Heide, war passionierter Jäger. Eines Tages jagte er mit seinem Gefolge einen Hirsch von sehr großer Schönheit und verfolgte ihn bis an die Spitze eines Felsens. Dort entdeckte Placidus, während er dessen Würde bewunderte, ein Kreuz in seinem Geweih. Der Hirsch

---

[75] *Gazeteer,* Bd. I, S. 518, zitiert bei C. Notton, *Annales du Siam,* S. 4, Anm. 2.

[76] C. Notton, *op. cit.,* S. 4, Anm. 2.

[77] Nach J. Darmsteter, *Revue des Études Juives,* II, 1881, S. 300-302, ist diese Geschichte über das Persische in die jüdische Folklore gelangt: König David verfolgte einen Hirsch und kam in das Land der Philister, dort wurde er vom Bruder Goliaths gefangengenommen. Vgl. M. B. Ogle „The Stag-Messenger Episode" (*American Journal of Philology,* XXXVII, S. 387-416), S. 412 ff.

sprach zu ihm mit menschlicher Stimme: Er sei Christus, den Placidus, ohne es zu wissen, anbete.[78] Diese Geschichte ist über arabische und Pehlewi-Fassungen bis auf Sanskrit-Ursprünge zurückzuführen.[79] Daß Christus aber mit dem Hirsch verglichen werden konnte, ist darauf zurückzuführen, daß letzterer bereits im antiken Griechenland die periodische und universelle *renovatio* symbolisierte und dies eben wegen der periodischen Erneuerung seines Geweihs.[80] Mit anderen Worten, am „Ursprung" einer Legende finden wir immer eine archaische Glaubenswelt, die ihr nicht nur voranging, sondern vor allem ihre Blüte und ihren Erfolg vorbereitet hat.

Indoarier, Finno-Ugrier, Altaivölker

Was die Mythen der Nomaden Zentralasiens, die die Hirschverfolgung zum Gegenstand haben, betrifft[81], so stehen diese bestimmt in Wechselbeziehung mit ihrer Kunst, in der das vorherrschende Motiv die Darstellung von Jagdszenen ist: fliegende, galoppierende Hirsche; geflügelte, Steinböcke tötende Greife; Raubvögel, die sich auf Hirsche und Steinböcke stürzen usw.

Andreas Alföldi[82] und Franz Altheim[83] haben mehrmals die Beziehungen zwischen der Kunst der Tierdarstellungen der asiatischen

---

[78] *Acta Sanctorum*, Bd. VI, S. 123 ff. (20. September). Die Episode ist ausführlich bei C. Pschmadt kommentiert, *Die Sage von der verfolgten Hinde*, S. 45 ff., der ebenso die Parallel-Legenden des heiligen Hubertus und von Julian Hospitator untersucht hat.

[79] Vgl. Gerould, in *Publications of Modern Languages Association*, 19, 1904, S. 335 ff.; M. B. Ogle, *op. cit.*, S. 411.

[80] Vgl. H. Ch. Puech, „Le Cerf et le Serpent" (*Cahiers archéologiques*, IV, 1949, S. 17-60), S. 29 ff. Derselbe Symbolismus ist bei den protohistorischen Chinesen, bei den Altaiern, einigen Kulturen Zentral- und Nord-Amerikas (besonders bei den Maya und Pueblo) bezeugt; vgl. C. Hentze, *Comment il faut lire l'iconographie d'un vase en bronze chinois de la période Shang* (Conferenze I. S. M. E. O., Bd. I, Rom, 1951, S. 1-60); id., *Bronzegerät, Kultbauten, Religion im ältesten China der Shang-Zeit* (Antwerpen, 1951), S. 210 ff. Siehe auch M. Eliade, *Images et Symboles* (Paris, 1952), S. 216, Anm. 5.

[81] Vgl. u. a. W. Eberhard, *Lokalkulturen im alten China*. Teil I: *Die Lokalkulturen des Nordens und Westens* (Leiden, 1942), S. 78 ff.; S. Szyszman „Le roi Bulan et le problème de la conversion des Khazars" (*Ephemerides Theologicae Lovanienses*, XXXIII, 1957, S. 71 ff.).

[82] Siehe vor allem „Theriomorphe Weltbetrachtung in Hochasiatischen Kulturen" (*Archaeologischer Anzeiger*, 1931, col. 393-418); id., *Der frührömische Reiteradel und seine Ehrenabzeichen* (Baden-Baden, 1952).

[83] Vgl. vor allem *Weltgeschichte Asiens im griechischen Zeitalter*, II (Halle, 1948), S. 297 ff.; *Literatur und Gesellschaft im ausgehenden Altertum* (1950), II, S. 15 ff.; *Attila und die Hunnen* (Baden-Baden, 1951), S. 76 ff.; *Niedergang der Alten Welt*, I, (1952), S. 320 ff.; *Geschichte der Hunnen*, I, S. 230 ff.

Nomaden und ihren Ursprungs- und Eroberungsmythen *(Landnahme-Saga)* unterstrichen. Im ersten Aufsatz dieses Buches haben wir auf den archaischen Charakter jenes mythisch-rituellen Komplexes, in dem der Ahn ein Raubtier, typisches Vorbild sowohl des Jägers als auch des unbesiegbaren Kriegers, ist, hingewiesen.[84] Unter diesem Blickwinkel untersucht, kann die Hirschjagd, die in die Entdeckung und Eroberung eines Territoriums mündet, als Aktualisierung des Ursprungsmythos interpretiert werden. Der mythische Ahn, d. h. das Raubtier, verfolgt einen Hirsch und erobert das zukünftige Vaterland seiner Nachkommen. Erwartungsgemäß haben die Völker der eurasischen Steppe, die im Verhältnis zu den Zentren der Hochzivilisation periphere Regionen bewohnten, länger solche archaischen Traditionen bewahrt.[85] Aber das soll weder heißen, daß andere ethnische Gruppen keine ähnlich gearteten Traditionen gekannt hätten, noch daß die Nomaden der eurasischen Steppen keine Elemente höherer Kultur kennengelernt oder assimiliert hätten, noch ehe sie die Grenzen des Römischen, Persischen oder Chinesischen Reiches, die sie wenig später angriffen, erreicht hatten.

F. Altheim erinnert, sich auf Jacobsohn stützend, daran, daß der Begriff *śarabha* im Wogulischen *šuorp, šorp,* „Elch" erhalten geblieben ist.[86] Und ebenso wie in Indien der *śarabha* ein Wunderhirsch mit acht Beinen ist und Feind des Löwen und Elephanten, ist bei den Wogulen der Elch *(šuorp)* ein furchterregendes, vom Himmel gesandtes Tier. In einer wogulischen Dichtung flehen die Menschen Numi Tārem, den himmlischen Vater, an, den Elch in ein vierbeiniges Tier zu verwandeln, ansonsten würde er die menschliche Gattung vernichten.[87] Wie Altheim bemerkt, haben die Ugrier nicht nur die Begriffe, sondern auch die mythischen Vorstellungen arischer Zeiten bewahrt.[88]

---

[84] Siehe weiter oben, Aufsatz I. Vgl. auch Eugène Lozovan „Du nom ethnique des Daces" (*Revue Internationale d'onomastique,* XIII, 1961, S. 27-32).

[85] Es ist das „Gesetz von der Erhaltung des Alten an der Peripherie", von dem R. Merkelbach spricht, *op. cit.,* S. 520.

[86] H. Jacobsohn, *Arier und Ugrofinnen* (1932), S. 57; F. Altheim, *Geschichte der Hunnen,* I, S. 232; es ist übrigens nicht die einzige arische Vokabel, die die Ugrier übernommen haben; vgl. z. B. mordwinisch *azoro,* „Herr", vom indo-iranischen *asura;* H. Jacobsohn, *op. cit.,* S. 38; 138; F. Altheim, *op. cit.,* S. 230.

[87] B. Munkácsi, zitiert bei Altheim, S. 232-33. Die deutsche Übersetzung des wogulischen Gedichts ist bei F. Altheim, *Niedergang der Alten Welt,* I, S. 235 ff. veröffentlicht.

[88] *Geschichte der Hunnen,* I, S. 233.

Was das spezifische Motiv der Kunst der Tierdarstellungen in der Steppe betrifft, so ist auch diese keine Schöpfung der Paläosibirier. In Tell Halaf, also im Einflußbereich der indo-arischen Mitanni, hat man ein Relief aus dem 11. Jahrh. vor Chr. gefunden, das einen von einem Raubtier angegriffenen Elch zeigt. Dieses Raubtier ist in Vorderasien unbekannt. Es handelt sich um einen *gulo gulo,* ein Raubtier, das ausschließlich in nördlichen Teilen Eurasiens lebt.[89] Eine ähnliche Szene ist auf dem Filzteppich von Noïn Ula (Äußere Mongolei) zu sehen: Ein geflügeltes Raubtier (wie das Fabelraubtier der Ostjaken) stürzt sich auf einen Elch. Man weiß, daß ein Teil der Stoffe von Noïn Ula aus der griechisch-sarmatischen Region des südlichen Rußlands oder aus Syrien stammt; ein anderer Teil aus China. Was den Teppich mit dem Kampf zwischen Elch und Raubtier betrifft, so erinnert dieser in seinem Stil an die Darstellung der Tierkämpfe in der sarmatischen Kunst des südlichen Rußlands, aber vor allem an jene auf den Goldplaketten Westsibiriens.[90] Die Kunst der Tierdarstellung in den Steppen scheint ihren Ursprung im südlichen Rußland zu haben, d. h. im Kaukasus, und in letzter Instanz, wie R. Grousset glaubt, von der mesopotamischen Welt abhängig zu sein.[91]

Es handelt sich natürlich um eine Kunst, die mit spezifischen religiösen Anschauungen und einer spezifischen Mythologie in Wechselbeziehung steht. Beim Feststellen des Forschungsstandes über das Motiv, das uns beschäftigt, also die Hirschjagd, die zur Entdeckung eines neuen Territoriums führt, identifiziert F. Altheim dessen konstituierende Bestandteile bei den Indoariern: der Begriff *śarabha,* der bei den Ugriern erhalten geblieben ist, und die älteste plastische Darstellung auf den Reliefs, die in der von den Mitanni besiedelten Gegend gefunden wurde. Mit anderen Worten, schon zu frühesten Zeiten hatten die Nomaden Zentral- und Nordasiens diese mythisch-religiösen Elemente bei ihren Nachbarn, den Indo-Ariern, entliehen.[92] Aber während die Arier bei ihrem Zug Richtung Indien das Ursprungsmotiv vergaßen (jenes des von einem Raubtier verfolgten Hirsches), haben die Ugrier und die Altaier es bewahrt und ihm neue Kraft

---

[89] Siehe die Bibliographie bei F. Altheim, *Geschichte der Hunnen,* I, S. 234 ff.

[90] Vgl. Fragestellung und Bibliographie bei F. Altheim, *op. cit.* S. 236 ff. Die Ausführungen in R. Grousset, *L'Empire des Steppes* (Paris, 1939), S. 42-52, 623 ff., bleiben noch immer die beste Einführung in das Studium der Kunst der Tierdarstellungen in den Steppen.

[91] R. Grousset, *op. cit.,* S. 625.

[92] F. Altheim, *Geschichte der Hunnen,* I, S. 237.

verliehen.[93] Andererseits hat, wie wir gesehen haben, der Mythos des *śarabha* auch in Indien neue Bewertungen erfahren. Ein Beweis mehr dafür, daß es sich hier um einen mythisch-rituellen Handlungsablauf von außergewöhnlichem Reichtum handelt, der in vielfältigen Kontexten zu unterschiedlichsten Zielsetzungen eingesetzt werden kann. Was die hunnische Fassung der *Landnahme-Saga* betrifft, so ist sie mit Bestimmtheit nicht, wie Alföldi, Krappe und andere Autoren meinten, die älteste. Altheim hat jetzt das, was er das *Urbild* aller Fassungen genannt hat, in einer vom griechischen Grammatiker Agatharchides von Knidos, der im 2. Jahrh. vor Chr. lebte, erzählten Legende entdeckt. Nach dieser Legende hatten Löwen die Pferde des Persers Erythros durch das Rote Meer bis zu einer Insel gejagt. Erythros folgte der Pferdeherde und den Hirten und gründete auf der Insel eine Stadt.[94] Wie man sieht, ist es eine wirkliche Jagd, die das unbekannte Land offenbart, und nicht ein führendes Tier. Der archaische Charakter der Legende wird dadurch unterstrichen, daß es Raubtiere (die Löwen) sind, die jagen. Die Anspielung auf eine Stadtgründung deutet keineswegs auf ein jüngeres Datum, denn in diesem Teil der Welt sind Städte bereits seit der Frühgeschichte bekannt.[95]

Wenn man mit gemeinsamen religiösen Anschauungen und kulturellen Werten der eurasischen Nomaden und der osteuropäischen Bevölkerung zu tun hat, muß man zwei Arten von Fakten in Betracht ziehen: 1. die kulturellen Analogien zwischen den alten Iranern und den Turko-Mongolen, und 2. späte iranische Einflüsse (sassanidische

---

[93] Bei den Tataren und Tschuwaschen ist der Name des Elches oder des gezähmten Elches *bulan,* von *bulmaq* „finden", mit dem Suffix n heißt es dann: „derjenige, der findet"; vgl. H. Grégoire (*Byzantion,* 12, 1937, S. 261), zitiert bei F. Altheim, I, S. 239. Aber es ist schwierig zu entscheiden, ob es sich um einen vergessenen alten Mythos handelt; vgl. Altheim, *ibid.*

[94] Agatharchides, *De mari Erythraeo,* 5 (G. G. M., I, 1885, S. 113), zitiert bei Altheim, *Geschichte der Hunnen,* V, S. 393. Erythros lebte während des Winters in Pasargadai, aber im Sommer in der Nähe des Roten Meeres (man hat ursprünglich darunter den Persischen Golf verstanden).

[95] Die rituelle Jagd, unternommen, um einen Ort für ein neues Dorf zu finden, ist auch bei einigen afrikanischen Völkern bekannt; vgl. Helmut Straube, *Die Tierverkleidungen der afrikanischen Naturvölker* (Wiesbaden, 1955), S. 83-84. Fügen wir hinzu, daß die afrikanischen Ereignisse geeignet sind, einige Aspekte unseres Problems zu erklären. Tatsächlich kann man in Afrika die Kontinuität der „rituellen Jagd" – in Verbindung mit der Initiation, den Geheimgesellschaften und der Souveränität – seit den archaischsten Phasen (Jägerkulturen) bis hin zu den Hirten- und Bauernkulturen annehmen. Vgl. Straube, S. 198 ff.

und nachsassanidische) auf bestimmte eurasische Völker vor deren Eindringen in die römische und germanische Welt. Karl Meuli hat sehr gut die Ähnlichkeiten zwischen Kriegs- und Jagdtechniken der Iraner und der Turko-Mongolen erhellt.[96] Der Schweizer Gelehrte meint, es handle sich um ein spezifisches Element der Kulturen der Krieger-Hirten Zentralasiens, d. h. der pferdezüchtenden Reiter-Völker.[97] Meuli läßt die Frage möglicher assyrischer Einflüsse offen.[98] Wie dem auch sei, die ähnlichen Züge zwischen den verschiedenen Reitervölkern müssen davor warnen, zu starre Erklärungen, die Einflüsse der Turko-Ugrier auf die Völker Mittel- und Osteuropas betreffend, zu entwickeln. Gewisse kulturelle Elemente, die angeblich von den eurasischen Nomaden gebracht wurden, könnten in Wirklichkeit iranischen Ursprungs sein, d. h. den großen Invasionen zu Beginn unserer Zeitrechnung um acht bis zehn Jahrhunderte vorausgehen.

Das ist um so wahrer, als einige dieser Steppen-Völker stark von der sassanidischen Kultur beeinflußt waren.[99] N. Maurodinov hat umfassend die Stärke des sassanidischen Kunsteinflusses auf den protobulgarischen Schatz von Nagyszentmiklós bewiesen. Maurodinov schließt daraus, daß die sassanidische Kunst auf die Vorfahren der Protobulgaren gewirkt hatte, „und daß diese Wirkung ihnen von ihrer eigenen künstlerischen Tradition überliefert wurde".[100] Andererseits haben die Ausgrabungen von Kopeny am Jenissei (300 km südlich von Krasnojarsk) Vasen aus dem 10. und 11. Jahrh. mit nachsassanidischen Einflüssen desselben Typs zutage gefördert.[101] Schließlich läuft dies darauf hinaus zu sagen, die Eroberer hätten eine Kultur nach Osteuropa gebracht, in der das archaische Erbe der eurasischen Krieger-Jäger sassanidische, byzantinische, ägäische, ja germanische Kultureinflüsse erhalten hatte.

---

[96] Karl Meuli, „Ein altpersischer Kriegsbrauch" (*Westöstliche Abhandlungen. Festschrift für Rudolph Tchudi,* Wiesbaden, 1954, S. 63-86, mit einer reichen Bibliographie).

[97] *Op. cit.,* S. 77.

[98] *Op. cit.,* S. 82.

[99] Über die Verbreitung der sassanidischen Kultur siehe F. Altheim, *Geschichte der Hunnen,* V, S. 195 ff., dort wird auch die neuere kritische Literatur zu diesem Problem diskutiert.

[100] N. Maurodinov, „Le Trésor Protobulgare de Nagyszentmiklós" (*Archaeologia Hungarica,* 29, Budapest, 1943), S. 210 ff.; F. Altheim, *Gesch. der Hunnen,* V, S. 253 ff.

[101] A. L. Mongaït, *Archaeology in the U. S. R. R.* (translated and adapted by M. W. Thompson, Penguin Books, Baltimore Maryland, 1961), S. 261 und Abb. 20. F. Altheim zitiert auch andere Beispiele der protobulgarischen Kunst mit iranischem Ursprung; vgl. *Gesch. der Hunnen,* V, S. 259, 285.

In ganz Europa, aber vor allem im Südosten, sind sich verschiedene Völker, Religionen und Kulturen begegnet, wurden miteinander konfrontiert und haben sich gegenseitig beeinflußt – und das mindestens seit drei Jahrtausenden vor dem Zeitalter der großen Invasionen. Das typische Land der Begegnungen war Dakien. Seit der Vorgeschichte und bis zum Beginn der Neuzeit haben orientalische und ägäische Einflüsse nicht aufgehört, wirksam zu sein. Andererseits haben bei der Herausbildung des geto-dakischen Volkes und seiner Zivilisation iranische (skythische) und vor allem keltische Elemente eine wichtige Rolle gespielt. In der Folge dieser Einflüsse und dieses Zusammenlebens hat die thrakisch-kimmerische Grundlage jenes spezifische kulturelle Aussehen erhalten, das es von den Kulturen der balkanischen Thraker unterscheidet. Die römische Kolonisierung brachte schließlich noch den massiven lateinischen Einfluß mit den Beiträgen des Hellenismus in seiner synkretistischen Phase.
Es war notwendig, diese wohl bekannten Tatsachen ins Gedächtnis zu rufen, weil ihre Gesamtheit nicht berücksichtigt wird, wenn es darum geht, bestimmte archaische religiöse Wirklichkeiten oder bestimmte volkstümliche Schöpfungen zu interpretieren. Die entscheidenden mythologischen Bestandteile der Dragoşlegende waren in der östlichen *Romania* an Ort und Stelle vorgegeben. Wir haben an ihre italischen, keltischen, mediterranen und orientalischen Parallelen erinnert. Wir haben ihren *Archaismus* aufgezeigt. Dieser Punkt ist wichtig, denn die archaischen religiösen Verhaltensweisen und Ideen bleiben nicht nur in den Randzonen der Ökumene erhalten, sondern auch in einigen besonders konservativen Regionen wie den Karpaten, dem Balkan, den Alpen und den Pyrenäen. Das Paradoxon Dakiens und des gesamten Balkans besteht darin, daß es sich sowohl um ein Sammelbecken handelt, in dem sich verschiedene Einflüsse begegnen, als auch um ein konservatives Gebiet, wie die Elemente archaischer Kultur, die dort bis zu Beginn des 20. Jahrh. weiterlebten, beweisen. Mit anderen Worten, man darf also nicht glauben, daß die Ankunft einer Welle höherer Kultur durch ihren „Erfolg“ alle Formen vorhergehender Kultur vernichtet hätte. Ein solches Phänomen ist nur in der Neuzeit und vor allem auf der Ebene der materiellen Kultur nachweisbar, aber selbst in diesem Fall ist die „Akkulturation“ niemals endgültig.

Schlußbemerkungen

Es ist jetzt wichtig, einige Ergebnisse unserer Untersuchung zusammenzufassen.

1. Welchen Einfluß auch immer die ungarische Überlieferung von Hunor und Magor auf die ersten rumänischen Chronisten gehabt haben mag, so kann es sich dabei nur um stilistische Einflüsse gehandelt haben. Selbst wenn sie nach dem ungarischen Muster überarbeitet worden ist, so kann die Dragoş-Legende nicht als solche von den ersten rumänischen Chronisten übernommen worden sein. Die Unterschiede, strukturell gesehen, zwischen den beiden Fassungen sind zu gewichtig: in der ersten der führende, auf mysteriöse Weise verschwindende Hirsch, in der zweiten der gejagte und getötete Auerochse.

2. Man muß also die Existenz einer autochthonen Legende von der Jagd und Opferung eines Auerochsen als „Probe" eines Heros annehmen. Diese kann in Verbindung stehen a) mit einem bestimmten Initiationsritus (archaischer mediterraner Stierkampf, Mithrasmysterien) oder b) mit der Erlangung der „Souveränität" (genauer: einer lokalen Führungsrolle) oder c) mit der Besiedlung eines unbekannten Territoriums (Gründungsopfer). All diese religiösen Bedeutungen der zeremoniellen Jagd und des Opfers eines wilden Tiers sind im antiken Vorderen Orient sowie in der mediterranen und römischen Welt in Form von Ritualen, Mythen, Legenden oder einfach in weiterbestehenden volkstümlichen Erinnerungen belegt. Die Existenz eines ähnlich gearteten mythisch-rituellen Handlungsablaufes in Dakien stellt eine noch offene Frage dar. Aber es steht fest, daß die „imaginären Vorstellungswelten", die mit solchen mythisch-rituellen Systemen in Verbindung standen, in Dakien und im übrigen östlichen Europa bekannt waren, denn man findet sie in den volkstümlichen Schöpfungen wieder.

3. Die dako-rumänische Variante steht strukturell in Wechselbeziehung mit einer Jägerkultur. Aber wie auch bei Nachbarvölkern, vor allem bei den Ungarn, geschehen, verwandelt sich die Jagd-„Ideologie" in Hirten-„Ideologie". Dieser Prozeß kann in anderen religiösen rumänischen Traditionen vorchristlichen Ursprungs erschlossen werden; z. B. besteht der Ritus des *cervulum facere* neben der rituellen Maske einer Ziege *(capra, brezaia)* oder ist durch diese ersetzt. In welchem Maße diese Hirtenideologie in der rumänischen volkstümlichen Kultur vorherrschend ist, wird u. a. dadurch bewiesen, daß das

Hauptwerk rumänischer Volksdichtung die *Miorița* ist. Das Wesensmerkmal dieser Ballade ist die Orakelfähigkeit des Lammes. Das Tierorakel ist nun aber ein urarchaischer Glaube, der als Erbe einer vorgeschichtlichen Jägerkultur in einer kulturellen Hirtenwelt überlebt hat.

4. Die „Hirschmythologie" ist ebenfalls im rumänischen Volkstum belegt. Aber es fällt schwer, genau festzulegen, welche Schichten autochthon sind (d. h. zur balkanischen Frühgeschichte gehören), und worin der neuere Beitrag der östlichen Legenden bestand. Wie in ganz Osteuropa haben sich auch die rumänischen religiösen Volkstraditionen durch eine Reihe sich folgender und sich überdeckender Ablagerungen gebildet.

5. Wir haben gesehen, wie zahlreich und vielfältig die Geschichten sind, die eine Hirschjagd zum Gegenstand haben. Beim Verfolgen des Hirsches wird ein unbekanntes Land entdeckt, die Hölle betreten, man begegnet Bodhisattva oder Christus usw. In anderen Legenden, die wir nicht untersucht haben, ist der verfolgte Hirsch eine Fee, eine Hexe, ein Dämon oder der König des Reichs der Toten, der die Jäger ins Jenseits oder in eine magische oder wundersame Welt lockt usw.[102] Man kann aber das grundlegende Element der darunter liegenden Einheit in allen Geschichten entziffern: Die Hirschjagd mündet in eine radikale Veränderung der Situation oder der Daseinsweise des Jägers. Sie stellt einen „Bruch der Ebenen" dar: den Übergang vom Leben zum Tod, vom Weltlichen zum Heiligen, von der gewöhnlichen Stellung zur Souveränität. Man begegnet dabei übermenschlichen Wesen (Feen, Zauberern, Hexen), oder Toten, Göttern oder Dämonen; man kommt von der Steppe in die fruchtbare Ebene, von der keimhaften zur erfüllten und glorreichen Existenz, man tritt aus der Anonymität heraus und gelangt in die Geschichte, aus der Abhängigkeit in die Autonomie. In allen diesen Fällen begründet der Bruch eine neue Daseinsweise (und dies stimmt auch in den Fällen, in denen der Held stirbt oder das Jenseits betritt). Deshalb bilden diese Mythen und Legenden, wenn man sie auf „historische" Ereignisse bezieht, die *Anfänge* „par excellence", den *Ursprung,* die *Gründungshandlung* und werden später dann zum Ausgangspunkt und zur exemplarischen Vorlage der nationalen Historiographie.

---

[102] Vgl. W. E. Peuckerts Artikel ‚Hirsch' im ‚*Handwörterbuch des deutschen Aberglaubens*', Bd. IV, bes. Sp. 93 ff. Siehe auch Karl von Spiess, *Marksteine der Volkskunst,* II (Berlin, 1942), S. 73-141 (Die gejagte Hinde).

6. Wie wir gesehen haben, haben auch andere Tiere ähnliche Rollen gespielt. Selbst wenn diese Fassungen späterer Natur sind, ja „literarischen" Ursprungs (oder aus einfachen etymologischen Gründen wiedererfunden wurden)[103], so beweist die Tatsache, daß man es für notwendig erachtet hat, sie wiederzuerfinden oder zu bearbeiten, daß die ein Tier in Szene setzenden Legenden bestimmten Bedürfnissen der Tiefenpsyche entsprachen. Sie spielten eine Rolle in der Dialektik menschlichen Geistes, der den Menschen zu einem Dasein in dieser Welt zwingt, indem er zugleich sich seine eigenen Daseinsbedingungen klarmacht und sich seiner Verantwortung in der Welt stellt. Die Quelle all dieser Mythen, Rituale, Glaubensvorstellungen und Legenden findet man in einer außerordentlich archaischen magisch-religiösen Anschauung: *Es ist das Tier* (d. h. die religiöse Macht, die es verkörpert), *das die Lösung einer scheinbar auswegslosen Situation entdeckt,* es vollzieht den Bruch einer geschlossenen Welt und ermöglicht so den Übergang zu einer höheren Daseinsweise. Gewiß handelt es sich um eine prähistorische Anschauung, was auch nicht verwunderlich ist, wenn man weiß, daß während Hunderttausenden von Jahren der Mensch nicht nur von der Jagd gelebt hat, sondern auch eine mystische Blutsverwandschaft mit den Tieren auf sich nehmen mußte. Diese Ur-Vergangenheit ist nie vollständig getilgt worden. Die Symbole, Inhalte, Bilder, die in jenen sagenhaften Zeiten entstanden und artikuliert worden sind, als das Tier sowohl das Geheimnis der Welt, wie auch den Kode darstellte, der sie verständlich machte, haben seit langem ihre Bewußtseinsfunktion verloren; denn sie sind auf der Ebene der alltäglichen pragmatischen Erfahrung unnütz geworden. Aber sie leben noch in den imaginären Sphären: in Träumen, Phantasien, künstlerischen und literarischen Schöpfungen usw. Das heißt, sie sind für die Kenntnis vom Menschen von unschätzbarem Wert.

1965.

---

[103] Wir haben diese Beispiele nicht zitiert, aber es gibt einige in der griechischen Antike; vgl. A. H. Krappe, *op. cit.*, S. 228, 231, etc.

V

MEISTER MANOLE UND DAS KLOSTER VON ARGEŞ

Volksdichtung und religiöses Brauchtum

In einem 1943 erschienenen Buch, *Comentarii la Legenda Meşterului Manole* (Bukarest, Ed. Publicom, 144 Seiten) habe ich versucht, eine erste Auslegung der geistigen Welt zu geben, die die berühmte rumänische Ballade offenbart. Eine weitere Arbeit, *Manole und die Bauriten,* dazu bestimmt, diese Nachforschungen in einen größeren Zusammenhang zu stellen und weiterzuentwickeln, ist somit von Interesse für Rumänien- und Balkanforscher, Volkskundler und Religionshistoriker. Da verschiedene Gründe die Veröffentlichung dieser Arbeit bis jetzt verzögert haben, beabsichtige ich, auf den folgenden Seiten deren Hauptgedanken zu skizzieren und auf einige ihrer Ergebnisse hinzuweisen.

Die Untersuchung der Legende über das Kloster von Argeş kann aus verschiedenen, aber sich ergänzenden Perspektiven vorgenommen werden. Wenn man die literarischen Imitationen, die Übersetzungen und die Bearbeitungen der Ballade, die durch Alecsandri zusammengetragen und veröffentlicht wurde, beiseite läßt – also lauter Aspekte, die zur Literaturgeschichte und zur vergleichenden Literaturwissenschaft gehören –, um sich ausschließlich auf die Produktionen der Volksdichtung zu beschränken, ergeben sich für den Forscher mehrere Wege der Annäherung. Das erste Problem ist ästhetischer Art: der literarische Wert der verschiedenen aufgezeichneten Varianten und ihr möglicher Vergleich mit ähnlichen volkstümlichen Schöpfungen der Balkanhalbinsel und der Donauländer; 2) es folgt das historische Problem mit seinen verschiedenen Aspekten: a) die Wanderung des volkstümlichen Motivs im Südosten Europas und in den Donauländern; b) die möglichen Anleihen und gegenseitigen Einflüsse innerhalb dieser kulturellen Zonen; c) die Identifizierung des

„Entstehungszentrums“, d. h. der Gegend, wo die Ballade als dichterisches Werk entstanden ist. Außer diesen beiden Gesichtspunkten, die vor allem die Stilisten interessieren und die Volkskundler, die sich mit Rumänien und dem Balkan befassen, muß man ebenfalls berücksichtigen: 3) die dem Volkskundler eigene Sicht: Er ist bestrebt, ähnliche Legenden und Anschauungen bei den anderen europäischen Völkern zu sammeln und zu vergleichen, auch wenn sie nicht Anlaß zu eigenständigen dichterischen Schöpfungen gegeben haben; 4) die Sicht des Ethnologen, der die Gesamtheit der Bauriten, die sich in allen Teilen der Welt bezeugen lassen, betrachtet, und der sich bemüht, sie in die verschiedenen kulturellen Strukturen zu integrieren; 5) schließlich, die Sicht des Religionshistorikers, der, indem er die Schlußfolgerungen der Volkskundler und Ethnologen benutzt, bestrebt ist, die existentielle Situation wiederaufzufinden, die die Bauideologie und -riten hervorgerufen hat, und der sich bemüht, vor allem die theoretische Welt verständlich zu machen, die eine solche Situation begründet hat.

Die Forschungen von L. Şăineanu, M. Arnaudov, P. Skok, P. Caraman, D. Caracostea, G. Cocchiara und D. Gaždaru haben das Studium der rumänischen und Balkanballaden ziemlich weit vorangetrieben; es wird auf ihre Arbeiten verwiesen, was die Einzelheiten der Untersuchung und die Bibliographie betrifft.[1] Für unseren Gegenstand genügt es, noch einmal ganz kurz an das Wesentliche des

---

[1] Lazăr Săineanu, *Studii folklorice,* Bukarest, 1896: id. (L. Sainéan), „Le rites de construction d'après la poésie populaire de l'Europe Orientale“, in *Revue de l'Histoire des religions,* Bd. 45, 1902, S. 359-396; M. Arnaudov, „Văgradena nevĕsta“, in: *Sbornik za narodni umotvorenija i narodopis,* XXXIV, 1920, S. 245-512; Petar Skok, „Iz balkanske komparativne literature. Rumunske paralele ‚zidanju Skadra‘“ in: *Glasnik Skopskog naučnog društva,* Skoplje, 1929, S. 220-242; P. Caraman, „Consideratii critice asupra genezii şi răspândirii baladei Meşterului Manole Balcani“, in: *Buletinul Institutului de filologie română* „Alexandru Philippide“, I, Iaşi, 1934, S. 62-102; Giuseppe Morici, „La vittima dell'edifizio“, in: *Annali del R. Istituto superiore orientale di Napoli,* IX, 1937, S. 177-206; D. Caracostea, „Material sud-est european şi formă românească“, in: *Revista Fundaţiilor regale,* Dezember 1942, S. 619-666; G. Cocchiara, „Il Ponte di Arta e i sacrifici di costruzione“, in: *Annali del Museo Pitrè,* I, Palermo, 1950, S. 38-81; D. Găzdaru, „Legenda Meşterului Manole“, in: *Arhiva,* Iaşi, 1932, S. 88-92; id., „Contribuţia Românilor la progresul cultural al Slavilor“, III, in: *Cuget românesc,* Jahr II, Nr. 3, Buenos-Aires, 1952, S. 155-159. Zur Entlastung des Apparats begnügen wir uns damit, auf die Bibliographien in unserem Buch *Comentarii* und in der reichen Untersuchung von Cocchiara zu verweisen. Der italienische Volkskundler scheint unser Buch nicht gekannt zu haben, das er allerdings erwähnt (S. 71, Anm. 118); sonst hätte er die Untersuchungen von Găzdaru, Arnaudov und Caracostea berücksichtigt, deren Ergebnisse wir benutzt haben.

Dossiers zu erinnern: *Mânăstirea Argeşului* wurde zuerst von Vasile Alecsandri in seinem Band *Balade adunate şi îndreptate* (Iaşi, 1852) veröffentlicht und von demselben Autor in seinen *Ballades et chants populaires de Roumanie* (Paris 1855, S. 143-158) ins Französische übersetzt. Da die Version von Alecsandri ziemlich bekannt ist, danken wir Herrn M. N.-A. Gheorghiu, uns eine unveröffentlichte Übersetzung zur Verfügung gestellt zu haben, deren große lyrische Qualität man zu schätzen wissen wird. (Aus metrischer Vereinfachung wird der Name Manolé in der Übersetzung von Herrn Gheorghiu mit Manol wiedergegeben.)

I

L'Argeş en aval,
Dans le joli val,
Le Prince-Noir vient
Et il s'entretient
Avec neuf maçons,
Maîtres, compagnons,
Et Manol dixième,
Leur maître suprême,
A fin qu'ils choisissent
Un endroit propice
Sur ses vastes terres
Pour un monastère.

Et voici, soudain,
Que sur leur chemin,
Un berger les scrute,
Jouant de sa flûte;
Et dès qu'il surgit,
Le Prince lui dit:

– Petit berger, fier,
Jouant de doux airs,
Allant en amont
Avec tes moutons,
Ou descendant l'eau
Avec ton troupeau,
N'as-tu pas vu là,
Par où tu passas,
Des murs délaissés
Et non achevés,
Parmi des piliers
Et des noisetiers?

– Si, Seigneur, j'ai vu
Des murs délaissés
Et non achevés:
Mes chiens, quand les voient,
Hurlent et aboient,
Comme s'ils pressentent
La mort qui les hante.
Le Prince l'entend
Et repart soudain,
Suivant son chemin
Avec neuf maçons,
Maîtres, compagnons,
Et Manol dixième,
Leur maître suprême.

– Les voici mes murs!
Donc vous, compagnons
Et maîtres maçons,
Passez aux travaux:

Il faut qu'aussitôt,
Ici, vous leviez
Et le bâtissiez
Mon beau monastère
Sans pareil sur terre.
J'offre mes richesses,
Des rangs de noblesse;
Ou sinon, sachez,
Je vous fais murer,
Murer tous, vivants! . . .

II

Travaillant sans trêve,
Leur grand mur s'élève;
Mais tout travail fait,
La nuit s'écroulait!
Et pendant trois nuits,
Tout croule avec bruit!

Le Prince les mande
Et les réprimande:
Fâché, furieux,
Il menace et veut
Les murer vivants . . .
Les maîtres maçons
Et les compagnons
En travaillant tremblent,
En tremblant travaillent . . .
Tandis que Manol,
Couché sur le sol,
Fait, en s'endormant,
Un songe étonnant,
Puis, lorsqu'il se lève,
Il leur dit son rêve:

– Chers maîtres maçons
Et chers compagnons,
J'ai fait, en dormant,
Un rêve étonnant.
Du ciel j'entendis
Quelqu'un qui me dit:
Ce que l'on construit
Tombera la nuit,
Jusqu'à ce que nous
Déciderons, tous,
D'emmurer l'épouse
Ou la sœur, venant
Porter la première
Au mari ou frère
A manger demain,
Au petit matin.

Donc si vous tenez
A parachever
Ce saint monastère
Sans pareil sur terre,
Il faudra jurer
Et nous engager,
Et qui, la première,
Viendra demain,
Au petit matin,
Nous l'immolerons
Et l'emmurerons!

III

A l'aube, voici
Que Manol bondit
Et qu'il monte sur
Les restes des murs,
Scrutant le chemin,
Perçant le lointain.

Hélas, pauvre maître,
Qui voit-il paraître?
Anne, sa chérie,
Fleur de la prairie!
Elle s'approchait
Et lui apportait
A boire, à manger . . .
A genoux, en pleurs,
Il prie le Seigneur:
– Verse sur le monde,
La pluie qui inonde,
Change les rivières
En torrents sur terre;
Fais que les eaux croissent,
Pour que ma mie, lasse,
Ne puisse avancer!

Dieu ayant pitié
Lui obéit et
Fait couler bientôt
Du ciel, l'eau en flots.
Mais, bravant l'averse,
Sa femme traverse
Les eaux, les torrents . . .
Et Manol soupire,
Son cœur se déchire;
Il se signe, en pleurs,
Et prie le Seigneur:
– Fais souffler un vent,
Un vent si puissant,
Qu'il plie les sapins,
Dépouille les pins,
Abatte les montagnes

Quant à sa compagne,
En bravant le vent
D'un pas hésitant,
Arrive, épuisée.

IV

Les autres maçons,
Maîtres, compagnons,
Sont tous délivrés,
Là, quand ils la voient.
Et Manol l'enlace
Et, troublé, l'embrasse,
Puis, monte avec elle
Dans les bras, l'échelle:

– Ne crains rien du tout,
Ma chérie, car nous
Voulons plaisanter
Et là t'emmurer!

Et le mur grandit
Et l'ensevelit
D'abord jusqu'aux pieds,
Puis jusqu'aux mollets.

Et sa pauvre chère
Ne sourit plus guère:
– Manol, cher Manol,

O Maître Manol,
Le gros mur m'étreint,
Et tout mon corps geint!

Mais il est muet,
Travaille et se tait.
Et le mur grandit
Et l'ensevelit
D'abord jusqu'aux pieds,
Puis jusqu'aux mollets,
Après, jusqu'aux reins
Et puis jusqu'aux seins.

La pauvre Anne ignore
Son but et l'implore:
– Manol, cher Manol,
O maître Manol,
Le gros mur m'étreint
Et serre mes seins,
Mon cher petit geint!
Mais le mur grandit
Et l'ensevelit
Des pieds jusqu'aux reins,
Après jusqu'aux seins,
Puis jusqu'au menton,
Enfin jusqu'au front.
Il bâtit si bien
Qu'on ne voit plus rien;
Pourtant il l'entend
Du mur gémissant:
– Manol, cher Manol,
O maître Manol,
Le gros mur m'étreint
Et ma vie s'éteint!

V

L'Argeş en aval,
Dans un joli val,
Noir, le Prince, arrive
Sur la belle rive,
Faire ses prières
Dans le monastère.
Le Prince et sa garde,
Ravis, le regardent:
– Vous, dit-il, maçons,
Maîtres, compagnons,
Dites-moi, sans peur,
La main sur le cœur,
Si votre science
Peut avec aisance
Faire pour ma gloire
Et pour ma mémoire
Plus beau monastère?
Les dix grands maçons,
Maîtres, compagnons,
Sis sur la charpente
Du haut toit en pente,
Répondent joyeux
Et fort orgueilleux:
– Comme nous, maçons,
Maîtres, compagnons,
Tu ne trouveras
Jamais ici-bas.
Sache donc, que nous
Pourrons n'importe où
Bâtir sur la terre
Plus beau monastère,
Plus éblouissant
Et resplendissant!

Or, le Prince écoute
Et ordonne, en rage,
D'enlever l'ouvrage
De l'échafaudage,

A fin que les bons
Dix maîtres maçons
Soient abandonnés
Là, sur la charpente
Du haut toit en pente.

Mais les maîtres sont
Adroits et se font
Des ailes qui volent,
Ailes d'échandole; . . .
Un à un descendent,
Mais là où ils tombent
Ils creusent leur tombe.
Or, pauvre Manol,
Le maître Manol,
Tout juste à l'instant
Où prend son élan,
Entend une voix
Sortir des parois,
Une voix aimée,
Faible et étouffée,
Qui pleure et gémit: . . .
– Manol, cher Manol,
O maître Manol,
Le gros mur m'étraint
Et serre mes seins,
Mon cher petit geint
Et ma vie s'éteint!

Il l'entend si près
Qu'il reste égaré,
Et de la charpente
Du haut toit en pente,
S'écroule Manol.
Et là où son vol
S'écrasa au sol,
Jaillit de l'eau claire,
Salée et amère,
Car dans sa pauvre onde
Ses larmes se fondent![2]

Eine deutsche Übersetzung lautet:

I

Zu Argeş flußabwärts/ durch das schöne Tal,/ kommt der Schwarze Prinz/ und unterhält sich/ mit neun Maurern/ Meistern und Gesellen/ und Manole, dem zehnten,/ ihrem obersten Meister,/ damit sie wäh-

---

[2] Siehe jetzt auch: Vasile Alecsandri, *Poezii populare ale Românilor,* Ediţie îngrijită de Gh. Vrabie, Bukarest, 1965, Bd. I, S. 250-260, Bd. II, S. 159-164 (Anmerkungen und Varianten); Al. Amzulescu, *Balade populare româneşti,* Bukarest, 1964, Bd. III, S. 7-58. Vgl. auch Ion Taloş, „Balada Meşterului Manole şi variantele ei transilvănene", in: *Revista de Folclor,* VII, 1962, S. 22-56; S. 41, Bibliographie der in Rumänien und bei den Rumänen in Jugoslawien verzeichneten Varianten; M. Pop, „Nouvelles variantes roumaines du chant du Maître Manole", in: *Romanoslavica,* IX, 1963, S. 427-455; O. Papadima, „Neagoe Basarab, Meşterul Manole şi vânzătorii de umbre", in: *Revista de Folclor,* VII, 1962, 68-78; wiederabgedruckt in: O. Papadima, *Literatura populară* română, Bukarest, 1968, S. 605-618; Lorenzo Renzi, *Canti tradizionali romeni,* Florenz, 1969, S. 75-86 (stilistische und ästhetische Analyse der Ballade). Die volkstümlichen Traditionen mit Bezug auf Gebäude sind von Ion Taloş, „Bausagen in Rumänien", in: *Fabula,* X, 1969, S. 196-211, gerade zum rechten Zeitpunkt analysiert worden.

len/ für ein Kloster/ einen vorteilhaften Platz/ auf seinen riesigen Ländereien./

Und plötzlich ist da/ auf ihrem Weg/ ein Schäfer, sie beobachtend/ und auf seiner Flöte spielend,/ und sobald er auftaucht,/ sagt ihm der Prinz:/

Kleiner, stolzer Schäfer,/ der du sanfte Melodien spielst/ und flußauf ziehst/ mit deinen Schafen/ oder dem Wasser entlang hinabziehst/ mit deiner Herde,/ hast du nicht dort,/ wo du vorbeizogst,/ verlassene Mauern gesehen,/ die nicht zu Ende gebaut sind?/ Zwischen den Pfeilern/ Haselnußsträucher?/

Ja, Herr, ich habe/ verlassene Mauern gesehen,/ die nicht zu Ende gebaut sind:/ bei ihrem Anblick/ heulen und bellen meine Hunde,/ als ob sie den Tod fühlten,/ der sie verfolgt./ Der Prinz hört ihn/ und bricht plötzlich auf,/ seinen Weg fortsetzend/ mit den neun Maurern,/ Meistern und Gesellen/ und Manole, dem zehnten,/ ihrem obersten Meister./

Hier sind sie, meine Mauern!/ Also, Gesellen/ und Maurermeister,/ beginnt mit den Arbeiten:/ ihr müßt sofort/ mein schönes Kloster,/ das seinesgleichen nicht/ auf der Erde finden wird,/ hier errichten und bauen./ Ich biete meine Reichtümer,/ biete Adelstitel/ und falls nicht, wisset,/ werde ich euch alle/ lebendig einmauern! . . ./

II

Sie arbeiten ohne Unterlaß,/ ihre große Mauer erhebt sich./ Aber all ihre getane Arbeit/ brach des Nachts zusammen!/ Und während dreier Nächte/ brach alles mit Lärm zusammen!/

Der Prinz ruft sie herbei/ und tadelt sie./ Verärgert, wütend/ droht er und will/ sie lebendig einmauern . . ./ Die Maurermeister/ und die Gesellen/ zittern bei der Arbeit/ und arbeiten zitternd . . ./ Währenddessen hat Manole/ sich niedergelegt/ und hat im Schlaf/ einen erstaunlichen Traum,/ den er beim Aufwachen/ den anderen erzählt./

Liebe Maurermeister/ und liebe Gesellen,/ ich hatte im Schlaf/ einen erstaunlichen Traum./ Vom Himmel hörte ich/ jemanden, der mir sagte:/ Das, was man baut,/ zerfällt des Nachts,/ bis daß wir uns/ alle entscheiden,/ die Gattin oder Schwester/ einzumauern, die zuerst kommt,/ dem Gatten oder Bruder/ das Essen zu bringen,/ morgen in aller Früh./

Also wenn ihr Wert/ auf die Vollendung legt/ dieses heiligen Klosters/ ohne seinesgleichen auf der Erde,/ müssen wir schwören/ und uns verpflichten,/ daß wir die Erste,/ die morgen kommt,/ in aller Frühe,/ opfern werden/ und einmauern!/

III

Im Morgengrauen/ springt Manole auf/ und steigt auf/ die Reste der Mauern,/ sucht den Weg ab/ und durchbohrt mit seinem Blick die Ferne./

Aber ach, armer Meister/ wen sieht er erscheinen?/ Anne, seinen Schatz,/ die Blume der Wiese!/ Sie nähert sich/ und bringt ihm/ zu trinken und zu essen . . ./

Kniend unter Tränen/ bittet er Gott den Herrn:/ Gieß über die Welt aus/ den überschwemmenden Regen!/ Verwandle die Flüsse/ auf der Erde in Wildbäche!/ Laß die Wasser ansteigen,/ damit meine Liebste, ermüdet,/ nicht mehr weiterkommt./

Gott hatte Erbarmen/ und erhörte ihn und/ ließ bald vom Himmel/ das Wasser in Strömen fließen./ Aber dem Regen trotzend/ durchquert seine Frau/ die Wasser und Wildbäche . . ./ Und Manole seufzt,/ sein Herz zerreißt ihm,/ er bekreuzigt sich unter Tränen/ und bittet Gott den Herrn:/ Laß einen Wind wehen, einen so starken Wind,/ daß er die Tannen beugt,/ die Kiefern entlaubt,/ die Berge einstürzen läßt./

Doch seine Gefährtin,/ sie trotzte dem Wind/ und mit zögerndem Schritt/ und erschöpft kam sie an.

IV

Die anderen Maurer,/ Meister und Gesellen,/ sind alle erleichtert,/ als sie sie sehen,/ und Manole umarmt sie/ und küßt sie verstört./ Dann steigt er mit ihr/ in seinen Armen die Leiter hinauf:/

Fürchte gar nichts,/ mein Schatz, denn wir/ wollen scherzen/ und dich dort einmauern!/

Und die Mauer wächst/ und hüllt sie ein,/ zuerst bis zu den Füßen,/ dann bis zu den Waden./

Und seine arme Geliebte/ lächelt kaum mehr noch:/ Manole, lieber Manole,/ die große Mauer erdrückt mich,/ und mein ganzer Körper stöhnt!/

Aber er ist stumm,/ arbeitet und schweigt,/ und die Mauer wächst und hüllt sie ein,/ zuerst bis zu den Füßen,/ dann bis zu den Waden,/ später bis zu den Hüften/ und dann bis zu den Brüsten./

Die arme Anne weiß nicht,/ was er will und fleht:/ Manole, lieber Manole,/ oh, Meister Manole,/ die große Mauer erdrückt mich/ und preßt meine Brüste ein./ Mein lieber Kleiner jammert!/ Aber die Mauer wächst/ und hüllt sie ein/ von den Füßen zu den Hüften,/ danach bis zu den Brüsten,/ dann bis zum Kinn,/ schließlich bis zur Stirn./ Er baut so gut,/ daß man nichts mehr sieht,/ aber er hört sie/ von der Mauer her seufzen:/ Manole, lieber Manole,/ oh, Meister Manole,/ die große Mauer erdrückt mich,/ und mein Leben erlöscht.

V

Nach Argeş, flußabwärts,/ in das schöne Tal/ kommt der Schwarze Prinz/ an das schöne Ufer,/ um seine Gebete zu sprechen/ in dem Kloster./ Der Prinz und seine Garde/ betrachten es begeistert./ Ihr Maurer, sagt er,/ Meister und Gesellen,/ sagt mir, ohne Angst,/ die Hand auf dem Herzen,/ ob eure Kunst mit Leichtigkeit/ zu meiner Ehre/ und zu meinem Gedächtnis/ ein noch schöneres Kloster bauen kann?/

Die zehn großen Maurer,/ Meister und Gesellen,/ sechs im Gebälk/ des hohen abschüssigen Daches,/ antworten frohgelaunt/ und voller Stolz:/ Wie uns Maurer,/ Meister und Gesellen,/ findest du keine gleichen/ niemals hier./ Wisse daher, wir/ können, wo es auch immer sei/ auf der Welt,/ ein noch schöneres Kloster bauen,/ noch blendender,/ noch glänzender!/

Der Prinz hört das/ mit Wut und befiehlt,/ den Aufbau des Gerüsts/ fortzunehmen,/ damit die guten/ zehn Maurermeister/ sich selbst überlassen bleiben,/ dort im Gebälk/ des hohen, abschüssigen Daches./

Aber die Meister, sind geschickt/ und machen sich/ Flügel zum Fliegen,/ Flügel aus Dachschindeln./ Nacheinander kommen sie herab,/ aber dort, wo sie hinfallen,/ graben sie ihr Grab./ Der arme Manole aber,/ der Meister Manole,/ gerade in dem Moment,/ als er Schwung nimmt,/ hört eine Stimme/ aus den Wänden,/ eine geliebte Stimme,/ schwach und erstickt,/ die weint und seufzt: . . ./ Manole, lieber Manole,/ oh, Meister Manole,/ die große Mauer erdrückt mich/ und preßt meine Brüste ein./ Mein lieber Kleiner jammert,/ und mein Leben erlöscht!/

Er hört sie so nah,/ daß er verwirrt bleibt,/ und vom Gerüst/ des hohen abschüssigen Daches/ stürzt Manole herab./ Und dort, wo sein Flug/ ihn zu Boden schmetterte,/ entspringt klares Wasser,/ salzig und bitter,/ denn in seiner armen Welle/ lösen sich die Tränen auf./

Einige Balkanversionen

In den neugriechischen Balladen ist der Bau, der jede Nacht zusammenstürzt, die Brücke von Arta. Die Variante von Korfu, die Sainéan benutzt, zeigt uns 40 Meister und 60 Arbeiter, die drei Jahre lang vergeblich arbeiten. Ein Geist *(stoicheion)* eröffnet ihnen schließlich, daß die Brücke nur vollendet werden kann, wenn sie die Frau des obersten Maurermeisters opfern, der bei dieser Nachricht in Ohnmacht fällt. Wieder bei Bewußtsein schreibt er eine Botschaft für seine Frau, worin er ihr befiehlt, sich langsam anzukleiden und auch genauso langsam und möglichst spät, gegen Mittag, zur Baustelle zu kommen; er vertraut die Botschaft einem Vogel an. Aber der Vogel rät, ganz im Gegenteil, der Frau, sich zu beeilen. Als sie den Baumeister traurig und niedergeschlagen findet, erkundigt sie sich nach dem Grund. Er sagt ihr, daß er seinen Ehering unter der Brücke verloren habe; sie steigt hinab, um ihn zu suchen. So wird sie von den Maurern geopfert. Sterbend beweint die Frau ihr Schicksal: sie waren drei Schwestern, jammert sie, und alle drei sind auf dieselbe tragische Weise umgekommen: eine unter der Donaubrücke, die andere unter den Mauern der Stadt Avlona, sie schließlich, die jüngste, unter der Brücke von Arta. Sie wünscht, daß die Brücke so zittern wird, wie ihr Herz in diesem Augenblick, und sie hegt den Wunsch, daß die Passanten von der Brücke fallen werden, wie in diesem Augenblick ihre Haare abfallen.[3] In einer anderen Variante ist es die Stimme eines Erzengels, der ankündigt, daß die Gattin des Baumeisters geopfert werden muß.[4] In der Version von Zante empfängt der Architekt die Eröffnung im Traum. Sterbend jammert seine Frau, daß eine ihrer Schwestern in den Fundamenten einer Kirche geopfert worden ist, die andere in den Mauern eines Klosters und sie selbst, die dritte, unter der Brücke von Arta.[5] In einer Variante von Trapezunt hört der Baumeister eine Stimme, die ihn fragt: „Was gibst du mir, damit die Mauer nicht mehr zusammenstürzt?" Der Meister antwortet: „Mutter und Tochter kann ich nicht mehr haben, aber die Gattin, ja, vielleicht finde ich eine bessere".[6] Es gibt noch grausamere Varianten, so die Variante aus Thrakien, wo der Baumeister, als die Gattin herabsteigt, um den Ehering zu suchen, ihr zuruft: „Ich habe ihn doch, aber du, du wirst dort nicht mehr herauskommen!"[7] Es kann hier nicht die Rede davon sein, alle neugriechischen Varianten, deren Zahl beträchtlich ist, zu überprüfen.[8]

---

[3] Textübersetzungen und bibliographische Hinweise in: Sainéan; *op. cit.*, S. 362-363; Arnaudov, S. 389 f.; Caracostea, S. 628 f.; Cocchiara, S. 38-39. Vgl. auch Eliade, *Comentarii*, S. 30.

[4] *Comentarii*, S. 30; Cocchiara, S. 39.

[5] Sainéan, S. 364-365; Cocchiara, S. 40.

[6] Caracostea, S. 629; *Comentarii*, S. 31.

[7] Caracostea, *ibid.*, *Comentarii*, *ibid.*

[8] Mehr als vierzig, nach den Nachforschungen von N. G. Politis; vgl. Cocchiara, S. 38, Anmerkung 3. Aber Gheorghios Megas erklärte neuerdings, daß er davon 264 Varianten kenne; vgl. *Laografia*, 18, 1959-61, S. 561-577. Die Anzahl der neugriechischen Versionen und ihr archaischer Charakter versetzen einen wirklich in Erstaunen, und man muß sich dieser Elemente während der ganzen systematischen Untersuchung über die Entstehung der Balladen bewußt bleiben. Wie wir sehen werden, ist Cocchiara, nach Politis und anderen Gelehrten, überzeugt, daß der wahre *humus* der Legende in

In der makedorumänischen Version, *Cântilu a pontulu di Narta,* sind die Helden drei Brüder und Baumeister. Ein Vogel eröffnet dem ältesten, daß er die Frau des jüngeren Bruders einmauern soll. Es ist eine Einzelheit zu bemerken, die sowohl der dako-rumänischen wie auch den neugriechischen Varianten fremd ist: Das Opfer fleht, man möge ihm die Brust frei lassen, damit sie ihr Kind weiter stillen könne.[9] Dieser Zug findet sich in einer Variante der Herzegowina wieder (die Zigeunerin, die unter der Brücke von Mostar eingemauert ist)[10], in einer bosnischen Version (sie bezieht sich auf die Stadt Tešang)[11] und in fast allen serbischen und bulgarischen Formen. Die letzteren enthalten folgende Geschichte: Seit zehn Jahren arbeiten Meister Manole und seine zwei Brüder an der Stadt Smilen, ohne sie vollenden zu können. Ein Traum enthüllt ihm, daß er die Gattin, die am nächsten Morgen zuerst auf die Baustelle kommt, opfern solle. Die drei Brüder verpflichten sich durch einen Schwur, ihren Frauen nichts zu sagen, aber Manole ist der einzige, der seinen Schwur hält. Als seine Frau ankommt und ihn weinend findet, weil er, wie er sagt, seinen Ehering verloren hat, steigt sie hinab, um ihn zu suchen, und wird eingemauert. Sie bittet, daß man ihr die Brust frei läßt, um ihr Kind stillen zu können, und wenig später sprudelt eine Milchquelle aus der Mauer.[12] Eine Variante von Trevensko endet mit dieser

Griechenland ist, und unter anderen Gründen beruft er sich darauf, daß das Bauopfer noch in Form des „Schattenraubs" (S. 31) in Griechenland aktuell ist. Das Argument ist nicht zwingend, denn, wie Cocchiara selbst bemerkt, S. 46-47, ist diese Praxis auf der ganzen Balkanhalbinsel und in Rumänien außerordentlich verbreitet. Ähnliche Anschauungen und Legenden sind auch in Armenien bezeugt; vgl. H. Dj. Siruni, „Legenda fetiţei zidite", in: *Ani, Anuarul de cultură* armeană, Bukarest, 1941, S. 243-46; und im Kaukasus: siehe weiter unten, Anmerkung 28.

[9] Kurt Schladenbach hat sie als erster untersucht: „Die aromunische Ballade von der Artabrücke", in: *Jahresbericht des Instituts für rumänische Sprache,* I. Leipzig, 1894, S. 79-121. Der Artikel ist dem Scharfblick G. Cocchiaras, S. 42-43, entgangen, der im übrigen den schönen, von V. Petrescu, *Mostre de dialeclul macedo-român,* II. Bukarest, 1880, S. 84-88, veröffentlichten Text benutzt, so wie die von P. Papahagi, *Basme aromâne,* Bukarest, 1905, S. 70 und S. 555 angegebenen Varianten.

[10] Vgl. *Comentarii,* S. 31 (dort werden Paul Sébillot, *Les travaux publics et les mines dans les traditions et les superstitions de tous les pays,* Paris, 1894, S. 93, und *La Revue des Traditions populaires,* VII, S. 691 zitiert).

[11] *Comentarii,* S. 31, nach Friedrich S. Krauss, „Das Opfer bei den Südslawen", in: *Mitteilungen der anthropologischen Gesellschaft in Wien,* XVII, 1887, S. 16-21; id., *Volksglaube und religiöser Brauch der Südslawen,* Münster, 1890, S. 158 f.

[12] Übersetzungen und Kommentare in: A. Strauss, *Bulgarische Volkslieder,* Wien, 1895, S. 407-408; Caracostea, S. 632 f., nach Arnaudov; *Comentarii,* S. 31-32; Cocchiara, S. 43-44. Ein ähnliches Lied der Zigeuner Bulgariens ist von N. M. Penzer, „Song of the Bridge", in: *Journal of the Gypsy-Lore Society,* Dritte Serie, Bd. IV, S. 110-114, analysiert worden.

Überlegung Manoles: „Deshalb ist es nicht gut, zu schwören, denn manches Mal täuscht sich der Mensch."[13]
In den serbokroatischen Balladen, die Vuk Stefanović Karağić zu Beginn des 19. Jahrhunderts gesammelt und in seiner meisterhaften Sammlung von Volksliedern veröffentlicht hat, ist die Rede von drei fürstlichen Brüdern, die die Stadt Skutari bauen. Nachts zerstört eine Fee *(Vila)* ihr ganzes Tagwerk. Sie verrät einem der Brüder, Vukašin, daß die Stadt nur errichtet werden kann, wenn es gelingt, die beiden Zwillinge Stojan und Stojana zu finden und einzumauern.[14] Drei Jahre lang durchstreift ein Bote, Dišimir, die Welt, ohne sie zu finden. Vukašin nimmt die Arbeiten wieder auf, aber weiter ohne Erfolg. Die *Vila* eröffnet ihnen dieses Mal, daß sie anstelle der mythischen Zwillinge eine ihrer Frauen einmauern können. Der Rest verläuft nach dem bekannten Schema: Die drei Brüder verpflichten sich durch Schwur, ihre Frauen nichts ahnen zu lassen, aber als einziger hält der jüngste, Gojćo, Wort, und seine treue Gattin endet, indem sie eingemauert wird. Sie fleht, man möge „ein kleines Fenster für ihre Mutterbrust" lassen, damit ihr Kind von ihr gestillt werden könne, und ein anderes Fenster vor ihren Augen, damit sie das Haus sehen könne.[15] Die Ballade der Stadt Skutari ist auch bei den Albanern bekannt.[16]
Schließlich zeigen uns die ungarischen Versionen zwölf Maurermeister, die am Bau der Stadt Deva arbeiten. Der Meister Clemens beschließt, die Gattin zu opfern, die am nächsten Tag zuerst kommt, um ihnen die Mahlzeit zu bringen. Es gibt weder übernatürliche Elemente (Geist, Fee, Erzengel, Traum) noch den Schwur der Maurermeister. Als die Gattin ankommt, verkündet Clemens ihr das Schicksal und beginnt sie einzumauern. Das Kind fängt zu weinen an, und die Mutter tröstet es: „Es werden sich immer einige gute Damen finden, die es stillen und einige gute Burschen, die es wiegen."[17]

---

[13] Arnaudov, nachgedruckt von Caracostea, S. 632-633.
[14] Über den etymologischen Symbolismus dieser Namen (*stojati* „sich aufrecht halten"), siehe unsere *Comentarii,* S. 33.
[15] Vgl. Texte und Bibliographien in: *Comentarii,* S. 32-34; Cocchiara, S. 46-48. Die Varianten sind verzeichnet in dem Artikel von Sv. Stefanović, „Die Legende vom Bau der Burg Skutari", in: *Revue internationale des Études Balkaniques,* I, 1934, S. 188 f.
[16] Vgl. Cocchiara, S. 49-50.
[17] Vgl. Sainéan, S. 392 ff.; Arnaudov, S. 413 f.; Caracostea, S. 640 f.; *Comentarii,* S. 34. Siehe jetzt Lajos Vargyas, *Researches into the medieval history of the folk ballad* (Akadémiai Kiado, Budapest, 1967), S. 173-233: „The origin of the walled-up wife".

Die volkskundlichen, literarhistorischen und stilkritischen Auslegungen

Jeder nationale Balladentyp enthält eine eigenständige Strukturierung der verschiedenen dramatischen, psychologischen und literarischen Elemente. Eine vergleichende Studie muß sie sorgfältig analysieren, sowohl in Hinsicht auf die Ebene des Berichts, wie auch auf der Ebene der Stilistik und des literarischen Wertes. Es ist offensichtlich schwierig, sich über den künstlerischen Wert jedes nationalen Typus zu äußern; ein solches Urteil würde außer der vollkommenen Kenntnis des Ungarischen, des Rumänischen und aller Balkansprachen eine tiefe Vertrautheit mit ihren volkstümlichen Literaturen und deren eigener Ästhetik voraussetzen. Einige allgemeine Schlußfolgerungen ergeben sich jedoch aus der Behandlung des volkstümlichen Materials selbst. Sainéan faßte das Ergebnis seiner vergleichenden Untersuchungen folgendermaßen zusammen: „Hinsichtlich der Schönheit und der relativen Ursprünglichkeit nehmen die serbischen und rumänischen Versionen den ersten Rang ein, die bulgarischen Lieder vermitteln infolge ihrer zusammenhanglosen Form den Eindruck loser Fragmente; die albanischen Überlieferungen sind blasse Nachahmungen der griechischen oder serbischen Versionen, und das makedorumänische Lied ist eine fast wörtliche Wiedergabe einer neugriechischen Version; die ungarischen Varianten sind anscheinend das Echo der rumänischen Ballade, während die neugriechischen Versionen infolge bestimmter charakteristischer Züge einen Platz für sich innerhalb dieses Ensembles von dichterischen Produktionen einnehmen."[18]

Indem Sainéan die Balladen so klassifizierte, berücksichtigte er sowohl ihre Entstehung wie auch ihre Verbreitung und ihren entsprechenden literarischen Wert. Die Meinungen der Gelehrten gehen vor allem darin auseinander, was die Entstehung betrifft. Politis, Arnaudov, Caraman und neuerdings Cocchiara stimmen aus übrigens verschiedenen Gründen darin überein, als Entstehungszentrum Griechenland anzunehmen. Arnaudov leitet vom griechischen Typ die albanischen, bulgarischen und die makedorumänischen Balladen ab; den serbischen Typ von der albanischen und bulgarischen Form; den rumänischen Typ von den Bulgaren und den ungarischen von den

---

[18] L. Sainéan, *op. cit.*, S. 360-361.

Rumänen.[19] Caracostea bemerkt jedoch, daß Arnaudov auch von Polygenese spricht, was das erwähnte Schema wieder auflockert. Andererseits hatte Arnaudov selbst die geringere Verbreitung der Ballade in Nordbulgarien festgestellt. Nun aber müßte man das gegenteilige Phänomen erwarten, – wenn es stimmt, daß diese Gegend die Brücke bildete, über die die Ballade nach Rumänien eingedrungen ist.[20] Wie dem auch sei, sicher hat die Bewegung in beiden Richtungen stattgefunden. D. Găzdaru hat in einer bulgarischen Variante den Namen *Curtea* wiedergefunden, ein Widerhall von *Curtea de Argeş*, was impliziert, daß die rumänische Form über die Donau hinüber nach Süden gekommen ist.[21]

Skok ist zu völlig anderen Schlußfolgerungen gelangt. Für ihn haben die makedorumänischen Maurer eine wesentliche Rolle bei der Schaffung und Verbreitung der Ballade gespielt. Der kroatische Gelehrte macht darauf aufmerksam, daß in allen rumänischen Varianten die Maurer als außergewöhnliche Wesen angesehen werden („Manole ist ein Genie, das mit der Gottheit verkehrt"); außerdem sind die Maurer allein durch ihren Beruf schon dazu verurteilt, ihre Familien zu vernachlässigen, woraus sich ihr tragisches Schicksal ergibt. Die dichterische Erarbeitung dieses Motivs, so schätzt Skok ein, läßt sich nicht außerhalb des beruflichen Milieus der Maurer denken. Nun aber ist dieser Beruf auf der ganzen Balkanhalbinsel von Makedorumänen ausgeübt worden, bei denen die Maurer *goge* genannt werden; die Makedorumänen wurden so weit mit dem Beruf des Maurers identifiziert, daß das makedorumänische Wort *goga* für die Serben und Albaner Synonym für Maurer geworden ist.[22]

Was man auch von der Gesamtthese Skoks halten mag, – es ist sein Verdienst, als erster die Aufmerksamkeit auf die grundlegende Rolle gelenkt zu haben, die die Maurer in der Thematisierung der Baurituale einnehmen. Die Baumeister haben bis ins letzte Jahrhundert „Berufsgeheimnisse" bewahrt, die eindeutig archaisch sind. Wie wir gleich sehen werden, enthalten die Bauarbeiten ein Ritual und einen Symbolismus, die aus einer sehr fernen Vergangenheit kommen.

---

[19] Arnaudov, zusammengefaßt von Caracostea, S. 630, Anmerkung; *Comentarii,* S. 28.

[20] Caracostea, *ibid.; Comentarii,* S. 29.

[21] D. Găzdaru, „Legenda Meşterului Manole", in: *Arhiva,* 1932, S. 88-92; id., *Contribuţia Românilor la progresul cultural al Slavilor,* besonders S. 157-159.

[22] Skok, *op. cit.,* S. 241; Caracostea, S. 624; *Comentarii,* S. 29; D. Găzdaru, *Contribuţia Românilor,* S. 159.

Jedes Handwerk, aber besonders das Handwerk des Maurers und des Schmiedes enthielten eine rituelle Bedeutung und eine Symbolik, die streng nur den „Eingeweihten" vorbehalten waren. Dieser erstaunliche Konservatismus erklärt sich teilweise durch die große Resonanz, die die verschiedenen Weisen des „Machens", des „Herstellens", des „Bauens" immer in den Tiefen der menschlichen Seele geweckt haben. Eine ganze Mythologie des „Machens" ist noch unter vielfältigen Formen und auf verschiedene Art versteckt im Verhalten der Menschen lebendig.[23]

Nach Skok würde selbst der Name Manole die rumänische Herkunft der Ballade bestätigen.[24] Im Gegensatz dazu gelangt Caraman zu dem Schluß, daß dieser Personenname speziell zur neugriechischen Onomastik gehört, und daß er nach Rumänien mit einem griechischen Lautstand übergewechselt ist.[25] Der Name Manole wäre sogar das Symbol des Architekten in Griechenland.[26] Andererseits wird in den serbokroatischen Versionen der Baumeister, Rado, *Neimaru* oder *Neimare* genannt; ebenso findet man das Substantiv *mai mare* in den makedorumänischen und den bulgarischen Balladen wieder. Nun aber, so bemerkt Caraman, stellt dieses Wort das türkische *mimar*, „Architekt", dar, das von den Makedorumänen dank einem häufigen Verfahren der Volksetymologie dem rumänischen *mai mare, mai marlu*, „größer", angeglichen worden ist.[27] Diese Tatsache scheint uns zumindest teilweise die Hypothese von Skok über die Rolle der Makedorumänen bei der Verbreitung der Ballade zu bestätigen.

Caraman stimmt der These von Politis, wenn auch aus anderen Gründen, zu: Für den rumänischen Gelehrten weist das Archaische und die thematische Einfachheit der neugriechischen Balladen darauf hin, daß sich eben auf griechischem Boden der Übergang vom Bauritual zur volkstümlichen *literarischen* Schöpfung vollzogen hat. Die Perfektion der rumänischen und serbischen Formen wäre, so Caraman, ein Beweis mehr, daß die Rumänen und Serben die Ballade nicht „erfunden" haben, sondern sie sie nur ausgefeilt und alle künst-

---

[23] Zu diesem Problem siehe unser Buch: *Forgerons et Alchimistes*, Paris éd. Flammarion, 1956 (Dt. Ausgabe: *Schmiede und Alchemisten*, Stuttgart 1980²). Siehe auch M. Eliade, „The Forge and the Crucible: A Postscript", in: *History of Religions*, 8, 1968, S. 74-88.

[24] Skok, S. 225 und 245; Caracostea, S. 625, Anmerkung; Cocchiara, S. 52.

[25] Caraman, S. 95 f.; Cocchiara, S. 52.

[26] Caraman, S. 94.

[27] Caraman, S. 95; Cocchiara, S. 53, Anmerkung 46.

lerischen Möglichkeiten ausgeschöpft haben. Cocchiara verwirft dieses letzte Argument; für ihn kann nicht die Rede von einem literarischen Evolutionismus sein, denn jedes Lied entsteht mit seinem Autor; mehr noch, er scheint von der literarischen Überlegenheit der rumänischen Formen nicht überzeugt zu sein.[28]
Es ist bedauerlich, daß der hervorragende italienische Volkskundler nicht die vergleichende und stilkritische Studie von Caracostea gekannt hat. In tiefschürfenden Sätzen hat Caracostea zur rechten Zeit die künstlerischen Qualitäten der rumänischen Versionen ins Licht gerückt. Für ihn ist es die rumänische Form, in der die Legende ihre ästhetische Bestimmung verwirklicht hat, was auch immer ihre „Herkunft" und die Verbreitung der südosteuropäischen Varianten betreffen mag. Mit Recht unterstreicht Caracostea den rituellen Charakter des Balladenanfangs von *Curtea de Argeş:* die Suche nach einem geeigneten Platz, um das Kloster zu bauen[29], während in allen anderen Formen die Handlung mit dem geheimnisvollen Zusammensturz der Mauern während der Nacht beginnt. Der Gelehrte zeigt ebenfalls, daß in der rumänischen Form Manole immer im Zentrum der Handlung bleibt, während zum Beispiel in der serbischen Ballade

---

[28] Cocchiara, S. 51. Kürzlich ist von Lajos Vargyas eine neue Hypothese aufgestellt worden: Diesem Autor zufolge wäre die Herkunft der Ballade im Kaukasus zu suchen, wo sie bei den Georgiern bezeugt ist (sie ist gleichfalls bei den Mordwinen anzutreffen); die Magyaren, die im 7.-8. Jahrhundert zwischen dem Kaukasus und dem Don als Nomaden umherzogen, hätten die Ballade nach Europa gebracht und den Bulgaren überliefert; die anderen Balkanvölker hätten die Ballade von den Bulgaren übernommen; vgl. L. Vargyas, „Die Herkunft der ungarischen Ballade von der eingemauerten Frau", in: *Acta Ethnographica,* Budapest, 1960, und die englische Übersetzung, „The origin of the walled-up wife", zitiert weiter oben, Anmerkung 17. Die Hypothese ist nicht überzeugend (siehe die Kritiken von G. A. Megas in: *Laografia,* 18, 1959-61, S. 561-577, von G. Hadzis in: *Ethnographia,* 71, 1960, S. 558-579, von Adrian Fochi in: *Limbă* şi literatură, 12, 1966, S. 373-418. Wie Ion Taloş bemerkt, erklärt Vargyas nicht das völlige Fehlen der Ballade auf dem Territorium Ungarns (denn von den 36 ungarischen Varianten sind eine in der Tschechoslowakei und 35 in Transsilvanien verzeichnet worden). Außerdem ist die Weitergabe an die Bulgaren nicht bewiesen; vgl. Taloş, *Balada Meş*terului Manole şi variantele ei transilvănene, S. 51-52.
[29] In einer in der *Revista Fundaţiilor regale,* April 1944, S. 213-214, veröffentlichten Miszelle hat Maria Golescu das Thema der „verlassenen und nicht fertiggestellten Gemäuer" kommentiert und an den Brauch der rumänischen Woiwoden und Bojaren erinnert, zerstörte Kirchen wiederaufzubauen und diejenigen fertigzustellen, deren Konstruktion durch historische Wechselfälle während vieler Jahre unterbrochen war. Die Autorin bezieht sich vor allem auf Ion Donat, *Fundaţiile religioase ale Olteniei,* I. Craiova, 1937, S. 22 f., 37 f. Siehe jetzt Ion Taloş, „Bausagen in Rumänien", besonders S. 204 f. Vgl. auch D. Strömbäck, „Die Wahl des Kirchenbauplatzes in der Sage und im Volksglauben mit besonderer Rücksicht auf Schweden", in: *Humaniora,* Locust Valley, New York, 1960, S. 37 f.

die Gattin und ihre mütterliche Liebe betont werden. In der rumänischen Ballade nimmt die Frau ihre rituelle Opferung mit Resignation und sogar mit Ruhe an; in anderen südosteuropäischen Versionen jammert die Ehefrau und verflucht ihr Schicksal. Die Ballade vom Kloster Argeş hat eine Fortsetzung, die im Gegensatz zur Meinung gewisser Volkskundler kein Beiwerk ist: der Flug Manoles und sein tragischer Tod. Der Tod gibt Manole in gewisser Weise die Gattin zurück, die er gerade geopfert hat.

Doch die stilistische Analyse der Balladen kann deren Reichtum nicht ausschöpfen. Es wäre eine ganze Untersuchung über die Struktur der imaginären Welten nötig, die in den verschiedenen dichterischen Schöpfungen sichtbar werden. Behalten wir im Auge, daß die Rede von einer Brücke ist (Griechenland, Bulgarien, Makedorumänen), von einer Stadt (Jugoslawien, Bulgarien, Albanien, Ungarn) oder von einem Kloster (Rumänien). Sicherlich, diese Wahl läßt sich größtenteils durch die reale Existenz solcher Bauwerke erklären: Die volkstümliche Vorstellung ist hier vom Vorhandensein einer Brücke, dort von dem Bau eines Klosters[30] und dort wieder von den Stadtmauern beeindruckt worden. Aber nachdem erst einmal diese „realen Objekte" in Bilder umgewandelt waren, gehören sie nicht mehr zum unmittelbaren Universum, mit nützlicher Funktion. Vom konkreten Zusammenhang befreit, erlangen die Bilder ihre eigenen Dimensionen und ihren ursprünglichen Symbolismus. Nun hat man es aber in einer Ballade, wie in jeder anderen Schöpfung, im Bereich der Vorstellung nicht länger mit „realen Objekten", sondern mit Bildern, Archetypen und Symbolen zu tun. Es wäre deshalb von größtem Interesse, von dieser Perspektive her die verschiedenen Welten unserer Balladen zu untersuchen. Man müßte alle symbolischen Bedeutungen der Brücke herausarbeiten (Initiations-Probe, gefährlicher Übergang von einer Seinsweise zur anderen: vom Tod zum Leben, vom Nichtwissen zur Erleuchtung, von der Unreife zur Reife etc.); daraufhin müßte man die kosmologische Struktur der „Stadt" aufzeigen, die gleichzeitig *imago mundi* und „Weltzentrum" ist, ein geheiligter Bezirk, wo die Kommunikation zwischen Himmel, Erde und Hölle möglich ist; schließlich müßte man den ganzen kosmologischen und paradiesischen Symbolismus des Klosters unterstreichen, das

[30] Man wird die Bedeutung feststellen, die Curtea de Argeş und die Legenden, die sich um „Negru Vodă" herauskristallisiert haben, für das besitzen, was man die historische Mythologie der Rumänen nennen könnte.

zugleich Abbild des Kosmos und des himmlischen Jerusalems ist, des Universums in seiner sichtbaren Totalität und des Paradieses. Fügen wir gleich hinzu, daß eine solche Auslegung der Bilder und Symbole heute sowohl von der Religionsgeschichte wie auch von der Tiefenpsychologie als gültig angesehen wird. Mit anderen Worten: Die Analyse eines Bildes und die Erklärung seines Symbolismus können davon abstrahieren, ob das Individuum oder die Gesellschaft, die ein solches Bild aufgreifen, ein Bewußtsein von dessen Symbolismus haben oder auch nicht haben. Ein Symbol liefert uns seine Botschaft und erfüllt seine Funktion, selbst dann, wenn seine Bedeutung sich dem *Bewußtsein* entzieht.[31] Dabei ist es um so bemerkenswerter, was den Symbolismus Kirche-Kloster betrifft, daß dieser noch von der osteuropäischen Christenheit, der Erbin Byzanz', bewußt wahrgenommen und kulturell aufgewertet wurde.[32] Anders gesagt, bis in die jüngste Zeit war man sich im Balkan- und Donaugebiet dessen bewußt, daß eine Kirche oder ein Kloster ebensogut den Kosmos wie das himmlische Jerusalem oder das Paradies darstellten. Es gab in diesem Fall die bewußte Wahrnehmung des architektonischen und ikonographischen Symbolismus, der in den heiligen Gebäuden gegenwärtig ist, und diese Wahrnehmung vollzog sich ebensosehr vermittels der religiösen Erfahrung (Liturgie) wie vermittels der traditionellen Kultur (Theologie). Genauer gesagt, handelte es sich um die religiöse, historisch jüngere Aufwertung (Christentum) eines archaischen Symbolismus; denn die geweihte Stätte als *imago mundi* und „Weltzentrum" ist bereits in den altorientalischen Kulturen bezeugt (Mesopotamien, Ägypten, Indien, China etc.).[33]

Bauriten: Morphologie und Geschichte

Der Archaismus der Bilder und Symbole, der in den Balladen gegenwärtig ist, wird reichlich durch die Praktiken und Anschauungen

---

[31] Dieses methodologische Problem ist zu bedeutend, um in einigen Zeilen abgehandelt zu werden. Siehe unser Buch: *Images et Symboles,* Paris, Gallimard, 1952, und unsere Untersuchungen: „Symbolisme du ‚vol magique'", in: *Numen,* 3, 1956, S. 1-13; nachgedruckt in: *Mythes, rêves et mystères,* Paris, 1957, S. 133-148 (Dt. Ausgabe: *Mythen, Träume und Mysterien*, Salzburg 1961) und „Centre du Monde, Temple, Maison", in: *Le Symbolisme cosmique des monuments religieux",* éd. G. Tucci, Rom, 1957, S. 57-82.

[32] Zu all diesem, siehe Hans Sedlmayr, *Die Entstehung der Kathedrale,* Zürich, 1950, S. 118 f. und *passim.*

[33] Siehe unsere Bücher: *Traité d'Histoire des religions,* Paris, Payot, 1949, 2. Ausgabe, 1952, S. 315 f.; (dt. Ausgabe: *Die Religionen und das Heilige*, Salzburg 1954); *Le Mythe*

bestätigt, die in Beziehung zu den Bauopfern stehen. Man weiß, daß ähnliche Anschauungen sich fast überall in Europa finden lassen, wenn sie auch keinen Anlaß für eine volkstümliche Literatur, die der des Südostens vergleichbar wäre, gegeben haben. Es gibt keinen Grund, hier eigens auf sie einzugehen. Seit Jakob Grimm, aber vor allem seit Felix Liebrecht[34] hat man eine beträchtliche Anzahl von Legenden, abergläubischen Vorstellungen und Bräuchen gesammelt, die mehr oder weniger direkt von den Baurritualen abhängig sind. In der *Revue des Traditions populaires* war von 1890 an eine ausführliche Untersuchung erschienen; Paul Sébillot, G. L. Gomme, R. Andree, E. Westermarck und noch andere haben Beiträge aus verschiedenen Richtungen veröffentlicht; Paul Sartori hat seinerseits 1898 ein sehr reiches Dossier erstellt.[35] Diese Materialien sind 1943 von uns und von Cocchiara in seiner Studie von 1950[36] benutzt und ergänzt worden. Erinnern wir nur daran, daß im vorliegenden Fall das Motiv eines Baus, dessen Fertigstellung ein menschliches Opfer fordert, in Skandinavien und bei den Finnen, bei den Letten und Esten[37], bei den Russen und Ukrainern[38], bei den Germanen[39], in Frankreich[40], in

de l'Éternel retour, Paris, Gallimard, 1949, S. 21 f.; *Images et Symboles,* S. 47 f., und die zitierte Untersuchung: *Centre du Monde, Temple, Maison.*

[34] Vgl. Felix Liebrecht, *Zur Volkskunde. Alte und neue Aufsätze,* Heilbronn, 1879, S. 284-296 (Die vergrabenen Menschen).

[35] Paul Sartori, „Über das Bauopfer", in: *Zeitschrift für Ethnologie,* XXX, 1898, S. 1-54. Siehe auch K. Klusemann, *Das Bauopfer,* Graz-Hamburg, 1919; L. D. Burdick, *Foundation Rites, with some kindred ceremonies,* New York, Abbey Press, o. J.: ein gelehrtes, aber chaotisches Werk; der Autor kennt die Forschungen von Sartori nicht; Inger Margrette Boberg, *Baumeistersagen,* in: FFC, Nr. 151, 24 Seiten, Helsinki, 1955; vgl. die Artikel „Bauopfer" und „Einmauern" in: *Handwörterbuch d. deutschen Aberglaubens.*

[36] In den folgenden Anmerkungen werden wir uns begnügen, auf die Bibliographien in den Untersuchungen von Sartori und von Cocchiara und in unserem Buch hinzuweisen. Gelegentlich werden wir gewisse Arbeiten vermerken, die nicht in der Untersuchung des italienischen Volkskundlers angegeben sind.

[37] Finnisch: Sartori, S. 13; *Comentarii,* S. 38; Cocchiara, S. 55, Anmerkung 53. Lettisch: Andrejs Johansons, „Das Bauopfer der Letten", in: *Arv,* 18–19, 1962-1963, nachgedruckter Text in: *Der Schirmherr des Hofes im Volksglauben der Letten,* Stockholm, 1964, S. 55-75; Estnisch: Oskar Loorits, *Grundzüge des estnischen Volksglaubens,* II, 1, Lund, 1951, S. 136; zur Verbreitung des Motives, siehe die Karte S. 137.

[38] Valeriu St. Ciobanu, *Jertfa zidirii la Ucraineni şi Ruşi,* Chişinău, 1930; D. Zelenin, *Russische (Ostslavische) Volkskunde,* Berlin, 1927, S. 287; *Comentarii,* S. 38; Cocchiara, S. 55, Anmerkung 51.

[39] Sartori, *op. cit.;* Jan de Vries, „De sage van het ingemetselde kind", in: *Nederlandsch Tijdschrift voor volkskunde,* XXXII, 1927, S. 1-13; Cocchiara, S. 55 und Anmerkung 55.

[40] *Comentarii,* S. 39; Cocchiara, S. 60.

England[41] und Spanien[42] bezeugt ist. Eine berühmte Episode wird von dem bretonischen Mönch Nennius (zweite Hälfte des 10. Jahrhunderts) in seiner *Historia Britonum* (Kap. 18) berichtet: Weil die Festung, die der König Gorthigern baute, jede Nacht einstürzte, rieten ihm die Druiden, es mit dem Blut eines „vaterlosen" Kindes zu begießen, was der König tat.[43] Nach der *Vita des hl. Kolumban*, geschrieben vom hl. Adamnan, hätte Kolumban (Kolumkille) ein analoges Opfer dargebracht, als er die Kirche von Hy baute.[44]

Stellen wir klar, daß solche Anschauungen und Legenden in Wechselbeziehung zu einem rituellen Handlungsablauf stehen: Ob es sich nun um die Nachbildung eines Menschen handelt oder den „Schatten" eines zu Opfernden oder ob man auf eine der unzähligen Opferformen durch Substituierung zurückgriff (Opferung eines Tieres auf den Fundamenten oder wenn man zum ersten Mal das Haus betrat), immer sicherte ein blutiges Opfer die Festigkeit und Dauer des Gebäudes. Dies ist nicht der Ort, um das Problem des Opfers durch Substituierung zu diskutieren, das noch gewisse ungeklärte Aspekte aufweist.[45] Es wird genügen, daran zu erinnern, daß die Entdeckung von Skeletten in den Fundamenten von Heiligtümern und Palästen im alten Vorderen Orient, im prähistorischen Italien und anderswo die Realität solcher Opfer außer Zweifel stellt.[46] Das Vorhandensein von Abbildern und Symbolen in den Fundamenten bezeugt außerdem die verschiedenen Arten der Substituierung von Opfern.

In der Form des abgemilderten Rituals, der Legende oder als vage Anschauung findet man die Bauopfer fast überall in der Welt wieder. Man hat eine ziemlich große Zahl von Fakten im modernen Indien gesammelt, wo dem Glauben sicherlich in früheren Zeiten eine ri-

---

[41] Cocchiara, S. 58 f.

[42] Al. Popescu-Telega, *Asemănări şi analogii în folklorul român şi iberic*, Craiova, 1927, S. 12 f. *Comentarii*, S. 40; Cocchiara, S. 60, Anm. 77.

[43] Bibliographie in: Cocchiara, S. 56, Anmerkungen 57-58; außerdem A. H. Krappe, „Un épisode de l'Historia Britonum", in: *Revue Celtique*, 1924, S. 181-188; vgl. auch *Comentarii*, S. 40. Das Motiv des Kindes „ohne Vater" stellt ein unabhängiges volkstümliches Thema dar.

[44] Cocchiara, S. 57 und Anmerkung 60.

[45] Siehe jetzt nur: *Comentarii*, S. 58 f.

[46] *Comentarii*, S. 42 und Anmerkung 20; Cocchiara, S. 67-68, 70-71. Siehe auch B. Nyberg, *Kind und Erde*, Helsinki, 1931, S. 185-187; Loorits, *op. cit.*, S. 136. Der Forschungsstand und die neuesten Bibliographien in: *Manole et les rites de construction*.

tuelle Wirklichkeit entsprach[47]: Man trifft ähnliche Opfer in den mittelamerikanischen Kulturen an[48], aber auch in Ozeanien und Polynesien[49], in Indochina[50], in China[51] und in Japan.[52] Man muß das Opfer der Dorfgründung bei den Mande im Sudan besonders erwähnen, ein komplexes Ritual, das von Frobenius gründlich studiert worden ist und dessen Symbolismus an den impliziten Symbolismus der Gründung Roms erinnert.[53] Selbstverständlich müssen eigene Studien in jedem einzelnen Fall genau festlegen, inwieweit die Tötung der Opfer rituell bezeugt ist, und in welchem Maße wir es mit Legenden und mit Aberglauben zu tun haben.

Es wäre ein großes Werk notwendig, um die zahlreichen Aspekte, die dieser Opfertypus durch die Zeiten hindurch und im je verschiedenen kulturellen Kontext eingenommen hat, darzulegen und zu erörtern. Um es kurz zu sagen, alle diese Aspekte hängen letztlich von einer gemeinsamen Ideologie ab, die man folgendermaßen zusammenfassen könnte: Um zu dauern, muß ein Bauwerk (Haus, technisches Werk, aber auch eine geistige Arbeit) belebt werden, das heißt, gleichzeitig ein Leben und eine Seele erhalten. Die „Übertragung" einer Seele ist nur vermittels eines Opfers möglich; mit anderen Worten, durch einen gewaltsamen Tod. Man kann sogar sagen, daß das Opfer seine Existenz nach dem Tod weiterführt, nicht länger in seinem physischen Körper, sondern in dem neuen Körper – dem Bauwerk –, den es durch seine Opferung „belebt" hat; man kann auch von einem „architektonischen Körper" sprechen, der den fleischlichen Körper

---

[47] M. Winternitz, „Einige Bemerkungen über das Bauopfer bei den Indern", in: *Mitteilungen der Anthropologischen Gesellschaft in Wien,* XVII, 1887, S. (37)-(40); vgl. auch M. Haberlandt, „Über das Bauopfer", *ibid.,* S. (42)-(44); ein wichtiger buddhistischer Text, *Jātaka,* Nr. 481, Bd. IV, S. 246; vgl. Paul Mus, *Barabudur,* Paris-Hanoi, 1935, Teil I, S. 202 f.; *Comentarii,* S. 43.

[48] *Comentarii,* S. 42.

[49] *Comentarii,* S. 42 und Anmerkung 17; Cocchiara, S. 66.

[50] Cocchiara, S. 62, Anmerkung 86.

[51] W. Eberhard, „Chinesischer Bauzauber. Untersuchungen an chinesischen Volksmärchen", in: *Zeitschrift für Ethnologie,* 71, 1939, S. 87-99, besonders S. 98-99. In der Volkskunde, W. Eberhard, *Typen chinesischer Volksmärchen,* FFC, 120, Helsinki, 1937, S. 146 und *Chinese Folktales,* Chicago, 1965, S. 135-37, 231. In bezug auf aktuelle Opfer, vgl. Dr. J. J. Matignon, *La Chine hermétique,* Paris, 1930, S. 244.

[52] Cocchiara, S. 62; siehe auch Masao Oka, zusammengefaßt bei Alois Closs, „Das Versenkungsopfer", in: *Wiener Beiträge zur Kulturgeschichte und Linguistik,* IX, 1952, S. 66-107 und besonders S. 89.

[53] L. Frobenius, *Kulturgeschichte Afrikas,* Leipzig, 1933, S. 177-180; Cocchiara, S. 64-65. Vgl. auch unsere *Traité d'Histoire des Religions,* S. 321 f., und Cocchiara, S. 71 f.

ersetzt.[54] Die rituelle Übertragung des Lebens vermittels des Opfers beschränkt sich ganz und gar nicht auf Bauwerke (Tempel, Städte, Brücken, Häuser) und auf nützliche Objekte[55]: Man schlachtet ebenfalls Menschenopfer, um den Erfolg einer Aktion zu sichern[56], oder sogar die historische Dauer eines geistigen Unternehmens.[57]

Blutige Opfer und kosmogonische Mythen

Das exemplarische Modell all dieser Formen des Opfers ist sehr wahrscheinlich ein kosmogonischer Mythos, nämlich derjenige, der die Schöpfung durch die Tötung eines Urriesen (vom Typ Ymir, Puruṣa, P'an-ku) erklärt: Seine Organe lassen die verschiedenen kosmischen Regionen entstehen. Dieses Motiv hat eine außerordentliche Verbreitung erfahren; es ist besonders häufig im östlichen Asien.[58] Man weiß, daß der kosmogonische Mythos im allgemeinen das Modell all jener Mythen und Riten ist, die sich auf ein „Tun", ein

---

[54] Morphologisch reiht sich diese „Übertragung des Lebens" in die wohlbekannte Serie der religiösen Monumente ein, die durch Reliquien oder durch Abbilder von lebenswichtigen Organen: Augen, Mund, etc. „belebt" werden. Siehe Paul Mus, „La Tombe Vivante", in: *La Terre et la Vie,* VII, 1937, S. 117-127. Die indischen Boote werden durch zwei gemalte Augen „lebendig" gemacht; vgl. J. Hornell, „Indian boat designs", in: *Memoirs of the Asiatic Society of Bengal,* Kalkutta, 1920.

[55] Nach *T'ao chouo* hatten Töpfer mehrere Jahre lang „vergebens versucht, das Brennen eines großen, mit Drachen geschmückten Tonkruges fertigzustellen, den der Kaiser bestellt hatte. Einer von ihnen opferte sich auf und sprang durch das Kaminloch des Brennofens; er starb, aber der Tonkrug wurde vollendet"; vgl. Max Kaltenmark, *Le Lie-sien tchouan,* übersetzt und mit Anmerkungen versehen, Peking, 1953, S. 45. Zu den metallischen Opfern, siehe unsere Studie: „Symbolisme et rituels métallurgiques babyloniens", in: *Studien zur analytischen Psychologie C. G. Jungs,* Zürich, 1955, Bd. II, S. 42-46, und vor allem unser Band: *Forgerons et Alchimistes,* Paris, 1956 (Dt. Ausgabe: *Schmiede und Alchimisten,* Stuttgart 1980²).

[56] Xerxes ließ neun Jungen und neun Mädchen lebendig begraben, als er sich nach Griechenland einschiffte, um sich des Sieges zu versichern. Andererseits weiß man auch, daß Themistokles auf ein Orakel hin drei junge Gefangene am Vorabend der Schlacht von Salamis opfern ließ (Plutarch, *Vita Them.,* XIII).

[57] Der heilige Petrus war beschuldigt worden, ein einjähriges Kind geopfert zu haben, *puer anniculus,* um dem Christentum die Dauer von 365 Jahren zu sichern. Die Tatsache, daß Augustinus es für nötig befunden hat, auf eine solche Verleumdung zu antworten, beweist, daß noch im 4. Jahrhundert die heidnische Welt an die Wirksamkeit dieser magischen Technik glaubte; vgl. J. Hubaux, „L'Enfant d'un an", in: Sammlung *Latomus,* Band II: *Hommages à Joseph Bidez et à Franz Cumont,* Brüssel, 1949, S. 143-158.

[58] Vgl. Alfred Kühn, *Berichte über den Weltanfang bei den Indochinesen,* Leipzig, 1935; A. W. Macdonald, „A propos de Prajâpati", in: *Journal Asiatique,* Bd. 240, 1952, S. 323-338.

„Werk“, eine „Schöpfung“ beziehen. Das mythische Motiv einer durch Opferung bewirkten „Geburt“ findet sich in zahllosen Kontexten wieder: Nicht nur der Kosmos entsteht durch Opferung eines Urwesens und aus dessen eigener Substanz, sondern auch die Nutzpflanzen, die menschlichen Rassen oder die verschiedenen sozialen Klassen.[59] Die berühmtesten von allen sind die Mythen Indonesiens und Ozeaniens, die uns die freiwillige Opferung einer Frau oder eines jungen Mädchens erzählen, mit der Absicht, aus dem Körper selbst die verschiedenen Nahrungsmittel hervorzubringen.[60]

Von diesem mythischen Horizont aus muß man die geistige Quelle für unsere Bauriten suchen. Wenn man sich noch darüber hinaus daran erinnert, daß in den traditionellen Gesellschaften die Wohnstatt eine *imago mundi* war, wird noch deutlicher, daß jede Grundsteinlegung symbolisch die Kosmogonie wiederholte. Die kosmische Bedeutung der menschlichen Wohnung wurde durch den Symbolismus des Zentrums verstärkt; denn, wie man heute besser zu sehen beginnt, jedes Haus – *a fortiori* jeder Palast und Tempel, jede Stadt – befand sich vermutlich im „Weltzentrum“.[61] Wir haben in einigen jüngeren Arbeiten gezeigt, daß die Anerkennung Haus-Kosmos (unter zahlreichen Varianten: das Zelt, das mit dem Himmelsgewölbe verglichen wurde, der Zeltstock mit der *axis mundi* etc.) eine der spezifischen Charakteristika der Kulturen der Jäger und der Hirten-Nomaden von Amerika, von Nord- und Zentralasien und Afrika ist.[62] Aber die Vorstellung von einem „Zentrum“, durch das die *axis mundi* geht, und die folglich die Kommunikation zwischen Himmel und Erde möglich macht, findet sich schon in einem noch älteren Kulturstadium. Die Achilpa in Australien tragen bei ihren Wanderungen immer einen heiligen Pfahl mit sich und bestimmen die einzuschlagende Richtung nach dessen Neigung. Der Mythos erzählt, daß das göttliche Wesen Numbakula, nachdem es das Gebiet der zukünftigen Achilpa „kosmisiert“, ihren Stammvater erschaffen und ihre Institu-

---

[59] Siehe die zitierten Arbeiten der vorangehenden Anmerkung und die in unserer Untersuchung gegebenen Hinweise, „La Mandragore et les mythes de la ‚naissance miraculeuse‘“, in: *Zalmoxis,* III, Bukarest, 1942, S. 3-48.

[60] Siehe Ad. E. Jensen, *Hainuwele,* Frankfurt am M., 1939, S. 59; id., *Das religiöse Weltbild einer frühen Kultur,* Stuttgart, 1948, S. 33 f., und passim. Vgl. auch M. Eliade, *Aspects du mythe,* Paris, 1963, S. 129 f.

[61] Zum Symbolismus des „Weltzentrums“ siehe unsere in Anmerkung 33 zitierten Werke.

[62] Vgl. M. Eliade, *Le chamanisme et les techniques archaïques de l'extase,* Paris, Payot, 1951, S. 236 f. (2. Ausgabe, 1968, S. 211 f.); id., *Centre du Monde, Temple, Maison,* passim.

tionen gegründet hatte, auf folgende Weise verschwand: Aus dem Stamm eines Gummibaums stellte es einen heiligen Pfahl her, salbte ihn mit Blut und kletterte an ihm bis in den Himmel. Der heilige Pfahl stellt die kosmische Achse dar und seine Errichtung in einem Gebiet kommt einer „Kosmisierung", ausgehend von einem Strahlungszentrum, gleich. Anders gesagt, trotz ihrer ständigen Ortsveränderungen entfernen sich die Achilpa niemals vom „Weltzentrum"; sie sind immer nach der Mitte „ausgerichtet" und in Verbindung mit dem Himmel, wohin Numbakula verschwunden ist.[63] Es ist notwendig, zwischen zwei Konzeptionen hinsichtlich der religiösen Funktion der menschlichen Wohnstatt zu unterscheiden: 1) Die älteste, die bei den Völkern der Jäger und bei den Hirten-Nomaden bezeugt ist, gibt der Wohnstätte und dem bewohnten Gebiet im allgemeinen, indem es sie vermittels des Symbolismus des „Weltzentrums" dem Kosmos gleichsetzt, einen sakralen Charakter; 2) die andere, jüngere Konzeption (sie bricht sich Bahn in den Gesellschaften der *Urpflanzer*) enthält die Wiederholung des kosmogonischen Mythos, wie wir gerade gesehen haben: Aus der Tatsache heraus, daß die Welt (oder die Nährpflanzen, die Menschen etc.) durch das von einem göttlichen Wesen dargebrachte Uropfer entstanden ist, erfordert jedes Bauwerk die Schlachtung eines Opfers. Man wird bemerken, daß vor dem geistigen Horizont, der dieser letzteren Konzeption eigen ist, sich die Substanz des Geopferten selbst[64] in die Wesen oder Dinge umwandelt, die in der Folge seines gewaltsamen Todes aus ihm selbst hervorgehen. In einem solchen Mythos sind die Berge die Knochen des Urriesen, die Wolken sind sein Gehirn etc.; in einem anderen ist die Kokosnuß sogar das Fleisch des jungen Mädchens Hainuwele. Auf der Ebene der Bauriten findet das geopferte Wesen, wie man gesehen hat, einen neuen Körper, nämlich das Gebäude selbst, das es durch seinen gewaltsamen Tod „lebendig" und deshalb dauerhaft gemacht hat. In allen diesen Mythen ist der gewaltsame Tod schöpferisch.

Aus der Sicht der Kulturgeschichte muß man die blutigen Bauriten in die Konzeption der Urpflanzer einordnen. Ad. E. Jensen ist zu einem ähnlichen Schluß gelangt, indem er sich vor allem auf die Riten stützte, die die Errichtung eines „Menschenhauses" *(dárimo)* bei den

[63] Dieser mythisch-rituelle Komplex ist neuerdings von Ernesto de Martino untersucht worden: „Angoscia territoriale e riscatto culturale nel mito Achilpa delle origini", in: *Studi e materiali di Storia delle religioni,* XXIII, 1951-1952, S. 51-66.

[64] Für unser Vorhaben ist es bedeutungslos, ob es sich um ein freiwilliges Opfer – vom Typ Hainuweles – oder eine Opferung, vom Typ Ymir, P'an-ku etc. handelt.

Kiwai begleiten.[65] Nach Landtman läuft die Zeremonie folgendermaßen ab: Wenn man die Errichtung eines *dárimo* beschließt, wählt das Dorf ein altes Paar aus, dessen ältesten Sohn man benachrichtigt; es ist selten, daß dieser sich weigert; er schmiert sich das Gesicht mit Schlamm ein und beginnt seine alten Eltern zu beweinen, denn nach allgemeiner Auffassung werden letztere die Fertigstellung des Gebäudes nicht überleben. Der alte Mann erhält den Namen „Vater des *dárimo*" und die alte Frau den der „brennenden Frau". Sie erfüllen die Hauptrolle bei der Errichtung des kultischen Gebäudes. Diese Arbeit besteht aus der Aufrichtung eines zentralen Pfeilers, seiner Salbung mit dem Blut eines Feindes und vor allem aus der Opferung eines Gefangenen; denn ein neues Kultgebäude ist vor einem solchen Opfer noch nicht für den Gebrauch geeignet.[66] Der Mythos, der dieses Ritual begründet und rechtfertigt, erzählt, wie die geopferte Gottheit *in illo tempore* der erste Tote wurde (der erste, der die Reise über die Todesgrenze hinaus unternimmt) und sich in das Reich der Toten verwandelte: *dárimo,* die Kultstätte, ist die irdische Wiedergabe des Jenseits. Nach Jensen würde der Kiwairitus den Archetypus des *Bauopfers* darstellen, und alle anderen Formen von Bauopfern, die man in der Welt findet, wären in Zusammenhang mit diesem exemplarischen Modell zu sehen. Es erscheint uns schwierig, ihm so weit zu folgen. Wir glauben, daß der Kiwairitus eher die schon spezialisierte Variante des ursprünglichen Handlungsablaufs darstellt, der nur folgende Momente umfaßte: die Opferung eines göttlichen Wesens gefolgt von einer „Schöpfung", das heißt von seiner Verwandlung in eine Substanz oder eine Form, die vorher nicht existierte. Die Abfolge bei den Kiwai und insbesondere die Opferung der Gottheit, ihre Verwandlung in das Reich der Toten und dessen Nachbildung in der Kultstätte stellt bereits eine Erweiterung des ursprünglichen Schemas dar.

Archaismus und Fortbestand (survival)

Wie es auch um die Kiwaiversion bestellt sein mag, die blutigen Bauopfer gehören sehr wahrscheinlich als historisch-kulturelle Phänomene zur geistigen Welt der Urpflanzer. Ist damit gesagt, daß

---

[65] Ad. E. Jensen, *Das religiöse Weltbild einer frühen Kultur,* Stuttgart 1948, S. 58; id., *Mythos und Kult bei Naturvölkern,* Wiesbaden, 1951, S. 210 f.

[66] Gunnar Landtman, *The Kiwai Papuans of British New Guinea,* London, 1927, S. 10 f., 17 f.

überall, wo man ähnliche Riten wiederfindet, man es mit Spuren zu tun hat, die ohne Unterbrechung seit diesen vergangenen Zeiten überliefert worden sind? Sicherlich nicht; sowenig, wie das Vorkommen des Bauopfers in irgendeiner Kultur notwendig die volle Zugehörigkeit dieser Kultur zur Stufe der Urpflanzer einschließt. In einer ganzen Zahl von Fällen sind die Riten oder Mythen von einem Volk zum anderen und von einer historischen Epoche zur anderen gelangt, ohne daß solche Riten und Mythen eine Übernahme der ursprünglichen Kultur mit sich gebracht haben. Wichtiger als die Präzisierung, die man über das Alter solcher Vorstellungen ermitteln kann, ist nach unserer Auffassung die Tatsache, daß gewisse Kulturen oder gewisse Völker diese oder jene Weltanschauung gewählt oder bewahrt haben, während andere sie verworfen oder ziemlich schnell vergessen haben. Wir wollen sagen, daß es nicht ausreicht, den Ursprung, das Alter und die historischen Wechselfälle einer Vorstellung oder eines kulturellen Komplexes festzustellen, weder um sie als geistige Phänomene zu begreifen, noch ihre Geschichte einsichtig zu machen. Sofort ergeben sich zwei andere Probleme, die uns genauso wichtig erscheinen: a) Welches ist die wahre Bedeutung all dieser Anschauungen und kulturellen Komplexe? b) Aus welchem Grund hat diese Kultur und jenes Volk sie bewahrt, ausgearbeitet und erweitert? Schwierige Fragen, auf die man nicht immer eine befriedigende Antwort finden kann, aber die man nicht vergessen darf, wenn man auch nur den bescheidensten Beitrag zur Geistesgeschichte leisten will.
Um auf unsere Balladen aus dem Balkan-Donauraum zurückzukommen, der archaische Charakter ihrer Motive und Bilder tritt nach dem, was wir gerade gesagt haben, noch klarer hervor. Die Gattin, die in das Opfer einwilligt, damit sich ein Gebäude über ihrem eigenen Körper erheben kann, stellt zweifelsohne den Handlungsablauf eines ursprünglichen Mythos dar; ursprünglich in dem Sinne, daß er eine geistige Schöpfung mit sich bringt, die bei weitem den frühgeschichtlichen und geschichtlichen Epochen der südosteuropäischen Völker vorausgeht. Es ist noch zu früh, eine genauere Bestimmung zu versuchen, wie und über welche Wege es diesem mythisch-rituellen Szenarium gelungen ist, im Südosten zu überleben. Dennoch verfügen wir über verschiedene Tatsachen, die den archaischen Charakter der volkstümlichen poetischen Schöpfungen im Balkan-Donauraum erklären können. Es handelt sich um die folgenden: 1) Die Balkan-Donau-Länder sind die einzigen, wo das Bauopfer beachtliche volkstümliche literarische Schöpfungen hat entstehen

lassen. 2) Die Seltenheit ähnlicher Legenden bei den Russen, Polen und Ukrainern scheint die Hypothese einer slawischen Herkunft dieses literarischen Motivs auszuschließen. 3) Die Rumänen und alle Balkanvölker bewahren eine gemeinsame Grundlage, die sie von den Thrakern geerbt haben (und das im übrigen das hauptsächliche einigende Element der ganzen Balkanhalbinsel darstellt). 4) Andere, allen Balkanvölkern gemeinsame kulturelle Elemente scheinen noch älter als das geto-thrakische Erbe zu sein und weisen vorindoeuropäische Züge auf.[67] 5) Man muß schließlich bedenken, daß die Thraker und die Kimmerer zu einer urgeschichtlichen Kultur gehörten, deren Ausstrahlung in mehreren Wellen über Zentralasien hinausgedrungen ist und die Erscheinung von neuen kulturellen Zügen an den Küsten des Chinesischen Meeres und in Dong-son bewirkt hat.[68] Man darf sich durch die „Gleichzeitigkeit" des Brauchtums nicht täuschen lassen: Manches Mal enthüllen die noch lebendigen Anschauungen und Bräuche in gewissen besonders konservativen Gegenden Europas (zu denen man immer die Balkanländer und Rumänien zählen muß) noch archaischere Kulturschichten als diejenigen, die z. B. durch die „klassischen" griechischen und römischen Mythologien vertreten werden. Dies ist besonders offensichtlich bei allem, was die Bräuche und das magisch-religiöse Verhalten der Jäger und Hirten betrifft. Aber selbst bei den zeitgenössischen Bauern Mitteleuropas hat man zeigen können, bis zu welchem Punkt sich wichtige Fragmente prähistorischer Mythen und Rituale erhalten haben.[69] Systematische Forschungen im Bereich der Paläoethnologie Rumäniens und des Balkans sind noch durchzuführen; trotzdem steht bereits fest, daß eine gewisse Zahl vorindoeuropäischer und frühindoeuropäischer kultureller Elemente sich dort besser als irgendwo sonst in Europa (mit Ausnahme vielleicht von Irland und den Pyrenäen) erhalten haben.

---

[67] Dies trifft vor allem auf den religiösen Symbolismus, auf Tänze und Musikinstrumente zu. Vgl. Dr. Jaap Kunst, „Cultural relations between the Balkans and Indonesia," in *Koninklijk Instituut voor de Tropen,* Mededeling, Nr. CVII, Amsterdam, 1954.

[68] Vgl. Robert Heine-Geldern, „Das Tocharerproblem und die Pontische Wanderung", in *Saeculum,* II, 1951, pp. 225-255; id., „Die asiatische Herkunft der südamerikanischen Metalltechnik", in *Paideuma,* V, Heft 7-8, April 1954, S. 347-423, bes. 350 f.

[69] Vgl. zum Beispiel, Leopold Schmidt, *Gestaltheiligkeit im bäuerlichen Arbeitsmythos, Studien zu den Ernteschnittgeräten und ihrer Stellung im europäischen Volksglauben und Volksbrauch,* Wien, 1952.

Es ist nicht immer möglich, alle Phasen, die eine religiöse Anschauung durchläuft, bevor sie sich in volkstümliche Kunstgebilde verwandelt, zu rekonstruieren. Ohnehin liegt, wie erwähnt, nicht hier das Hauptinteresse der Untersuchung. Es ist vielmehr wichtig, die ursprüngliche geistige Welt zu verstehen, in der sich religiöse Grundauffassungen herausgebildet haben, die trotz der zahlreichen religiösen Neubewertungen (deren letzte, das Christentum, gleichzeitig die radikalste war) dennoch zumindest in der Form des „Aberglaubens“ überlebt haben; als volkstümliche Anschauungen, die mit Bildern und Symbolen von höchstem Alter besetzt sind. Das Verwachsensein eines Volkes mit diesem oder jenem mythischen Handlungsablauf, mit diesem oder jenem exemplarischen Bild sagt viel mehr über den Grund seiner Seele aus als eine Reihe von historischen Heldentaten. Es ist für das Verständnis der Völker Südosteuropas nicht gleichgültig, daß sie die einzigen waren, die die Hauptwerke ihrer mündlichen Literatur auf der Basis eines so archaischen rituellen Handlungsablaufs geschaffen haben. D. Caracostea glaubte nachweisen zu können, daß unter all ihren volkstümlichen Werken die rumänische Ballade vom Meister Manole künstlerisch die reifste ist. Selbst wenn gewisse Balkan- und Volkstumsforscher dieses Urteil nicht hinnehmen, bleibt es dabei – und dies ist wichtig –, daß in keiner anderen mündlichen Literatur des Balkans die Ballade vom Bauopfer als ein Hauptwerk angesehen wird. Nun aber ist man sich einig, daß der Gipfel der rumänischen volkstümlichen Dichtung eben die Ballade von *Meister Manole* und die *Miorița* (siehe weiter unten, „Das weissagende Lämmchen“, VIII) sind. Es ist bezeichnend, daß diese beiden Schöpfungen des rumänischen dichterischen Genies als dramatisches Motiv einen „gewaltsamen Tod“ aufweisen, der ruhig angenommen wird. Man kann bis ins unendliche darüber diskutieren, ob diese Auffassung direkt von der berühmten Freude der Geten zu sterben abstammt oder nicht. Immerhin ist es der dichterischen Volkskunst Rumäniens nie gelungen, diese beiden Meisterwerke zu übertreffen, die um die Idee eines schöpferischen Todes und eines heiter angenommenen Todes kreisen.

1955.

VI

„SCHAMANISMUS" BEI DEN RUMÄNEN?

Bandinus und die Incantatores

Der ungarische Volkskundler István Györffi ist wahrscheinlich der erste, der die Aufmerksamkeit auf den „schamanistischen" Charakter der magischen Praktiken der Moldauer[1] gelenkt hat. Er stützte sich vor allem auf die Informationen, die der Missionar Bandini (Bandinus) um die Mitte des 17. Jahrhunderts gesammelt hat. Seit diesem Artikel ist der Text von Bandinus die eigentliche Quelle für alle Diskussionen über den „moldauischen Schamanismus".[2]

Marcus Bandinus, ein Minorit (Franziskaner), war Erzbischof von Marcianopolis im Unteren Mösien und von Durostor und Tomis am Schwarzen Meer; er war auch Administrator der katholischen Kirche der Moldau, der Provinz, in der er sich von 1644 bis 1650 aufhielt. Er verfaßte für Papst Innocenz X. einen ziemlich langen Bericht: *Allgemeine Visitation sämtlicher Kirchen des römisch-katholischen Ritus in der Provinz Moldau.* Er begann mit der Redaktion im März 1648 in Bacău, aber das Manuskript der *Allgemeinen Visitation* wurde erst 1895 von V. A. Ureche[3] publiziert.

In seinem Kapitel *De incantationibus* versichert Bandinus, daß die *incantatores* und *incantatrices* der Moldau sich der gleichen Wertschätzung erfreuen wie in Italien die *Doctores subtilissimi et sanctissimi.* Es ist jedermann erlaubt, die Kunst der magischen Beschwörungen und der Zauberei zu praktizieren und zu lehren; und, was noch mehr heißen will: diese Beschäftigung gilt als ehrenwert. „Oh", ruft

---

[1] István Györffy, A bübájolás a moldvaiaknál (*Ethnographia,* XXXVI, 1925), S. 169 f.

[2] Siehe zum Beispiel Geza Róheim, „Hungarian Shamanism" (*Psychoanalysis and Social Sciences,* III, New York, 1951, S. 131-169), S. 147.

[3] V. A. Ureche, *Codex Bandinus. Memoriu asupra scrierii lui Bandinus dela 1646, urmat de text, însoţit de acte şi documente* (Analele Academiei Române, Memorii, Secţia istorică, seria 2, Bd. XVI, 1893-94, S. 1-335; Bukarest, 1895). Siehe auch A. Veress, *Scrisorile misiona, rului Bandini din Moldova,* 1644-1650 (Academia Română, Memorii, Secţia Istorică, Bd. VI, Mem. 13, 1926, S. 333-399).

er aus, „welch Stöhnen und Seufzen habe ich zu Gott aufsteigen lassen! Wie oft habe ich Gelegenheit gehabt, meine Geduld auf die Probe zu stellen . . .“ Bandinus macht in der Erzählung deutlich, daß er bei den abscheulichen Vorstellungen der Beschwörer *(incantatores)* dabei war, die in allen Punkten dem vergleichbar waren, was die Alten über die *vates* berichteten. Er hat gesehen, daß die Beschwörer *(incantatores)* den Gesichtsausdruck wechselten, an Händen und Füßen und dann am ganzen Körper zitterten, schwankten, sich schließlich auf die Erde warfen und, Hände und Füße ausstreckend, leblos blieben wie die Toten, eine Stunde, manchmal sogar drei oder vier.

„Wieder zu sich gekommen, boten sie den Zuschauern eine schreckenerregende Vorstellung, indem sie sich allmählich wieder aufrichteten, an allen Gliedern zitternd. Dann, als wären sie von höllischen Furien besessen, verrenkten sie sich in einer Art, daß man glauben konnte, kein einziges Knöchelchen bliebe aneinander. Als sie endlich erwachten, erzählten sie ihre Träume als Orakel. Wenn jemand krank wurde oder etwas verlor, wandte er sich an die *incantatores.* Wenn jemand auf die Ablehnung eines Freundes oder einer Freundin stieß, die ihm gewöhnlich zugetan waren, bemühte er Zauberer, um diesen negativen Zustand zu verbessern. Zugleich glaubte man, daß die Zauberer das beste Mittel seien, um sich an einem Feind zu rächen. Es wäre ein ganzer Band nötig, um die Praktiken dieser Zauberer und Hexer, Wahrsager und Gaukler zu beschreiben.“

(Quo in pretio sunt in Italia Doctores subtilissimi simul et sanctissimi, eodem fere hic Incantatores et Incantatrices. Exercere et discere incantationis et maleficiorum artem omnibus liberum et honorificum. O quantos ego animi gemitus et suspiria ad Deum fudi? quantas habui patientiae excercendae occasiones, dum audirem, et non semel viderem abominanda exerceri maleficia. Quod de antiquis Vatibus fabularum narrat antiquitas, his in partibus domestica cognoscit experientia. Dum enim futura praesagire Incantatores volunt, certo sibi sumpto loci spatio, mussitationibus, capitis intorsione, oculorum revolutione, oris obliquitate, frontis ac genarum corrugatione, vultus mutatione, manuum ac pedum agitatione, totiusque corporis trepidatione aliquantisper pedibus sistunt, deinde terrae se allidunt, expansis manibus pedibusque divaricatis, mortuis similiores, spatio unius horae, non numquam trium aut quatuor, quasi exanimes manent. Tandem ad se redeuntes horrendum videntibus faciunt spectaculum, nam in primis tremulis artubus paulatim se erigunt, deinde quasi furiis infernalibus exagitati,

sic omnia membra et articulos membrorum exerunt, ut nullum ossiculum in suo articulo ac junctura manere credatur. Postremo velut e somno evigilantes, sua somnia, tanquam oracula pandunt. Si quis in morbum incidat, aut rem aliquam amittat, recursus ad Incantatores. Si quis amici aut benevoli aversum animum experitur, maleficiis aversum animum sibi conciliare nititur. Si quem vero offensum sibi habet, maleficiis se vindicare et ulcisci optimum medium putat. In his autem et similibus omnibus, diversissimi Incantatorum, Maleficorum, Divinatorum, Praestigiatorum actiones, vix uno comprehendi volumine possint.)[4]

Man kann nur bedauern, daß Bandinus diesen Band nicht geschrieben hat, so wertvoll sind seine Auskünfte, auch wenn er unbewußt, um die *incantatores* der Moldau zu beschreiben, gewisse auf die *vates* der Antike bezogene literarische Klischees benutzt. Die ethnologische Wichtigkeit seines Zeugnisses besteht vor allem in der Beschreibung der Ekstase der *incantatores,* d. h. der langen Zeit (bis zu vier Stunden), während der die „Zauberer“ leblos liegenblieben *(mortuis similiores).* Es ist offenbar, daß der „Orakel“-Wert ihrer Träume durch den ekstatischen Charakter ihres Trancezustandes gewährleistet war. Sehr wahrscheinlich beschrieben gewisse dieser Träume die Seelenreise des Magiers, während der sein Körper wie tot dalag.

Diese Form der Ekstase kann als „schamanistisch“ bezeichnet werden: In der Tat charakterisiert sie den Schamanismus im strengsten Sinn sowohl in Sibirien als auch in Zentralasien. Im allgemeinen ruft der Schamane in allen Regionen, in denen der Schamanismus herrscht, seine Ekstase hervor, um entweder zum Himmel emporzusteigen, damit er dort den Göttern begegnet, oder, um die verirrte oder von einem Dämon gestohlene und in den Höllen gefangengehaltene Seele des Kranken zu suchen und sie in den Körper zurückzubringen; oder endlich, um den Verstorbenen in die Welt der Toten zu geleiten. Zudem ist der Schamanismus durch eine Reihe von besonderen Kennzeichen charakterisiert. Die wichtigsten sind: die Berufung, die sich in einer „Initiationskrankheit“ zeigen kann; die Initiation, die in einer Zerstückelung des Körpers, der Erneuerung der Organe und Eingeweide und dem rituellen Tod, gefolgt von der Wiederauferstehung, besteht; ein rituelles Gewand und ein für die Schamanen charakteristisches Musikinstrument (im allgemeinen die Trommel); die Möglichkeit, sich in Tiere zu verwandeln und in dieser

[4] V. A. Ureche, *op. cit.,* S. 328; vgl. auch S. 157-58.

Form mit anderen Magiern zu kämpfen; Beziehungen zu einem mythischen Baum usw.[5]

Nun ist kein einziges dieser konstituierenden Elemente des Schamanismus bei den mannigfaltigen Arten von „Zauberern“ und „Heilern“ bezeugt, die in den rumänischen Provinzen bekannt sind. Ja sogar die ekstatischen Trancezustände, von denen Bandinus spricht, finden sich sonst nirgends in Rumänien. Das läßt uns glauben, daß die *incantatores,* die Bandinus in der Moldau antraf, nicht Rumänen, sondern Tschangö (eine magyarische Bevölkerungsgruppe aus den Moldaukarpaten) waren. V. Diószegi, der Spezialist für den ungarischen Schamanismus, ist zu demselben Schluß gekommen.[6] Andererseits hat Diószegi korrekterweise die strukturellen Unterschiede zwischen den ungarischen *táltos* und den verschiedenen Typen der „Zauberer“, die bei den Nachbarvölkern Ungarns bekannt sind, betont, in erster Linie der *solomonar* der Rumänen, der *planetink* der Polen und der *grabancias* der Serben und Kroaten. Nur die *táltos,* bemerkt Diószegi, kennen eine „Initiationskrankheit“[7] oder einen „langen Schlaf“ (eine Art rituellen Tod) oder eine „Zerstückelung“ des schamanistischen Typs.[8] Nur die *táltos* unterwerfen sich einer Initiation, besitzen ein besonderes Gewand, eine Trommel und die Praxis der Ekstase.[9] Diese spezifisch schamanistischen Elemente sind, wie wir in unserem Buch gezeigt haben und woran der Autor erinnert, bei allen türkischen, finno-ugrischen und sibirischen Völkern bezeugt. V. Diószegi schließt daraus, daß der Schamanismus ein grundlegendes magisch-religiöses Element in der ursprünglichen Kultur der Magyaren bildet. Die Ungarn haben aus Asien den Schamanismus mit in das Gebiet gebracht, das sie heute bewohnen.[10]

---

[5] Siehe unser *Chamanisme et les techniques archaïques de l'extase* (Paris, 1951; verbesserte und vermehrte Ausgabe, 1968; dt. Ausgabe: *Schamanismus und archaische Ekstasetechnik,* Zürich, o. J.).

[6] V. Diószegy, *A sámánhit emlékei a magyar népi müveltségben* (Budapest, Akadémiai Kiadó, 1958), S. 320 ff.; id., „Die Überreste des Schamanismus in der ungarischen Volkskultur“ (*Acta Ethnographica,* VII, Budapest, 1958, S. 97-135) S. 124.

[7] Vgl. V. Diószegy, „Die Überreste des Schamanismus“, S. 98 ff.

[8] *Ebenda,* S. 103 ff., 106 ff.

[9] *Ebenda,* S. 112 ff., 115 ff., 122 ff.

[10] Vgl. M. Eliade, „Recent works on Shamanism. A Review Article“ (*History of Religions,* Bd. I, 1961, University of Chicago Press, S. 152-186), S. 171-172; id., *Le Chamanisme,* 2. Aufl., S. 186, Anm. 3; S. 314, usw. Über den ungarischen Schamanismus siehe auch Michel de Ferdinandy, „Die Mythologie der Ungarn“ (*Wörterbuch der Mythologie,* herausgegeben von H. W. Haussing, I: *Die Alten Kulturvölker,* Stuttgart, 1964), S. 248 ff., 256 ff.

Abwehrriten gegen die Pest

Bandinus unterrichtet uns ebenfalls über gewisse Abwehrriten gegen die Pest, die er, wie er sagt, persönlich im November 1646 in den Dörfern um Lucaşeşti beobachtet hat. Entlang der Grenze mit Transsilvanien stellte man an jeder Kreuzung einen *priapos* auf, aus einem Eichenstumpf gefertigt, dem die Künstler die Form einer menschlichen Figur mit Händen und Füßen gaben. In der rechten Hand hielt er einen gespannten Bogen und zwei Pfeile, in der linken Hand eine zum Stoß bereite Lanze. „Die (rumänische) Nation, unwissend und im Aberglauben erzogen", so drückt sich Bandinus aus, glaubte, daß man dank dieser List die Pest abschrecken und sie hindern konnte, in das Moldaugebiet einzudringen.[11]

In dieser Form ist der Ritus bei den Rumänen nicht mehr beobachtet worden. Ihre gebräuchlichste Abwehr gegen die Pest besteht vor allem im Weben und Zurschaustellen eines Bauernhemdes *(iia)* am Rande des Dorfes.[12] Die Anfertigung des Hemdes bildet ein wichtiges Element des Ritus: Es solle in weniger als 24 Stunden gewebt und zusammengesetzt sein, hauptsächlich während der Nacht, von neun oder sieben Witwen oder Mädchen. Nach Teutsch weben sieben Frauen in dem Distrikt von Făgăraş, die alle den Namen Maria tragen, gemeinsam ein Hemd, mit dem sie eine ungefähr einen Meter große „Puppe" einkleiden, die mit Stroh vollgestopft ist. Danach hängen oder binden sie die „Puppe" an einen Baum am Rande des Dorfes.[13] Aurel Candrea berichtet von einer persönlichen Information aus Şpring (Distrikt von Sibiu [Hermannstadt]): Am Morgen tragen zwei Frauen „das Hemd der Pest" *(iia Ciumei)* aus dem Dorf hinaus, krönen es mit einem Hut und befestigen es an einer Stange. Wenig später ist das Hemd verschwunden. Der Informant bezweifelte nicht, daß es die Pest war, die es fortgenommen hat.[14] In der Gemeinde von Răşinari glaubt man, daß die Pest umkehrt, wenn sie

---

[11] V. A. Ureche, *Codex Bandinus,* S. 56.

[12] Der italienische Reisende Del Chiaro berichtet, daß in der Walachei das Hemd aus Hanf (das innerhalb von 24 Stunden genäht werden mußte) sofort verbrannt wurde; vgl. *Istoria delle moderne rivoluzioni della Valachia,* ed. N. Iorga, S. 45 ff.; die Stelle wurde zitiert nach I. Aurel Candrea, *Folklorul medical român comparat* (Bukarest, Casa Scoalelor, 1944) S. 138.

[13] Teutsch, zitiert von A. Candrea, S. 137-138.

[14] A. Candrea, *Folklorul medical român comparat,* S. 138.

am Rande des Dorfes das an einem Pfahl aufgehängte Hemd *(iia)* erblickt.[15]

Der Unheil abwehrende Wert des „Hemdes der Pest" leitet sich zugleich von seiner rituellen Herstellung und von seiner Funktion als anthropomorphes Schreckgespenst ab. Aber der *priapos* aus einem Eichenstumpf geschnitzt, von dem Bandinus sprach, ist bei den Rumänen nicht mehr bezeugt. Dagegen findet man ein ähnliches Ritual bei den Jenisseiern. Anuchin berichtet, daß die Jenisseier während der Epidemien an Kreuzungen „Schamanenknüppel" aufstellen. Außerdem stellen sie auf die Gräber der Opfer Pfähle von einem halben bis eineinhalb Meter Höhe, in die man menschliche Figuren geschnitzt hatte.[16] Wie man bald sehen wird, ist dies nicht die einzige Analogie zwischen den von Bandinus überlieferten Informationen und den finno-ugrischen und sibirischen Ritualen.

Immer noch sich auf die Abwehr der Pest beziehend, berichtet Bandinus, was ihm „Leute, würdig des höchsten Vertrauens" erzählt haben: Einmal, während der Nacht, liefen zehn Mädchen nackt im Dorf umher, springend, gestikulierend, singend und brennende Zweige schleudernd. Zehn junge Männer, nackt wie sie, kamen mit Lanzen bewaffnet ihnen entgegen. Die zwei Gruppen begrüßten sich schweigend, und die jungen Männer kreuzten ihre Lanzen mit den entflammten Zweigen. Bandinus erklärt, die Rumänen glaubten, durch dieses Mittel rühre die Pest die nackten Menschen überhaupt nicht an; sie sei beschämt und verschone die jungen Leute. Endlich beschreibt Bandinus einen anderen Ritus: Während der Nacht ziehen die zehn jungen Männer, gefolgt von zehn Mädchen, singend und lachend mit einem Pflug eine Furche um das Dorf. Die Einwohner, bewaffnet mit Keulen, stellen sich, mit dem Gesicht nach Transsilvanien gerichtet, entlang der Furche auf, bereit, mit der Pest zu kämpfen.[17]

Bandinus versichert sehr entschieden, daß es sich nicht um Ungarn, sondern um Leute der (rumänischen) „Nation" handle. Dieser Ritus ist jedoch bei den Rumänen nur undeutlich belegt. Aurel Candrea

[15] *Ebenda,* S. 139 (nach Victor Păcală, *Monografia comunei Răşinari,* Sibiu, 1915, S. 225).

[16] V. I. Anuchin, „Ocherk shamanstvu u yeniseiskikh ostyakov" (*Sbornik Muzeya Antropologii i Etnografii,* II, St. Petersburg, 1914), S. 66 ff.

[17] V. A. Ureche, *Codex Bandinus,* S. 56 ff.

führt ein einziges Beispiel (Bezirk von Dolj) von einer Umwanderung eines Dorfes an, aber ohne die rituelle Nacktheit: Wenn die Pest wütet, sucht man zwei schwarze Ochsen, die an einem Sonnabend und von derselben Kuh geboren worden sind; man spannt sie vor einen Karren und läßt sie die Runde um das Dorf machen.[18] Eine Beschwörung der Pest, erhalten im Distrikt von Bihor, spricht von „einem schwarzen Mann und einem schwarzen Mädchen mit aufgelöstem Haar“, die mit zwei schwarzen Ochsen und einem schwarzen Pflug, gefolgt vom ganzen Dorf, unter dem Gesang der Beschwörungsformeln eine „schwarze Furche“ gezogen haben, damit die Pest nicht in das Dorf eindringt.[19]

Wie man sieht, gibt es keine Hinweise auf die rituelle Nacktheit, die für Bandinus wichtig ist. Im Gegenteil, die Furche, die um das Dorf von nackten Jungen und Mädchen gezogen wird, ist das typische Ritual der Abwehr gegen die Pest bei den Slawen und den Finno-Ugriern. Aurel Candrea hat schon auf einige Beispiele hingewiesen. In Serbien entkleiden sich um Mitternacht ein Dutzend junge Männer und ein Dutzend Mädchen, spannen sich vor den Pflug und ziehen schweigend siebenmal eine Furche um das Dorf.[20] Bei den Bulgaren ziehen zwei Zwillingsbrüder mehrere Furchen mit einem von zwei Zwillingsbrüdern geschmiedeten Pflug, der von zwei Zwillingsochsen gezogen wird.[21] 1871, als die Cholera nahe bei Moskau ausbrach, „spannten sich in der Mitte der Nacht zwölf Jungfrauen vor einen Pflug und zogen eine Furche um das Dorf.“[22] Diese Sitte war in Rußland sehr verbreitet, obgleich die rituelle Nacktheit der Frauen und Mädchen manchmal abgeschwächt wurde (sie trugen ein langes Hemd ohne Gürtel, das Haar gelöst usw.). In diesem Fall war das Ritual geheim und ausschließlich weiblich; ein Mann, der auf den nächtlichen Aufzug traf, riskierte, belästigt, gar getötet und auf der

---

[18] A. Candrea, *op. cit.*, S. 139, nach der Zeitschrift *Ion Creangă* III, S. 311.

[19] A. Candrea, *op. cit.*, S. 140, nach *Şezătoarea,* V, S. 145.

[20] F. S. Krauss, *Slavische Volksforschungen* (Leipzig, 1908), S. 100; A. Candrea, *op. cit.*, S. 140.

[21] *Sborniků za narodni umotvorenija* (Sofia), Bd. XXVIII, S. 557 ff.; A. Candrea, *op. cit.*, S. 140. Über die Wichtigkeit der Zwillinge bei den Abwehrriten gegen die Pest, siehe weiter unten und Anmerkung 25.

[22] W. Mannhardt, *Wald- und Feldkulte* (2. Aufl., I-II, Berlin, 1904-1905), Band I, S. 561. Vergleiche auch W. R. S. Ralston, *Songs of the Russian People,* Second Edition (London, 1872), S. 396 ff. (die rituelle Furche, die um das Dorf während einer Viehepidemie gezogen wurde.)

Stelle begraben zu werden. Man glaubte, seine Anwesenheit hebe die Macht des Ritus auf, oder, er sei eine Verkörperung der Pest.[23]
In anderen von Slawen bewohnten Gebieten wird der Ritus entweder von Frauen oder von Frauen und jungen Männern gemeinsam durchgeführt, aber immer nackt.[24] In gewissen Regionen sind es Zwillinge, die den Pflug ziehen (z. B. in der Region von Krakau, von Posen, in Weißrußland usw.).[25] Die Zeremonie ist ebenfalls bei den Wenden in der Lausitz bekannt: Wenn die Pest wütet, machen nackte Männer dreimal in der Nacht schweigend einen Dorfrundgang.[26] Mannhardt hat schon über die rituelle Umwanderung des Dorfes bei den Mordwinen berichtet, vorgenommen von jungen Männern, die vor einen Pflug gespannt sind und von einer Jungfrau geführt werden.[27] Der Ritus ist auch bei anderen Finno-Ugriern belegt.[28] Überdies – wie es in der von E. Gasparini zusammengestellten ausführlichen Dokumentation belegt ist – ist das Brauchtum, Frauen oder Mädchen vor den Pflug zu spannen, selbst außerhalb ritueller Zeremonien hinreichend bekannt, sowohl bei den Slawen als auch bei gewissen östlichen finno-ugrischen Völkern (z. B. bei den Permiern).[29]
Es ist möglich, daß das Abwehrritual gegen die Pest, so wie es bei den Slawen und östlichen Finno-Ugriern belegt ist, im 17. Jahrhundert ebenfalls in der Region der Moldau ausgeführt wurde, die Bandinus besucht hat. Dennoch ist es sehr viel wahrscheinlicher, daß sich, wie im Fall der *incantatores,* die Informationen nicht auf die Rumänen, sondern auf die Tschangö beziehen.

---

[23] Evel Gasparini, *Ethnologica,* Bd. XII: *Il Matriarcato Slavo* (Cours Universitaire, 1961-1962, vervielfältigt, La Goliardica, Venedig, 1962), S. 137 und die bibliographischen Angaben in Anmerkung 360. Der Ritus war bei den Mordwinen ebenfalls weiblich; vgl. U. Harva, *Die religiösen Vorstellungen der Mordwinen* (FFC 142, Helsinki, 1952), S. 400-401.

[24] Vgl. E. Gasparini, *Il Matriarcato Slavo,* S. 137-138, und die Anmerkungen 363-368.

[25] Vgl. D. Zelenin, *Russische (ostslavische) Volkskunde* (Berlin-Leipzig, 1927), S. 67 ff.; E. Gasparini, *op. cit.,* S. 137-38.

[26] R. Wuttke, *Sächsische Volkskunde* (Dresden, 1900), S. 379; A. Candrea, op. cit., S. 141.

[27] W. Mannhardt, *Wald- und Feldkulte,* Band I, S. 561; vgl. auch U. Harva, *Die religiösen Vorstellungen der Mordwinen,* S. 400 ff.

[28] Vgl. E. Gasparini, *op. cit.,* S. 142.

[29] Vgl. Evel Gasparini, *Credenze religiose e obblighi nuziali degli antichi Slavi* (Cours Universitaire, vervielfältigt, La Goliardica, Venedig, 1960), S. 92, mit einer Bibliographie, die in der Anmerkung 1 aufgeführt ist; id., *Il Matriarcato Slavo,* S. 139 ff. mit den Anmerkungen 369-391.

Der „Fall der Rusalii*"*

Man hat manchmal den „Fall der Rusalii" mit dem Schamanismus verglichen. Er ist eine Art para-ekstatischer Trancezustand, in den die Frauen der Region von Timok während der drei Pfingsttage fallen. Diese Zeremonie ist von einem serbischen Lehrer, Riznič, um 1890 beobachtet und in der Zeitschrift von Fr. Krauss, *Am Urquell,* beschrieben worden. 1938 und 1939 war G. A. Küppers bei dem „Fall der Rusalii" in demselben Dorf Duboka[30] zugegen und war überrascht, genau denselben rituellen Komplex dort wiederzufinden, den ein halbes Jahrhundert zuvor Riznič beschrieben hatte. Andererseits hat ein serbischer Autor, Tihomir Georgevici, 1902 die Region von Timok besucht, und seine Reisenotizen, *Kraz Nase Rumune* („Bei uns Rumänen"), sind von C. Constante übersetzt und 1943 herausgegeben worden.[31] Die Monographie von Georgevici war uns unzugänglich, aber die Stellen über den „Fall der Rusalii" sind von Octavian Buhociu[32] nach der rumänischen Fassung ins Französische übersetzt. Diese Teile, durch die Informationen von Küppers vervollständigt, haben wir herangezogen.

Tihomir Georgevici, der sich nicht während der Pfingstwoche in der Region aufhielt, hat nicht an den Riten teilgenommen. Aber er erklärt, daß er sorgfältig das niedergeschrieben habe, was er von den Leuten hören konnte, die Zeugen gewesen sind. „Der Fall der Rusalii", schreibt er, „das ist die Bezeichnung, die man den Frauen des Dorfes Duboka gegeben hat, die während des dreitägigen Pfingstfestes in einen hypnotischen Schlaf niederfallen; man erweckt sie wieder durch das Lied des ‚Maikäfers'. Am Pfingstsonntag fallen die Frauen gegen drei Uhr nachmittags in Ohnmacht, am zweiten Tag gegen Mittag und am folgenden Tag gegen neun Uhr morgens, das setzen sie fort bis zum Einbruch der Dunkelheit. Man sagt, daß dies auch bei Kleinkindern und alten Frauen vorkomme.

Bevor eine zitternde Frau in Ohnmacht fällt, legt sie sich auf den Boden, wird unruhig und schlägt sich mit den Händen, wohin sie nur

---

[30] G. A. Küppers, „Rosalienfest und Trancetänze in Dubroka. Pfingstbräuche im ostserbischen Bergland" (*Zeitschrift für Ethnologie,* Bd. 79, 1954), S. 212-224.

[31] Tihomir Georgevici, *Printre Românii noştri. Note de călătorie,* trad. din şârbeşte von C. Constante (*Românii din Timoc,* Bd. III, Bukarest, 1943, Societatea Română de Statistică, S. 25-147).

[32] O. Buhociu, *Le Folklore roumain de Printemps* (Dissertation, Université de Paris, Faculté des Lettres, 1957), S. 262-64.

kann. Dann erscheint der „Maikäfer“. Zwei Männer nähern sich ihr, ebenso drei Frauen, die sich ‚Königinnen‘ nennen (es handelt sich um ‚Maikäferinnen‘). Die ‚Maikäfer-Könige‘ nehmen einen blanken Säbel in die Hand und beginnen zu tanzen; die einen tanzen, die ‚Maikäfer‘ spielen ihre Instrumente. Sie tanzen um die ohnmächtige Frau und singen:

> hopp, hopp, hopp, so, so, so
> und noch einmal so.

Während dieser Zeit, d. h. fünf Minuten lang, spielt der Dudelsackspieler. Dann packt derjenige, der den Tanz anführt, die Frau unter den Armen, trägt sie und überquert so mit ihr einen Wildbach, er hält dreimal an und singt dreimal dieselbe Strophe wie zu Beginn. Während die anderen tanzen, nimmt der Anführer des Tanzes ein wenig Wasser aus dem Wildbach, ein wenig Absinth und ein wenig Knoblauch, vermischt alles in seinem Mund und spuckt es der Kranken in Mund und Gesicht. Während sie tanzen, macht der Anführer ein Zeichen des Kreuzes über der Kranken. Dann gibt er ihr zweimal ein wenig Wasser auf einer Messerspitze, danach wäscht er sie und läßt sie sich dort hinsetzen, wo sie niedergefallen ist. Sie erhebt sich allein und beginnt zu tanzen, als sei ihr nichts geschehen.“[33]
G. A. Küppers gibt eine ähnliche Beschreibung, obgleich er nicht von den „Maikäfern“ spricht: „Überall, wo die Rosalien vom Geist befallen werden, reden sie in Zungen. Die Menge lauscht andächtig ihren Äußerungen, da der Glaube allgemein ist, daß die Rosalien in die Zukunft schauen können. Ihre Äußerungen sind bald ein Schreien, bald Stammeln und Winseln, bald Hauchen. Nach einer Zeit konvulsivischen Ringens befällt sie eine Lähmung, die dann wieder durch Abwehr und Kraftausbrüche unterbrochen ist.
Nachdem die vom Rosalienschlaf Befallenen niedergebrochen sind, sammelt sich um sie eine Gruppe von Tänzern und Tänzerinnen. In dieser Gruppe ist offenbar der alte Erlöserchor zu sehen. Unter Anführung eines stattlichen Mannes, der in der Hand ein Messer hält und dazu Kräuter mancherlei Art, Wermut, Knoblauch, Kamille, schließt sich die Gruppe zur Kette. Die Kette beginnt um die Schlafende zu tanzen, nachdem der Anführer mit dem kräutergeschmückten Messer ein Kreuz über die Schlafende zeichnete. Auch setzt der

---

[33] Tihomir Georgevici, *Printre Românii noştri,* S. 97, übersetzt von O. Buhociu, *op. cit.,* S. 262-63.

Anführer seinen Fuß auf den Leib der Schlafenden, bzw. er stößt mit seiner Fußspitze an ihre Fußsohle. Dreimal bewegt sich der Erweckerchor im Urzeigersinn um die Befallene; dann wird die Richtung des Tanzes geändert. Ich konnte die feineren Einzelheiten gerade dieser streng zeremoniellen Tänze nicht genauer beobachten“ (im Original deutsch – d. Ü.).[34] Der Autor veröffentlicht einige eindrucksvolle Fotos (Abb. 7-13): Man sieht den Fall einer *„Rosalie“* (die Küppers auch „Schlafwandlerin“ oder „Schlafende“ nennt; vgl. Abb. 8-9, 11); den Transport der *„Rosalien“* in die Nähe eines Flusses und ihre Besprengung mit Wasser; einen Musiker, der ihnen hilft aufzuwachen, indem er die Flöte spielt, usw.
O. Buhociu zitiert überdies ein Fragment von Georgevici, das über ähnliche Fälle in anderen rumänischen Dörfern von Timok und Krajina berichtet. „Ich habe an einigen Orten gehört, daß die Rumänen untereinander gesagt haben, daß es dort Männer und Frauen gäbe, die an bestimmten Tagen ohnmächtig wurden und dem Wahnsinn verfielen. Ich erinnere mich an Anca Martinovici aus Valaconie, die am Vorabend der großen Feste in Ohnmacht fiel und dann – so berichtet man – Krankheiten voraussagte und auf Fragen antwortete, die man ihr stellte. Aus diesem Grund kamen viele Leute aus ihrem und aus benachbarten Dörfern, deren Fragen sie beantwortete und denen sie Ratschläge erteilte. Oftmals, wenn etwas gestohlen worden oder wenn jemand krank oder ein anderes Unglück geschehen war, ging man zu dieser Frau, um ihren Rat einzuholen. M. Subovici spricht von einer gewissen Dokia, einer Frau von etwa 40 Jahren aus dem Dorf Volnia, die seit ihrer Kindheit zu Pfingsten eine *Rusalie* wird, und die an großen Festtagen in Ekstase fällt, seit sie eine Zauberin geworden ist. An den großen Festen kommen die Leichtgläubigen zu ihr und dann spricht sie mit Gott, den Heiligen, den Toten und Lebenden, sagt das Schicksal voraus und verordnet Medikamente für Krankheiten aller Art. Man sagt, sie tue das ohne Bezahlung.“[35]
Keines dieser Trancebeispiele hat schamanistischen Charakter. Alle wesentlichen Elemente des Schamanismus fehlen: Berufung, Initiation, Lehrzeit, rituelles Gewand, Hilfsgeister, die Fähigkeit, willentlich in Trance zu fallen und sie unter Kontrolle zu halten, Heilung

---

[34] G. A. Küppers, „Rosalienfest und Trancetänze“, S. 223.
[35] T. Georgevici, *Printre Românii noştri,* S. 99, übersetzt von O. Buhociu, *op. cit.,* S. 263-264.

durch besondere Techniken, die Funktion des Seelengeleiters, usw.; im Falle der *„Rusalii"* und ihres „Falles" (Schlaf, „Schlafwandeln") handelt es sich um eine para-ekstatische Erfahrung, die liturgisch und kulturell bedingt ist, denn sie ist einzig während der drei Pfingsttage möglich, und das nur für Einwohner gewisser Dörfer (in großer Mehrheit Frauen), wo eine feste Tradition schon den „Trancezustand" vorbereitet hat. Die „Erweckung", die durch den Tanz und die Musik hervorgerufen wird, ist ebensowenig schamanistischer Natur.

Der „Fall der Rusalii" erinnert eher an die Erscheinung des „Tarantismus", der brillant von Ernesto de Martino und seinen Mitarbeitern in der Region Apulien erforscht wurde.[36] Im einen wie im anderen Fall handelt es sich um eine zeitweilige Krise des Bewußtseins, die durch einen traditionellen mythisch-religiösen Kontext vorbereitet ist und mit Hilfe einer choreographisch-musikalischen Katharsis überwunden wird. Es muß andererseits daran erinnert werden, daß in gewissen rumänischen Gegenden die Căluşari („Pferdemenschen") dieselbe Abreaktion anwenden, wenn sie gerufen werden, durch ihre Tänze und Gesänge Krankheiten zu heilen. Diese Praktiken enthüllen ein ganz anderes Problem, das wir hier nicht erörtern können. Auf alle Fälle verdient das Problem des „Falles der Rusalii" ausführlicher in einer vergleichenden Perspektive aufgegriffen zu werden.

Schamanismus und Beschwörungsformeln

Diese Seiten waren bereits geschrieben, als wir einen Artikel von Lükö Gábor über „Zaubersprüche schamanistischen Ursprungs bei den Rumänen"[37] kennenlernten. Die berühmte Stelle von Bandinus ist hier wieder einmal zitiert und kommentiert (Seite 115 ff.), um die Existenz schamanistischer Praktiken bei den Rumänen im 17. Jahrhundert nachzuweisen. Nach diesem Autor haben die Rumänen am Ende des Mittelalters in einer geographischen und politischen, ja selbst einer kulturellen Einheit mit Bevölkerungsgruppen asiatischen

[36] Ernesto de Martino, *La Terra del rimorso. Contributo a una storia religiosa del Sud* (Mailand, 1961).

[37] Lükö Gábor, „Samanisztikus eredetü ráolvasások a románoknal" (*Ethnographia*, Bd. LXXII, 1961, S. 112-134), vgl. S. 133-134; die deutsche Zusammenfassung: „Zaubersprüche schamanistischen Ursprungs bei den Rumänen".

Ursprungs gelebt, bei denen eine Anzahl von schamanistischen Glaubensinhalten und Techniken lebendig geblieben waren. Mit Ausnahme einiger ungarischer Gruppen östlich der Karpaten, so fährt der Autor fort, sind diese ursprünglich asiatischen Bevölkerungsgruppen rumänisiert worden. Auch meint Lükö Gábor, daß die Angaben, die Bandinus macht, wirklich die Rumänen betreffen, selbst wenn diese die Nachkommen von erst seit kurzem rumänisierten Fremdstämmigen waren. Wir diskutieren diese Interpretation nicht weiter, da schon V. Diószegi gezeigt hat, daß die *incantatores* bei Bandinus zur Gruppe der Tschangö in der Moldau gehörten.

Der Hauptteil der Arbeit von Lükö Gábor ist der Analyse der Glaubensinhalte und Techniken gewidmet, die in den rumänischen Beschwörungsformeln enthalten sind.[38] Nach dem Autor sind folgende Eigenarten charakteristisch: 1) Man glaubt, die Krankheiten werden durch tier- und menschengestaltige Dämonen verursacht; 2) ihrerseits benutzen die Heilmagier tier- und menschengestaltete Geister; 3) außerdem werden sie von Hilfsgeistern bei den Heilungen unterstützt; 4) die Heilmagier opfern manchmal den Krankheitsdämonen. Der Autor schließt, daß man die Mehrheit dieser Motive bei den schamanistischen Riten der sibirischen Völker findet.

Es ist möglich, daß eine gewisse Anzahl der „Zaubermittel“ und Beschwörungsformeln, die von den Rumänen gebraucht werden, zentralasiatische und sibirische Parallelen haben. Aber andere – in bemerkenswerter Anzahl – haben ihr Pendant in Südosteuropa und im Mittelmeerraum, und ihr Ursprung müßte im antiken Vorderen Orient gesucht werden. Das Alter der rumänischen Beschwörungsformeln und vor allem ihre Abhängigkeit im letzten von einer Quelle, die nicht „populär“, sondern im Gegenteil „gelehrt“ ist, macht Einflüsse des zentralasiatischen Schamanismus unwahrscheinlich.

1962.

---

[38] Natürlich stützt er sich insbesondere auf die reichhaltige Monographie von Artur Gorovei, *Descântecele Românilor* (Bukarest, 1931; Academia Română. Din viaţa poporului român, vol. XI).

VII

DER KULT DER ALRAUNE IN RUMÄNIEN

Unter all den Pflanzen, die von Hexen, Frauen und Mädchen in Rumänien gesammelt werden, gibt es keine einzige, bei der das Ritual des Sammelns mit so vielen „dramatischen" Elementen verbunden ist wie bei der Alraune.[1] Die Technik ihrer Ausgrabung ist schwieriger und seltsamer als die aller anderen Kräuter, selbst der für die Zauberkünste und die volkstümliche Medizin wichtigsten. Lediglich die mysteriösen Vorkehrungen, die für das Ausgraben der Alraune getroffen werden, bewahren mit aller Deutlichkeit sehr alte Riten. Im übrigen wurden dem Ritual der Alraune zahlreiche Elemente entnommen, um sie auf das Sammeln anderer Zauberpflanzen oder Heilkräuter zu übertragen.
Bis zu einem gewissen Grade erklären die magischen Kräfte der Alraune ihre merkwürdige Bestimmung. Die Wurzel der Alraune kann tatsächlich einen direkten Einfluß auf die Lebenskräfte des Menschen oder der Natur ausüben: Sie besitzt die Macht, junge Mädchen zu verheiraten, Glück in der Liebe und Fruchtbarkeit in der Ehe zu bringen; sie kann die Milchproduktion der Kühe erhöhen; sie wirkt sich günstig auf geschäftliche Dinge aus, bewirkt Reichtum und im allgemeinen Wohlstand, Einklang usw. in allen Lebenslagen. Die magischen Eigenschaften der Alraune können außerdem auf eine andere Person gerichtet werden. Zum Beispiel auf ein Mädchen, damit es von den jungen Männern im Dorf nicht mehr zum Tanz aufgefordert werden kann, oder gegen einen Feind, damit er krank oder verrückt werde. Neben ihren magischen Eigenschaften besitzt

---

[1] Der Abart *Atropa Belladonna,* die in Rumänien in schattigen Bergwäldern wächst und im Juni–Juli blüht, gibt der rumänische Bauer folgende Namen: die Wolfskirsche *(cireaşa lupului)*, die große Dame, die Blume des Waldes (Bezirk Gorj), die Dame des Waldes (Transsilvanien, Braşov), das Kraut des Waldes (Transsilvanien), Kaiserin, Kaiserin der Kräuter etc. (vgl. Zaharia Pantu, *Plantele cunoscute de poporul român,* ed. II, Bukarest, 1929, S. 171-172).

die Alraune auch Heilkräfte. Doch auch zu diesem Zweck vollzieht sich die Ausgrabung nach dem gleichen Ritual.

In der Gemeinde Vad (Kreis Maramureş) holt man die Alraune aus einem „tauben Wald", d. h. er muß weit genug vom Dorf entfernt liegen, damit der Hahnenschrei von dort nicht mehr zu hören ist. Die Frauen und Hexen, die die Alraune holen („babele meştere", alte Praktikerinnen), brechen schon bei Morgengrauen auf, noch bevor im Dorf jemand wach ist; sie achten dabei besonders sorgfältig darauf, nicht gesehen zu werden. Wenn ein Hund ihre Gegenwart wittert oder ein Bellen zu hören ist, so schwindet der Zauber, und die Wirkung geht verloren; die Alraune, die unter diesen Umständen gesammelt wird, hat keinerlei Macht mehr.

Der Zeitraum zwischen Ostern und Himmelfahrt ist äußerst günstig, um die Alraune zu sammeln. Die „alten Praktikerinnen" nehmen beim Aufbruch einige Nahrungsmittel mit sich: Eier, die in der Kirche gesegnet wurden, einen Blätterteigkuchen, gefüllten Kohl, Schnaps, Wein usw. Eine Woche zuvor wird die Alraune „bestimmt", man geht auf ihre Suche und befestigt ein rotes Band an der Pflanze, um sie am Morgen des Sammelns leichter zu finden. Im Wald angekommen, gehen die Frauen direkt auf die Alraune zu. „Sie dürfen überhaupt nicht suchen." Anschließend wird die Erde aufgegraben, die Alraune wird entwurzelt und auf den Erdboden gelegt. Um sie herum werden die mitgebrachten Nahrungsmittel ausgebreitet. Die alten Praktikerinnen „essen und trinken"; „umarmen und streicheln sich". Anschließend sprechen sie von der Person, für die die Alraune bestimmt ist und von der Absicht, die damit verbunden ist – Glück in geschäftlichen Dingen, Ansehen im Dorf (für Bürgermeister, Räte), Erhöhung der Milchmenge der Kühe usw.

Wenn zwei junge Mädchen die Alraune pflücken gehen, umarmen und streicheln sie sich, wobei sie sagen:

> „Alraune, Alraune
> verheiratet mich in einem Monat
> denn wenn Ihr mich nicht verheiraten könnt,
> komme ich zurück und zerbreche Euch in Stücke."

oder aber:

> „Alraune, Alraune,
> verheiratet mich in einem Monat,
> wenn nicht in diesem, dann aber im nächsten,
> aber verheiratet mich auf jeden Fall."

Die „verliebten Frauen" greifen ebenfalls zur Alraune, um von ihren Männern geliebt zu werden. Die Frauen mit den weniger strengen Sitten, die „Herumtreiberinnen" *(femeile lumeţe)*, entledigen sich all ihrer Kleider, um die Alraune, mit der sie die Liebe der Männer wecken wollen, zu entwurzeln.
In das Loch, das von der entwurzelten Alraune zurückbleibt, steckt man einige Stücke Zucker, ein paar Geldstücke und gießt Wein hinzu. Im Wein wird auch die Alraune gebadet. Nachdem die Mahlzeit beendet und der Zauberspruch ausgesprochen ist, steckt man sich die Alraune in das Mieder und geht nach Hause. Niemand darf erfahren, daß die Frau oder die alte Praktikerin die Alraune mitbringen. Außerdem sprechen sie freundlich und liebenswürdig mit allen, denen sie begegnen, und grüßen jedermann. „Wenn jemand erfährt, daß sie die Alraune mitbringen, oder wenn man sich hinterher auf dem Weg oder Pfad, auf dem sie gegangen sind, schlägt, streitet oder beschimpft, sich mit Steinen bewirft oder etwas fallen läßt, schlägt die beabsichtigte Wirkung der Alraune, für die sie gesammelt wurde, ins Gegenteil um." Der gleiche Berichterstatter aus Vad hebt folgendes noch hervor:
„Eines Tages brachte die Mutter eines jungen Mädchens die Alraune mit. Nachdem die Frauen vorbeigegangen waren, fängt unsere Dienstmagd plötzlich an, mich zu schlagen. Sie beschimpft mich, packt mich an den Haaren, wünscht mich zum Teufel und wirft mir Erdklumpen hinterher. Ich fange sogleich an zu weinen, da ich nicht weiß, was sie von mir will. Sie stürzt in die Küche, wirft Geschirr, Kübel und Schalen um. Von da aus rennt sie zu den Toiletten und wirft wütend Steine und Erdklumpen hinein; dabei murmelt sie, es seien gar keine Steine, die sie da hineinwirft, sondern jenes Mädchen, jene Frau, damit jene nicht geliebt und von den jungen Männern und den Männern zurückgestoßen werde. Einige Wochen später wird dieses junge Mädchen, dessen Mutter von der Dienstmagd gerade in dem Augenblick, als sie mit der Alraune zurückkehrte, gesehen worden war, geschlagen und aus ihrem Kreis ausgestoßen. Ihre Mutter beklagte sich überall und erklärte, sie könne nicht verstehen, warum ihre Tochter von allen gehaßt werde und den jungen Männern unangenehm sei. Sie wußte nur nicht, daß unsere Dienstmagd erfahren hatte, daß sie die Alraune trug, und so den Zauber zerstört hatte."[2]

---

[2] Archiva de Folklor a Academiei Române (= A. F. A. R.) Ms. 963, ff. 28-32, Gemeinde Vad, Bezirk Maramureş, gesammelt von: Grigore Vasile, Lehrer, der Informant war Grigore Muntean (40 Jahre, 1937).

Im Kreis Maramureş gehen die jungen Mädchen in die Felder, wobei sie von einer alten Praktikerin begleitet werden; nachdem sie dort gegessen haben, tanzen sie fast nackt um die Alraune herum und wiederholen dabei:

„Alraune, gute Pflanze,
verheiratet mich in einem Monat,
denn wenn Ihr mich nicht verheiraten könnt,
werde ich essen, was das Fasten verbietet,
denn wenn Ihr ihn mir nicht herbeiführt,
werde ich all das essen, was das Fasten verbietet.“[3]

Im Kreis Turda brechen die jungen Mädchen, die möglichst oft zum Tanz aufgefordert werden möchten, um sich so als erste zu verheiraten, um Mitternacht auf, Arm in Arm, und gehen so bis zu einer Alraune. Hier *legen sie ihre Schuhe ab* und werfen sich dreimal zu Boden. Jede hat ein Silberstück mitgenommen, das sie so im Mund halten, daß es Zähne und Zunge berührt. Sie beugen sich dann über die Alraune, ohne sie mit den Händen zu berühren, und trennen einige Blätter der Alraune mit den Zähnen über dem Silberstück ab. Auf dem Weg nach Hause, Arm in Arm und ständig tanzend, achten sie darauf, nicht gesehen und vom Tageslicht überrascht zu werden. Wenn sie ein in Stoff gewickeltes Alraunenblatt bei sich tragen, ohne es jedoch je mit der Hand zu berühren, werden diese Mädchen beim Tanz gefragt sein, und es dauert nicht lange, bis sie heiraten werden.[4]
Ebenfalls im Kreis Turda gehen die jungen Mädchen oder Frauen zu zweit, nackt mit gelöstem Haar und auf dem ganzen Weg eng umschlungen, um Mitternacht zur Alraune. Bei der Alraune angekommen, legen sie sich aufeinander und pflücken ein Blatt mit der Hand ab. Anschließend kehren sie zurück, wobei sie immer noch tanzen und einander umfassen, und lassen das Alraunenblatt trocknen, bis es zermahlen werden kann.
Sie gehen darauf zur Mühle und stehlen *„mit umgekehrter Hand“* Mehl, das sie danach durch ein *umgestülptes Sieb* geben. Aus dem Mehl, dem Alraunenblatt und Honig bereiten sie einen Teig, den sie sauer werden lassen. Diesen Teig benutzen sie später im Schnaps,

---

[3] T. Papahagi, *Graiul şi folklorul Maramureşului* (Bukarest, 1925), S. XLIV.
[4] A. F. A. R., Ms. 407, f. 23, Gemeinde Bistriţa, Bezirk von Turda; Informant Ion Mucea (60 Jahre, 1932), gesammelt von Iuliu Coroiu, Lehrer.

Tee, Kaffee oder einem Kuchen, den man einem jungen Mann anbietet, um seine Liebe zu erwecken.[5]
In der Gemeinde Tritenii-de-Sus (Kreis Turda) verläuft das Ritual des Alraunepflückens anders: „Vier junge Mädchen, die im Dorf vor den anderen bevorzugt werden wollen, pflücken die Alraune und sprechen Zauberformeln über sie; sie vergraben sie in der Mitte der Straße, wo sie dann *ganz nackt tanzen*. Während des Tanzens bleiben vier junge Männer in ihrer Nähe, um sie zu bewachen; sie wiederholen dabei:

‚Alraune, gute Mutter
verheiratet mich in diesem Monat,
wenn nicht in diesem, dann aber im nächsten,
aber macht, daß ich nicht länger ein Mädchen bleibe.'

Während der Fastenzeit, am Gründonnerstag, tragen sie die Alraune unter der Schürze oder Jacke zur Kirche, um sie segnen zu lassen; am Sankt-Georgs-Tag tragen sie sie zum Tanz bei sich."[6]
Die Anwesenheit junger Männer beim Ritual der Alraune in der Nähe der Mädchen findet man nur ganz vereinzelt in Rumänien. Am häufigsten findet die Zeremonie in der Form statt, daß zwei Mädchen oder junge Frauen, von einer Alten oder einer Praktikerin begleitet, die Alraune pflücken gehen. In anderen Fällen ersetzen zwei junge Männer die zwei jungen Frauen. So ist es im Kreis Bacău Sitte. Eine alte Praktikerin geht frühmorgens in den Wald, um bei Sonnenaufgang in der Nähe der Alraune zu sein; sie wird dabei von zwei jungen Mädchen oder zwei jungen Männern begleitet. Sie nehmen Wein und etwas zu essen mit. „Nachdem sie die Pflanze gefunden hat, spricht die Praktikerin Zauberformeln, währenddem ihre Begleiter essen, trinken, sich verliebt zusprechen, umarmen und sich mit Küssen bedecken. Wenn die Praktikerin fertig ist, tanzen sie um die Pflanze herum, während die Alte aufmerksam in der Erde gräbt, um auch nicht den kleinsten Teil der Wurzel zu beschädigen." So ist der Verlauf, wenn die Alraune „zur Liebe" gesammelt wird. Wenn sie „zum Haß" gepflückt wird, damit sie Unglück bringe oder jemanden krank mache, streiten sich die jungen Leute, spucken sich ins Gesicht

---

[5] A. F. A. R., Ms. 407, ff. 27-28, Gemeinde Bistrița; Informantin Elena Plic (30 Jahre, 1932); gesammelt von Iuliu Coroiu.
[6] A. F. A. R., Ms. 383, ff. 9-10, Gemeinde Tritenii-de-sus, Bezirk von Turda, Informant A. Petrovan (70 Jahre, 1932).

und schlagen sich, anstatt sich in verliebtem Ton zuzusprechen und zu umarmen.[7]

In den Apuseni-Bergen pflückt man die Alraune „zur Liebe" *(pe dragoste)*, „zum Heiraten" *(pe măritat)*, „zum Tanz" *(pe joc)*, „zum Trinken" *(pe băutură)*, „zum Haß" *(pe urît)* usw. Zwei Frauen, die ein gewisses Alter haben, gehen die Alraune suchen und zwar an einem Dienstag in der Fastenzeit, nüchtern und sehr früh am Morgen, um niemandem unterwegs zu begegnen. Die Pflanze muß in großer Entfernung vom Dorf gesammelt werden, damit man weder das Krähen des Hahnes noch das Miauen der Katze hört. Auf ihrem Weg sprechen die Frauen kein Wort miteinander. „Sie nehmen Brot, Salz und ein Geldstück mit. Sie suchen die Alraune, sagen in Gedanken Gebete auf und, wenn sie die Alraune an geschützten Stellen finden, machen sie sich daran, sie zu pflücken. Zu diesem Zweck müssen sie sich entkleiden und dreimal verbeugen, wobei das Gesicht nach Osten gewendet sein muß. Sie gehen dreimal um die Pflanze herum und sprechen Zauberformeln. Anschließend wird die Alraune mit einem Spaten ausgegraben und auf die Erde gelegt, in Richtung Osten zeigend. An die Stelle, wo sie ursprünglich in der Erde steckte, legt man das Brot, Salz und das Geldstück, den ‚Preis der Alraune'. Diesen Preis muß man zahlen, weil man sonst nicht nur damit bestraft wird, daß die Alraune die Wirksamkeit verliert, sondern auch, daß sie nachts diejenigen, die sie gepflückt haben, ruft und von ihnen verlangt, an die ursprüngliche Stelle zurückgebracht zu werden. Man muß auch vor der Rache der Alraune Angst haben, wenn man sich ihr nicht fügt. Schließlich bedecken die Frauen die Stelle, an der sich die Alraune befand, mit Erde und verbeugen sich dreimal, wobei das Gesicht nach Westen zeigt. Danach setzen sie sich Rücken an Rücken. Eine von ihnen blickt nach Osten, die andere nach Westen; diese nimmt dann die Alraune und gibt sie der ersten. Damit ist das Sammeln der Alraune beendet."[8]

Wird die Alraune „zur Liebe" gepflückt, umarmen sich die beiden Frauen, küssen sich und sprechen leidenschaftliche Worte zueinander. Während sie um die Pflanze herumgehen (sehr wahrscheinlich in Anklang an einen rituellen Tanz), sagen die Frauen:

---

[7] A. F. A. R., Ms. 852, ff. 49-50, Gemeinde Târgu-Ocna – Vâlcele, Bezirk von Bacău, Informantin Elena Moisă (72 Jahre, 1936), gesammelt von C. Pâslaru, Lehrer.

[8] Valeriu Butura, „Cultul mătrăgunei în Munţii Apuseni" (Auszug aus *Grădina mea,* 2. Jahr, Nr. 10-11, Oktober-November 1936), S. 2: Informationen, die in der Gemeinde Sălcina-de-jos, Bezirk von Turda, gesammelt werden.

„Alraune, gute Mutter,
ich nehme Euch nicht, um jemanden verrückt zu machen,
ich nehme Euch, um jemanden verliebt zu machen,
ich nehme Euch nicht, damit Ihr jemanden verrückt macht,
ich nehme Euch, damit Ihr jemanden verliebt macht.“[9]

Wenn man die Alraune „zum Heiraten“ pflückt, singt man einen Zauberspruch, der in ganz Rumänien fast immer gleich lautet und höchstens unbedeutende Varianten aufweist.

„Alraune, gute Mutter,
verheiratet mich in diesem Monat,
wenn nicht in diesem, dann aber doch im nächsten,
damit ich nicht ohne Ehemann bleibe.“[10]

Wenn die Alraune „zum Haß“ gepflückt wird, damit derjenige, für den sie bestimmt ist, nicht nur nicht geliebt, sondern sogar gehaßt wird, wenden die Frauen das Gesicht von der Alraune ab und sprechen, sich dabei den Rücken kratzend:

„Ich werde Euch nehmen, aber warum sollte ich
Euch nehmen? Um Haß zu erregen, nicht um
zu gefallen, auch nicht, um gesehen zu werden.
Wer Euch nimmt, wer Euch
trinkt, wird Euch nur von
hinten sehen, niemals von vorn.“[11]

Wird die Alraune „zum Spiel“ gepflückt, um beim Dorftanz ganz sicher von demjenigen, für den die Alraune bestimmt ist, aufgefordert zu werden, tanzen die Frauen dreimal um die Alraune herum und schreien dabei:

„Hopp, hopp, hopp,
ich bin mit dem Tanzen dran,
Alraune, gute Mutter.“[12]

---

[9] Valeriu Butură, *ibid.*, S. 3.
[10] Butură, *ibid.*, S. 3.
[11] *Ibid.*
[12] *Ibid.*, S. 2. Beim Sammeln der Alraune sollte es windstill sein.

In der Moldau, im Kreis Vaslui, dient die Alraune, die man auch „Große Dame“ *(Doamnă mare)* nennt, oder „Kaiserin“ *(Impărăteasa)*, vor allen Dingen „für die Liebe“. Die Frauen und Mädchen, die sich der Alraune bedienen, müssen ihre Kleidung oder wenigstens ihr Hemd wechseln, wenn sie die Alraune bei sich tragen; sie müssen auch in respektvollem Ton – wie mit einer heiligen Pflanze – mit ihr reden. Man pflückt sie im April und Mai, vor Pfingsten, denn man glaubt, daß die magischen Kräfte der Pflanzen nach diesem Zeitpunkt verschwinden. Die Frau, die die Alraune pflücken geht, muß sauber gekleidet sein und sie darf keinen sexuellen Verkehr gehabt haben. Sie geht still und ohne gesehen zu werden in den Wald und entwurzelt die Alraune, an deren Stelle sie Brot, Maisbrei, Honig oder Zucker legt. Dabei spricht sie: „Ich gebe Euch Honig, Brot oder Salz, gebt Ihr mir die Kraft Eurer Heiligkeit.“ Muß die Frau auf ihrem Weg einen Bach überschreiten, wirft sie ein wenig Brot oder Maisbrei hinein, damit das Wasser die Krümel mitnimmt und nicht die magische Kraft der Pflanze.

Der Ritus muß bei Vollmond vollzogen werden. Die Wurzelhaare der Alraune werden anschließend zu 5, 7 oder 9 zusammengebunden. Dabei wird der Name dessen ausgesprochen, für den sie bestimmt sind. Diese Bündel werden *gherbe* genannt (Garben?). An einem fastenfreien Tag steckt man die ersten drei *gherbe* in einen neuen Topf; Honig, Zucker, Brot und Wein werden hinzugefügt; dabei sagt man: „Ich gebe Euch diese Leckereien, verleiht X Gesundheit und Schönheit.“ Anschließend gießt man „einwandfreies“ Wasser aus drei Quellen über diese Mischung und spricht: „So wie das Wasser aus der klaren und reinen Quelle hervorsprudelt, so werde X, wenn sie sich wäscht, strahlend und von allen begehrt“ (d. h. als erste zum Tanz geführt). Danach wird der Topf mit Teig aufgefüllt, und man läßt ihn schwach bis zum Abend kochen. Der oder diejenige, für deren Wünsche der Trank bereitet wird, bekreuzigt sich so oft, wie *gherbe* verwendet wurden, und trinkt ebenso oft von der Flüssigkeit. Anschließend geht er zum Ufer eines Baches und reibt sich die Gelenke mit der Mischung (der im Topf gekochten) ein und gießt sich den Rest davon so über den Kopf, daß nur dieser berührt und die Flüssigkeit vom Bach mitgeführt wird. Beim Weggehen darf man sich nicht umdrehen, da sonst die Kraft der Alraune vergeht. Ein anderes Mal unternimmt man diese Prozedur in der Nähe eines blühenden Baumes. Die Kräuter im Topf werden an Zweige gehängt; dort bleiben sie solange, bis sie trocknen und zerfallen.

Manchmal hebt man auch die Wurzel der Alraune unter einem Hut auf oder man näht sie in Kleidungsstücke ein – was dem Träger die Wertschätzung seiner Mitmenschen einbringt. Wird die Alraune „zum Haß“ gepflückt, so unternehmen die Frauen, wie wir überall in Rumänien beobachten konnten, genau das Gegenteil. Sie gehen mit schmutzigen Kleidern zur Alraune, rufen Schimpfwörter, deuten mit dem Kopf, den Händen und Augen groteske Bewegungen an, um die magischen Kräfte der Alraune ins Gegenteil umzukehren. Derjenige, der von einer Speise oder einem Wein versucht, der Alraunenfasern enthält, die auf diese Weise verwünscht wurden, muß befürchten, wahnsinnig zu werden.[13]
Im Kreis Hotin (Bessarabien) „veredelt“ man die Alraune vor dem Pflücken mit Salz und Schnaps und man sagt zu ihr „Guten Tag, Alraune“, während man auf sie zugeht. Nachdem man zurückgekehrt ist, wird die Pflanze gekocht (es wird nicht gesagt, ob dies die Blätter oder die Wurzeln sind); danach wäscht man sich mit diesem Wasser das Gesicht, „um schön zu sein und Ansehen zu genießen“.[14]
Im Oaş-Gebiet wird die Alraune von ganz jungen Mädchen gesammelt, die von einer alten Frau begleitet werden. Der günstigste Tag dafür ist der Freitag vor Pfingsten (Gemeinde Cărmăzana). Die Mädchen nehmen dazu Schnaps mit, stecken ein Geldstück an die Wurzel der Pflanze, umarmen sich dann und tanzen um die Pflanze herum. Nachdem sie die Wurzel ausgegraben haben, legen sie sie auf die Erde und tanzen um sie herum. Sie füllen ihre Gläser mit Schnaps, stoßen damit an und sagen:

„Ein langes Leben, wenn Ihr mich liebt,
Wenn nicht, kommt um wie in Sodom!“

Sie essen noch den mehlbestreuten Blätterteigkuchen, den sie von zu Hause mitgenommen hatten. Dann kehren sie mit dem Jahresbedarf an Alraunenwurzeln zurück. Wenn sie zum Dorftanz gehen, nehmen sie ein Stückchen in einem Taschentuch mit: auf diese Weise werden sie dann ununterbrochen zum Tanz aufgefordert.[15]

---

[13] *Apărătorul Sănătăţii,* II, S. 202, zitiert bei Arthur Gorovei und M. Lupescu, *Botanica poporului român* (Folticeni, 1915), S. 79-80 (vgl. *Şezătoarea,* XV, Nr. 5, August 1914).
[14] A. F. A. R., Ms. 187, f. 10, Gemeinde Hodorăuţi, Bezirk von Hotin; Informantin Ileana Bordeianu (87 Jahre, 1931).
[15] Ion Muşlea „Cercetări folklorice în Ţara Oaşului“ (*Anuarul Arhivei de Folklor,* Bd. I, Cluj, 1932, S. 117-127), S. 207.

In einer anderen Gemeinde der gleichen Region, in Boineşti, gehen die jungen Mädchen zu zweit, nehmen Schnaps, Brot, Speck und Honig und zu Ostern geweihtes ungesäuertes Brot mit, um die Alraune zu sammeln. Sie dürfen die Alraune nicht berühren, bevor sie nicht ein Glas Schnaps auf ihre Gesundheit getrunken und gesagt haben: „Gelobt sei Jesus Christus" und „So wie ich Euch beim Trinken ehre, so werdet auch Ihr mich ehren". Dann wird die Pflanze mit Schnaps besprengt. Sie wird entwurzelt und an ihre Stelle kommt das Brot, der Speck und das gesegnete ungesäuerte Brot. Dort beginnen die Mädchen, vollkommen nackt zu tanzen.[16]
Bis St. Johannis und Pfingsten gehen die jungen Mädchen in Moişeni, immer mit einer alten Praktikerin. Um die Alraune zu sammeln, nehmen sie Schnaps und einen Blätterteigkuchen mit. „Sie entkleiden sich, trinken Schnaps und stoßen mit den Gläsern an, streicheln und umarmen sich und tanzen." Das junge Mädchen, das die Alraune trägt, wird von den jungen Männern beim Dorftanz sehr begehrt.[17]
In der Gemeinde Cărmăzana, ebenfalls im Oaş-Gebiet, gehen die Mädchen am Karfreitag mit einer Alten in den „Garten der Barmherzigen" *(grădina Milostivelor)*, um Kräuter zu sammeln, genauso wie sie die Alraune sammeln. Sie trinken Schnaps und tanzen nackt bis zur Morgendämmerung. Anschließend kochen sie die zuvor in geweihtes Wasser getauchten Kräuter und sprechen „Tanz"-Zauberformeln. Darauf waschen sie sich den Kopf mit diesem Wasser, das die besondere Eigenschaft hat, den Haarwuchs zu fördern.[18]
Anderswo (Gemeinde Racşa) macht sich das junge Mädchen auf den Weg, nur von einer Alten begleitet, die den Schnaps und den Blätterteigkuchen trägt. Wenn sie bei der Alraune angekommen sind, beginnen sie, nackt zu tanzen. Die Alte spricht dabei den bekannten Zauberspruch:

„Alraune, gute Mutter,
verheiratet mich nach einem Monat usw."[19]

In der Moldau findet man die Alraune noch in einem anderen Volkslied:

---

[16] Muşlea, *ibid.*, S. 207-208.
[17] Muşlea, *ibid.*, S. 208.
[18] *Ibid.*, S. 207, die Beschwörungsformel „für den Tanz", auf S. 208.
[19] *Ibid.*, S. 208.

„Oh Alraune, grünes Gras
schöner Vogel, der so verrückt ist,
mir am Abend im Mondschein zu singen.“[20]

Ebenfalls in der Moldau rufen die jungen Leute beim Tanz ironisch diese Verse den jungen Mädchen zu, die noch keinen Ehemann gefunden haben und die auf die magischen Kräfte der Alraune vertrauen:

„Oh Alraune, gute Pflanze,
verheiratet mich in diesem Monat,
wenn nicht in diesem, dann aber
im nächsten, daß ich bloß verheiratet bin.
Alraune, unter meinem Bett,
habe ich Euch den ganzen Sommer
über begossen und Ihr habt mir
keinen Mann gegeben, sondern habt
mich ledig gelassen.“[21]

Im Kreis Baïa geht die alte Praktikerin die Alraune pflücken. Sie wird von dem (oder derjenigen) begleitet, für den (oder die) die Alraune bestimmt ist. Sie nimmt dazu einen Löffel Honig mit, ein Glas Wein, eine Scheibe Brot und Zucker. Sie sucht die Alraune und beschwört sie folgendermaßen: „Königin Alraune, ich werde Euch mit Honig salben, mit Wein begießen, mit Zucker versüßen und mit Brot nähren [bei diesen Worten wird der untere Teil des Stiels mit Honig gesalbt, die Pflanze mit Wein besprengt und neben die Wurzel wird Brot und Zucker gelegt]. Ich bin von zu Hause fortgegangen, schön und stark, bei bester Gesundheit und nahm den großen Weg, den Pfad. Unterwegs begegnete ich dem Bösen *(potca)*: Er hat mich mit seinen Pfeilen am Kopf getroffen, im Herzen, an den Augenbrauen, in die Augen . . . und ich stürzte zu Boden und war wie tot. Die gute Jungfrau Maria hörte, wie ich weinte und mich beklagte. Sie sagte mir: ‚Sei ruhig, Ileana, und weine nicht mehr, denn ich werde kommen, dich mit kaltem Wasser waschen, dir mit einem Handtuch Kopf, Wimpern, Gesicht und Herz abtrocknen, und ganz schnell wird alles vorbeisein, und dein Herz wird sich beruhigen.‘“

[20] A. Gorovei und M. Lupescu, *Botanica poporului român,* S. 81.
[21] Gorovei und Lupescu, *op. cit.,* S. 81.

Wenn die Beschwörung beendet ist, nimmt die Praktikerin die drei Wurzeln der Alraune, die sie zuvor gefunden hat, rollt sie zusammen und legt sie auf den Kopf derjenigen Person, für die der Zauber vollzogen worden ist. Diese Person soll dann sofort einen Tanzschrei ausstoßen und zu tanzen beginnen. Mit Hilfe der Praktikerin steckt sie die zusammengerollte Alraune in ihren Vorratssack – anschließend gehen sie beide nach Hause, wobei die eine die Alraune an ihre Brust preßt. Sie achten beide darauf, daß niemand ihnen nachruft. Sie dürfen weder ausspucken noch sich schneuzen noch urinieren, bevor sie zu Hause sind. Die Alraune wird auf den Tisch gelegt, und das Haus muß sehr sauber gehalten werden. Ein paar Alraunenfasern im Wein oder Schnaps erhalten dem Schankwirt die Kundschaft. Die jungen Mädchen, die Alraunenfasern im Mieder tragen, werden oft zum Tanz aufgefordert und verheiraten sich schnell. Einige Alraunenblätter, die man ständig im Mieder bei sich trägt, bewirken, daß man allseits geachtet wird. Einige Leute pflanzen die Alraune im Garten ein und zwar an einem besonders sauberen Ort und achten darauf, daß die Alraune nicht beschmutzt wird.[22]

In der Gemeinde Săpânţa, im Kreis Maramureş, kann die Alraune von einem jungen Mann und einem jungen Mädchen oder sogar von einer größeren Gruppe gesammelt werden, vorausgesetzt, daß sie dabei nicht gesehen werden. Nachdem sie der Alraune Geschenke gemacht haben, tanzen sie nackt um die Alraune herum und stoßen dabei Schreie aus. Beim Nachhausegehen achten sie wiederum darauf, nicht gesehen zu werden. Um die Pflanze zu entwurzeln, gräbt man sorgfältig um die Wurzel herum. So sieht das Sammeln der Alraune aus, wenn sie „zum guten Zweck" gesammelt wird. Wenn sie dagegen „zum Bösen" gepflückt wird, muß man sie mit dem Stock schlagen, sie auf dem Boden schleifen, sie in Stücke zerreißen und sie der Person zuwerfen, der man Streit oder den Tod wünscht; dabei muß man deren Namen rufen und das Böse aussprechen, das man ihr wünscht.[23]

Wird die Alraune zu Heilzwecken gepflückt, so wird sie im Kreis Baïa folgendermaßen beschworen: „Sehr verehrte Kaiserin Alraune, ich

---

[22] A. F. A. R., Ms. 799, ff. 8-10, Gemeinde Moişa-Boroaïa, Bezirk Baïa, Informantin Baba Ciocănoaia (91 Jahre, 1935).

[23] A. F. A. R., Ms. 169, ff. 2-3, gesammelt von Vasile Tămăşanu, Lehrer (1931). Die Information ist kaum vertrauenswürdig. Der Name der Informantin ist nicht angegeben. Man sagt dort, daß ein junger Mann mit einem jungen Mädchen zum Sammeln gehen könne oder auch eine ganze Gruppe. Die „alte Praktikerin" wird jedoch nicht

ehre Euch mit Brot, mit Salz und verbeuge mich dabei. Gebt mir Eure Kleider, säubert mich, läutert mich, befreit mich von aller Zauberei (de dătătură, de făcătură). Macht, daß ich rein bleibe und so strahle wie gewaschenes und gesiebtes Silber, wie die Mutter Gottes, die mich zur Welt gebracht hat."[24]

Im Kreis Gorj pflücken zwei alte Frauen die Alraune zu magischen Zwecken. „Sie entkleiden sich, lösen ihr Haar auf und sprechen Zauberformeln, wobei sie mit Kopf, Armen und Beinen die verschiedensten Bewegungen machen und wie Verrückte loslaufen."[25]

Im Kreis Neamţ (Gemeinde Gârcina) soll der Kranke bei bestimmten schweren Krankheiten einen Alraunenaufguß trinken. Der Kranke wird daraufhin vom Delirium ergriffen. Wenn er innerhalb von drei Tagen nicht zu sich kommt, so bedeutet dies, daß er niemals von der Krankheit, an der er leidet, genesen wird.[26]

Einen der besten Berichte über das Sammeln der Alraune (zu Heilzwecken) gibt uns Simeon Mangiuca, Sohn des Banat, in einer der ältesten volkstümlichen botanischen Schriften in Rumänien.[27] „Wenn du im Wald auf sie zugehst, so mußt du dabei singen, essen und trinken. Anders ausgedrückt, du mußt vergnügt aussehen. Wenn du dort angekommen bist, so setzt du dich neben sie, zeigst weiterhin deine Freude, ohne jedoch mit ihr zu sprechen, bis zu dem Augenblick, wo du glaubst, daß auch sie in guter Stimmung ist. Nachdem du weiterhin in ihrer Nähe gegessen und getrunken hast, grüßt du sie dann (guten Tag oder guten Abend, je nach den Umständen) und beginnst mit ihr zu sprechen. Du sprichst sie wie eine Fürstin an und erzählst ihr von den Sorgen, wegen derer du gekommen bist. Der Fieberkranke bringt eines seiner neuen und frischgewaschenen Hemden mit sich, außerdem etwas Honig in einem Glas, in dem sich noch

---

erwähnt. Man behauptet, daß die Alraune mit einem Stock geschlagen, auf dem Boden herumgeschleift wird usw. – Einzelheiten, die wir sonst nirgendwo finden. Die Beleidigungen, die Schläge und die grotesken Gesten, unerläßlich für den Zauber „zum Schlechten", werden *innerhalb der Sammlergruppe* ausgetauscht: Die Alraune selbst bleibt geachtet und gefährlich; niemand wagt, soweit wir wissen, sie ohne Verehrung zu berühren.

[24] A. F. A. R., Ms. 773, folio 20, Gemeinde Boroaïa, Bezirk Baïa, Informantin Maria Dănilă (1935).

[25] Brauch in der Gemeinde Dobriţa, Bezirk Gorj, zitiert von Gorovei und Lupescu, *Botanica poporului român,* S. 78.

[26] *Ibid.,* S. 78.

[27] „De însemnătatea botanicei româneşti", in der Zeitschrift *Familia,* X. Jahrg. (Budapest, 1874), S. 511 ff. Der Teil, den wir übersetzen, ist vielfach zitiert und nachgedruckt; vgl. I. A. Candrea, *Iarba Fiarelor* (Bukarest, 1928), S. 53-54.

nie Wasser befunden hat[28], roten Baumwollfaden, ein Silberstück und einen kleinen Kuchen *(colac)*. Die Praktikerin, die all das mit sich nimmt, geht bei Anbruch des Abends mit dem Kranken in den Wald, um in der Dämmerung, wenn der Tag sich von der Nacht trennt, bei der Alraune anzukommen. Wenn sie dort angekommen sind, breitet man das Hemd des Kranken unter der Alraune aus. Darauf legt man die mitgebrachten Gegenstände. Dann beginnt die Praktikerin folgende Beschwörung, wobei sie sich bekreuzigt und sich bis zum Boden vor der Alraune verbeugt[29]: ‚Guten Abend, Alraune, gute Frau und gute Mutter (oder: edle Alraune und mächtige Frau), Ihr berührt mit dem Kopf den Himmel, mit Euren Wurzeln steckt Ihr in der Erde, und Euer Kleid (die Blätter) flattert im Wind. Ihr, Königin des Himmels und der Stürme, Ihr, Königin der Blumen, vor der alle Blumen sich verbeugen und Eure Größe feiern, Euch rufe ich an und bitte Euch, mit bloßen Ellbogen, und bloßen Knien, die Stirn bis zur Erde geneigt (die Praktikerin verbeugt sich und küßt den Boden), mir Kraft und Gesundheit zu geben – helft also dem Kranken X usw.‘[30] Nachdem sie sich bis auf die Erde vor der Alraune verbeugt hat und ihr Gesundheit und eine gute Nacht gewünscht hat, entfernt sie sich auf etwa zehn Meter, zündet ein Feuer an, legt sich nieder und schläft die ganze Nacht bei dem Kranken. Beim Morgengrauen wachen die Praktikerin und der Kranke auf, und die Praktikerin geht zur Alraune zurück und sagt: ‚Guten Tag, Alraune, unsere Mutter, gute Frau.‘ Sie beginnt noch einmal mit der Beschwörung vom Vorabend, ändert jedoch einige Worte; an Stelle von ‚Geh, lauf, such und bring den heilenden Zauber‘ sagt sie: ‚Du bist gegangen, bist gelaufen, hast gesucht und hast das Zaubermittel gefunden und hast es in dieses Glas getan, um diesen Kranken zu heilen.‘ Dieser probiert den Honig im Glas, während die Praktikerin ihm Wasser auf den Kopf gießt, anschließend salbt sie ihn mit Honig, befestigt an seinem Hals den roten Baumwollfaden und das Silberstück, zieht ihm ein neues Hemd an und kehrt mit ihm nach Hause

---

[28] Zweifelsohne handelt es sich um einen „unberührten Topf“. Mangiuca führt oft „moderne“ Einzelheiten in die rituelle Beschreibung ein.

[29] Diese Beschwörung ist von Fräulein Marie Holban bemerkenswert gut ins Französische übersetzt worden, *Incantations* (Paris-Bukarest, 1937), S. 98, Anmerkung.

[30] Die Form der Beschwörung ist zu literarisch, um nicht mißtrauisch zu machen. Mangiuca schrieb in einer Zeit, in der die volkskundlichen Amateure mit aller Naivität dem „volkstümlichen Genius“ nachhalfen. Aber ebensogut könnte Mangiuca annähernd diese Formel von jemandem, der unter dem Einfluß der Bücherweisheit stand, erhalten haben.

zurück. Bevor sie jedoch aufbrechen, dankt sie der Alraune, wünscht ihr Gesundheit und feiert ihre Macht."[31]

Man sammelt die Alraune auch[32], um ganz bestimmte Krankheiten zu heilen. In der Gemeinde Doftana (Tg. Ocna) verwendet man die Alraune bei Schmerzen in Beinen und Händen, im Kreuz sowie bei verschiedenen Arten von Fieber usw. Aber auch zu Heilzwecken sammelt man die Alraune nach dem gleichen Ritual wie bei Verzauberungsabsichten. Man kocht die Pflanze in einem neuen Topf. Bevor man den Kranken davon trinken läßt, bindet man ihn an seinem Bett fest, da er nach dem Genuß des Getränkes wie ein Verrückter in ein Delirium fällt. Man wäscht den ganzen Körper des Kranken mit diesem Alraunensaft und gibt ihm davon drei Löffel zu trinken. Dieses wird dreimal täglich an drei aufeinanderfolgenden Tagen wiederholt. Der Kranke aber darf drei Tage lang keine rohe Zwiebel essen, zwei Wochen lang keinen Schnaps und sechs Wochen lang keinen Wein trinken. Mindestens vier Wochen lang darf er keine frische Milch trinken und keine gesüßten Mahlzeiten anrühren. Während all dieser Zeit soll der Kranke sehr sauber gehalten werden.[33]

In der Moldau verwendet man die Alraune und einige andere Pflanzen als Zaubermittel bei Gliederschmerzen *(lipitură);* Husten heilt man dagegen mit getrockneten und verbrannten Alraunenblättern.[34]

An anderen Orten verwendet man die Blätter der Alraune als Pflaster bei Abszessen und gegen Wassersucht bei Mensch und Tier. Den Fieberkranken hält man die Blätter auf die Stirn, und oft werden sie auf diese Weise gesund. „Der einzige Nachteil dieses Heilmittels ist, daß die, die es verwenden, leicht ins Delirium fallen; dies hört aber rasch wieder auf."[35] Die Alraune wird auch bei Zahnschmerzen empfohlen.[36]

In Bessarabien verwendet man die Blätter noch gegen Furunkel.[37] Es ist aber sehr wahrscheinlich, daß hier, wie auch in anderen rumänischen Provinzen, die medizinische Verwendung der Alraune *(Aropa*

---

[31] *Familia,* Bd. X, S. 540-41.

[32] Übrigens vergessen wir nur nicht, daß in Rumänien derselbe Name Pflanzen gegeben wird, die ganz verschiedenen Arten angehören.

[33] *Apărătorul Sănătătii,* 2. Jahr, S. 201; zitiert von A. Gorovei und M. Lupescu, *Botanica poporului român,* S. 78-79.

[34] *Ibid.,* S. 81.

[35] Dr. N. Léon, *Istoria naturală medicală a poporului român* (Bukarest, 1903, Annalen der rumänischen Akademie, zweite Serie, Bd. XXV), S. 50.

[36] *Ibid.*

[37] Alexei A. Arvat, „Plantele medicinale şi medicina populară la Nişcani" (*Buletinul Institutului Social Român din Basarabia,* I, 1937. Chişinău, S. 69-124), S. 87.

belladona) durch die Verwendung der Zaunrübe *(Bryonia dioïca)* ersetzt wird. Diese Pflanze wird in der volkstümlichen Medizin Bessarabiens sehr häufig verwendet. In der Gegend des unteren Dnjestr wirkt die Alraune gegen Eingeweidewürmer des Viehs. Man legt getrocknete und zerstampfte Blätter auf Wunden.[38]

Man legt die Alraune auch unter die Mühlsteine, um Kunden für die Mühle anzulocken.[39] Die Gastwirte bedienen sich der Alraune, um ihre Schenke zu füllen. „Zwei Frauen, die sich auf das Sammeln der Alraune verstehen, werden dafür bezahlt. Sie nehmen aus der Schenke alle Arten von Getränken mit, Brot, Salz, ein Silberstück und Staub, der ebenfalls aus der Schenke stammt. Den Staub lassen sie dreimal um ein Faß kreisen, entgegengesetzt zur Bewegung der Sonne. Mit all dem beladen, gehen die Frauen um die Alraune herum; dabei trinken sie und wünschen, daß diejenigen, die in die Schenke eintreten, diese nur mit leeren Taschen verlassen. Die Alraune legt man, nachdem sie so gesammelt wurde, unter ein Weinfaß oder in den Wein selbst. Man glaubt sogar, daß die Leute in bestimmte Schenken gehen, weil sie von der Alraune angezogen werden."[40] Die gleiche Anschauung findet man auch in der Moldau. Die Gastwirte legen die verzauberte Alraune auf das Wein- oder Schnapsfaß: Die Fässer werden dann innerhalb von zwei oder drei Tagen geleert, „da die Leute so lange von diesen Fässern trinken, bis sie den Verstand verloren haben".[41]

Der Glaube, daß derjenige, der die Alraune besitzt, von ihr alles verlangen und dabei selbst sehr schnell zu Reichtum gelangen kann, ist in Mitteleuropa weit verbreitet und findet sich auch in der Moldau wieder (Kreis Vaslui). „Geh an einem Sonntag zu ihr, finde sie im Feld, gib ihr zu essen und zu trinken und trage sie nach Hause zu dir. Dabei sollen dich Musiker und andere Leute begleiten. Wenn du ihr dann alle Ehrerbietungen erweist, die sie verdient, wenn du ihr ein fröhliches Gesicht zeigst, dich nicht streitest und nicht fluchst – hüte dich, auch nur eine dieser Vorschriften zu vergessen; sie würde dich töten – *dann kannst du sie überall hinschicken und alles von ihr verlangen; sie wird es dir geben* [die Hervorhebung stammt von uns]. Aber

[38] P. V. Stefănucă, „Cercetări folklorice pe valea Nistrului-de-jos" (*Anuarul Arhivei de Folklor,* IV, Bukarest, 1937, S. 31-226), S. 213.
[39] I. Muşlea, *Cercetări folklorice în Tara Oaşului,* S. 208.
[40] V. Butură, *Cultul mătrăgunei în Munţii Apuseni,* S. 3 der Zusammenfassung.
[41] *Apărătorul Sănătătii,* II, S. 202; zitiert von A. Gorovei und M. Lupescu, *op. cit.,* S. 80.

hüte dich vor einem: Es darf kein Sonntag vergehen, an dem du nicht Musiker und Leute aus dem Dorf zu ihr bringst; und was dich betrifft, so vergiß nicht, die Fröhlichkeit selbst zu sein, vor allem an jenem Tag."[42]

Die Rumänen kennen noch andere Pflanzen, die magische Kräfte besitzen und auf die gleiche Art wie die Alraune gesammelt werden. In Bessarabien darf man alle Pflanzen mit heilenden oder magischen Kräften, die vor Pfingsten gesammelt werden, erst dann pflücken, nachdem die Beschwörerin auf sie zugegangen ist und etwas Brot neben ihren Stiel gelegt hat. Dabei spricht sie:

„Ich gebe Euch Brot und Salz,
gebt Ihr mir nun Kraft und Gesundheit."

In gewissen Gegenden ist es Vorschrift, ein reines Hemd anzuziehen, wenn man die Zauberkräuter pflücken geht. Die Pflanze, die man in Bessarabien „Kraut von Barboi" nennt, besitzt „das Gesicht des Teufels", d. h. „die Wurzel ist dem Teufel zugedreht". Es scheint so, als sei diese Pflanze eine Abwandlung der Alraune; sie wirkt ebenfalls bei Gliederschmerzen, und sie muß nach dem gleichen Ritual wie die Alraune gepflückt werden. Man bricht an einem Dienstagabend auf, um sie zu suchen; derjenige, der aufbricht, darf sich weder auf dem Hin- noch auf dem Rückweg umdrehen; er muß ein reines Hemd tragen und darf kein Wort auf dem ganzen Weg sprechen. Er spricht den folgenden Zauberspruch, wobei er etwas Brot und ein Stück Leinen neben die Pflanze legt:

„Ich gebe Euch Brot und Salz,
gebt Ihr mir nun Kraft und Gesundheit."[43]

Eine andere Pflanze, „schlank, kerzengrade, mit seidigen Blättern" wird ebenfalls an großen Festtagen gepflückt; diejenige, die sie pflückt, muß vorher die Wäsche gewechselt und sich am Körper gewaschen haben. Man legt das Brot nieder und spricht dabei:

„Ich gebe Euch Brot und Salz,
nun zeigt Euch nützlich."

---

[42] Zeitschrift *Ion Creangă*, S. 270, wiederabgedruckt von Tudor Pamfile, *Duşmani şi prieteni ai omului* (Bukarest, 1916), S. 91.

[43] P. V. Ştefănucă, „Cercetări folklorice în valea Nistrului-de-jos", S. 210-211 (Nr. 311).

Diese Pflanze gibt man den jungen Mädchen, die sie dem Badewasser beigeben, „Wasser aus dem Dnjestr, das vor dem Sonnenaufgang geholt wurde". Diese jungen Mädchen werden dann von niemandem gehaßt werden.[44] Sie sind allen sympathisch, genauso wie es den jungen Mädchen ergeht, die die Alraune tragen. Sie werden zum Tanz aufgefordert und haben Glück in der Liebe. Es ist übrigens eine weit verbreitete Regel, daß die Frau, die die Alraune pflückt, einen sauberen Körper haben und neue Kleider tragen soll. Anderenfalls hat die Pflanze keinerlei Wirkung.[45] Brot und Salz werden niedergelegt und man sagt:

„Ich bekreuzige und verbeuge mich,
ich gebe Euch Brot und Salz,
damit Ihr mich heilt."[46]

Eine andere Pflanze, das aufrechte Fünffingerkraut (Potentila recta L.), eine Art Allheilmittel, das bei allen Krankheiten hilft, muß in einem neuen Topf gekocht werden, nachdem es vorher vor eine Ikone gelegt worden war und man sich dreimal verbeugt hatte. Gleichzeitig wird die Pflanze angerufen: „Wir geben Euch Brot und Salz, seid uns gnädig."[47]
In Bessarabien (im Dorf Nişcani) pflückt man auch noch die Hirschzunge *(Nephroditum filix mas)*[48], nachdem man Brot und Salz vor sie gestellt und sich dreimal verbeugt hat. Man ruft sie wie folgt an: „Wie man sich um das Brot streitet, streiten sich die Mädchen um mich."[49] Eine andere Informantin (60 Jahre, Analphabetin) gibt folgende Vorschrift: „Geh zur Hirschzunge, bekreuzige dich, stelle Brot, Salz und Zucker hin und verbeuge dich neunmal: ‚Für die Liebe bist du gewachsen, für die Liebe ziehe ich dich heraus. Oh du, Hirschzunge, glorreiche Herrscherin, wie hast du es vermocht, über alle Pflanzen hinaus zu wachsen und dich zu vermehren, wie hast du es vermocht,

[44] *Ibid.,* S. 210 (Nr. 309).
[45] A. Arvat, „Plantele medicinale la Nişcani", S. 75.
[46] *Ibid.*
[47] *Ibid.,* S. 76.
[48] Das ist eine Bestimmung von Arvat, *loc. cit.,* S. 110. Z. Pantu, *Plantele cunoscute de poporul român,* S. 192, sieht in der Hirschzunge *(năvalnic) Scolopendrium vulgare,* und fügt hinzu, daß die jungen Mädchen die Pflanze im Korsett tragen, denn „sie hat die Macht, die Freier herbeieilen zu lassen *(năvălească).*" Vgl. ebenfalls A. Gorovei und M. Lupescu, *Botanica poporului român,* S. 92.
[49] A. Arvat, *op. cit.,* S. 91.

dich über alle Blumen hinaus zu vermehren, so daß die ganze Welt zu dem herbeieilt, der dich erstanden hat‘ (oder du sagst auch seinen Namen). Tauche sie danach in Wachs, trag’ sie, leg sie ins Wasser, um dich zu waschen.“[50] Ebenso gibt es in Ţara Oaşului neben der Alraune noch andere Pflanzen, die man sammelt, indem man neben ihre Wurzeln Eier, geweihtes ungesäuertes Brot, Wein usw. stellt.[51]

Versuchen wir, die charakteristischen Züge des rituellen Handlungsablaufes aufzuzeigen:

1. Die Rumänen kennen die Ursprungslegende der Alraune, vom Samen eines Gehenkten zu stammen, nicht (Nordeuropa und deutschsprechende Länder); sie kennen den Sammelritus mit Hilfe eines schwarzen Hundes nicht (Osteuropa).
2. Die Alraune ist die erotische Pflanze par excellence. Sie bewirkt Liebe, Heirat und Fruchtbarkeit. Sie besitzt auch magische Eigenschaften – wenn sie mit dieser Absicht gesammelt wird –, um Hab und Gut zu mehren. Sie ist die Quelle der Liebe (Fruchtbarkeit) und des Wohlstands, sie ist aber auch eine Heilpflanze und eine Trägerin der Gesundheit.
3. Die Alraune zu sammeln, ist ein Ritual, und dazu ist folgendes notwendig: sexuelle Unberührtheit, Sauberkeit, Verschwiegenheit usw. Die Pflanze sollte ohne Wissen der anderen gesammelt werden; auch sollte es in größerer Entfernung geschehen (in Wäldern, wo man weder den Hahn[52] noch das Bellen der Hunde hört), in relativer Einsamkeit (man sollte auf dem Wege niemandem begegnen) und im geheimen (niemand sollte das Vorhaben kennen). Frauen und Mädchen tanzen nackt um die Alraune, manchmal jedoch begnügen sie sich damit, das Haar zu lösen (Spuren der magischen Nacktheit). Die Paare streicheln und umarmen sich. Um die Blätter der Alraune zu sammeln, legen sich die Mädchen in der Art des Sexualaktes aufeinander.
4. Das Sammeln ist von einer ganzen Reihe magischer Gesten und Vorsichtsmaßnahmen umgeben. Die Alraune sollte bei Vollmond gesammelt werden. Keinesfalls darf man die Blätter mit den Händen,

---

[50] *Ibid.*, S. 91.
[51] I. Muşlea, *op. cit.*, S. 206-207.
[52] Über den Gebrauch der Formel, „daß man den Hahnenschrei nicht mehr hört“, bei den rumänischen Beschwörungen vgl. V. Bogrea, „O străveche formulă de exorcism în descântecele româneşti“ (*Dacoromania*, IV, 1926, Cluj), S. 886-891.

wohl aber mit den Zähnen berühren. Das Mehl, aus dem man die magische Paste mit den Alraunenblättern zubereitet, sollte mit umgedrehter Hand aus einer Mühle gestohlen sein.

5. Man muß der Pflanze eine Entschädigung gewähren, sonst zeigt sie keine Wirkung. Man macht ihr als Gegengabe für ihre Wurzel Geschenke: Salz, Brot, Zucker, Wein etc. Die Alraune ist personifiziert: „Große Dame“, „Kaiserin“, „Gute Mutter“.

6. Sie ist sehr gefährlich. Wenn sie nicht den Regeln entsprechend gesammelt wird, wenn man ihr nicht genug Aufmerksamkeiten erweist, wenden sich ihre magischen Eigenschaften gegen denjenigen, der sie sammelt. Die Alraune hat doppelte Macht. Ihre ungewöhnlichen Kräfte können gleichermaßen auf das „Gute“ wie das „Böse“, zu Gesundheit und Liebe oder zu Haß und Verrücktheit gelenkt werden.

7. Ob die Alraune für das „Gute“ oder das „Böse“ gesammelt wird: Als Pflanze mit Wunderkraft ist sie mehr als alle anderen gefürchtet und geachtet. In ihr sind außergewöhnliche Kräfte eingeschlossen, die das Leben vermehren oder den Tod bringen können. Bis zu einem gewissen Grade ist die Alraune „das Kraut des Lebens und des Todes“.[53]

1938.

---

[53] Sie genoß schon in der Antike ein ähnliches Ansehen; vgl. A. Delatte, *Herbarius. Recherches sur le cérémonial usité chez les Anciens pour la cueillette des simples et des plantes magiques* (zweite Auflage, Lüttich-Paris, 1938), S. 68 ff., 75, 79 ff., 147 ff., 151 ff. Die orientalischen Glaubensvorstellungen sind in unserer Studie „La Mandragore et les mythes de la ‚naissance miraculeuse‘“ (*Zalmoxis*, III, 1940-42, S. 3-48) untersucht worden.

VIII

DAS WEISSAGENDE LÄMMCHEN

„*Eine heilige und ergreifende Sache . . .*“

Als im Jahre 1850 der Dichter Vasile Alecsandri in der Zeitschrift *Bucovina* (III, Nr. II, S. 51-52) die von ihm *Miorița,* das kleine Schaf[1] oder, genauer, das (weibliche) Lamm, betitelte Volksballade veröffentlichte, war er von deren dichterischem Wert und von ihrer Bedeutung für die Propagierung eines Nationalbewußtseins überzeugt, da sie auf hervorragende Weise den Schöpfergeist des rumänischen Volkes veranschaulichte. Doch weder Alecsandri noch einer seiner Zeitgenossen konnte das ungewöhnliche Schicksal vorhersehen, das die *Miorița* in der modernen rumänischen Kultur erfahren sollte. Von Anfang an hat das Gedicht fasziniert – und nicht nur die Rumänen.

---

[1] Der Text wurde ihm übrigens während des Exils von Alex. Russo, 1846, mitgeteilt. Erst nach dem Tode Russos, 1859, behauptet Vasile Alecsandri, daß er selbst auf dem Berg Ceahlău die Ballade gehört und niedergeschrieben habe; vgl. Adrian Fochi, *Miorița: Tipologie, circulație, geneză, texte,* cu un studiu introductiv de Pavel Apostol (Bukarest, 1964), S. 124 ff. Alecsandri hat den 1850 veröffentlichten Text in den zwei Ausgaben seiner *Poésies populaires* abgeändert (*Balade,* Iași, 1852, S. 1-6; *Poesii populare ale Românilor,* Bukarest, 1866, S. 1-3); zu der Analyse dieser textlichen Änderungen und der langen Kontroverse, die sie hervorgerufen haben, siehe Fochi, *op. cit.,* S. 207-211. Vgl. auch Gheorghe Vrabie, l'*Introduction* zu Vasile Alecsandri, *Poezii populare ale Românilor,* (Bukarest, 1965) Bd. I, S. 5-85; Bd. II, S. 13-15; und Lorenzo Renzi, *Canti narrativi tradizionali romeni* (Florenz, 1969), S. 97-127 („un gioiello romantico populare: La Miorița publicata de Alecsandri“). Die mündliche Originalversion hat Alecsandri sicher mit der Freiheit niedergeschrieben, die ihm seine Zeit zugestand. In der Beantwortung einer Frage von Jean Cratiunesco nach seiner Sammelmethode und Publikationsweise bei volkstümlichen Texten hat er übrigens selbst zugestanden: „Für einige dieser Dichtungen habe ich das gemacht, was ein Juwelier mit seinen kostbaren Steinen macht. Ich habe Achtung vor dem Motiv, dem Stil, der Form und selbst vor mehreren unkorrekten Reimen, die Teil ihres Charakters sind. Weit davon entfernt, sie dem Zeitgeschmack angepaßt zu haben, habe ich sie bewahrt wie goldene Schmuckstücke, die ich mit Rost und Abflachungen gefunden habe. Ich habe die Besudelungen verschwinden lassen und ihnen ihren ursprünglichen Glanz wiedergegeben. Das ist mein ganzes Verdienst. Der Schatz gehört dem Volk, das allein fähig war, diese so originellen Kostbarkeiten zu schaffen.“ (Jean Cratiunesco, *Le peuple roumain d'après ces chants nationaux. Essai de littérature et de morale,* Paris, 1874, S. 327-28; vgl. Fochi, *op. cit.,* S. 208, Anm. 2).

Michelet hielt es für „eine heilige und zum Herzzerreißen ergreifende Sache“. Und doch ist sein Inhalt relativ einfach: Das kleine Schaf warnt seinen jungen Hirten vor dessen Gefährten, die aus Neid auf seine Herden und seine Hunde beschlossen haben, ihn zu töten. Aber statt sich zu verteidigen, wendet sich der Hirtenknabe an das Lämmchen und teilt ihm seinen letzten Willen mit. Er bittet es zu sagen, man solle ihn innerhalb seines Pferchs beerdigen, damit er in der Nähe seiner Schafe sei und seine Hunde hören könne. Auch solle es ihm drei Flöten an das Kopfende legen. Der Wind wird, wenn er bläst, darauf spielen, und die versammelten Schafe werden blutige Tränen vergießen. Aber er bittet es eindringlich, nicht von Mord zu sprechen; es solle sagen, daß er geheiratet habe und daß bei dieser Hochzeit eine Sternschnuppe gefallen sei; daß Sonne und Mond seine Krone gehalten haben und daß die hohen Berge seine Priester gewesen seien, die Buchen seine Trauzeugen. Wenn es jedoch eine alte Mutter sähe, die tränenüberströmt auf der Suche nach einem „stolzen Hirten“ sei, so solle es ihr nur sagen, daß er die „Königin ohnegleichen, Verlobte der Erde, in einem schönen Land, einem Winkel des Paradieses“ geheiratet habe; und es solle weder von der Sternschnuppe sprechen, noch von Sonne und Mond, die ihm die Krone halten, noch von den Buchen und den hohen Bergen.

Die *Miorița* ist mehrmals ins Französische übersetzt worden, das erste Mal 1854 von Jules Michelet.[2] Wie die meisten Hauptwerke der volkstümlichen Poesie ist es in gewissem Sinn unübersetzbar: So viele archaische und paradiesische Bilder verlieren ihre geheimnisvolle Frische und ihren poetischen Reichtum, sobald sie in eine andere Sprache übertragen werden. Nach diesen Vorbemerkungen, die ihre Berechtigung für alle Übersetzungen von volkstümlichen poetischen Texten haben, bin ich glücklich, hier eine neuere Version von Ion Ureche[3] abzudrucken, die wirklich eine der gelungensten ist:

Par les cols fleuris,
Seuils de paradis,
Vois, descendre, prestes,
Des jardins célestes,
Trois troupeaux d'agneaux
Et trois pastoureaux:

L'un de Moldavie,
Deux de Valachie.
Or, ces deux bergers,
Ces deux étrangers,
Les voici qui causent,
Dieu! ils se proposent

[2] Jules Michelet, *Légendes démocratiques du Nord* (Paris, 1854), S. 351-354.
[3] Veröffentlicht in der Zeitschrift *Semne,* III, Nr. 1-3, (Paris, 1963), S. 1.

De tuer d'un coup,
Entre chien et loup,
Ce pasteur moldave,
Car il est plus brave,
Il a plus d'agneaux
Encornés et beaux.
Des chevaux superbes
Et des chiens acerbes.
Or, voici trois jours,
Qu'à nouveau, toujours!
Sa brebis chérie
Reste, là, marrie,
Sa voix ne se tait,
L'herbe lui déplait.
– ,,O, brebis bouclée,
Bouclée, annelée,
Depuis quelques jours
Tu gémis toujours!
L'herbe est-elle fade
Ou es-tu malade,
Dis-moi, cher trésor
A la toison d'or?
– ,,Maître, mon doux maître!
Mène-nous pour paître
Dans le fond des bois
Où l'on trouve, au choix,
De l'herbe sans nombre
Et pour toi de l'ombre.
Maître, ô maître mien!
Garde auprès un chien,
Le plus fort des nôtres,
Car, sinon, ces autres
Te tueront d'un coup
Entre chien et loup.“
– ,,O, brebis liante,
Si tu es voyante,
Si ce soir je meurs
Dans ce val en fleurs,
Dis-leur, brebis chère,
De me mettre en terre
Près de tous mes biens,
Pour ouïr mes chiens,
Dans mon parc, mes terres,
Près de vous, mes chères.
Puis, quand tout est prêt,
Mets à mon chevet:
Un pipeau de charme,
Moult il a du charme!
Un pipeau de houx,
Moult est triste et doux!
Un pipeau de chêne,
Moult il se déchaîne!
Lorsqu'il soufflera
Le vent y jouera;
Alors rassemblées,
Mes brebis troublées,
Verseront de rang
Des larmes de sang.
Mais, de meurtre, amie,
Ne leur parle mie!
Dis-leur, pour de vrai,
Que j'ai épousé
Reine sans seconde,
Promise du monde;
Qu'à ces noces-là
Un astre fila;
Qu'au-dessus du trône
Tenaient ma couronne
La Lune, en atours,
Le Soleil, leurs cours,
Les grands monts, mes prêtres,
Mes témoins, les hêtres,
Aux hymnes des voix
Des oiseaux des bois.
Que j'ai eu pour cierges,
Les étoiles vierges,
Des milliers d'oiseaux
Et d'astres, flambeaux! . . .
Mais, si tu vois, chère,
Une vieille mère

Courant, toute en pleurs
Par ces champs en fleurs,
Demandant sans cesse
Pâle de détresse:
– Qui de vous a vu,
Qui aurait connu
Un fier pâtre, mince
Comme un jeune prince?
Son visage était
L'écume de lait;
Sa moustache espiègle,
Deux épis de seigle;
Ses cheveux, si beaux,
Ailes de corbeaux;
Ses prunelles pures,
La couleur des mûres!
Toi, dis-lui, qu'au vrai
J'avais épousé
Reine sans seconde,
Promise du monde,
Dans un beau pays,
Coin du paradis.
Mais, las! à ma mère,
Ne raconte guère
Qu'à ces noces-là
Un astre fila;
Qu'au-dessus du trône
Tenaient ma couronne:
La Lune, en atours,
Le Soleil, leurs cours,
Les grands monts, mes prêtres,
Mes témoins les hêtres,
Aux hymnes des voix
Des oiseaux des bois;
Que j'ai eu pour cierges
Les étoiles vierges,
Des milliers d'oiseaux
Et d'astres, flambeaux!...

Die deutsche Übersetzung[3a] lautet:

In einer Bergesschlucht,
in einer Himmelsbucht,
siehe, den Weg dahin,
siehe, zu Tale ziehn
drei Herden Schafe klein
mit ihren Hirten drei'n.
Einer ein Moldausproß;
der wuchs in Ungarn groß;
jener im Vrancea schoß.
Doch, der aus Ungarn kam,
den aus der Vrancea nahm
heimlich beiseit zu Rat,
sannen auf schnöde Tat:
Daß sie im Abendrot
den aus der Moldau tot-
schlügen, der reicher wär',
hätte der Schafe mehr,
stolze, gehörnte,
Pferde, gelernte,
Hunde von schärfrer Art!
Doch jenes Lämmchen zart,
Schwarzvlies, so anders ward:
Seit dreien Tagen schon
gab es nur Klageton,
fraß auch vom Grase nicht.
„Lämmchen, mein dunkles
Licht,
dunkles Licht, Schwarzgesicht:

[3a] Alfred Margul Sperber, *Rumänische Volksdichtung,* (Bukarest, 1968). – Der Sperber vorliegende Originaltext weicht wohl von der Vorlage Ureches ab. (A. d. Ü.).

Seit dreien Tagen schon
gibst du nur Klageton,
frißt auch vom Grase nicht –
sag, schafft dir Krankheit Pein,
herzliebes Lämmchen mein?"
„Schäfer mein, liebster mein:
Laß unsre Weide sein
drunten im schwarzen Hain –
dort gibt es Gras für mich,
dort kühlt der Schatten dich!
Höre, o Herr, mein Flehn:
Laß einen Hund mitgehn,
den du den stärksten weißt,
den du dir Bruder heißt!
Denn schon im Abendrot
bringen sie dir den Tod:
Der aus der Vrancea Schoß,
und er, der Ungarnsproß!"
„Lämmchen aus Burzengrund!
Ist dir die Zukunft kund,
und soll am Wiesenrain
dieses mein Ende sein,
so sag dem Ungarnsproß,
dem aus der Vrancea bloß,
daß mir am Anger frei
das Grab bereitet sei:
Unter der Hürde da
bleib ich euch immer nah,
hinter der Hütte traut
hör ich der Hunde Laut.
Dies sag getreu.
Doch mir zu Häupten sei
Flöte vom Buchenstamm
– viel tönt sie liebesam –
Flöte aus weißem Bein
– viel tönt sie sanft und rein –
Flöte aus Holderschaft!
– viel tönt sie Feuerkraft!
Wenn dann der Windhauch
geht
und durch die Flöte weht,
drängen die Schafe sich,
weinen sie bitterlich
Tränen aus Blut um mich!
Aber vom Mord
sag du kein Wort!
Sag ihnen frei:
Daß ich vermählet sei
mit einer Fürstin traut,
mit einer Himmelsbraut;
als es die Hochzeit gab,
fiel hell ein Stern herab;
Sonne und Mondenglanz
hielten den Hochzeitskranz,
Espe war, Tanne war
unter der Gästeschar;
Berge die Priester war'n
Spielleut die Vogelschar'n
– mochten wohl tausend sein –
Sterne: der Fackelschein.
Aber erblickst du hier,
oder begegnet dir
mein altes Mütterlein,
Gürtel aus Wolle rein
weinend und klagend,
irrend im Feld allein,
alle befragend
und allen sagend:
„Sagt mir, wer weiß um ihn,
sagt mir, wer sah ihn ziehn,
ihn, meinen Schäferheld,
schlank, durch den Ring
gestrählt?
Sein liebes Angesicht
ist wie der Milchschaum licht;
sein lieber Bart ist weich,
Ähren des Weizens gleich;
den Rabenfedern gar
gleich glänzt sein liebes Haar;
der lieben Augen Glanz

gleicht reifen Brombeern
ganz!"
Lämmchen, dem Mütterlein,
sollst du ein Tröster sein,
sag ihm getreu:
Daß ich vermählet sei
mit einer stolzen Frau
in einer Himmelsau.
Aber dem Mütterlein
sag nicht, o Lämmchen mein,
als es die Hochzeit gab,
fiel hell ein Stern herab;
Espe war, Tanne war
unter der Gästeschar;
Berge die Priester war'n,
Spielleut die Vogelschar'n
– mochten wohl tausend sein –
Sterne: der Fackelschein . . ."

Obwohl er in der *Miorița* eine „liebenswerte Brüderlichkeit des Menschen mit der gesamten Schöpfung tief empfand", tadelte Michelet an ihr das Zeugnis einer „zu leichtfertigen Resignation". „Und leider ist dies", so fügte er hinzu, „der nationale Charakterzug". „Der Mensch macht sich dem Tod nicht streitig; er empfängt ihn nicht unfreundlich: Er begrüßt, er heiratet leichten Herzens ‚diese Königin, die Verlobte der Erde' und vollzieht die Heirat ohne Murren. Gestern aus der Natur hervorgegangen, scheint er es heute als süß zu empfinden, schon wieder in ihren Schoß zurückzukehren".[4]
Zahlreiche rumänische Autoren haben ebenfalls in dieser ruhigen Resignation vor dem Tod und in dieser Sehnsucht nach der Wiedereingliederung in den Kosmos einen typischen Zug des Nationalcharakters erkannt. Wie wir sehen werden, ist eine solche Interpretation nicht begründet. Doch hat sie dazu beigetragen, die *Miorița* zum Kernstück einer fast hundertjährigen Debatte zu machen, die über die volkskundlichen, literarischen oder historischen Kontroversen hinausgeht. Tatsächlich stellt die Ballade für die rumänische Kultur sowohl ein Problem der Volkskunde und der Geschichte der Geisteshaltung des Volkes als auch ein zentrales Kapitel der Geistesgeschichte dar. Daher ist es angebracht, kurz die wichtigsten Etappen ihrer Deutung in Erinnerung zu rufen.[5]

---

[4] Michelet, *Légendes démocratiques du Nord,* S. 342.
[5] Was die Texte angeht, so benutzen wir die von Fochi, *Miorița,* S. 555-1074, veröffentlichten Varianten, genauso wie andere, leichter zugängliche Sammlungen volkstümlicher Dichtung, an erster Stelle Al. I. Amzulescu, *Balade populare românesti,* II (Bukarest, 1964), S. 463-486; vgl. Bd. I, S. 178 ff. Siehe auch die Einführung, Bd. I, S. 5-100, und immer Al. I. Amzulescu, „Cântecul nostru bătrânesc" *Revista de Folclor* (V, 1960, S. 25-58). Vgl. Petru Iroaie, „Miorizza o il canto della fusione con la Natura" (Estratto da *Folklore,* XII, Neapel, 1958), S. 34-42, Text und italienische Übersetzung; S. 43-47, Bibliogr.

Historiker, Volkskundler, Philosophen

Man kann drei Richtungen, die *Mioriţa* zu untersuchen, unterscheiden: 1) die, welche man als die historische bezeichnen könnte, da man sich bemühte, den Ursprung und die Geschichte der Ballade zu rekonstruieren; 2) das Vorgehen der Volkskundler, die Feldforschung betreiben, immerzu neue Varianten finden und die Analyse der Ballade im allgemeinen Zusammenhang der rumänischen Volkskultur durchführen; 3) schließlich die Exegese gewisser Dichter und Philosophen, die in der *Mioriţa* einen bedeutenden Ausdruck des Nationalgeistes erkannten und die folglich der Meinung waren, daß sie auf unvergleichliche Weise die Daseinsweise in der dem rumänischen Volk eigenen Form veranschauliche.

Es ist müßig, sich mit gewissen phantasievollen Interpretationen aufzuhalten, wie zum Beispiel der von Th. D. Sperantia, der in der *Mioriţa* „einen Mythos oder eine rituelle Legende" „ägyptischer Herkunft" sah, die zum „Kult der Kabiren" gehöre; oder der des Literaturkritikers H. Sanielevici, der darin den rituellen Opfertod des Zalmoxis zu erkennen glaubte.[6] N. Iorga hielt die Ballade für das Werk eines einzigen Autors, der von einem tatsächlichen Vorfall im Zusammenhang mit dem jahreszeitlichen Weidewechsel der Viehherden (Transhumanz) ausgegangen sei, welcher sich in der südlichen Moldau ereignet hätte. Der berühmte Historiker legte das Entstehungsdatum des Gedichts in das 18. Jahrhundert.[7] Auch Ovid Densuşianu glaubte den „Ursprung" der *Mioriţa* im Zusammenhang mit den Wanderungen der Hirten und ihrer Herden gefunden zu haben: Er sieht den historischen Kern der Ballade in der ökonomischen Rivalität zwischen den Hirten. Nach Meinung des hervorragenden Philologen wäre die Ballade vor drei oder vier Jahrhunderten in der Landschaft Vrancea entstanden. Densuşianu hatte das Verdienst, die *Mioriţa* im Rahmen der rumänischen Volksdichtung zu analysieren; er zeigte zum Beispiel, daß die Episode des weissagenden Lämmchens ebenso wie die Allegorie des Todes in zahlreichen Hirtendichtungen zu finden sind. Was den tieferen Sinn unserer Ballade

---

[6] Th. D. Sperantia, *Mioriţa şi căluşarii, urme de la Daci* (Bukarest, 1934), S. 10 ff.; H. Sanielevici, „Mioriţa sau patimile unui Zalmoxis", *Adevărul literar,* 1931, Nr. 552, 553; vgl. Fochi, *op. cit.,* S. 143-44, 149-50.

[7] N. Iorga, *Balada populară română. Originea şi ciclurile ei* (Vălenii de Munte, 1910). Die Theorie von Iorga wird einer kritischen Analyse unterzogen von Al. Amzulescu, „Observaţii critice în problema studierii baladei" (*Revista de folclor,* IV, 1959, S. 175-194).

angeht, so sah ihn Densuşianu in der Liebe zur Natur, einem Gefühl, das seiner Ansicht nach heidnischer Struktur ist und dem Christentum vorausgeht.[8]

Doch insbesondere der Literaturhistoriker und -kritiker D. Caracostea hat dem Studium der *Mioriţa* lange Jahre gewidmet.[9] Caracostea leugnet den historischen Charakter der rumänischen Ballade im allgemeinen; unter anderem mit dem Hinweis darauf, daß die Analyse zeigt, daß es sich dort, wo die Namen von Woiwoden, Bojaren oder Soldaten auftauchen, um sehr alte Motive handelt, die schon vor den betreffenden historischen Persönlichkeiten nachgewiesen sind.[10] Den epischen Konflikten der Volksballaden liegt kein historisches Ereignis zugrunde, sondern die „ursprüngliche menschliche Erfahrung", die eine „poetische Sicht der Welt" hervorgebracht hat.[11] Das zentrale Motiv der *Mioriţa* rührt nicht vom Weidewechsel der Herden her: Es bringt ein sehr viel allgemeineres und tieferes Gefühl des Hirtenlebens zum Ausdruck, insbesondere die Liebe des Hirten zu seinem Beruf sowie „ein klassisches Gefühl optimistischer Bejahung".[12] Wie man sieht, kritisierte Caracostea sowohl die Hypothese von Densuşianu als auch die „pessimistischen" Interpretationen der Allegorie des Todes, die seit Alecsandri ziemlich in Mode waren.

Entscheidende Beiträge lieferten die Volkskundler. Es genügt, daran zu erinnern, daß Densuşianu im Anhang zu seinem Werk über das Hirtenleben einundvierzig bereits in vorangegangenen Veröffentlichungen erschienene Textfassungen zusammenstellte, während Ion Diaconu 1930 einundneunzig unveröffentlichte Fassungen herausgab, die allein in der Region Vrancea gesammelt worden waren. Bis zum Beginn des Zweiten Weltkriegs haben Constantin Brailoiu und seine Mitarbeiter, dann nach 1945 die Mitglieder des Instituts für

---

[8] O. Densuşianu, *Viaţa păstorească în poezia noastră populară* (Bukarest, 1922; wir zitieren die dritte Auflage, 1966), S. 359-416. Vgl. die Kritik von Fochi, S. 156 ff.

[9] Die Veröffentlichungen von D. Caracostea über die volkstümliche rumänische Ballade, und besonders über die Mioriţa, sind in der Bibliographie von Fochi, S. 1077 aufgeführt. Siehe vor allem D. Caracostea, *Mioriţa în Moldova, Muntenia şi Oltenia. Obiecţiile d-lui Densuşianu. Totalizări* (Bukarest, 1924); „Mioriţa la Armîni" (*Omagiu lui Ion Bianu,* Bukarest, 1927, S. 91-108); „Mioriţa în Timoc" (*Revista Fundaţiilor Regale,* 8, 1941, S. 141-44); „Sentimentul creaţiei şi mistica morţii" (*ibid.,* S. 608-20). Die Beiträge von Caracostea sind von Fochi, S. 159-164 angemessen zusammengefaßt. Siehe auch Ovidiu Bîrlea, *Metoda de cercetare a folclorului* (Bukarest, 1969), S. 137-141.

[10] Vgl. D. Caracostea, *Balada poporană română* (Vorlesungsmanuskript, 1932-33), S. 543, zitiert von Fochi, S. 160.

[11] *Ibid.,* S. 338, zitiert von Fochi, S. 160.

[12] *Ibid.,* S. 777, zitiert von Fochi, S. 162.

Volkskunde die Anzahl der Varianten beträchtlich erhöht. Das riesige Werk von Adrian Fochi legt 930 Dokumente vor, davon 702 vollständige Varianten, 123 Fragmente und 105 „Hinweise auf Verbreitung".[13] Wir beabsichtigen nicht, hier die Probleme zu erörtern, die diese Menge an Dokumenten der Volksdichtung stellt. Im übrigen ist alles, was Technik und Problematik der Volkskunde betrifft, von Fochi sehr detailliert abgehandelt worden.

Stellen wir aber auch deutlich heraus, daß von den Volkskundlern, die Feldforschung getrieben haben, Ion Diaconu, C. Brailoiu und A. Fochi nicht gezögert haben, Hypothesen über den Ursprung der Ballade und sogar theoretische Betrachtungen über die Struktur der rumänischen Volksmentalität vorzubringen. Wir werden später die Beiträge von Brailoiu und Fochi erörtern. Der Fall Diaconus ist differenzierter. Einerseits haben ihm seine ethnographischen Untersuchungen und die volkskundlichen Dokumente, die er in mühsamer Arbeit gesammelt und veröffentlicht hat[14], einen Platz ersten Ranges unter den Forschern gesichert. (Als Schüler von Ovid Densuşianu lokalisiert er den Ursprung der *Mioriţa* in der Landschaft Vrancea, doch räumt er ein, daß man weder die ursprüngliche Form noch die Entstehungszeit der Ballade präzisieren kann.)[15] Andererseits hat Diaconu die fatalen Auswirkungen der „ökonomischen Umwälzungen" und der „modernen Bildung" auf die schöpferische Kraft des Volkes hervorgehoben. Er sprach von der „Plage der modernen Technik", die schließlich das Volkslied, „ein vom Einfluß der modernen Kultur völlig unabhängiges Produkt", zerstören wird. Er behauptete sogar, daß der populäre Dichter, das „einzigartige, hervorragende Individuum (. . .) Analphabet bleiben muß (. . .), in einer unverfälschten Ursprünglichkeit verbleiben muß", damit sein Werk danach streben könne, „seine gesamte Erfahrung innerhalb eines eigenen sozialen Rahmens zur Ursprünglichkeit zurückzuführen."[16]
Gewiß findet man ähnliche Überlegungen bei vielen Autoren, die die Auswirkungen der modernen Industrialisierung auf die Schöpfer-

[13] Fochi, S. 196. Die Analyse von Fochi stützt sich im wesentlichen auf 800 Dokumente, von denen 64% bis dahin unveröffentlicht waren (22% wurden vom Autor gesammelt; vgl. S. 173).

[14] Siehe die Liste der Publikationen in Fochi, S. 1079; vgl. *ibid.*, 147-49, Erörterung seiner Theorien.

[15] Ion Diaconu, *Aspecte etnografice putnene* (Focşani, 1936), S. 28, zitiert von Fochi, S. 148.

[16] Siehe diese und andere Zitate bei Fochi, S. 148.

kraft des Volkes untersucht haben, und Ananda Coomaraswamy hat ständig den „Analphabetismus“ gelobt. Doch eine solche Einstellung, bereits vor dem Zweiten Weltkrieg kritisiert, wurde von den Vertretern der offiziellen marxistischen Ideologie als Zeichen von reaktionärem Obskurantismus gewertet. Was die *Miorița* betrifft, so sieht Diaconu in der Ballade „einen Rest heidnischer Poesie mit echten naturverbundenen Elementen, die die Vereinigung der Seele des Hirten mit der Unendlichkeit des Kosmos darstellen“, eine dichterische Ebene, die vor der Anpassung der dako-rumänischen Seele an die christlichen Werte liegt, da in der *Miorița* der Hirtendichter die „Befreiung der irdischen Existenz nicht in der Religion, sondern in der Natur“ sucht.[17]

Ion Diaconu ist nur ein Beispiel – und nicht das repräsentativste – für die nahezu religiöse Bewunderung, mit der sich zahlreiche rumänische Intellektuelle dem „mioritischen Phänomen“ nähern. Übrigens hat die Ballade, seitdem sie populär geworden ist, ständig Schriftsteller und bildende Künstler inspiriert. Zahllos sind die Gedichte, Dramen, Romane, bildnerischen Darstellungen, die die in der Ballade dargestellten Themen unter verschiedenen Gesichtspunkten, mit unterschiedlicher Absicht, teilweise oder gänzlich aufgegriffen haben. Eine solche Zuneigung für dieses Meisterwerk der Volksdichtung hat eine besondere Bedeutung, und wir werden darauf zurückkommen.

„Traditionalisten“ und „Modernisten“

Wie vorauszusehen war, konnte es nicht ausbleiben, daß diese fast allgemeine Tendenz, die *Miorița* vom Gesamtzusammenhang der rumänischen Volksdichtung loszulösen und sie ganz alleine als einzigartiges Modell des rumänischen Wesens in einen mythischen Horizont zu projizieren, einige Intellektuelle gereizt hat; sie weigerten sich, die Dramen, das Schicksal und das Ideal eines modernen Volkes in einer jahrhundertealten folkloristischen Schöpfung wiederzuerkennen. Aber es waren insbesondere gewisse philosophische Interpretationen der Ballade, die ihren Zorn geweckt haben. Grosso modo könnte man sagen, daß sie folgendes zurückwiesen: a) die pessimistische, seit Alecsandri fast allgemein verbreitete Interpretation der *Miorița;* b) den Anspruch, die Ballade als einzig gültigen Ausdruck

[17] *Aspecte etnografice putnene,* S. 23, 25, 28, zitiert von Fochi, S. 149.

des rumänischen Volksgeistes zu betrachten; c) den Entschluß, die mioritischen Themen als Ausgangspunkt für eine „spezifisch rumänische“ philosophische Meditation zu nehmen.

Die Konfrontation zwischen diesen beiden Positionen (die in den hier besprochenen Jahren – 1930-1940 – nur einen Teil der Auseinandersetzung „Modernismus - Traditionalismus“ bildete) kam im Anschluß an einige von dem Dichter und Essayisten Dan Botta und von dem Dichter und Philosophen Lucian Blaga veröffentlichte Texte klar zum Ausbruch. In einem berühmten Essay, *Unduire şi moarte* (nur annähernd mit „Wellenbewegung und Tod“ zu übersetzen), spricht Dan Botta von dem „Tod als Schwelle zum Frohlocken“, von der Seele des Hirten, die, „erlöst, in den weißen Sphären der Freude schwebt. Irgendwo, in einem auf seine Essenz reduzierten Raum, vollzieht sich die Vermählung des Hirten mit dem Tod.“ Wie in seinem ganzen Werk preist Dan Botta „den Tod als Vermählung“, den er mit der „Todessehnsucht“ in ihrer „thrakischen“ Bedeutung in Verbindung bringt; denn der Dichter zweifelte nicht am ethnischen Thrakertum der Rumänen, und Orpheus, Zalmoxis und der Hirte der *Mioriţa* standen in seinem Wertsystem nebeneinander.[18]

Liviu Russu unterstrich seinerseits in seiner Studie über den „Sinn der Existenz“ in der rumänischen Volksdichtung die Passivität und die Resignation, die ihm für das rumänische Volk charakteristisch zu sein scheint. In der *Mioriţa* unternimmt der Held keinen Versuch des Widerstands; er lehnt sich nicht gegen das Schicksal auf, und sein einziger Trost ist es, daß der Tod ihm erlauben wird, im Schoß der Natur zu ruhen.[19]

Die philosophische Deutung der Ballade wurde vor allem von Lucian Blaga am weitesten vorangetrieben. Dieser große Dichter und Philosoph hat dem, was er die „stilistische Matrix“ der rumänischen Kultur nannte, ein ganzes Werk mit dem Titel *Spaţiul mioritic* gewidmet. Wir wollen es hier nicht zusammenfassen, denn *Spaţiul mioritic* bildet nur einen Teil der Trilogie, in der Blaga seine „Kulturphilosophie“ darstellt. Es soll uns genügen, daran zu erinnern, daß der

[18] Siehe die gesammelten Essays in dem Band *Limite* (Bukarest, 1936); vgl. die Neuausgabe in *Scrieri*, Bd. IV, (Bukarest, 1968), besonders S. 75 ff. Nachdem er alle Stellen zitiert hat, kritisiert Fochi den Autor wegen „seiner außerordentlich verwirrten Ideen, die der mit dem Tode ringenden Philosophie der Verzweiflung und des Nichts, dem Existentialismus, entsprungen sind.“ (*op. cit.*, S. 152). Nichts ist weiter vom Denken Dan Bottas entfernt als der „Existentialismus“.

[19] Liviu Rusu, *Le sens de l'existence dans la poésie populaire roumaine* (Paris, 1935), S. 84. Vgl. andere Zitate in Fochi, S. 152-53.

„mioritische Raum" für Blaga den spezifischen Horizont darstellt, innerhalb dessen sich das rumänische Volk entfaltet hat und heute noch lebt („der wellige Raum", das heißt gebildet von aufeinanderfolgenden Tälern und Hügeln). Und da unser Autor die Frobeniussche Auffassung von den Zusammenhängen zwischen Landschaft und Kulturstil aufnimmt, bringt der „mioritische Raum" die spezifischen Schöpfungen des rumänischen Wesens hervor und begrenzt sie gleichzeitig. Lucian Blaga analysiert weiterhin die ahistorische und fatalistische Haltung der Rumänen und sieht in der *Mioriţa* eine Verklärung des Todes, die er in anderen Schöpfungen dieses Volkes wiederfindet, was ihm erlaubt, in der „Liebe zum Tod" ein Charakteristikum der Geisteshaltung des rumänischen Volkes zu erkennen.[20]

Nach 1945 hat man Lucian Blaga heftig seinen „obskurantistischen Mystizismus" vorgeworfen, seinen (schwerwiegenden, da ideologischen) Irrtum, in der rumänischen Folklore, und gerade in der *Mioriţa,* Pessimismus, Resignation und Passivität zu sehen –, und man hat demgegenüber die Vitalität des rumänischen Volkes, seine Liebe zum Leben und zu seiner Arbeit gepriesen. Doch die Spekulationen von Lucian Blaga wurden schon seit dem Erscheinen seines Buches *Spaţiul mioritic* kritisiert. In einem Artikel mit dem Titel „Philosophische Betrachtungen über die Philosophie des rumänischen Volkes" warf ihm der Soziologe H. H. Stahl seine mangelnde ethnographische Kenntnis vor und wies seine Interpretation des Todesgefühls der Rumänen zurück.[21] Stahl hob hervor, daß die *Mioriţa,* weit entfernt, die „Liebe zum Tod" auszudrücken, eng mit einem spezifischen Ritual für junge, unverheiratet Verstorbene zusammenhängt.

Die Konsequenzen einer solchen Verflechtung der Ballade mit Begräbnispraktiken und Todesvorstellungen sind beträchtlich, und wir werden dieses Problem bei der Analyse des Beitrags von Constantin Brailoiu erörtern. Doch ist es wichtig, schon jetzt zu präzisieren, daß sich weder Dan Botta noch Lucian Blaga die Kompetenz und die wissenschaftliche Verantwortung eines Ethnographen oder Volkskundlers anmaßten. Sie hielten ihr Vorgehen jedoch für legitim, da es ihnen erlaubte, in der Ballade tiefere Bedeutungen zu erkennen, die sich nur von einer gewissen spekulativen Ebene aus erfassen lassen.

---

[20] L. Blaga, *Spaţiul mioritic* (Bukarest, 1936), S. 120 ff.

[21] H. H. Stahl, „Filosofarea despre filosofia poporului român" (*Sociologie românească,* III, 1938, Nr. 3-4, S. 104-119); vgl. *ibid.,* III, 1938, S. 10-18.

(Dies ähnelt der Haltung, die Nietzsche von Wilamowitz oder in jüngerer Vergangenheit Walter F. Otto von Nilsson hinsichtlich der Interpretation des religiösen Geistes der Griechen unterscheidet.) Man kann die Schlußfolgerungen von Blaga und Dan Botta kritisieren oder sie gar en bloc zurückweisen, doch kann man ihre Methode nicht unter dem Vorwand ablehnen, daß sie in einer archaischen Geisteswelt neue Bedeutungen entdecken und persönliche Werte in sie einbringen. Denn die Ballade *Miorița* ist, wie man sehen wird, selbst das Ergebnis eines analogen Schaffensprozesses, der zu einem gewissen Zeitpunkt den Umschlag von einem ursprünglichen rituellen Verhalten in ein Meisterwerk der Dichtkunst vollzogen hat, welches neue Bedeutungen beinhaltet und eine reichere und „erhabenere" Botschaft trägt.

Die Deutung von Constantin Brailoiu

Der Gegensatz der beiden Tendenzen wird auf bewundernswerte Weise in der kleinen Schrift von Constantin Brailoiu, *Über eine rumänische Ballade*[22] dargestellt. In weniger als 3000 Wörtern hat der hervorragende Ethnomusikologe und Volkskundler sämtliche Argumente zusammengefaßt, die man gegen die maßlose Schwärmerei für die *Miorița* vorbringen kann. Bereits die zu weit gehende Erforschung der Ballade erschien ihm fragwürdig. Auf die Forschungen von Caracostea anspielend, ohne ihn jedoch zu nennen, schrieb Brailoiu: „Man hat gelehrte Professoren sehen können, die sich ganz dem Studium dieses Textes widmeten und, wie man es im Deutschen ausdrückte, eine echte ‚Mioritza-Forschung', eine regelrechte ‚Mioritzologie' begründeten. Andererseits hatte ein geachteter Denker keine Bedenken, mittels eines gewöhnlichen Suffixes das eigenartigste aller Wörter zu schmieden und sich einen ‚mioritischen Raum' vorzustellen, der quasi für die Seele der Rasse Raum der Wahl sei" (*op. cit.* S. 3). Er erinnert an die seit Alecsandri geläufigen Klischees – die Resignation angesichts des Todes, die Sehnsucht nach einer Rückkehr in den Schoß der Mutter Natur – und fügt hinzu: „Wenn man den Text auf weniger lyrische Weise untersucht, so liefert er uns zwei Themen, die hier miteinander verflochten, an sich aber unterschied-

[22] Constantin Brailoiu, *Sur une ballade roumaine: La Mioritza* (Genf, 1946). Über die Methode von Brailoiu, siehe O. Bîrlea, *Metoda de cercetare a folclorului,* S. 31 ff.

lich und voneinander zu trennen sind“ (*ibid.*, S. 4). Es handelt sich um zwei relativ bekannte folklorische Themen: Das erste, *der Tod gleichgestellt mit einer Hochzeit*, ist archaisch, seine Wurzeln reichen in die Vorgeschichte zurück[23]; das zweite Thema wird von dem gebildet, was Brailoiu als „die Substituierung der bei den ländlichen Zeremonien gebräuchlichen Gegenstände durch ein beliebiges Element oder Objekt“ bezeichnet, was man jedoch genauer bestimmen könnte als die Ersetzung der Elemente ländlicher Begräbniszeremonien durch kosmische Objekte oder Elemente. Dieses zweite Thema findet sich übrigens sowohl in der populären Gelegenheitsdichtung, als auch in der eigentlichen lyrischen Dichtung wieder. Deren Vitalität (das heißt „Kreativität“) war noch nach dem Ersten Weltkrieg unversehrt. Brailoiu zitiert einen wahrscheinlich um 1920 aufgezeichneten Text.

– Sag mir, Soldat der Schützen?
Wo stand geschrieben, daß du fallen wirst?
– Im Tal des Oïtouz,
Im Feuer der Granaten.
– Wer hielt dir dann die Kerze?
(denn man legt dort dem Sterbenden eine Kerze in die Hand)
– Die Sonne, als sie hoch im Himmel stand.
– Und wer hat dich da gebadet?
(denn man badet die Leichname)
– Der Regen, als er fiel.
– Und wer streute für dich den Weihrauch?
(denn man streut Weihrauch in die Gräber)
– Der Nebel, als er sich legte.
– Und wer hat dir die Messe gelesen?
– Der Mond, als er aufging.

Brailoiu fügt hinzu: „Bis auf die militärischen Details ist hier Wort für Wort die antike Klage über das einsame Ende des Hirten wiedererweckt: man fühlt sich der *Miorița* sehr nahe“ (S. 5-6). Doch obwohl dieses Beispiel ausreichen sollte, um Brailoiu die Bedeutung der nationalen „Bindung“ an die mioritische Welt zu verdeutlichen, gelangt er zu einem ganz anderen Schluß. Für ihn „beweist die Gegenüberstellung der Dokumente, daß die dort so sehr bewunderte Apo-

[23] Schon 1925 hat Ion Mușlea in der *Miorița* die Begräbnisrituale junger Männer und Mädchen erkannt; vgl. Jean Mușlea, *La mort-mariage – une particularité du folklore balkanique* (= *Mélanges de l'École Roumaine en France,* Paris, 1925), S. 19.

theose kein einzigartiges Wunder der Kunst ist, sondern ganz im Gegenteil ein lyrischer Gemeinplatz, der allerdings durch eine gewissermaßen verhängnisvolle Verunstaltung mit dem Stoff einer Erzählung verwachsen ist, deren tragisches und pastorales Thema eine solche Ausführung sozusagen implizierte" (S. 6).

Um die Ballade zu verstehen, ist es nach Brailoiu angebracht, sie im Hinblick auf die bäuerlichen Riten und Symbole zu analysieren. Als großer Spezialist des *„de-ale mortului"* hat Brailoiu in einigen knappen Formeln den Bezug der *Miorița* zu den rumänischen Begräbnisritualen und Todesvorstellungen erfaßt. Die posthume Vermählung jung, unverheiratet Verstorbener hat ebenso wie die verschiedenen Riten, Gaben und Almosen *(pomeni)* während und nach der Beerdigung die Befriedung der Seele zum Ziel und soll ihr helfen, die furchtbaren Proben auf ihrem Weg in das „Land ohne Erbarmen" zu bestehen.[24] Zahlreiche Begräbniszeremonien, so fährt Brailoiu fort, müssen vollzogen werden, um die Toten daran zu hindern, „bösartig zu werden" und als Gespenster zu den Lebenden zurückzukehren. Unser Autor schließt, daß die Hochzeitssymbolik der *Miorița* folglich mit dem Ritus der posthumen Vermählung zusammenhängt, der den Willen der Lebenden ausdrückt, sich gegen den Toten zu verteidigen, indem man ihn befriedet. Die Verse, die der Ballade später ihre unnachahmliche „Atmosphäre" gaben, bildeten früher das sprachliche Element von Beschwörungen. „Der Anflug von Bedauern und Mitleid, der hie und da in diesen zweckentfremdeten Beschwörungen zu verspüren ist, hat sich gewiß erst von dem Tag an eingeschlichen, als das christliche Mitleid die Furcht der Vorväter ersetzt hat. Sie drücken weder den Willen zum Verzicht, noch den Rausch des Nichts, noch die Anbetung des Todes aus, sondern deren genaues Gegenteil, da in ihnen die Erinnerung an die ursprünglichen Taten und Gesten zur Verteidigung des Lebens fortlebt" (S. 13).

Es ist das Verdienst von Brailoiu und H. H. Stahl, einige konstituierende Bestandteile der *Miorița* oder genauer der „Vorgeschichte" der Ballade aufgezeigt zu haben. Es bleibt offen, ob eine poetische Schöpfung auf ihre „Vorgeschichte" reduziert werden kann, das heißt im

---

[24] Ein ganzes Werk müßte einmal über die reiche dramatische rumänische Mythologie des Todes geschrieben werden, die überreich ist an archaischen Motiven (z. B. „die zwei Wege", die Grenzen und die Grenzwächter, die Tiere, die dem Verstorbenen auflauern, das Meer, das es zu überqueren gilt, die Riesentanne, die sich schließlich herabsenkt und dem Pilger erlaubt zu passieren, „den Tau auf den Füßen, den Nebel im Rücken"; vgl. Brailoiu, *op. cit.*, S. 11).

Fall der *Miorița* auf die Verhaltensweisen, Rituale und Anschauungen, die ihr zeitlich vorangegangen waren und die ihr einen Teil ihres poetischen Inhalts verliehen. Wie dem auch sei, die kleine Schrift *Über eine rumänische Ballade* markiert ein Datum in der Geschichte der Auslegung von Texten der Volksdichtung; sie stellt außerdem ein wertvolles Dokument für die Ideengeschichte des modernen Rumänien dar. Zahlreiche Volkskundler, Soziologen und Philosophen haben seit 1950 die „pessimistische" Interpretation der Ballade zurückgewiesen und sind darin der antimystischen und antimetaphysischen Richtung von Brailoiu gefolgt.[25] Adrian Fochi hat seinerseits die These des hervorragenden Ethnomusikologen aufgegriffen und ausgearbeitet. Der einzige ausländische Gelehrte, der versucht hat, die Entstehung der *Miorița* aufzuklären und ihren poetischen Wert zu analysieren, leider jedoch ohne C. Brailoiu und H. H. Stahl zu kennen, war Leo Spitzer.[26] Doch wie vorauszusehen war, hat sich der berühmte Autor der *Stilstudien* auf den literarischen Schaffensprozeß konzentriert, so wie er in einer vergleichenden Betrachtungsweise der Volksliteraturen rekonstruiert werden kann.

Der Nimbus der Ballade

Um auf die von Fochi veröffentlichten und analysierten Varianten zurückzukommen, ist es wichtig, dabei einige Tatsachen hervorzuheben. Zuerst zum *gegenwärtigen Verbreitungsbereich der Ballade:* Kein anderes volkskundliches Stück erfreut sich einer solchen Popularität (Fochi, *op. cit.*, S. 409). In der Form der Ballade oder der *colind*[27] findet sich die *Miorița* in allen rumänischen Provinzen einschließlich Bessarabiens[28], doch sie ist auch in Jugoslawien und Mazedonien in

---

[25] Vgl. unter anderen C. I. Gulian, *Sensul vieții în folclorul românesc* (Bukarest, 1957), S. 224 *et passim;* Pavel Apostol, in seiner einführenden Studie *Miorița,* S. 18 ff., 44 ff., 57 ff.

[26] Leo Spitzer, „L'archétype de la ballade Miorița et sa valeur poétique" (*Cahiers Sextil Pușcariu,* Bd. II, 1952, S. 95-120). Die Studie ist wiederabgedruckt in Spitzer, *Romanische Literaturstudien,* 1936-1956 (Tübingen, 1959), S. 835-867. Siehe jetzt Lorenzo Renzi, *Canti narrativi tradizionali romeni,* S. 97-127.

[27] Ritueller Lobgesang zu Weihnachten. Vgl. O. Bârlea, „Miorița colindă" (*Revista de etnografie și folclor,* XIII, 1967, S. 379-447): kritische Bemerkungen zur Methode von Fochi. Allgemein über die *colinde* siehe jetzt Mircea Popescu, *Saggi di poesia popolare romena* (Rom, 1966), S. 83-116 („Le *colinde* romene").

[28] Siehe Fochi, S. 175-88, die Liste der Orte, wo die Varianten aufgezeichnet wurden.

Umlauf.[29] Und doch war der Verbreitungsbereich der Ballade in der Vergangenheit noch größer. Heutzutage ist die Region mit der größten Verbreitungsdichte die Donauebene. In der Landschaft von Vrancea besaß sie eine solche Popularität, daß Ion Diaconu versicherte, daß „die *Mioriţa* nur in den Kirchen nicht gesungen wird". Auch in der Kleinen Walachei war die Ballade früher weiter verbreitet (Fochi, S. 424 f.).

Andererseits ist die *Mioriţa* eine der wenigen Balladen, die *eine eigene Melodie* hat; die Informanten erklären, daß sie die Melodie seit langer Zeit *(din bătrâni)* kennen. Trotz ihres pastoralen Charakters ist die Ballade auch in bäuerlichen Kreisen (zum Beispiel im Baragan) bekannt, dagegen ist sie in einigen Gebieten mit vorwiegender Weidewirtschaft nur schwach belegt (zum Beispiel bei den *„mărgineni"* von Sibiu). In der Landschaft von Vrancea ist sie zahlreichen Hirten unbekannt, während man sie in den Dörfern kennt.[30] Einen weiteren Beweis für die Lebendigkeit der Ballade liefert *ihre Anpassungsfähigkeit an geographische und regionale Bedingungen:* Die Namen von Personen, Flüssen, Bergen etc. spiegeln die Milieus wider, in denen die Varianten aufgezeichnet wurden (*ibid.*, S. 413 f.). Schließlich muß man feststellen, daß die Sprache der Texte nicht archaisch ist, sondern die gesprochene Sprache der verschiedenen Regionen wiedergibt, in denen die Varianten aufgezeichnet wurden (*ibid.*, S. 420).

All dies beweist unserer Meinung nach:

1) daß die *Mioriţa* eine außergewöhnliche Stellung genießt, die man in der geistigen Erfahrung des rumänischen Volkes als einzigartig betrachten kann (das heißt mit anderen Worten, daß die Ungeduld gewisser Autoren dem „einzigartigen Prestige der Ballade" gegenüber nicht gerechtfertigt war);

2) daß es sich um eine authentische Schöpfung des Volkes handelt, die ihre Berühmtheit nicht der literarischen Vollendung der Variante Alecsandris verdankt;

3) daß ihre Fähigkeit, verschiedene geographische Milieus und unterschiedliche soziale Wirklichkeiten widerzuspiegeln, sowie die Tatsache, daß sie in der heutigen Sprache rezitiert und gesungen wird,

---

[29] *Ibid.*, S. 191. Unter den 800 Varianten, die von Fochi publiziert wurden (ohne die Dokumente mitzuzählen, die im Anhang wiedergegeben sind, S. 991-1074), sind 413 in Transsilvanien, 60 in der Kleinen Walachei, 15 im Banat, 13 in der Dobrudscha und 25 an unbekanntem Ort gesammelt; vgl. S. 192.

[30] *Ibid.*, S. 428. Aber anderswo in derselben Region sagt man, daß die *Mioriţa* die bevorzugte Ballade der Hirten ist; vgl. S. 429.

einerseits ihren allgemeinen rumänischen Charakter bestätigen und andererseits die Kontinuität dessen hervorheben, was man den „Schaffensprozeß" nennen könnte, den wir später untersuchen werden.

Alles in allem, wenn man die *Miorița* in allen von Rumänen bewohnten Gebieten vorfindet, wenn kein anderes volkstümliches Stück eine ähnliche Popularität genossen hat – wenn man auch weiß, daß ihre Verbreitung in einer mehr oder weniger fernen Vergangenheit noch größer war –, wenn ständig neue Varianten aufgezeichnet werden, so drängt sich eine erste Folgerung auf: Es handelt sich um eine noch lebendige volkstümliche Schöpfung, die wie keine zweite die Volksseele berührt; mit anderen Worten, daß eine absolute und spontane „Bindung" des rumänischen Volkes an die poetische Schönheit dieser Ballade besteht, sowie an ihre Symbolik und ihre rituellen oder spekulativen Implikationen. Man kann also abschließend sagen, daß die Tatsache, daß einige moderne Autoren die *Miorița* als einen Archetypus des rumänischen Volksgeistes erklärten, nicht völlig willkürlich war. Wenn sie auf der Einzigartigkeit der *Miorița* bestanden, folgten sie darin lediglich der Einstellung eines ganzen Volkes. Nur das Adjektiv „mioritisch" ist eine Erfindung der Gebildeten: Die *mioritische Welt* war schon von dem Volk als eigenartiges und unvergleichliches Universum empfunden worden.[31] Schließlich kann man sagen, daß es berechtigt war, in der Ballade einen beispielhaften Ausdruck der rumänischen Seele zu suchen. Doch das eigentliche Problem beginnt mit der Deutung dieses bevorzugten Ausdrucks.

Die Analyse der Themen

Seit den Studien von Caracostea und Densușianu haben sich die Forscher bemüht, die verschiedenen Themen der Ballade zu unterscheiden, um darin den zentralen Kern auszumachen und ihre Entwicklung zu rekonstruieren. Die jüngste, von Fochi durchgeführte Analyse des Textes unterscheidet folgende Themen: In einem natürlichen Rahmen, der für die Tätigkeit des Hirten spezifisch ist

[31] Sicher, wenn man an eine allgemeine Deutung des ethnischen Genius will, muß man immer die Gesamtheit der volkstümlichen Schöpfungen im Auge haben. Aber die Monographie von Fochi hat ebenfalls gezeigt, daß die *Miorița* durch ihr überraschendes „Verhaftetsein" mit dem Volk eine einzigartige Stellung unter den anderen volkstümlichen Schöpfungen hat.

(Thema 1, das Fochi mit „Der Ort des Dramas" bezeichnet), finden sich, für diesen Beruf charakteristische Handlungen ausführend (Thema 2: „Die Transhumanz"), drei Herden, die von drei Hirten unterschiedlicher regionaler Herkunft geführt werden (Thema 3: „Die Hirten"). Zwei von ihnen verschwören sich gegen den dritten (Thema 4: „Die Verschwörung der Hirten") aus ökonomischen Gründen (Thema 5: „Die Gründe für den Mord"), doch ein Schaf deckt die Verschwörung auf (Thema 6: „Das weissagende Lämmchen"). Erstaunt über sein seltsames Verhalten, fragt es der Schäfer, was es hat (Thema 7: „Die Frage des Schäfers"), und das Schaf rät ihm, nachdem es ihm die Verschwörung enthüllt hat, auf der Hut zu sein (Thema 8: „Die Aufdeckung des Mordplans"). Der Schäfer reagiert auf unerwartete und wenig natürliche Weise (Thema 9: „Die Reaktion des Schäfers"); er bittet es, den Mördern den Platz zu zeigen, wo er begraben werden möchte (Thema 10: „Die Begräbnisstätte"), und auf seinem Grab eine bestimmte Anzahl von Gegenständen niederzulegen (Thema 11: „Die Grabbeigaben"), damit die Schafe wehklagen können (Thema 12: „Die Klage der Schafe"). Er bittet es außerdem, den Schafen zu sagen, daß er geheiratet habe (Thema 13: „Die Allegorie des Todes") in einem eindrucksvollen Rahmen (Thema 14: „Die Apotheose des Hirten"). Doch wenn das weissagende Lämmchen seine alte Mutter treffe (Thema 15: „Die alte Mutter"), die ihn aufgrund gewisser Merkmale sucht (Thema 16: „Das Porträt des Hirten"), so solle es ihr von seiner Hochzeit erzählen (Thema 17: „Die mioritische Hochzeit"), doch ohne ihr Genaueres über den ungewöhnlichen Rahmen zu sagen, in dem diese stattgefunden hat (Thema 18: „Die Umstände der Hochzeit").[32]

Fochi analysiert anschließend die 120 Varianten aus der Moldau, um die Häufigkeit jedes der 18 Themen auszumachen. Wir werden nicht die detaillierten Ergebnisse dieser statistischen Analyse wiedergeben. Es genügt anzumerken, daß die Themen mit der stärksten Frequenz „Die Frage des Hirten" (Nr. 7: 96%), „Die Aufdeckung des Mordplans" (Nr. 8: 97%), „Die Begräbnisstätte" (Nr. 10: 92%), „Die Grabbeigaben" (Nr. 11: 82%) und „Die Klage der Schafe" (Nr. 12: 70%). sind. Ebenso bedeutend, wenn auch von geringerer Frequenz, sind die Themen: „Die alte Mutter" (Nr. 15: 70%), „Das Porträt des

[32] Fochi, *op. cit.*, S. 211-212.

Hirten“ (Nr. 16: 60%), „Die mioritische Hochzeit“ (Nr. 17: 50%) und „Die Umstände der Hochzeit“ (Nr. 18: 42%).[33]
Was die in der Walachei gesammelten Fassungen angeht, so weisen sie eine größere Homogenität in der Häufigkeit der Themen auf: Tatsächlich sind nur drei Themen (Nr. 5, 6 und 16) in weniger als 50% der Varianten belegt. Doch wie auch in der Moldau erreicht die thematische Kerngruppe, das heißt die Episode des weissagenden Lämmchens, das Testament des Hirten und die Episode der alten Mutter die größte Häufigkeit. Annähernd die gleichen thematischen Häufigkeiten finden sich in der Kleinen Walachei (*op. cit.,* S. 215/16).
In Transsilvanien dagegen ist die Situation anders, und es war eines der großen Verdienste von Fochi, die beträchtliche Menge der transsilvanischen Varianten (326 Dokumente) veröffentlicht und in seine vergleichenden Analysen einbezogen zu haben. In Transsilvanien findet man die *Mioriţa* auch in der Form der Ballade, doch ist sie hauptsächlich in der Form der *colind* bekannt. Tatsächlich hat sich die *Mioriţa,* erst einmal in das regionale Repertoire der *colind* eingefügt, den spezifischen Bedingungen dieses Genres der mündlichen Literatur angeglichen. In ihrer einfachsten Form kann die *Mioriţa-colind* folgendermaßen zusammengefaßt werden: Zwei oder mehrere Hirten sind mit ihren Herden zusammen; sie schicken einen aus, um die Schafe heimzuholen, und während seiner Abwesenheit beschließen seine Gefährten, ihn zu töten. Bei seiner Rückkehr teilen sie ihm das Urteil mit und lassen ihm die Wahl der Todesform (durch Schwert, Lanze etc.). Der Hirte weist ihnen den Platz, wo er begraben werden möchte und bittet sie, bestimmte Gegenstände auf sein Grab zu legen. Die Mehrzahl der *colind*-Varianten endet mit der Klage der Schafe.[34] Einige Varianten enthalten gleichwohl auch die Episode der alten Mutter.[35]

---

[33] *Ibid.,* S. 212 ff. Die Themen Nr. 13-14 finden sich nur in der Fassung von Alecsandri, und sie sind wohl von dem Dichter hinzugefügt worden. Folglich eliminiert sie Fochi – im Gefolge von Caracostea – aus der Diskussion; *ibid.,* S. 214.
[34] Fochi, *op. cit.,* S. 379-80. Die Gründe des Todes sind nicht immer klar. In einigen Fällen handelt es sich um ein Gerichtsurteil: Der Hirte ist verurteilt, weil einige Verpflichtungen, die zu seinem Beruf gehören, von ihm nicht respektiert wurden, oder aber auch wegen Liebeshändeln: Er ist es, und nicht die anderen, den sich ein schönes Mädchen erwählt hat; *ibid.,* S. 263.
[35] Fochi, *op. cit.,* S. 381 ff. Fügen wir hinzu, daß in einigen Versionen der Hirte in seiner Schäferei von Einbrechern überfallen wird, die ihm mitteilen, daß sie ihn töten werden, wenn er sein Testament gemacht hat; *ibid.,* S. 388.

Wie man sieht, ist das Charakteristikum der *Mioriţa-colind,* daß der Hirte seinen letzten Willen direkt den Mördern mitteilt. Die Analyse der Häufigkeit der einzelnen Themen zeigt, daß das Schema auf zwei thematische Kernstücke reduziert ist: den einleitenden epischen Rahmen (Nr. 1, 3, 4) und das Testament des Hirten (Nr. 10, 11, 12).[36] Merken wir noch an, das die *colind* in Gruppen gesungen wird: an Weihnachten, aber auch bei den *şezători* („Nachtwachen") und anderen Gelegenheiten gemeinsamer Arbeit. Wenn die *colind-Mioriţa* nur zur Weihnachten gesungen würde, so könnte sie nicht dem ganzen Dorf, einschließlich der Frauen, bekannt sein, da sie nicht zu den Gruppen der *colindători* zugelassen sind. So erklärt sich übrigens auch die Tatsache, daß die *colind-Mioriţa* in einigen Fällen zum Wiegenlied geworden ist. Die Tatsache, daß die *colind* immer in Gruppen gesungen wird, erklärt die Beständigkeit des Textes. Die Möglichkeiten zur Improvisation und zur poetischen Schöpfung sind relativ begrenzt. Aber, wie wir sehen werden, ist es gerade diese Beständigkeit des Textes, die es uns erlaubt, in der *colind* eines der archaischsten Stadien der rumänischen Geisteshaltung zu erfassen.

Das Ergebnis seiner statistischen Analysen zusammenfassend, kommt Fochi zu folgender Übersicht:

a) Ein einziger thematischer Kern ist allen vier rumänischen Provinzen (Moldau, Walachei, Transsilvanien, Kleine Walachei) gemeinsam, nämlich *das Testament des Hirten,* die Episode, die aus den Themen: „die Begräbnisstätte", „die Grabbeigaben" und „die Wehklage der Schafe" besteht.[37] Keine andere Episode nimmt eine ähnliche Stellung ein. Folglich „definiert sich die *Mioriţa* durch das verbindliche Vorhandensein dieser Episode" (S. 220);
b) Die Episode des *weissagenden Lämmchens* ist nur für die Verbreitungszone der Ballade charakteristisch (das heißt die Moldau, die Walachei, die Kleine Walachei, die Dobrudscha und ein kleiner Bereich von Transsilvanien). Das Vorhandensein dieser Episode ist typologisch bedeutend, da sie grundlegend die *colind*-Fassung von der Balladenfassung trennt.

---

[36] Fochi, *op. cit.,* S. 217-218. Siehe dort auch die Analyse der weniger zahlreichen Varianten aus dem Banat und der Dobrudscha.

[37] Die Häufigkeit dieser Episode ist in den Varianten Transsilvaniens 86%, in der Kleinen Walachei 78%, in der Walachei 74% und der Moldau 81% – das ergibt ein Mittel von fast 80%.

c) Der *einleitende epische Rahmen* (das heißt die Themen: „Der Ort des Dramas", „die Hirten", „die Verschwörung der Hirten", „die Gründe für den Mord") ist spezifisch für Transsilvanien;
d) Die Episode der *alten Mutter* kennzeichnet die Verbreitungszone der Ballade.
e) Wenn man die Themen in vier verschiedene Episoden gruppiert, und zwar I) *der einleitende epische Rahmen;* II) *das weissagende Lämmchen;* III) *das Testament des Hirten;* IV) *die alte Mutter* – so stellt man fest, daß der Balladentypus in der Walachei dazu tendiert, alle vier Episoden zu umfassen; daß der Balladentypus in der Moldau vorwiegend die Episoden II, III und IV, in der Kleinen Walachei die Episoden I, II und III umfaßt, während der *colind*-Typus in Transsilvanien die Episoden I und III beinhaltet;
f) Unter geographischem Gesichtspunkt findet sich *das Testament des Hirten* (III) in Transsilvanien, der Kleinen Walachei, der Walachei und der Moldau; *der einleitende epische Rahmen* (I) taucht in Transsilvanien, in der Kleinen Walachei und in der Walachei auf; die Episode des *weissagenden Lämmchens* (II) ist in der Kleinen Walachei und der Moldau nachgewiesen; und die Episode der *alten Mutter* (IV) findet sich in der Walachei und der Moldau.[38]

Gewiß sind die Statistiken nicht entscheidend, wenn es sich um geistige Schöpfungen handelt, seien sie nun Werke des Volksgeistes oder der Gebildeten, da in jeder statistischen Analyse ohne Unterschied sowohl Versionen von großer poetischer Schönheit oder vollendeter symbolischer Transparenz zählen als auch daneben mittelmäßige, verstümmelte oder nachahmende Fassungen. Doch haben die Ergebnisse der statistischen Analysen und Vergleiche ihren Nutzen, da sie die allgemeine Tendenz des Schaffensprozesses angeben und die durch regionale Umstände und die Verschiedenheit der volkstümlichen Gattungen bedingten Abwandlungen ans Licht bringen.

Die Tatsache, daß sich der einleitende epische Kern – *das Testament des Hirten* – auch in Mazedonien findet, beweist, daß das grundlegende Motiv den Rumänen vor ihrer mundartlichen Trennung bekannt war.[39] Wie wir oben gesehen haben, kennzeichnet *das Testa-*

[38] Fochi, *op. cit.,* S. 220-223.

[39] Vgl. den von Pericle Papahagi in Gr. Tocilescu, *Materiale folkloristice* (Bukarest, 1900), Bd. II, S. 938, veröffentlichten Text und die von D. Caracostea veröffentlichte Variante „Mioriţa la Armâni" (*Omagiu lui Ion Bianu,* Bukarest, 1927, S. 91-108); vgl.

ment des Hirten die transsilvanische *colind.* Nun sind die *colinde* sehr archaische rituelle Lieder. Bereits Béla Bártok hatte den Archaismus und die Stabilität der rumänischen Volksweisen hervorgehoben. Was die transsilvanischen *colinde* betrifft, so präzisiert Bártok, daß sie sich von den westeuropäischen Weihnachtsliedern unterscheiden und fügt hinzu, daß „der interessanteste Teil der Texte – etwa ein Drittel – überhaupt keinen Bezug zum christlichen Weihnachtsfest hat".[40] Es ist wahrscheinlich, daß einige Texte auf die vorchristliche Zeit zurückgehen. Die Tatsache, daß der einleitende epische Kern der *Miorița* den rituellen Liedern angehört, beweist einerseits ihren Archaismus und weist andererseits darauf hin, daß ihre Ursprünge in einem religiösen Universum zu finden sind.

Weiterleben nach dem Tode, posthume Vermählung, „mioritische Hochzeit"

Die Bedeutung der transsilvanischen *colind* ist ziemlich klar: Als der Hirte erfährt, daß sein Schicksal besiegelt ist, bittet er seine Mörder, ihn in der Nähe des Schafstalls zu beerdigen, das heißt nicht auf dem Dorffriedhof, sondern in seiner natürlichen Umgebung; er bittet außerdem darum, daß man eine bestimmte Anzahl von Gegenständen auf sein Grab legt (Flöte, Schalmei, Horn, Trompete, Axt, Lanze etc.). Mit anderen Worten, der Hirte hofft auf eine Postexistenz *sui generis,* denn all diese Gegenstände, die Musikinstrumente ebenso wie die zum Hirtenleben gehörigen Werkzeuge und Waffen, weisen auf eine symbolische (i. e. rituelle) Verlängerung seiner Tätigkeit hin. Die dem zugrunde liegende Vorstellung ist archaisch und findet sich in vielen Kulturen im ethnographischen Stadium: Ein gewaltsam unterbrochenes Leben wird durch eine andere Seinsmodalität fortgesetzt. In unserem Beispiel vermutet man sogar die unklare Vorstellung, daß das Weiterleben des Hirten nach dem Tode in bestimmten charakteristischen Gegenständen gerade durch seinen gewaltsamen

---

Fochi, S. 465-66. Siehe auch Tache Papahagi, *Paralele folklorice greco-romåne* (Bukarest, 1944) S. 7-8; ders., *Poezia lirică populară* (Bukarest, 1967), S. 383-384. Aber Fochi betrachtet die Episode des Testamentes des Hirten als älter als die Zusammenstellung der *Miorița;* diese gründet nach ihm in einem tatsächlichen Vorkommnis, das später liegt als die sprachliche Trennung der Rumänen; vgl. *ibid.,* S. 544.

[40] Zitiert nach T. Alexandru, *Belá Bártok despre folclorul românesc* (Bukarest, 1958), S. 39; vgl. Pavel Apostol, *Miorița,* S. 60.

Tod gesichert wird. In der Tat ist die Summe der Lebensenergie, die durch die Unterbrechung einer noch weit von ihrem Ende entfernten Existenz verfügbar bleibt, „schöpferisch" in dem Sinne, daß sie fähig ist, jedwelche vom Menschen geschaffenen Gegenstände zu beleben.[41] Die „Existenz" des Hirten wird fortgesetzt durch die symbolische Verlängerung seiner „beruflichen Tätigkeit". Die Flöte, die Schalmei und das Horn werden weiter erklingen, die Schafe werden sich, wenn sie diese gewohnten Melodien hören, an ihn erinnern und ihre Klage von neuem beginnen oder ihn in Bergen und Tälern suchen[42] oder ihn sogar bitten, aus seinem Grabe aufzuerstehen und seine Arbeit wiederaufzunehmen.[43]

Man wird sich schon jetzt des potentiellen Reichtums dieser beiden Themen – das Grab und die auf dem Grab niedergelegten Gegenstände – bewußt, die übrigens der *colind*- und der Balladenfassung gemeinsam sind. Die Bitte, nicht auf dem Friedhof, sondern in der Nähe des Schafstalls begraben zu werden, erlaubt die spätere Erweiterung der kosmischen Landschaft und deren abschließende Verwandlung in einen Hochzeitszauber. Andererseits ermöglicht das Thema der Gegenstände, die der Hirt auf seinem Grab niedergelegt haben möchte, zahlreiche Weiterentwicklungen, was die gelungensten Varianten der Ballade beweisen. Wie wir gesehen haben, sichern diese mit der Arbeit des Hirten verbundenen Gegenstände dem Schäfer in der transsilvanischen *colind* ein rituelles Weiterleben nach dem Tode. Aber man versteht, wie man ausgehend von dieser Vorstellung eines durch die Anwesenheit bestimmter charakteristischer und vertrauter Werkzeuge gesicherten Weiterlebens nach dem Tode auf einen naheliegenden (da mit der gleichen Begräbniswelt eng verbundenen) Gedanken gekommen ist, nämlich die Ersetzung von für das Begräbnis unabdingbaren rituellen Elementen, die Brailoiu zusammen mit der Todeshochzeit als grundlegend für das Verständnis der *Mioriţa* erachtete.

Wir können also zwei Stadien im epischen Kern der *Mioriţa* unterscheiden: Das erste und archaischste zeugt von dem Wunsch des Hirten, mittels der für seinen Beruf typischen Werkzeuge ein weit vom Dorf entferntes Weiterleben nach dem Tode für lange zu sichern; das zweite Stadium weist auf eine konkrete rituelle Umdeu-

---

[41] Siehe weiter oben: „Meister Manole und das Kloster von Argeş".
[42] Vgl. z. B. die Varianten XXIII, XXX, XXXI, XXXII usw.
[43] Vgl. die Variante XXII.

tung dieser Gegenstände hin, die durch den allgemeinen Brauch bestimmt ist, kosmische Objekte an die Stelle der realen Bestandteile des volkstümlichen Begräbniszeremoniells zu setzen.
So, wie die Werkzeuge, die der Hirte auf seinem Grab haben möchte, schließlich die kultische Wirklichkeit des Begräbnisses bildlich darstellen, ersetzt die Klage der Schafe schließlich die rituelle Totenklage.[44] Aber es handelt sich immer um ein „kosmisches" Zeremoniell, nicht um ein nachgeahmtes Ritual, eine verarmte Imitation der üblichen Totenklage. Das Vokabular spiegelt nie die von der Kirche gebilligten Bräuche wider. Es ist immer die Rede vom Wind, der tosen wird, von den Flöten, die erklingen werden, und den Schafen, die klagen werden.[45] Was in der so reichen Morphologie der *Miorița* Erstaunen weckt, ist die kosmische Struktur aller mit einem rituellen Substrat zusammenhängenden Ausdrücke. Nicht nur der Friedhof ist abwesend, sondern auch das Dorf und seine Kirche. Die Klage der Schafe kann nur deshalb als Ersatz der gebräuchlichen Totenklage gedeutet werden, weil die vergleichende Forschung die „Vorgeschichte" der Ballade ans Licht gebracht hat.
Fochi bemerkt (S. 276), daß die transsilvanischen Dokumente den Gegenständen der Ethnographie näher sind, während sich die Balladenversionen aus der Moldau und der Walachei mehr der Kunst annähern. Doch muß man hinzufügen, daß die weitere Entwicklung der Ballade durch die Mythologie des Todes und das Begräbnisritual ermöglicht wurde. Die ursprüngliche Vorstellung einer Postexistenz, die wir soeben analysiert haben, war dazu geeignet, in immer komplexeren Formen zum Ausdruck zu kommen. Der Wunsch und die Hoffnung, die zu früh und gewaltsam abgebrochene Existenz, wenn auch symbolisch, zu ihrem Ende zu führen, erklärt die Bedeutung, die in der Ballade das Thema der Todeshochzeit erhält. Kein Leben ist ohne Heirat vollständig, und es genügt, den Leser auf die zahlreichen Werke über den Hochzeitssymbolismus der Rituale und Bräuche im Zusammenhang mit der Bestattung junger Männer und junger Mädchen in Europa und anderen Gebieten der Welt hinzuweisen.
In Rumänien ist das Ritual der posthumen Vermählung weit verbreitet. Man unterscheidet zwei Zonen. In der ersten, die die Moldau, die Walachei und ein relativ großes Gebiet im Norden Transsilvaniens umfaßt, besteht der Brauch, die jung und unverheirat Verstorbenen

[44] Siehe die Beispiele bei Fochi, S. 277 ff.
[45] Siehe die Analyse des Vokabulars in Fochi, S. 278 ff.

symbolisch mit einer lebenden Person zu vermählen; in der zweiten Zone, die den Rest Transsilvaniens, das Banat und einen Ausläufer, jenseits der Karpaten, in der kleinen Walachei umfaßt, ist der Partner der posthumen Hochzeit die *Tanne* oder die *Lanze*. Bei diesen posthumen Vermählungen singt man Lieder, die durch einen Hochzeitssymbolismus des Todes gekennzeichnet sind. Ähnliche Lieder wurden auch bei anderen Völkern nachgewiesen[46], doch ist ihr Verbreitungsbereich wesentlich begrenzter als der des Brauches der posthumen Vermählung. In Rumänien haben einige dieser Lieder – zum Beispiel *Die Tanne* und *Die Morgenröte („Zorile")* – archaischen Charakter und sind gewiß vorchristlich.[47]

An diesem Fundus von Bildern und Symbolen, die mit dem Ritual der posthumen Hochzeit verbunden sind, hat sich der Volksdichter inspiriert. Aber der Übergang von der in diesen Liedern offenbarten Welt zur Welt der „mioritischen Hochzeit" stellt eine weitere schöpferische Leistung dar, die noch bedeutender ist als der Übergang von der posthumen Vermählung zu den rituellen Liedern, die sie begleiten. Wenn die Gegenstände, die der Hirte auf seinem Grab niedergelegt haben möchte, in der *colind*-Version der *Mioriţa* letzten Endes das Schattenbild eines Begräbnisses darstellen, so ist der Tod in der Ballade der Moldau und der Walachei vollständig umgestaltet und verklärt.[48] Es handelt sich nicht mehr um einen „Ersatz" der Gegenstände und Zeremonien, von dem Brailoiu sprach, und selbst über das Vokabular und den Hochzeitssymbolismus der Grabgesänge für unverheiratete junge Leute ist hier weit hinausgegangen. Denn die „mioritische Hochzeit" wird in einem kosmischen Rahmen von solcher Majestät gefeiert, daß das Ereignis des Todes seine unmittelbare Bedeutung verliert, die es noch in den Totenklagen besaß, und eine bis dahin ungeahnte Dimension offenbart.

Fochi bemerkt, daß das Thema der Heiratsordnung als Abbild der das Begräbnisritual vervollständigenden Hochzeitszeremonien ausschließlich zur rumänischen Volkskultur gehört (S. 529). „Die *Mioriţa* bietet ein typisches Beispiel für die Kraft zur Verklärung, mit der

---

[46] Zum Beispiel in Korsika, in Ungarn, bei den Russen, den Galiziern, den Bulgaren, den europäischen Türken und den modernen Griechen; vgl. auch bibliographische Hinweise bei Fochi, S. 514, Anm. 1-8.

[47] Es gibt ebenfalls Gesänge kirchlichen Ursprungs, die die Anstrengungen der Kirche zeigen, die Reste des heidnischen alten Zeremoniells zu vertreiben, vgl. Fochi, S. 515.

[48] Sagen wir es genauer: Die europäische Zone, in der die Balladen, die klar den hochzeitlichen Charakter des Todes hervortreten lassen, verbreitet sind, ist noch kleiner als das Gebiet, in dem rituelle Gesänge bekannt sind; vgl. Fochi, S. 520.

das Volk begabt ist" (S. 528). Und dennoch kommt derselbe Autor, so wie Brailoiu vor ihm, zu dem Schluß, daß das Bild der „mioritischen Hochzeit" nur den Sinn des Zeremoniells haben kann, von dem es abhängt, nämlich die „Abwehr der unheilvollen Kräfte des Todes" (S. 529). Und er fügt hinzu: „Der Hirt der *Mioriţa* sehnt sich nicht nach dem Tod, als wäre dieser in seiner Vorstellung mit der Hochzeit identisch, er wünscht lediglich, daß man das Begräbniszeremoniell vollzieht, das seiner besonderen Situation als Ledigem entspricht." Man versteht, daß Fochi ebenso wie Brailoiu und so viele andere vor ihm hauptsächlich die Gefahr beunruhigt, die „mioritische Hochzeit" in einem „pessimistischen" Sinn zu interpretieren, das heißt, in der Ballade die Resignation und Passivität des Hirten zu sehen und letzten Endes seinen Wunsch, im Schoß der Natur ausgelöscht zu sein. Doch die Ersetzung des „pessimistischen" Klischees durch eine Formel, die für „optimistisch" gehalten wird, weil sie die „mioritische Hochzeit" auf eine Verteidigung gegen die unheilvolle Macht des Todes reduziert, bringt die Auslegung nicht voran.

Die Vorgeschichte der Ballade

H. H. Stahl und Constantin Brailoiu waren die ersten, die in der Ballade ebenso wie in den Zeremonien der posthumen Vermählung den Wunsch der Lebenden erkannten, den Toten zu befrieden und insbesondere ihn daran zu hindern, „bösartig" zu werden. Wir erörtern hier nicht, inwieweit die Interpretation des Todes, die Brailoiu und zahlreiche andere Volkskundler vorgebracht haben, den tatsächlichen Vorstellungen des Volkes entspricht. Man weiß, daß der Tod für die traditionellen Gesellschaften eine dem modernen Denken schwer zugängliche Erfahrung darstellt. Um nur ein Beispiel zu geben: Der enge Zusammenhang zwischen den Vorstellungen von Fruchtbarkeit, Geburt und Tod, der auch in der Annäherung und der teilweisen Verwechslung der jeweiligen Gottheiten zum Ausdruck kommt, wird in der modernen Welt nur selten verstanden. Nur die großen Dichter oder Seher wie Nietzsche oder einige wenige Philosophen sind noch fähig, die geheimnisvolle und paradoxe Einheit von Leben und Tod zu erfassen. Man fragt sich, zum Beispiel, ob die Bedeutung, die Brailoiu den düsteren und schreckenerweckenden Aspekten der rumänischen Begräbnisrituale beimißt, der Wirklichkeit entspricht. In der ländlichen Welt scheint die Angst vor Gespen-

stern *(revenants)* nicht die überragende Rolle zu spielen, die Brailoiu ihr verleiht. Es ist wahrscheinlicher, daß die Angst vor Gespenstern und Vampiren in Rumänien wie auch anderswo in Osteuropa eher das Resultat einer Krise ist, eine Panik, die infolge außergewöhnlicher Unglücksfälle, zum Beispiel Seuchen bzw. Natur- oder geschichtliche Katastrophen, rasch kollektiven Charakter annahm.
Doch selbst wenn man die von Brailoiu vorgebrachte und von den Volkskundlern geteilte Interpretation des Todes und der Begräbnisrituale annimmt, bleibt die Kontinuität zwischen dieser Welt der Finsternis und der altüberlieferten Schrecken und dem heiteren und verklärten Universum der *Mioriţa* zu beweisen. Man braucht nur in der Version Alecsandris nachzulesen. Hier hat man „von den blühenden Pässen, diesen Schwellen zum Paradies", Eingang in eine ganz andere Welt, die nicht nur mit den Begräbnisritualen und der Angst vor Gespenstern nichts zu tun hat, sondern die selbst nicht den rumänischen Feldern und Dörfern ähnelt, so wie sie vom „profanen" Auge im Licht und in der Erfahrung des Alltäglichen gesehen werden. In der *Mioriţa* ist das gesamte Universum umgewandelt und verklärt. Man wird in einen liturgischen Kosmos eingeführt, in dem sich die Mysterien (in der religiösen Bedeutung dieses Ausdrucks) vollziehen. Die Welt enthüllt sich als „heilig", obwohl diese Heiligkeit auf den ersten Blick nicht christlicher Struktur zu sein scheint. Wie die vorangegangenen Analysen gezeigt haben, sind in der *Mioriţa* keine spezifisch christlichen Vorstellungen zu finden. Nur die Episode der alten Mutter, die ihren Sohn sucht, erinnert an andere volkstümliche Texte über die Wege der Jungfrau Maria auf der Suche nach Jesus. Doch selbst im religiösen Brauchtum Rumäniens ist das Christentum nicht das der Kirche. Ein Charakteristikum des bäuerlichen Christentums der Rumänen und Osteuropas ist das Vorhandensein zahlreicher „heidnischer", archaischer, oft kaum christianisierter religiöser Elemente. Es handelt sich um eine dem Südosten Europas eigene religiöse Neuschöpfung, die wir „kosmisches Christentum" genannt haben, da sie einerseits das christologische Mysterium auf die gesamte Natur projiziert und andererseits die historischen Elemente des Christentums vernachlässigt und statt dessen die liturgische Dimension des In-der-Welt-Seins des Menschen hervorhebt.
Dieses „kosmische Christentum" ist in der *Mioriţa* nicht derart ersichtlich wie in zahlreichen anderen Texten der religiösen Folklore Rumäniens. Doch hier wie dort handelt es sich um einen umgewandelten und verklärten Kosmos. Der Tod wird nicht nur als Hochzeit

betrachtet: Es ist eine Hochzeit von kosmischen Strukturen und Ausmaßen. Die Ballade offenbart einen mystischen Zusammenhang zwischen Mensch und Natur, der dem modernen Bewußtsein nicht mehr zugänglich ist. Es handelt sich nicht um „Pantheismus", da der Kosmos nicht in sich selbst, durch seine eigene Seinsweise, „heilig" ist; vielmehr ist er geheiligt durch die Teilnahme am Geheimnis der Vermählung. Auch die Agonie und den Tod Christi haben christliche Mystiker und Theologen als Vermählung gedeutet. Es genügt uns, an einen Text des hl. Augustinus zu erinnern, in dem Christus, „wie ein Jungvermählter (...) zum Brautbett des Kreuzes kam und, indem er es erstieg, seine Hochzeit vollzog" *(Procedit Christus quasi sponsus de thalamo suo, praesagio nuptiarum exiit ad campum saeculi, cucurrit sicut gigas exultando per viam usque venit ad crucis torum et ibi ascendendo coniugium ...).*[49]

Was die Annahme des Todes betrifft, so kann man sie nur in einer rationalistischen Perspektive als Beweis für „Passivität" oder Resignation ansehen. In der Welt der volkstümlichen Werte bringt die Haltung des Hirten eine tiefere, existentielle Entscheidung zum Ausdruck: *Man kann sich gegen das Schicksal nicht wehren, wie man sich gegen die Feinde wehrt;* man kann den unausweichlichen Konsequenzen eines sich vollziehenden Geschicks lediglich eine neue Bedeutung geben. Es handelt sich nicht um „Fatalismus", da sich ein Fatalist nicht einmal für fähig hält, die Bedeutung dessen, was ihm vorherbestimmt war, zu modifizieren.

Die Episode des weissagenden Lämmchens rückt dies alles auf bewundernswerte Weise ins Licht. In der Version Alecsandris ebenso wie in zahlreichen anderen Varianten gibt das Lamm keine Auskunft über die Verschwörung, *sondern offenbart in der Weise eines Orakels* „das, was beschieden ist". Und es ist ein Beweis mehr für den schöpferischen Geist des Volksdichters, daß er das Element des Orakels anstelle einer „realistischen" Erklärung wählt (wie zum Beispiel in einigen Varianten, wo das Schaf es einrichtet, als letztes in der Herde zu laufen, und die Verschwörung aufdeckt. Wenn man das für die Volksschöpfungen typische Wertsystem betrachtet, so scheint diese „realistische" Erklärung übrigens recht jungen Datums zu sein; denn das Märchenhafte beherrscht die gesamte Episode, und ein Schaf, das sprechen kann, braucht nicht den Spion zu spielen, um die Verschwö-

[49] Augustinus, *Sermo suppositus,* 120, 8 (*In Natali Domini,* IV).

rung aufzudecken). Die Hirtengesellschaften haben von den früheren Jägerkulturen den Glauben übernommen, daß die Gebärden und Offenbarungen der Tiere die Funktion eines Orakels haben, da sie die Zukunft kennen. Wie überall in der archaischen Welt wurde auch dem mioritischen Hirten das Schicksal von einem Schaf offenbart. Ob er sich wehrt oder nicht, ob er Sieger bleibt oder nicht, hat keine Bedeutung mehr. Wie auch der Kampf ausginge, der Hirte weiß, daß er letzten Endes sterben muß.

Der „Schrecken der Geschichte" und die Antwort des Hirten

Gewiß verrät dieser Entschluß, das Schicksal anzunehmen, weder die pessimistische Auffassung der Existenz noch die Passivität, von der seit Alecsandri so viel gesprochen wurde. Die Kritiken von Caracostea, H. H. Stahl und Brailoiu waren gerechtfertigt. Doch es ist müßig, den „Optimismus" der *Miorița* in der Liebe des Hirten zu seiner Arbeit oder in der Verteidigung der Lebenden gegen die *revenants* zu sehen. Man sollte nicht von Optimismus sprechen, wenn es sich um eine tragische Offenbarung handelt. Die tiefgründigste Botschaft der Ballade liegt in dem Willen des Hirten, den Sinn seines Schicksals zu ändern, sein Unglück in ein Moment der kosmischen Liturgie zu verwandeln, indem er seinen Tod zu einer „mystischen Hochzeit" verklärt, Sonne und Mond an seine Seite ruft und sich zwischen Sterne, Wasser und Berge stellt. Gewiß existierte dieser Fundus an Gesten, Bildern und Symbolen, wie wir gesehen haben, zumindest potentiell schon in den Riten und Vorstellungen der posthumen Vermählung. Doch hat es der Volksdichter verstanden, diesen traditionellen Klischees in der „mioritischen Hochzeit" eine kosmische Struktur zu verleihen. In der Ballade ist die Bedeutung dieser Hochzeit nicht mehr der Ersatz ritueller Elemente, um symbolisch eine posthume Hochzeit zu vollziehen; die märchenhafte Majestät der mystischen Vermählung ist die Antwort des Hirten auf sein blutiges Geschick. Es gelingt ihm, *ein schlimmes Ereignis in ein Sakrament umzuwandeln,* da sich der Tod eines jungen, unbekannten Hirten in eine Hochzeitsfeier von kosmischen Ausmaßen verwandelt.
Insbesondere die Bedeutung dieser Episode ist verkannt worden. Um die Folgen eines solchen Willens, ein Todesurteil in eine „mioritische Hochzeit" zu erheben, abzuschätzen, genügt es, sie mit bestimmten,

für die modernen Gesellschaften typischen Reaktionen zu vergleichen. Als der Hirte erfährt, was das Los beschlossen hat, beklagt er sich nicht; er gibt sich weder der Verzweiflung hin noch versucht er, den Sinn der Welt und der Existenz aufzuheben, indem er ihn mit bilderstürmerischer Wut „demystifiziert" und den absoluten Nihilismus als einzig mögliche Antwort auf die Offenbarung des Absurden proklamiert. Mit anderen Worten, der Hirte verhält sich nicht wie zahlreiche berühmte Vertreter des modernen Nihilismus. Seine Antwort ist ganz anders: Er verwandelt das Unglück, das ihn zum Tode verurteilt, in ein sakramentales, erhabenes und märchenhaftes Mysterium, welches *ihm* letztendlich *erlaubt, über sein eigenes Schicksal zu triumphieren.*

Wiederholen wir: Diese durch die Ballade vorgenommene Aufwertung des traditionellen Themas stellt eine neue Schöpfung dar, die das Hirtendrama in einen völlig anderen geistigen Horizont stellt. Die „mioritische Hochzeit" stellt eine entschlossene und eigenständige Lösung der unverständlichen Brutalität eines tragischen Schicksals dar. Die fast uneingeschränkte „Zustimmung", die das rumänische Volk und die Intellektuellen dem mioritischen Drama entgegenbringen, ist also nicht grundlos. Unbewußt spürten sowohl die Volksdichter, die die Ballade sangen und ständig verbesserten, als auch die Intellektuellen, die sie in der Schule lernten, eine geheime Affinität zwischen dem Schicksal des Hirten und dem des rumänischen Volkes. Dem mioritischen Helden gelang es, einen Sinn für sein Unglück zu finden, indem er es nicht als persönliches „historisches" Ereignis, sondern als sakramentales Mysterium auf sich nahm. *Er hat also selbst dem Absurden einen Sinn gegeben,* indem er auf das Unglück und den Tod mit einer Zauber-Hochzeit antwortete.

Nicht anders haben die Rumänen wie auch andere osteuropäische Völker angesichts der Invasionen und historischen Katastrophen reagiert. Das, was ich an anderem Ort den „Schrecken der Geschichte" genannt habe, ist gerade die Bewußtwerdung dieser Tatsache: daß man trotz allem, was man zu vollbringen bereit war, trotz aller Opfer und jeglichen Heroismus von der Geschichte verurteilt ist, da man sich am Kreuzweg der Invasionen befindet (die zahllosen Barbareneinfälle vom Ende der Antike bis ins hohe Mittelalter) oder in der Nähe von Militärmächten, die vom imperialistischen Fanatismus angetrieben werden. Angesichts des „Schreckens der Geschichte" gibt es keine wirksame militärische und politische Verteidigung, einfach aufgrund der erdrückenden Ungleichheit zwischen den Eroberern und den eroberten Völkern. Dies soll gewiß nicht heißen, daß sich letztere nicht militärisch und politisch und häufig mit Erfolg verteidigt haben. Doch letzten Endes konnte die Lage nicht verändert werden. Bescheidene politische Gruppen von Bauern konnten nicht lange gegen die Massen der Invasoren Widerstand leisten.

Eine ähnliche Situation findet sich in anderen Gebieten der Welt und in anderen historischen Epochen: Erinnern wir uns nur an das Volk Israel und seine Nachbarn im Kontakt mit militärischen Großreichen. Der Verzweiflung und dem Nihilismus kann man nur mit einer religiösen Interpretation des Schreckens der Geschichte begegnen. Wir haben uns an anderer Stelle mit der Antwort bestimmter Völker der Antike und des Volkes Israel auseinandergesetzt.[50] Was die Landbevölkerung Osteuropas betrifft, so ist es auch ihr gelungen, das Unglück und die Verfolgungen zu ertragen, insbesondere dank des kosmischen Christentums, das wir weiter oben erwähnt haben. Die Vorstellung von einem Kosmos, der durch den Tod und die Auferstehung des Heilands erlöst und durch die Schritte Gottes, Jesu, der Jungfrau Maria und der Heiligen geheiligt wurde, erlaubte es ihnen, sei es auch nur sporadisch und auf symbolische Weise, eine Welt wiederzufinden voll jener Tugenden und Schönheiten, welche die Invasionen und ihre Schrecken der historischen Welt nahmen. Es ist hier nicht der Ort zu zeigen, daß eine solche religiöse Vorstellung weder Pessimismus noch Passivität impliziert. Es handelt sich um eine Neuinterpretation des Christentums, nach der die historischen Ereignisse als im Zusammenhang mit dem christologischen Drama stehende und schließlich verklärte Momente betrachtet werden.

Eine solche Umwertung des Christentums stellt eine schöpferische Leistung dar, die zahlreichen anderen volkstümlichen Schöpfungen als Modell oder Leitfaden diente. Das wesentliche Element liegt in der *Fähigkeit, die scheinbar unabänderlichen Folgen eines tragischen Ereignisses aufzuheben, indem man sie mit zuerst unvermuteten Werten belegt*. Man kann immer nur wiederholen, daß ein solcher Prozeß, weit entfernt, eine passive Resignation zu verraten, im Gegenteil die unvergleichliche Schaffenskraft des Volksgeistes zeigt. Dieses kosmische Christentum findet sich in der Ballade nur andeutungsweise und verschlüsselt, und darin liegt der Grund, weshalb ein Dan Botta von „Thrakern" und „Dionysos" sprach. Aber die Vorgehensweise, mit-

---

[50] Vgl. *Le Mythe de l'Éternel Retour* (Paris, 1949).

tels derer der Hirte sein Unglück in die „mioritische Hochzeit" umwandelt, ist von der gleichen Art wie all jene, die dazu dienen, ein Unglück in sein Gegenteil zu verkehren.
Fassen wir zusammen, daß unsere Analyse insbesondere die Bedeutung und die Kontinuität der Schaffensmomente in der Ausarbeitung der *Miorița* dargelegt hat, von den pararituellen Grundlagen der *colinde* bis zur Ballade in der Version Alecsandris. Und der noch nie zuvor dagewesene Erfolg, den letztere sowohl bei den Intellektuellen als auch beim Volk genießt, beweist nochmals den Einfluß der schöpferischen Kraft. Tatsächlich fand die Version Alecsandris durch die Schulbücher und auf dem Land Verbreitung, und manchmal hat sie die lokalen Varianten endgültig verdrängt (vgl. Fochi, S. 547). Diese Tatsache ist höchst bedeutsam, da sie beweist: 1) daß die literarische Perfektion der Version Alecsandris dem ästhetischen Kanon des Volkes nicht widerspricht; 2) daß der Schaffensprozeß, vor Jahrhunderten begonnen, sich noch heute fortsetzt; 3) daß die jüngsten Interpretationen und Aufwertungen der Ballade in der modernen rumänischen Kultur in derselben Richtung des Schaffensprozesses stehen und ihn gewissermaßen fortsetzen.
Schließlich, wenn sich die *Miorița* auf beiden Ebenen der rumänischen Kultur – der volkstümlichen und der gebildeten – einen einzigartigen Platz erobert hat, so heißt dies, daß sowohl das Volk als auch die Intellektuellen in diesem Meisterwerk des Volksgeistes die Weise ihres In-der-Welt-Seins und die wirksamste Antwort wiedererkennen, die sie dem Schicksal geben können, wenn es sich, wie so oft geschehen, als feindlich und tragisch erweist. Und diese Antwort stellt jedesmal eine neue geistige Schöpfung dar.
Gewiß wollen wir nicht sagen, daß die *Miorița* sämtliche Charakteristika des rumänischen Wesens zusammenfaßt. Doch die „Zustimmung", die eine ganze Nation diesem volkstümlichen Meisterwerk entgegenbringt, bleibt nichtsdestoweniger bedeutsam, und man kann sich keine Geschichte der rumänischen Kultur ohne die Deutung dieser Zusammengehörigkeit vorstellen.
1962, 1969.